Individuell fördern – Kompetenzen stärken (ab Klasse 3)

Beiträge zur Reform der Grundschule
Band 135
Herausgeber: Der Vorstand des Grundschulverbandes e. V.
Verantwortlich für diesen Band: Horst Bartnitzky

Horst Bartnitzky / Ulrich Hecker / Maresi Lassek (Hg.)

Individuell fördern – Kompetenzen stärken (ab Klasse 3)

Heft 1

Angelika Gadow / Ulrich Hecker

unter Mitarbeit von Horst Bartnitzky

Fördern im Deutschunterricht

Grundschulverband e.V.
Frankfurt / M.

Satz und Gestaltung:	novuprint · Agentur für Mediendesign, Werbung, Publikationen GmbH, 30161 Hannover
Bildnachweis:	Die Rechte liegen bei den Autoren, soweit nicht anders angegeben
Druck und Bindung:	Beltz Bad Langensalza, 99974 Bad Langensalza
ISBN-Nr.	ISBN 978-3-941649-08-8 / Best.-Nr. 1095 (Beiträge zur Reform der Grundschule, Band 135)

Heft 1

Angelika Gadow / Ulrich Hecker
unter Mitarbeit von Horst Bartnitzky

Fördern im Deutschunterricht

Anmerkung:
Viele Förderideen, die für die Eingangsstufe beschrieben wurden, können auch ab Klasse 3 noch hilfreich sein. Deshalb empfehlen wir, sich gegebenenfalls auch dort zu informieren, siehe. Bartnitzky: Fördern im Deutschunterricht. Heft 3, in: Bartnitzky / Hecker / Lassek 2012

Heft 2: Uta Häsel-Weide / Marcus Nührenbörger:
Fördern im Mathematikunterricht

Heft 3: Angela Guadatiello / Angelika Speck-Hamdan (Hg.):
Bildungssprache / Deutsch als Zweitsprache fördern

Heft 4: Thomas Hennemann / Clemens Hillenbrand
unter Mitarbeit von Tobias Hagen, Dennis Hövel u.a.:
Förderung emotional-sozialer Kompetenzen

Aus Gründen der Lesbarkeit wird in diesem Band darauf verzichtet, durchgängig die männliche und die weibliche Form gemeinsam zu verwenden. Wenn nur eine der beiden Formen verwendet wird, ist die andere stets mit eingeschlossen.

Fördern durch Teilhabe: Zum präventiven und integrativen Förderkonzept

Das vorliegende Heft ist Teil des Bandes 135 mit dem Titel: »*Individuell fördern – Kompetenzen stärken ab Klasse 3*«. In einzelnen Heften werden schulpraktische Vorschläge zu folgenden Arbeitsfeldern gemacht:

- Fördern im Deutschunterricht
- Fördern im Mathematikunterricht
- Fördern von Bildungssprache / Deutsch als Zweitsprache
- Fördern mit sozial-emotionalem Schwerpunkt

Dieser Band setzt fort, was mit dem Band 134 begonnen wurde: »*Individuell fördern – Kompetenzen stärken in der Eingangsstufe (Kl. 1 und 2)*«. Dort ging es um die Arbeitsfelder:

- Fördern – warum, wer, wie, wann? (Förderkonzept)
- Basiskompetenzen fördern im Übergang Kindertagesstätte – Schuleingangsstufe
- Fördern im Deutschunterricht der Eingangsstufe
- Fördern im Mathematikunterricht der Eingangsstufe

Integrativ und präventiv

Das hiermit vorgelegte Förderkonzept unterscheidet sich in wesentlichen Punkten von gängigen Konzepten:

- Es verlegt Förderung nicht in externe Förderstunden, sondern entwickelt die Fördermöglichkeiten im gemeinsamen Unterricht.
- Es vereinzelt die Kinder in ihrem Lernen nicht durch individuell zu bearbeitende Materialien oder das Abarbeiten eines individuellen Lernplans, sondern integriert das individuelle in das gemeinsame Lernen.
- Es zerlegt nicht Lernstoff oder Kompetenzen in kleinste Lernelemente, sondern fordert die Kinder durch komplexe Aufgaben oder Themen heraus, die auf unterschiedlichen Anspruchshöhen erfolgreich bearbeitet werden können.
- Es ist nicht an Defiziten orientiert, sondern sucht die vorhandenen Kompetenzen der Kinder zu aktivieren und Impulse zu ihrer Weiterentwicklung zu geben.
- Es setzt die Förderung nicht erst nach der Feststellung von Versagen an, sondern will präventiv Versagen verhindern.

Integrative und präventive Förderung – das sind die Leitideen für dieses Förderkonzept. Es bezieht die drei Dimensionen guten Unterrichts in die Überlegungen und Entscheidungen mit ein:

- die förderliche Lernumgebung,
- die kritischen Stellen im Lernprozess,
- die Realisierung der Förderung.

Der didaktische Rahmen: Gestaltung der förderlichen Lernumgebung

Die Lernumgebung im weiteren Sinne umfasst das sozial-emotionale Klima, die eingeführten Regelungen, die Raum- und Zeitgestaltung, das pädagogische Handeln der Lehrkraft – kurz: alles, was Einfluss auf die Möglichkeiten zu Teilhabe, auf die Stärkung von Lernzuversicht und förderliche Unterstützung hat.

Im engeren Sinne gehört dazu das fachbezogene Anregungspotenzial, zum Beispiel die entfaltete Lese-Schreib-Kultur für den Schriftsprachbereich, die substanziellen Aufgabenformate im Mathematikunterricht.

Der Förderfokus: Kritische Stellen im Lernprozess

Kritische Stellen im Lernprozess haben diesen Doppelaspekt: Sie sind Lernchancen, weil Lernen auch Überwinden von Schwierigkeiten ist, und sie sind zugleich Lernrisiken. Kinder können sie bewältigen und sie können an ihnen scheitern. Deshalb gilt ihnen die besondere Beachtung in der präventiven Förderung. Welche Stellen in den Arbeits- und Lernprozessen sind für die Kinder, insbesondere für die lernschwächeren, kritische Stellen? Ihnen gelten die weiteren Überlegungen zu konkreten Unterstützungen der Kinder.

Solche kritischen Stellen können z. B. sein: im Lernbereich Mathematik Zahlvorstellungen haben, Beziehungen zwischen Zahlen herstellen können, Zehner- und Hunderter-Überschreitungen bewältigen; im Deutschunterricht orthografisches Bewusstsein entwickeln, Lesetexte selbst auswählen und gewinnbringend lesen; im überfachlichen Bereich ruhig und aufmerksam zuhören, einen Sachverhalt anderen verständlich vorstellen.

Die Realisierung: Förderideen

Zu den kritischen Stellen werden Förderideen für die unterrichtliche Realisierung gefunden. Diese Förderideen müssen die wesentlichen Merkmale qualitätsvollen Unterrichts in sich haben.

> Konzept, Argumentation und schulpraktische Konsequenzen werden ausführlich dargestellt in Beiträgen, die sich auf der CD zu diesem Band befinden:
> → Förderkonzept Texte: Fördern heißt Teilhabe / Die kritischen Stellen im Lernprozess und wie Kinder sie bewältigen können

Förderung ist …

• … beziehungsreich und verstehensorientiert.

Nicht isolierte, klein portionierte Teilelemente werden in kleinsten Schritten gelernt, sondern in ihren Sinnzusammenhängen. Zum Beispiel werden Rechtschreibphänomene nicht ohne Bezug zu sinnstiftenden Schreibsituationen bearbeitet und Rechenaufgaben nicht, ohne die mathematischen Beziehungen in den Blick zu nehmen.

• … diagnosegeleitet und differenziert.

Nicht die Trennung von Lern- und Leistungssituationen steht hier an, sondern ihre Verbindung ist wichtig. Dabei kommt auch der Selbsteinschätzung über den individuellen Lernweg und Lernerfolg eine besondere Rolle zu (siehe das Material des Grundschulverbandes zum Thema: Pädagogische Leistungskultur).

• … kommunikativ und kooperativ.

Zwar ist der innere Lernprozess individuell, der äußere aber auf gemeinsame Reflexion, gegenseitige Unterstützung und Anregung angewiesen. Kinder verständigen sich im

Mathematikunterricht über Erkenntnisse, Probleme und Zusammenhänge und lernen dabei individuell nach ihren Möglichkeiten. Sie teilen anderen ihr Wissen, ihre Vorstellungen, ihre Überlegungen mit. Dies gilt für alle Fächer. Mathe-Konferenzen sind deshalb wie Schriftgespräche, Schreibprojekte, metakommunikative Phasen Ausweise für modernen Grundschulunterricht.

Förderschleifen als zeitlich befristeter Förderunterricht

In der Hauptsache geschieht die integrative und präventive Förderung im Unterricht der heterogenen Lerngruppe. Dazu können Förderschleifen sinnvoll sein, also zeitlich befristeter Förderunterricht. Seine Aufgaben erwachsen aus der gemeinsamen Arbeit und führen in die gemeinsame Arbeit wieder hinein, weil Kinder mehr Hilfen, mehr Zeit, eine kleinere Lerngruppe, einen anderen Zugang brauchen, was sich im gemeinsamen Unterricht nicht realisieren lässt. Nur ist die Förderschleife immer eine befristete Maßnahme und sie hat immer Bezug zur Arbeit in der Lerngruppe.

Dies bleibt das Grundprinzip: Fördern durch Teilhabe. Damit ist das hier vorgelegte Förderkonzept auch ein Beitrag auf dem Weg zur inklusiven Schule.

Maresi Lassek, Ulrich Hecker, Horst Bartnitzky
(Herausgeber-Team der beiden Bände:
Individuell fördern – Kompetenzen stärken)

Sprechen und Zuhören

1. Förderkonzept Sprechen und Zuhören

Begründung für den Förderbereich

In ihren Bildungsstandards Deutsch für die Primarstufe gibt die Kultusministerkonferenz dem Bereich »Sprechen und Zuhören« einen hohen Stellenwert. Die traditionellen Lerngegenstände der Grundschule – »Erzählen« und »mündliche Mitarbeit« – wurden zu Kompetenzen mündlicher Kommunikation erweitert, die auf die Befähigung zur Teilhabe zielen:

»Die mündliche Sprache ist ein zentrales Mittel aller schulischen und außerschulischen Kommunikation. Sprechen ist immer auch soziales Handeln. Die Kinder entwickeln eine demokratische Gesprächskultur und erweitern ihre mündliche Sprachhandlungskompetenz. Sie führen Gespräche, erzählen, geben und verarbeiten Informationen, gestalten ihr Sprechen bewusst und leisten mündliche Beiträge zum Unterricht. Sie drücken ihre Gedanken und Gefühle aus und formulieren ihre Äußerungen im Hinblick auf Zuhörer und Situation angemessen, hören aufmerksam und genau zu, nehmen die Äußerungen anderer auf und setzen sich mit diesen konstruktiv auseinander« (Kultusministerkonferenz 2004, S. 8).

In der Eingangsstufe konnten die Kinder grundlegende Erfahrungen sammeln, wie sie sich verständlich äußern, verstehend zuhören und Gespräche mit anderen führen können. Im Laufe der Grundschulzeit ergeben sich neue Anforderungen. Gespräche erfordern einen höheren Grad an bewusster Regeleinhaltung, besonders in der größeren Gruppe und im Klassenplenum. Kinder stehen vor der Aufgabe, anderen auch dann zuzuhören, wenn diese sich sprachlich nicht präzise, nicht interessant oder gut verständlich äußern. Manche Kinder neigen zu sehr spontanen Äußerungen oder ungeduldigen Reaktionen, sind unruhig oder haben einen erheblichen Darstellungsdrang. Sie müssen lernen, geduldig abzuwarten, bis sie das Wort haben. Andere Kinder sind nach wie vor sehr zurückhaltend und äußern sich in der großen Gruppe nur selten oder nie. Sie brauchen Ermutigung und positive Erfahrungen durch Gesprächssituationen, in denen auch sie sich einbringen können und wollen.

Sprechen zu anderen und miteinander sowie das Einander-Zuhören sind zentrale Kompetenzen, die zum Austausch und zur Klärung von Erfahrungen, zur Auseinandersetzung mit Themen und Aufgaben, zur Planung und Reflexion von Lernprozessen und -ergebnissen unverzichtbar sind.

In vielfältigen Unterrichtssituationen sollen Kinder die Gelegenheit bekommen, verständig und verantwortlich zu kommunizieren, Äußerungen anderer mit Verständnis und Respekt entgegenzunehmen und sich verständlich und den Zuhörern zugewandt zu äußern. Sie lernen, Verstehen und Nicht-Verstehen auszudrücken. Sie erfahren die Notwendigkeit, grundlegende Gesprächsregeln zu beachten, die für alle Gesprächsteilnehmer verbindlich sind. An der Entwicklung solcher Regeln können alle Kinder mitarbeiten. Sprechen und Zuhören realisieren Kinder in verschiedenen funktionalen Zusammenhängen: Sie erzählen, informieren, argumentieren und reflektieren, sie präsentieren Lernergebnisse und verwenden dabei Fachbegriffe.

Lernumgebung und Unterrichtsprozesse

Zur Entwicklung der mündlichen Sprachkompetenz brauchen Kinder eine Lernumgebung, die sie anregt und anleitet, zueinander und miteinander verständig und verantwortungsvoll zu sprechen und sich zuzuhören.

Die **Sitzordnung** in der Klasse wird so gewählt, dass partner- und gruppenbezogenes Miteinandersprechen möglich ist. Je nach den Bedingungen des Raums und des Mobiliars sollten sich mit möglichst geringem Aufwand Gesprächssituationen für vier bis sechs Kinder herstellen lassen. Ebenso muss ein Klassenplenum möglich sein, bei dem jedes Kind jedes andere ansehen kann, vorteilhaft ist ein fester Klassenkreis. Solche räumlichen Voraussetzungen können mit den Kindern erarbeitet, erprobt und geübt werden.

Gesprächsforen sind regelmäßig praktizierte Gelegenheiten mit eingeführten Regeln: Morgenkreis mit Tagesplan; Partner- und Gruppengespräche; regelmäßige Zeiten für den Klassenrat; feste Zeiten für differenziertes Arbeiten in offenen Unterrichtsphasen, in denen Gespräche der Kinder miteinander stattfinden können, sind neben dem von der Lehrkraft geführten Lehrgespräch feste Einrichtungen in der Klasse. Die Gesprächsregeln und die Gesprächsleitung werden gemeinsam erarbeitet, formuliert und fixiert.

Anregungen zur Entwicklung der mündlichen Sprachkompetenz ergeben sich aus den unterrichtlichen Situationen: die Lehrkraft sollte »Modell« für deutliches Sprechen, aktives Zuhören und wichtige Redemuster sein. Weitere Impulse ergeben sich aus individuellen Interessen, aus den gemeinsamen Unterrichtsthemen, aus der Projektarbeit mit Gesprächen zu Planung, Durchführung und Präsentation.

Weil Sprechen als soziales Handeln im unterrichtlichen Raum stets auch Ernstcharakter haben soll, bekommen **Lerngespräche** als Gespräche über das Lernen unter den Kindern und mit der Lehrerin immer größere Bedeutung (Rechtschreib-, Schrift- und Schreibgespräche, Schreib- und Mathekonferenzen usw.). Dazu gehören auch das gemeinsame Nachdenken über die vereinbarten Gesprächsregeln und ihre Beachtung sowie Gespräche über sonstige Absprachen, Vereinbarungen und Kooperationen.

Didaktische Leitideen

Die drei didaktischen Leitideen sind bei der Förderung in mündlicher Kommunikation immer wirksam:

▶ Förderung ist beziehungsreich und verstehensorientiert

Mündliche Verständigung erfordert ein Zusammenspiel mehrerer Faktoren: die **Situation** in der gesprochen wird, die Besonderheiten des jeweiligen Sprechanlasses und die dabei nützlichen und vereinbarten Gesprächsregeln müssen gekannt und beachtet werden; der **Gesprächsgegenstand** muss geklärt sein, damit Themen und Inhalte nicht beliebig wechseln; die **Zuhörer** müssen angesprochen und interessiert werden, sie müssen sich ansprechen und interessieren lassen; der **Sprechende** muss klar und deutlich artikulieren und sprachlich verständlich reden.

Zur Förderung der Teilkompetenzen der Mündlichkeit bedarf es der Sprecher- und Hörersituation in einer sprachbezogenen Situation. Sie ist damit immer ein beziehungsreiches Zusammenspiel mehrerer Faktoren und auf sprachbezogenes Verstehen hin orientiert.

▶ Förderung ist diagnosegeleitet und differenziert

Jeder Teilnehmer an mündlicher Kommunikation soll sich mit seinen Möglichkeiten (Interesse und Vorwissen, Sprache und kommunikatives Handeln) in die kommunikative Situation einbringen können. Damit jeder sich beteiligen kann, müssen verschieden komplexe Gesprächssituationen geschaffen werden: Gespräche mit einem Partner, mit einer kleinen Gruppe, mit der ganzen Lerngruppe oder Klasse. Manchen Kindern gelingt es eher im geschützten Raum des Gesprächs mit einem Partner sich zu äußern als im Klassenkreis. Die Inhalte der Gespräche müssen so gewählt werden, dass jedes Kind immer wieder auf Themen und Aufgaben stößt, die seinem besonderen Interesse und Wissen entsprechen und die ihn zu aktiver Teilnahme bewegen. Dann ist auch beobacht bar, auf welchem Stand seiner Kompetenzentwicklung das einzelne Kind sich befindet. Mit einem Beobachtungsbogen kann die sprachliche Entwicklung der Kinder begleitet und dokumentiert werden.

→ Kopiervorlagen → 0.1 Beobachtungsbogen Sprechen und Zuhören

▶ Förderung ist kommunikativ und kooperativ

Förderung von Kompetenzen der mündlichen Kommunikation ist per Definition von der Leitidee bestimmt, dass Kinder in vielfältigen Situationen einzeln und miteinander »zur Entwicklung einer Kultur des verständigen und verantwortlichen Miteinandersprechens beitragen und sie praktizieren«.

Die Kinder selbst können die Entwicklung ihrer Fähigkeiten und Fertigkeiten auf einem Selbsteinschätzungsbogen für sich festhalten und in Lerngespräche einbringen.

→ Kopiervorlagen → 0.2 Selbsteinschätzung Sprechen und Zuhören

Ausnahmen sind besondere Förderbedarfe bei Kindern mit erheblichen Sprech- bzw. kommunikativen Störungen, für die aber spezielle Fördermaßnahmen, auch unter Mitwirkung entsprechender Professionen, erforderlich sind.

→ Fachtexte → Ich höre, was du sagst, ich sehe, wie du es sagst
→ Mitmach-Geschichten fürs Erzählen

2. Kritische Stellen und Möglichkeiten der Förderung

Kritische Stellen im Lernprozess	Förderideen	Beispiel Nummer
Verstehend zuhören	Hörverstehen fördern	1
Sich an Gesprächen beteiligen	Gesprächsregeln erarbeiten Lerngespräche führen	2 3
Zu anderen sprechen	Zu einem Thema vortragen	4

1 Förderidee: Hörverstehen fördern

Kinder sollen zunehmend kompetent werden, Inhalte zuhörend zu verstehen, gezielt nachzufragen sowie Verstehen und Nicht-Verstehen zum Ausdruck zu bringen. Der Begriff »Hörverstehen« bedeutet verstehendes Hören und ist ein wesentlicher Teil der unmittelbaren Kommunikation, aber auch eine wichtige isolierte Tätigkeit in indirekter Kommunikation (z. B. beim Hören von Radio-, Fernseh- oder Filmtexten).

Vielen Kindern fällt es nicht leicht, mündlichen oder schriftlichen Texten konzentriert zuzuhören und sich hörend auf Gesprochenes oder Vorgelesenes einzulassen. Im Unterricht wird das Zuhörenkönnen oft vorausgesetzt, nur selten ist es selbst Gegenstand des Lernens. Zuhören muss aber auch gelernt und geübt werden, dazu bedarf es unterrichtlicher Situationen, in denen das geschehen kann.

Sich gegenseitig erzählen und befragen

Eine einfache Möglichkeit, Kinder abwechselnd in die Rolle des Sprechers und aktiven Zuhörers zu bringen ist, dass Kinder regelmäßig von sich erzählen und sich von anderen dazu befragen lassen. Dies kann in kleinen Gruppen von 3 bis 4 Kindern geschehen. Hier können sich auch Kinder äußern, die sich im großen Kreis meist zurückhaltend zeigen. In einer solchen Gesprächssituation kann jedes Kind etwas beitragen. Zur Vorbereitung können Kinder Fragen vereinbaren oder von der Lehrerin erhalten, zu denen sie erzählen können. Jedes Kind in dieser kleinen Runde soll zu einem dieser Themen erzählen, die anderen Kinder stellen Fragen dazu und hören die Antworten.

Was kann ich über mein Hobby oder meinen Lieblingssport erzählen? Was habe ich in den Ferien erlebt? Wie ist mein Zimmer eingerichtet? Wer wohnt bei uns zu Hause? Was spiele ich gerne? Was möchte ich werden, wenn ich groß bin?

Eine Variante dieses Verfahrens ist, dass sich zwei Kinder zu einer gemeinsam ausgewählten Frage äußern. Auch hier können Kinder Fragen vereinbaren oder sie aus einem vorbereiteten Kasten ziehen, in dem Fragen auf Karteikarten bereitstehen. Beispiele dafür sind:

Was kann ich gut? Was kann ich noch nicht so gut? Was macht mich wütend? Wann bin ich traurig? Wovor habe ich Angst? Wann freue ich mich?

Die Aufgabe für das Erzählkind ist: »*Erzähle, was dir zu dieser Frage einfällt!*«

Das Zuhörerkind hat die Aufgabe: »*Höre gut zu. Du kannst danach Fragen stellen.*«

Nach der ersten Erzählung und den Rückfragen tauschen die Kinder die Rollen und wiederholen das Verfahren.

Vorlesen und Vorlesegespräche

Die Förderung des Hörverstehens ist auch in den Klassen 3 und 4 für viele Kinder von großer Bedeutung. Besonders für Kinder aus »schriftfernen« Elternhäusern, die beim Lesen anspruchsvoller Texte überfordert sind, kann das Zuhören eine wichtige Brücke in den

Text darstellen. Texten über das Hören zu begegnen, erleichtert es ihnen oft, eigene »innere Bilder« zu entwickeln, ihre Fähigkeit zur Bildung von Vorstellungen also zu erweitern.

Beim Vorlesen von Texten ist es wichtig, die Hörer zum aktiven Zuhören zu bringen. Für diese Aktivierung der Zuhörer ist es günstig, wenn Kinder im Zusammenhang mit dem Vorlesen / Zuhören Gelegenheit haben, über den Text zu sprechen. In solchen Vorlesegesprächen kann Unverstandenes geklärt werden, können Kinder den weiteren Verlauf der Geschichte antizipieren, können sie beschreiben, wie sie sich in einer solchen Situation fühlen würden, können sie sich über das Verhalten der Figuren oder die im Text aufgeworfenen Probleme und Fragen austauschen.

Standardfragen können sein: *Was / wen findest du gut, was / wen findest du nicht so gut? Warum? Was denkt die … / der … jetzt wohl? Was soll der … / die … jetzt machen? Wie kann die Geschichte weitergehen? Hast du so etwas auch schon erlebt? Möchtest du so etwas auch mal erleben?*

Zuhören kann jede/r lernen

Die Gründung eines Hörclubs, selbst produzierte akustische Porträts aus der Lebenswelt von Kindern, spannende Radioprojekte oder Wettbewerbe sind Beispiele für eine Vielzahl von Projekten zur Förderung des Zuhörens.

Die Erfahrung, dass Zuhören Vergnügen bereiten kann, machen Kinder zum Beispiel auch in einem »Hörclub« an ihrer Schule. Sie treffen sich regelmäßig und lösen gemeinsam Geräuschrätsel, experimentieren mit Klängen, machen Aufnahmen, hören Hörspiele und stellen Gehörtes bildnerisch dar. Damit trainieren sie spielerisch Hören und Zuhören.

Weitere Informationen und Ideen gibt es auf der Website der »Stiftung Zuhören«: www. www.zuhoeren.de.

2 Förderidee: Gesprächsregeln erarbeiten

Die Vereinbarung von Gesprächsregeln dient der Entwicklung der Gesprächskultur in der Klasse. Mit dem Festhalten solcher Regeln kann bereits in der 1. Klasse begonnen werden. Solche grundlegenden Regeln können während der ganzen Grundschulzeit ihre Bedeutung behalten. Beispiele sind:

Wer sprechen möchte, meldet sich ruhig.
Wir sprechen laut und deutlich.
Ein Kind spricht, die anderen hören zu.
Jungen nehmen Mädchen dran, Mädchen nehmen Jungen dran.

Wichtig ist es, im Plenum wie auch mit einzelnen Kindern immer wieder die Regeln und ihre Einhaltung zu reflektieren. Dazu kann auch ein Beobachtungsbogen für das Gesprächsverhalten dienen.

Die Gesprächsregeln sind im Klassenraum sichtbar gemacht, sodass jederzeit darauf Bezug genommen werden kann.

Je nach Gelegenheit oder Erfordernis erweitern die Kinder im Verlauf der Grundschulzeit diese Vereinbarungen. Die Abbildung zeigt beispielhaft Regelkarten für erweiterte Gesprächsregeln:

- Wenn in offenen Gesprächssituationen wie dem Erzählkreis die Themen wechseln, ein Kind aber noch etwas zu einem bereits angesprochenen Sachverhalt äußern möchte, kann sich die Regel ergeben:
  Wer etwas zum Beitrag eines Kindes sagen will, meldet sich mit beiden Händen.
- Wenn bei thematischen Gesprächen Kinder immer wieder vom eigentlichen Thema abweichen, kann die Regel entstehen: *Beim Thema bleiben!*
- Auch hilfreiche Redemuster können auf Karten oder einem Plakat festgehalten werden, sodass sie Kindern immer zur Verfügung stehen.
- Die Gesprächsleitung und das Festhalten von Ergebnissen oder Vereinbarungen kann im Laufe der Zeit in die Hand der Kinder übergehen. Dazu werden ebenfalls nützliche Regelungen erarbeitet und angewandt.

→ Kopiervorlagen →
2.1 Gesprächsregeln DIN A4 mit Text und blauem Fond
2.2 Gesprächsregeln 8 x A7 auf DIN A4 blanko

3 Förderidee: Lerngespräche führen

Immer wieder ergeben sich im modernen Grundschulunterricht Gesprächssituationen, in denen Kinder über Beobachtetes berichten, Sachverhalte erklären, Lösungswege beschreiben und begründen, aber auch ihre Lernergebnisse allein oder mit anderen vorstellen und dabei Fachbegriffe verwenden. Hinzu kommt, dass Kinder über ihre Lernerfahrungen sprechen, über ihre Erfolge und Schwierigkeiten nachdenken und anderen bei ihren Lernprozessen Rückmeldung und Unterstützung geben: »Über Lernen sprechen« heißt das in den Bildungsstandards (KMK 2004, S. 10). Diese Formulierung verweist auf den bedeutsamen Anteil von Gesprächen und Reflexionen über das eigene Lernen und das der Lerngruppe oder Klasse. Nach und nach entwickelt sich die Fähigkeit der Kinder, sich selbst in Bezug auf die verschiedenen »Lernsachen« einzuschätzen und Verantwortung für das eigene Lernen zu übernehmen.

Reflexionskarten

Für das Nachdenken über das eigene Lernen sind ritualisierte Gesprächssituationen nützlich (feste Zeiten, Orte, Abläufe), in jedem Fall ist Regelmäßigkeit und Kontinuität wichtig, damit alle Kinder Lerngespräche führen können. Für den Verlauf solcher Reflexionsgespräche eignen sich Reflexionskarten, die das Nachdenken in eine bestimmte Richtung lenken, wie z. B.

Ich habe gelernt, dass …	Ich weiß jetzt, dass …
Gut gelungen ist mir: …	Ich hatte Schwierigkeiten mit …
Das kann ich schon gut: …	Das muss ich noch üben: …
Ich nehme mir vor, …	Daran will ich weiter arbeiten: …

Solche Karten kann sich ein Kind auswählen und nach eigenen Bedürfnissen zusammenstellen, um seine Äußerungen zu strukturieren. Ebenso ist es möglich, dass ein Kind sich auf einer solchen Karte Notizen macht und so das Lerngespräch vorbereitet.

Lerngespräche zwischen der Lehrerin und einem Kind (oder mehreren Kindern)

Die Lehrerin plant Sprechzeiten ein, in denen sie Zeit für einzelne Kinder hat. Sie bespricht mit den Kindern, woran sie gerade arbeiten und wie sie weiterarbeiten können. Gut ist es, wenn Kinder sich vorher auf dieses Gespräch einstellen, es vielleicht sogar vorbereiten können. Für die Zeit eines Lerngesprächs kann auf dem Lehrertisch gut sichtbar ein Schild »Nicht stören!« stehen. Die Kinder wissen dann, dass die Lehrerin jetzt nur für die Kinder ansprechbar ist, mit denen sie gerade redet. Zu solchen Gesprächen können Kinder gezielt eingeladen werden, oder sie tragen ihren Gesprächswunsch in eine Liste ein.

In Lerngesprächen mit der ganzen Klasse oder einer Teilgruppe geben die Kinder Rückmeldungen über ihre Arbeit in der vergangenen Zeit und vereinbaren, wie sie weiter arbeiten wollen.

Lerngespräche zwischen den Kindern

Wenn Kinder bereits Erfahrungen mit Lerngesprächen gesammelt haben, können sie auch untereinander solche Gespräche führen. Sie tauschen sich über Arbeitsergebnisse aus, besprechen mögliche Unterstützungen und Hilfen und geben hilfreiche Tipps zum Lernen.

4 Förderidee: Zu einem Thema vortragen

Ein Vortrag oder eine Präsentation haben immer die Adressaten im Blick: die Zuhörer und Zuschauer sollen alles gut verstehen können und Interesse für das Thema entwickeln. Dafür müssen die Kinder selbst an ihrem Thema interessiert sein, sich sachkundig machen und ihr Wissen für andere verständlich aufbereiten.

»Experten können die Kinder bei Unterrichtsthemen werden, wenn das Rahmenthema dafür genügend Spielraum schafft und es gelingt, das Interesse der Kinder anzuregen. Ein Beispiel: In einer Klasse arbeiten die Kinder beim gemeinsamen Rahmenthema: Ritterzeit mit Besichtigung einer Burg in der Nähe an verschiedenen Themen: Burg. Zugbrücke und Eingang. Bergfried. Küche und Ernährung. Tischsitten. Bekleidung. Leben auf der Burg. Burgen am Rhein. Leben der Bauern. Turnier. In Gruppen arbeiten die Kinder an ihrem Thema, sie überlegen Fragen, die bei der Besichtigung beantwortet werden sollen, sie lesen, recherchieren im Internet, zeichnen und basteln – je nach Thema. Als Experten tragen sie dann der Klasse zu ihrem Thema vor. Dabei ist ein Gesichtspunkt, dass sie immer wenigstens einen Gegenstand oder ein Bild zu ihrem Thema zeigen und eine kleine Geschichte erzählen. Die Exponate werden zu einer Ausstellung gestaltet. Lehrkräfte der Schule, die Eltern werden eingeladen und durch die Ausstellung geführt. Die Experten halten jeweils ihre Vorträge.

Die Vorträge werden zumeist zu zweit oder in der Gruppe vorbereitet und mit einem Partner abwechselnd vorgetragen. Die Lehrkraft kann zunächst bei der Vorbereitung des Vortrags helfen und somit bestimmte Regelstücke in den Vortrag einbringen helfen. Die zuhörenden Kinder melden hinterher zurück, was ihnen gefallen hat, welche Vorschläge sie für Vorträge haben. Aus diesen Überlegungen entstehen dann Stück für Stück die Regeln« (Bartnitzky 2009b, S. 62 f.).

Ziel eines Vortrags oder einer Präsentation ist die gelingende Vermittlung von Informationen. Wenn diese funktionale Begründung allen Kindern klar ist, können sie gemeinsam Kriterien für eine gelungene Präsentation erarbeiten. Die Kinder könnten sich zum Beispiel auf die Aufgabe verständigen, ein Thema mit einem Partner oder in einer kleinen Gruppe zu präsentieren, es mit einem Lernplakat anschaulich zu machen und zudem einen Sachtext zum Thema zu verfassen.

Sich allein auf einen Vortrag vorbereiten:

- Selber viel zum Thema wissen oder herausbekommen
- Entscheiden, was man zum Thema vortragen will
- Ein Bild oder einen Gegenstand zum Thema aussuchen
- Eine kleine Geschichte erfinden, die zum Thema passt
- Die Reihenfolge des Vortrags auf Karteikarten schreiben

Sich mit einem Partner auf den Vortrag vorbereiten:

Stellt euch gegenseitig Fragen und notiert, was ihr herausfindet:

- Was weißt du schon über das Thema?
- Was hast du dazu schon erlebt?
- Was findest du am wichtigsten?
- Wo können wir uns informieren?

- Wie können wir unser Thema besonders interessant machen?
- Wer übernimmt welchen Teil beim Vortrag?

Beim Vortrag:

- Das Thema nennen und zeigen (Tafel, Folie, Plakat)
- Mit Hilfe der vorbereiteten Karten frei sprechen, nicht ablesen!
- Die Zuhörer ansehen
- Das Bild, den Gegenstand, die Geschichte in den Vortrag einbauen
- Am Ende sagen, was das Wichtigste war. »Für mich war das Wichtigste …«
- Sich bei den Zuhörern für die Aufmerksamkeit bedanken

In Gruppenarbeit oder im Klassenplenum können Aspekte der Bewertung für die einzelnen Teile der Präsentation (Vortrag, Plakat, Sachtext) erarbeitet und vereinbart werden.

Rückmeldungen geben:

- Aufmerksam sein und genau zuhören
- Darauf achten, was du denkst und was du fühlst

Überlege vorher, was du sagen willst:

- Was hat dir gefallen?
- Welche Fragen hast du?
- Was hättest du anders gemacht? Welche Tipps kannst du geben?

→ Kopiervorlagen → 4.1 Vortrag vorbereiten
→ 4.2 Vortrag bewerten

Lesen

1. Förderkonzept weiterführendes Lesen

Begründung für den Förderbereich

Als eine der Basiskompetenzen im Bildungsprozess eröffnet das Lesen Kindern die Möglichkeit, Einsichten in und Verständnis für das Leben über die eigene Lebensumwelt hinaus zu entwickeln und ermöglicht ihnen die Bewältigung von Alltagssituationen. Die erworbene Lesefähigkeit hat Auswirkungen auf das Lernen in allen schulischen Bereichen.

Lesekompetenz, Lesegewohnheiten und die persönliche Bedeutung des Lesens sind Ergebnis der Lesesozialisation. Die Chancen von Kindern, zu Lesern und Leserinnen zu werden, werden in hohem Maße durch ihre Erfahrungen im häuslichen Umfeld beeinflusst. Die besondere Verantwortung der Schule ist es, diese Leseerfahrungen der Kinder aus dem Elternhaus aufzugreifen und zu erweitern oder Kindern, denen diese Erfahrungen fehlen, einen Zugang zu Büchern und anderen Medien zu eröffnen, um so sicherzustellen, dass alle Kinder gelingende Leseerfahrungen machen können. Das setzt voraus, dass Leseförderung in den Strukturen und Angeboten des Schulalltages umgesetzt wird und als ständige Arbeitsspur Unterricht und Schulleben durchzieht.

Kinder aus schrift- und buchorientierten Elternhäusern kommen in der Regel bereits mit Vorerfahrungen mit dem Lesen in die Schule und können daran anknüpfen, Kindern aus buch- und schriftfernem Milieu fehlen diese Erfahrungen. Gerade für diese Kinder sind eine anregende Leseumgebung mit verlässlichen Angeboten und Ritualen, individuell motivierende Leseanlässe und eine kindorientierte Lesekommunikation unverzichtbar. Somit ist auch in den Klassen 3 und 4 ein Schwerpunkt der Leseförderung darin zu sehen, leseschwachen Kindern alltägliche, vielfältige Lesesituationen zu ermöglichen.

Ein weiterer Schwerpunkt der Leseförderung wird jedoch zunehmend wichtig: Kinder lernen, auch umfangreichere Texte zu erschließen und dabei gezielt Lesestrategien zu nutzen. Vor allem leseschwächeren Kindern fällt es dabei schwer, die zentralen Aussagen eines Textes zu erfassen und mit eigenen Worten wiederzugeben. Oft gelingt es ihnen noch zu wenig, ihren Lesevorgang bewusst zu steuern und zu überwachen: sie bemerken zum Beispiel Verständnisschwierigkeiten nicht oder fragen nicht nach, sie nutzen Bilder, Tabellen, Überschriften oder Schlüsselwörter zu wenig, um eine Leseerwartung aufzubauen und zu überprüfen. Die Vermittlung von wichtigen Strategien für die Bewältigung dieser Schwierigkeiten ist für leseschwache Kinder dann hilfreich, wenn diese Strategien für wichtige und interessante Texte genutzt werden. Zu lernen, wie man unbekannte Wörter und Wendungen markiert oder welche Fragen helfen, den Inhalt eines Textes zu erschließen, macht für das Kind nur Sinn, wenn damit ein Ziel verfolgt wird, z. B. ein kurzer Expertenvortrag vor der Klasse oder der Beitrag zu einem Lernplakat. Leseförderung muss also eine Förderung in allen Bereichen der gemeinsamen Arbeit sein und sich an den Themen der Klasse orientieren.

»Lesen« meint im Zusammenhang mit Leseförderung immer mehr als das literarische Lesen, es meint ebenso Sachtexte, Comics, Zeitungen und Zeitschriften, digitale Medien – also die Texte, die den Kindern im Alltag besonders häufig begegnen. Bei der

Leseförderung geht es nicht darum, Printmedien und digitale Medien in einem Gegensatz zu sehen, es gilt vielmehr alle Medien und alle Textsorten einzubeziehen und miteinander in Beziehung zu setzen.

Auch wenn in den Grundschulen die Geschlechterunterschiede im Lesen noch deutlich geringer ausgeprägt sind als bei den Schülern und Schülerinnen der Sekundarstufe, zeigen Studien, dass das Leseverhalten von Jungen und Mädchen auch hier bereits unterschiedlich ist und dies Konsequenzen haben muss für die Förderung des weiterführenden Lesens.

Integrierte Förderung: Lernumgebung und Unterrichtsprozesse

Als vorrangige Leseförderung müssen Kinder in der Schule erleben, dass das Lesen und Vorlesen Teil des Klassenlebens ist, dass häufig in altersgemäßen Sachbüchern nachgeschlagen wird, dass es feste Zeiten gibt, in denen frei oder themenbezogen gelesen und über das Gelesene gesprochen wird, dass das Lesen nicht nur Teil des Faches Deutsch, sondern ständige Arbeitsspur in jedem Unterricht und im Schulleben ist. Nur auf diese Weise erfahren sie die Bedeutung des Lesens.

Eine so verstandene Leseförderung umfasst ein ganzes Netz an Aktivitäten, das die Lesekompetenz der Kinder und eine zunehmend stabile Lesepraxis aufbaut: Leseprojekte der Schule, Buchausstellungen und Buchempfehlungen, aber auch gezielte Übungen zu Lesetechniken und -strategien.

Neben der schulischen Arbeit gehört zu einem solchen Förderkonzept die Kooperation mit außerschulischen Partnern – Bibliotheken, Buchhandlungen, Theatern, Lesepaten – und die Elternarbeit, die als wichtige Instanz der Lesesozialisation vor allem in Schulen mit einem hohen Anteil an schrift- und buchfernen Elternhäusern beachtet werden muss. Förderung im Bereich des weiterführenden Lesens bedeutet, diesen Kindern Gelegenheiten zu eröffnen, aber auch Anregungen und Hilfen, um Erfahrungen zu machen, die ihnen zeigen, dass Lesen – für viele Kinder in diesem Alter eine immer noch mühevolle Arbeit – gewinnbringend ist.

Eine so angelegte Förderung in der Schuleingangsphase führt aufgrund der hohen Lesequantität dazu, dass das Lesen bei vielen Kindern in den Klassen 3 und 4 bereits automatisiert ist: Wörter werden als Sichtwortschatz schnell erkannt, das Lesetempo steigt, der Inhalt von Texten kann relativ selbstständig erschlossen werden, zunehmend können auch längere Erzähl- und Sachtexte gemeistert werden.

Kinder, die in diesem Bereich Schwierigkeiten haben, brauchen neben der motivationalen Förderung häufig aber auch eine Förderung bei der Entwicklung der Lesetechnik. Kurze Konzentrationsspannen, Schwierigkeiten beim simultanen Erkennen häufiger Wörter können dazu führen, dass das Kind weiterhin sehr langsam liest und noch vor dem Ende eines Textes aufgibt. Ein regelmäßiges kurzes Lesetraining als zusätzliche Förderschleife mit einem Lesepartner in Form einer inneren oder befristeten äußeren Differenzierung kann das Kind dabei unterstützen, diese Probleme zu beheben.

→ Fachtexte → Lesekompetenz – was ist das und wie fördert man sie?
→ Lesekompetenz entwickeln und würdigen – Leseförderung als Aufgabe der ganzen Schule
→ Begegnung mit Büchern

Didaktische Leitideen

Die Förderung des Lesens folgt den drei didaktischen Leitideen:

▶ Förderung ist beziehungsreich und verstehensorientiert.

In einer Atmosphäre individueller Zuwendung erleben Kinder, denen das Lesen auch in Klasse 3 und 4 noch schwerfällt, weiterhin Unterstützung durch unterschiedliche Lesepartner und lernen Texte kennen, für die es sich lohnt, die Mühe des Lesens auf sich zu nehmen, weil sie nicht nur an das Wissen der Kinder anknüpfen, sondern dieses Wissen auch erweitern.

Die Lesegeläufigkeit, aber auch die wichtige emotionale Komponente der Lesebereitschaft werden wie in der Schuleingangsphase durch regelmäßiges Vorlesen, gemeinsame Leseerfahrungen und Gespräche über Gelesenes am besten gefördert. Wo immer die Möglichkeit besteht, wird die Leseförderung auch in das Elternhaus getragen, nicht als Auslagerung und zusätzliche Hausaufgabe, sondern als Chance für die Eltern, gemeinsam mit ihren Kindern die Welt des Lesens zu entdecken. Hierbei kann die Schule wertvolle Hilfe leisten.

Leseprobleme werden durch ein gezieltes Lesetraining und die verstärkte Nutzung von Lesestrategien bearbeitet, die im Kontext der gemeinsamen thematischen Arbeit sinnvoll genutzt werden.

▶ Förderung ist diagnosegeleitet und differenziert.

Durch vielfältige Möglichkeiten der Beobachtung während der gemeinsamen und individuellen Lesezeiten sowie durch unterschiedliche Formen der Lesekommunikation wird der jeweilige Stand der Lesekompetenz eines Kindes für die Lehrkraft erkennbar. Diese Entwicklungen kann sie in strukturierten Beobachtungsbögen festhalten und zur Grundlage der gezielten Förderung machen. In einzelnen Fällen kann die Durchführung eines Leseprotokolls (Wedel-Wolff 1997) oder eines Tests weiteren Aufschluss über besondere Leseschwierigkeiten eines Kindes geben. Als Test sei auf die Hamburger Leseprobe HLP 1 – 4 verwiesen (www.▶ www.peter-may.de).

Ein Unterricht, in dem das Lesen nicht nur Ziel, sondern gleichzeitig Werkzeug des täglichen Lernens ist und in dem Kinder bei der Entwicklung oder der Bewahrung einer positiven Lesehaltung unterstützt werden, ist bereits von seiner Anlage her ein differenzierter Unterricht: Kinder können aus Lesematerialien je nach Interesse und nach Lesefähigkeiten wählen. Lesezugang und Leseverständnis sind immer individuell geprägt. Das Angebot verschiedener Umgangsweisen mit Texten ermöglicht eine individuell angepasste Differenzierung: Formen der metatextlichen Auseinandersetzung treten in den Klassen 3 und 4 verstärkt auf, werden jedoch weiterhin sinnvoll ergänzt durch handelnde und gestalterische Darstellungsformen, durch die vor allem leseschwächeren Kindern ein vertiefter Zugang zum Text möglich wird.

Dies gilt ebenso für alle Formen des Lesetrainings: die gezielte Auswahl sinnvoller Lesestrategien, die Möglichkeit der Wahl von Texten mit unterschiedlichem Umfang und Anspruchsniveau sowie die möglichst individuelle Wahl der Sozialform und Unterstützungsangebote – z. B. die Zusammenarbeit mit einem Lesepaten oder einem Lesepartner – ermöglicht hier ein materialarmes Differenzierungsangebot.

▶ Förderung ist kommunikativ und kooperativ.
Kinder müssen in der Schule reichlich Gelegenheit erhalten, um das Lesen in allen seinen Aspekten kennenzulernen. Der Aufbau einer Lesekultur in der Klasse führt zum »genießenden, informierenden, selektiven, interpretierenden und kritischen Lesen und legt damit eine tragfähige Grundlage für weiteres selbstbestimmtes Lesen und eine bewusste Auswahl geeigneter Medien. Die Kinder erfahren, dass Lesen eine Auseinandersetzung mit der Welt ermöglicht und Vergnügen bereiten kann« (KMK 2005, S. 9). In diesem Sinn finden das Lesen und damit auch die Förderung des Lesens immer funktional im Zusammenhang des Lebens und Lernens einer Klasse statt. In vielfältigen Lesesituationen regt Lesen zum Gespräch und zum Informationsaustausch an und wird auf diese Weise zum Gemeinschaftserlebnis. Das Förderziel ist, allen Kindern zu ermöglichen, an der schulischen Lesekultur, die Kommunikation und Kooperation fördert, teilzuhaben.

→ Kopiervorlagen → 0.3 Beobachtungsbogen Lesen
→ 0.4 Selbsteinschätzung Lesen

2. Kritische Stellen und Möglichkeiten zur Förderung

Kritische Stellen im Lernprozess	Förderideen	Beispielnummer
Texte / Bücher für das eigene Lesen auswählen	Lesetexte für das eigene Lesen finden	5
	Unterschiedliche Lesevorbilder kennenlernen	6
	Das eigene Lesen dokumentieren	7
Über grundlegende Lesefähigkeiten verfügen	Lesefertigkeiten trainieren	8
	Mit einem Partner lesen (»Paired Reading« / Tandemlesen)	9
Texten Informationen entnehmen	Das Lesen vorbereiten – Leseerwartungen klären und den Text überfliegen	10
	Leseprobleme lösen – Texte gliedern und Verständnisprobleme klären	11
	Texte genau lesen – mit Schlüsselfragen Informationen erschließen	12
	Texte genau lesen und darüber nachdenken – Fragen beantworten	13
	Texte genau lesen – selber Fragen stellen	14
	Texte genau lesen – Schlüsselwörter finden	15
Texte präsentieren	Den Text neu darstellen und vorstellen	16

5 Förderidee: Lesetexte für das eigene Lesen finden

Grundidee der folgenden Vorschläge ist, vielfältige Leseaktivitäten in der Klasse und in der Schule zu fördern, sodass alle Kinder das Lesen als einen wichtigen Teil des gemeinsamen Schulalltags erleben. Sie sind eher gerichtet auf die Bereiche des Lesens, die den Lesegenuss betonen, weniger auf die des kognitiven Textverständnisses – wobei das eine kaum vom anderen zu trennen ist.

Gerade in der 3. und 4. Klasse kann es bei schwachen Lesern und Leserinnen zu einem »Leseknick« kommen: Die Textangebote übersteigen häufig die Lesefähigkeiten dieser Kinder, sie sind zunehmend den steigenden Leseanforderungen in Bezug auf Textmenge, Inhalt und sprachliche Struktur nicht mehr gewachsen, die Motivation, sich der Mühe des Lesens zu unterziehen, schwindet. Für diese Kinder ist es wichtig, Textangebote, eigene Interessensgebiete und Lesefähigkeiten in Einklang zu bringen.

Alle Vorschläge orientieren sich an den Bedingungen, die die informelle häusliche Lesesozialisation erfolgreich machen, und übertragen sie auf das schulische Umfeld. In der Regel kann in diesem Bereich die Arbeit in der Schuleingangsstufe fortgeführt und die Organisation, Regeln und Rituale übernommen werden.

Freie Lesezeiten

Bestimmte festgelegte Zeiten in der Woche sind reserviert als freie Lesezeiten, z. B. im Rahmen des Wochenplanes. Entscheidend dafür, ob auch schwächere Leser und Leserinnen dieses Angebot nutzen können, ist neben dem Angebot an verschiedenen Texten die Unterstützung dieser Kinder bei der Auswahl geeigneter Lesetexte. Die folgenden Vorschläge können sie dabei unterstützen:

Die Schul- oder Klassenbücherei setzt sich aus unterschiedlichen Medien zusammen, die sich an den unterschiedlichen Interessen und Lesefähigkeiten der Kinder orientieren: Kinderbuchklassiker, aktuelle Kinderbücher, Bücher, die von ihrer Thematik her eher Mädchen ansprechen, und solche, die von Jungen gewählt werden, Kombinationen aus Hörbuch und Kinderbuch, Sachbücher, Lexika, Kinderzeitschriften, in Klasse 3 und 4 weiterhin Bücher mit reduziertem Textumfang, einem hohen Bildanteil, mit großer Schrift und Flattersatz.

Das Leseangebot in der Klasse spiegelt die Interessen der Kinder wider. Die Kinder schlagen zur Planung ihre Lieblingsthemen vor, die Lehrkraft stellt in Zusammenarbeit mit der schuleigenen Bücherei, der Stadtteil- oder Gemeindebücherei Lesekisten zusammen, die diese Themen berücksichtigen. In der Regel ist es möglich, solche Kisten über die übliche Ausleihzeit hinweg zu nutzen, sodass Kinder Bücher zum Weiterlesen auch mit nach Hause nehmen können.

Die Präsentation der Bücher ist ästhetisch und erleichtert den Kindern die Orientierung. Die farbig gestalteten Einbände, die Namen der Autorinnen und Autoren, der Titel des Buches wecken das Interesse und machen auch leseschwächeren Kindern die Auswahl leichter.

Die Auswahl des Leseortes bestimmt das Kind selber. Nur selten bietet ein Klassenraum noch die Möglichkeit, eine feste Leseecke einzurichten, doch Kinder sind meistens findig und nicht sehr anspruchsvoll in der Wahl ihres Ortes: Ein Kissen oder eine Unterlage genügen, um sich zurückzuziehen und die nötige Ruhe zu finden.

Lieblingsbücher können aus dem Angebot in der Klasse entnommen, aber auch von zu Hause mitgebracht werden. Für die Lehrkraft entsteht so die Möglichkeit, mit leseschwachen Kindern darüber zu sprechen, warum sie dieses Buch gewählt haben, warum sie es wiederholt lesen, um davon ausgehend Anregungen zum weiteren Lesen zu geben.

Kinder dürfen ausdrücklich Bücher zurücklegen. Die Beobachtung, dass ein Kind dies wiederholt oder grundsätzlich tut, kann Anlass sein, mit diesem Kind über seine Schwierigkeiten zu sprechen und geeignete Lesehinweise zu geben.

Struktur der freien Lesezeiten

Eine minimale Struktur der freien Lesezeiten unterstützt schwächere Leser und Leserinnen, sie sinnvoll zu nutzen:

- Die Stunde beginnt mit einer kurzen Vorlesezeit der Lehrerin oder eines Kindes: Ein Buch wird kurz vorgestellt, das erste Kapitel oder eine besondere Stelle daraus werden vorgelesen. Außerdem wird hingewiesen auf neue Bücher, auf Bücher, die zum Unterrichtsthema passen, auf Bücher, die einzelnen Kindern gut gefallen. Diese Phase gibt schwächeren Lesern einen ersten Überblick über möglichen Lesestoff.
- Während einige Kinder anschließend bereits mit dem Lesen beginnen, suchen sich andere Kinder noch ihren Lesestoff aus. In dieser Phase sind leseschwache Kinder häufig überfordert: Sie können sich nicht entscheiden oder sie wählen ein Buch, das für sie nicht geeignet ist. In beiden Fällen ist es sinnvoll, dass die Lehrkraft gemeinsam mit dem Kind in die Bücher hineinsieht und es bei der Auswahl berät.
- Während der sich nun anschließenden ruhigen Phase lesen die Kinder oder sie dokumentieren ihr Lesen (s. Förderidee 7). Leseschwächere Kinder können in dieser Phase ihr gewähltes Buch mit einem Lesepaten lesen. Das kann die Lehrperson selbst sein, aber auch ein Erwachsener (Eltern, Großeltern, ehrenamtliche Helfer aus der Gemeinde, ältere Schüler), der die Klasse während der Lesezeit regelmäßig begleitet.

→ Kopiervorlagen → 5.1 Buchtipp
→ 5.2 Bücherwürmer Urkunde
→ 5.3 Wachsender Leseausweis

6 Förderidee: Unterschiedliche Lesevorbilder kennenlernen

Der Einfluss auf die Lesesozialisation des Kindes durch die Personen, denen es im häuslichen Umfeld begegnet, ist an vielen Stellen belegt. Belegt ist aber auch, dass die Schule Defizite, die in diesem Bereich bestehen, durchaus ausgleichen kann, wenn der Unterricht so angelegt ist, dass das Kind im schulischen Umfeld Lesevorbilder erfährt.

Vorlesen

Die Lehrperson und zunehmend auch lesestärkere Kinder lesen vor. Sie tun dies mit Texten, die »einfach nur« zum Zuhören verlocken: spannende Texte mit einer zügig fortschreitenden Handlung, mit handelnden Personen, mit denen sich Jungen und Mädchen identifizieren können, mit einer klaren Sprache, die Kindern gute sprachliche Muster bieten kann. Sie tun dies nicht nur »zur Belohnung«, um die Klasse zu beruhigen, nebenbei während der Frühstückspause, sondern als festen Bestandteil des Unterrichts – auch noch in Klasse 3 und 4, wenn alle Kinder selbst lesen können. Vor allem leseschwache Kinder profitieren von diesen Situationen, weil sie das Lesen so genießen können und intuitiv Möglichkeiten und Muster für eigene Texte, mündliche und schriftliche, kennenlernen.

Situationen, in denen Kinder sich wechselseitig etwas vorlesen, ergeben sich aus der Anlage der oben beschriebenen freien Lesezeiten.

Themenbezogenes Lesen und Experten

Bei einem thematisch organisierten Unterricht, in dem in längeren Phasen ein Thema bearbeitet wird, können einzelne Kinder Experten sein oder zu Experten werden. Sie schreiben Fragen zum Thema auf, die an einer Pinnwand gesammelt werden, geben Hinweise, wo man dazu etwas lesen kann, oder lassen diese Fragen offen, sodass in der Klasse darüber gesprochen werden kann. Es können aber genauso gut Fragen an die Experten gestellt werden, die wiederum nach Antworten in den ihnen zur Verfügung stehenden Büchern oder Internetquellen suchen. Über den Unterricht hinaus gibt es immer wieder Themen, in denen einzelne Kinder sich besonders auskennen: Oft sind es Jungen, die hier das Lesen als eine wichtige Quelle für sich entdecken und andere »anstecken« können. Diese Themen aufzugreifen – auch wenn sie nicht dem literarischen oder thematischen Kanon einer Grundschullehrerin entsprechen – macht Sinn, wenn damit das Lesen in einem für das Kind sinnvollen Rahmen gefördert wird.

Zusammenarbeit mit einer Bücherei

In Absprache mit der örtlichen Bücherei kommt eine Bibliothekarin in den Unterricht und stellt entweder neue Bücher für die Altersstufe vor oder Bücher, die sich auf das im Unterricht bearbeitete Thema beziehen. Ziel ist es, die Vielfalt des Medienangebotes vorzustellen und die Kinder anzuregen, die Bücherei als Möglichkeit der Freizeitgestaltung zu nutzen. In manchen Gemeinden wird dieses Angebot als Lesenacht in der Bücherei gestaltet: Die Bücherei wird für einen Abend und eine Nacht zum Nachtlager der Kinder. Mit Luftmatratzen, Isomatten und Schlafsäcken ausgestattet, verbringen sie die Nacht gemeinsam mit der Lehrperson und einer Bibliotheksmitarbeiterin. Es wird vorgelesen, es werden Bücher aus dem Bestand der Bücherei ausgewählt und anschließend gelesen, bis auch die letzten Kinder einschlafen. Lesen ist dann auch für viele Nichtleser »cool«!

Eltern als Lesepartner

Gerade für leseschwache Kinder ist es sinnvoll, ihre Eltern als Lesepartner zu gewinnen: In einem »Lesevertrag« verpflichten die Eltern sich, über einen verabredeten Zeitraum regelmäßig – z. B. fünfmal in der Woche zehn bis fünfzehn Minuten – mit ihrem Kind zu lesen. So können sie im Austausch mit dem Kind Lesen als gemeinschaftsbildende Tätigkeit erleben und genießen. Grundlage des »Lesevertrags« ist das *gegenseitige* Vorlesen und das Gespräch über das Gelesene, damit die Kinder Eltern als Lesevorbilder erleben können.

Voraussetzung für eine solche Art der Leseförderung ist eine vorbereitende Elternarbeit, in der die Eltern praxisnah die Erfahrung machen, wie sie am besten vorlesen oder gemeinsam mit dem Kind lesen, wie sie mit Verlesungen umgehen, welche Fragen sie stellen können, und bei der sie Hinweise für geeigneten Lesestoff erhalten.

Es sollte betont werden, dass der »Lesevertrag« keine »gemeinsame Hausaufgabe« ist, sondern die gemeinsame Leseerfahrung im Vordergrund steht. Bei leseschwachen Kindern sollte auf möglichst einfache Texte geachtet werden, ohne verbindliche Vorgaben zum Umfang des Gelesenen, damit auf das individuelle Lesetempo des Kindes eingegangen werden kann.

Im Rahmen der freien Lesezeiten oder bei der Bearbeitung eines Lesetagebuches (s. Förderidee 3) können die Kinder auch auf ihre Erfahrungen während dieser Lesezeiten zurückgreifen. (Weitere Anregungen dazu unter www.▶ www.lesepartnerinnen.at.)

Lesepaten und Lesescouts

- Zur Unterstützung im Vormittags- oder Nachmittagsbereich ist es lohnend, Lesepaten anzusprechen: In vielen Städten und Gemeinden werden über lokale Vermittlungsstellen Lesepatinnen und -paten vermittelt, die ein bis zwei Stunden pro Woche in die Klasse kommen und einzelnen Kindern oder kleinen Gruppen vorlesen oder sich selber vorlesen lassen.
- In Anlehnung an die Lesescouts der Sekundarstufe (www.▶ www.stiftunglesen.de/lesescouts), die ehrenamtlich in ihren Schulen für das Lesen werben, indem sie Lesetipps geben, Buchausstellungen in der Schule und Buchvorstellungen in den Klassen organisieren, an Schulfesten und an Projekttagen mit Bücherrallyes, Spielen zu Büchern und Bücherrätseln teilnehmen oder in der Schulzeitung auf Bücher hinweisen, kann auch im Grundschulbereich das Thema immer wieder in den Schulalltag getragen werden, z. B. durch die Einrichtung eine Bücher-AG, in der Schüler und Schülerinnen ähnliche Aktionen für das Schulleben planen und durchführen.

7 Förderidee: Das eigene Lesen dokumentieren

Lesen(lernen) ist ein nur schwer beschreibbarer Prozess, zu dem Lehrkräfte am ehesten festhalten können, wie viel und wie oft ein Kind liest, wie schnell es liest, ob es einzelne Informationen eines Textes versteht und wie groß seine Eigenständigkeit bei der Auswahl geeigneter Texte ist – ob bezogen auf Bücher oder auf Bildschirmtexte.

Wenn Kinder aber im Zusammenhang mit dem Lesen notieren, was sie gelesen haben, kommentieren, was ihnen gefallen oder auch nicht gefallen hat, wenn sie Beeindruckendes festhalten oder andere Lösungen als die im Text finden, dann halten sie fest, was sie als Leser berührt, und dokumentieren über die Jahre hinweg ihre Lesebiografie, die neben den bereits genannten Merkmalen auch ihre Motivation zu lesen, ihre Leseinteressen, ihre Fähigkeit, Informationen zu verknüpfen und ihre Fähigkeit, Texte zu beurteilen und auf dem Hintergrund der eigenen Erfahrungen und Vorlieben zu reflektieren, umfasst.

Dabei muss es sich nicht immer um ein Buch handeln, über das die Kinder etwas notieren. Kurze Texte aus Lesebüchern oder Geschichtensammlungen, Comics, Sachtexte aus Büchern und dem Internet, Artikel aus Kinderzeitungen eignen sich ebenfalls dazu und können leseschwächere Kinder bei den Leseanforderungen entlasten.

Lesetagebuch

Die bekannteste Form, das eigene Lesen zu dokumentieren, ist das Lesetagebuch (Bertschi-Kaufmann 2007). In einem besonderen stabilen Heft, dessen Umschlag von den Kindern gestaltet werden kann, notieren diese, was sie gelesen haben, und ergänzen individuelle Gedanken zum Buch. Die Grundinformationen umfassen den Titel, die Autorin oder den Autor und den Verlag sowie das Datum, an dem der Eintrag getätigt wurde. Bei Zeitschriftartikeln vermerkt das Kind zusätzlich den Titel und die Nummer des Heftes.

Für alle Kinder verbindlich ist, zu jedem Buch, Comic oder Heft eine vereinbarte Anzahl von Sätzen (z.B. drei bis fünf) zu schreiben. Grundlage hierzu sind wichtige Schlüsselfragen, deren Beantwortung hilft, die Kerninformationen aus einem Erzähltext zu ermitteln:

Wer kommt in der Geschichte vor? Wo spielt die Geschichte? Was passiert in der Geschichte? Wie finde ich die Geschichte? Dies sind Schlüsselfragen, die helfen, einen Text zu verstehen. Sie können auf einem Plakat oder in kleinen Hosentaschenbüchern, Leporellos, Lesefächern u.Ä. gesammelt werden.

Darüber hinaus können die Kinder aus einer nicht zu umfangreichen Anzahl von Anregungen zur weiteren Arbeit selbstständig auswählen, sodass leseschwächere Kinder sowohl gezielte Hinweise finden, was sie über die Grundinformationen hinaus dokumentieren können, dies aber nicht müssen, um so mehr Zeit für eine weitere Lektüre zu haben.

Diese weiteren Empfehlungen können sein:

- etwas aufmalen und zeichnen, das zu dem Buch passt,
- eine lustige, traurige, spannende Stelle aufschreiben,
- einen Buchtipp schreiben,
- eine Postkarte an die Hauptperson schreiben,
- erklären, welche Person in dem Buch man gerne oder gar nicht sein möchte,
- zu einer Textstelle einen Comic zeichnen und schreiben,

- ein Quiz mit Fragen zum Buch erstellen,
- aufschreiben, was man bei dem Buch Wichtiges gelernt hat.

Wenn das Lesetagebuch zu einem Medium zwischen Kind und Lehrperson wird, kann sie es für weitere schriftliche und mündliche Anmerkungen, Fragen und Hinweise nutzen.

→ Fachtexte → Lesetagebücher

Leserolle

In einer leeren, von außen gestalteten Chipsdose bewahren die Kinder die Arbeiten auf, die sie während und nach der Lektüre ihres Buches erstellen. Es gibt festgelegte Pflicht- und Wahlaufgaben, deren Art und Umfang vom Alter der Kinder abhängen und die denen des Lesetagebuches gleichen. Immer umfassen diese Aufgaben eine kurze Wiedergabe des Inhalts und eine persönliche Bewertung des Buches. Die Aufgaben werden auf einzelnen Blättern bearbeitet, die aneinandergeklebt und aufgerollt werden. Die bibliografischen Angaben werden auf die Dosenaußenseite geschrieben. Bei der abschließenden Buchvorstellung dient die Leserolle als unterstützendes Hilfsmittel.

Lesekiste oder Leseschachtel

Jedes Kind füllt während der individuellen Lektüre eines Textes einen Schuhkarton mit Gegenständen oder Bildern, die für den Verlauf der Handlung wichtig sind. Vereinbart werden kann, dass jedes Kapitel vertreten ist. Zu jedem Gegenstand oder Bild wird ein kleiner Tischreiter erstellt, auf dem ein kurzer erklärender Text steht. Die Handlung des Buches wird so für das lesende Kind real, es »begreift« den Text und wird zu einer intensiven Auseinandersetzung mit dem Text angeregt, ohne dass es dazu umfangreichere schriftliche Arbeiten anfertigen muss. Dies kommt vor allem leseschwächeren Kindern entgegen.

In die Innenseite des Deckels werden ein Buchsteckbrief und/oder eine kurze Buchempfehlung geklebt, die Seiten des Kartons werden während des Lesens gestaltet und mit den bibliografischen Angaben versehen. Wie die Leserolle unterstützt die Lesekiste oder -schachtel das Kind bei der anschaulichen Vorstellung seines Buches.

→ Kopiervorlagen → 7 Lesekiste

8 Förderidee: Lesefertigkeiten trainieren

Auch in den Klassen 3 und 4 zeigen einige Kinder noch Schwächen bei der basalen Lesefertigkeit. Oft ist bei ihnen zu beobachten, dass sie mit den Augen im Text umherspringen, beim Lesen mitmurmeln und häufig vor Ende eines Textes aufgeben. Diese Kinder brauchen gezielte Übungen, die durch den Aufbau eines »Sichtwortschatzes« zur Automatisierung des Lesevorgangs führen. Darüber hinaus hilft es diesen Kindern, stärker die semantischen Beziehungen zwischen den Wörter und die syntaktische Struktur der Sätze für das Leseverständnis zu nutzen.

In den letzten Jahren ist eine Vielzahl von »Lese-Trainingsmappen« erschienen, die immer dann sinnvoll einzusetzen sind, wenn gesichert ist, dass die Texte für das leseschwache Kind motivierend sind und seinem Weltwissen entsprechen, vor allem aber, wenn die Trainingseinheiten eingebettet sind in ganzheitliche Formen der Leseförderung, die zum Lesen verlocken sollen.

Hier wird nun hingewiesen auf Standardübungsformen, die Lehrkräfte in unterschiedlichen thematischen Zusammenhängen mit immer neuem Wortmaterial nutzen können. Die Begrenzung auf eine kleine Anzahl von Übungsformen gibt leseschwachen Kindern Sicherheit, weil sie sich auf das Lesen und nicht auf das Aufgabenformat konzentrieren können.

Blitzkartenübungen: Durch schnelles Auf- und wieder Zudecken von Wörtern, Wortgruppen oder Sätzen wird das Aufgedeckte ganzheitlich erfasst.

Lies-genau: Aus Wörterlisten oder kurzen Texten werden möglichst schnell bestimmte Buchstaben, Buchstabengruppen, Silbengruppen oder nicht passende Wörter herausgesucht und markiert.

Wortsuchübungen: Aus Listen werden Wörter herausgesucht, die in einem Zusammenhang mit dem Unterrichtsthema stehen, um so das simultane Erfassen von Wörtern zu üben.

»Schneemannnasenmöhrenspitze«: Möglichst lange Wörter, sinnvolle und auch Unsinnwörter, werden mit Hilfe einer Abdeckkarte nach und nach aufgebaut: Die Wörter stehen als Wörtertreppe untereinander, das kürzeste oben. Das Kind deckt das erste Wort auf und liest es, dann das zweite usw., bis das gesamte Wort zusammengesetzt ist.

»Verrückte« Texte: Texte werden so verfremdet, dass die Wörter nur unvollständig zu erkennen sind: sie werden in Teilen ausradiert, es wird Konfetti auf die Seite gestreut, ein Abdeckblatt wird von unten so auf eine Zeile gelegt, dass sie halbiert wird. Immer müssen die Kinder von den sichtbaren Teilen auf das Ganze schließen.

Lückentexte: In Textlücken müssen inhaltlich und syntaktisch passende Wörter oder Satzteile eingefügt werden. Die Kinder können dabei aus einem überschießenden Angebot auswählen. Oder: Es gibt zu jeder Lücke zwei Angebote, von denen nur eins syntaktisch *und* semantisch richtig ist.

Verwürfelte Texte: Textteile von zwei oder drei kurzen Texten, z. B. Witzen, sind verwürfelt und müssen einander zugeordnet und zu einem sinnvollen Text verbunden werden. Oder: Die verwürfelten Abschnitte eines längeren Textes müssen in eine sinnvolle Ordnung gebracht werden. Bei beiden Verfahren markieren die Kinder die Wörter oder Strukturen, an denen sie gemerkt haben, wie der Text sinnvoll geordnet wird, um zu vermeiden, dass die Kinder lediglich raten.

9 Förderidee: Mit einem Partner lesen (»Paired Reading« / Tandemlesen)

Leseschwache Kinder können mehr Sicherheit und Geläufigkeit beim Lesen gewinnen, wenn sie durch einen sicheren Leser beim lauten Lesen begleitet und unterstützt werden (Rosebrock, C. / Nix, D. 2008 S. 41 – 44; siehe auch Bartnitzky u. a. 2011, S. 37)

Zwei Personen bilden ein Lesetandem: das Kind, das besonders gefördert werden soll, und ein Lesetutor, der oder die geläufig lesen kann.

Textauswahl: Das leseschwache Kind wählt einen nicht zu langen Text aus, den es gerne lesen möchte. Die Lehrperson sollte das Kind an dieser Stelle beraten, damit es durch die Art des Textes nicht in seiner Lesefähigkeit überfordert wird.

Synchrones Lesen: Die Lesepartner lesen den Text gemeinsam halblaut vor. Zur Unterstützung des synchronen Lesens kann der Lesetutor die Zeile mit dem Finger mitführen.

Lesehilfen: Muss das Kind sich länger bemühen, ein Wort zu erlesen, spricht der Tutor nach etwa fünf Sekunden dieses Wort richtig vor, das Kind wiederholt es und fährt dann am Satzanfang im Lesen fort. Dieses Verfahren gilt ebenfalls bei Lesefehlern. Ist offensichtlich, dass das Kind das Wort nicht lesen kann, weil es dessen Bedeutung nicht kennt, klärt der Tutor dies.

Mit fortgeschrittener Übung und zunehmender Sicherheit wird das Kind ermuntert, alleine weiterzulesen. Dies tut es solange, bis der Text oder ein Abschnitt des Textes erfolgreich gelesen wurde oder das Kind einen Lesefehler macht und nicht erkennt.

Das Verfahren setzt ein gutes Einfühlungsvermögen und eine hohe soziale Kompetenz der Tutoren voraus, weil es davon lebt, dass die übenden Kinder angemessen gelobt und bestärkt werden. Die Tutoren müssen auf ihre Aufgabe vorbereitet werden, um die angegebene Strategie konsequent zu verwenden.

Variante 1: Kinder mit Schwierigkeiten beim selbstständigen Lesen hören zunächst den Text als Hörbuch und lesen ihn begleitend. Anschließend üben sie die gehörten Abschnitte, ohne die Unterstützung des Hörtextes zu lesen.

Variante 2: Am Ende eines Absatzes gibt das Kind das Gelesene mit eigenen Worten wieder und stellt Vermutungen an, wie der Text weitergehen kann. Der Tutor bestätigt oder ergänzt gegebenenfalls. Kind und Tutor können sich dabei auch abwechseln.

10 Förderidee: Das Lesen vorbereiten – Leseerwartungen klären und den Text überfliegen

In freien Lesestunden wählen lesekompetente Kinder in der Regel recht zügig ihre Lektüre und wenden dabei Strategien an, ohne diese ausdrücklich benennen zu können. Das Titelbild, der Titel des Buches, manchmal auch der Name einer Autorin oder eines Autors wecken das Interesse, ein erstes überfliegendes Lesen bestätigt die Auswahl oder verwirft sie. Das Kind hat antizipiert, worum es in dem Buch geht, und hat dies mit seinem Interesse und Vorwissen in Beziehung gebracht. Antizipieren ist eine wichtige Strategie, die das Lesen steuert und somit erleichtert. Leseschwächeren Kindern fehlt eine solche Strategie.

Die folgenden Angebote werden mit einzelnen Kindern oder kleinen Kindergruppen bearbeitet. Die Strategie wird zunächst in einer Übungssituationen bearbeitet, entscheidend ist jedoch, dass die Kinder sie im Lesealltag als Entlastung nutzen und bewusst anwenden können.

Nach einem ersten Blick in das Buch stellen die Kinder Vermutungen an. Standardfragen sind: *Was denkst du, wovon der Text handelt? Wo könnte die Geschichte spielen? Wer sind die Hauptpersonen?*

Die Vermutungen werden festgehalten, während des Lesens und nach dem Lesen wird der tatsächliche Verlauf kontinuierlich mit den Erwartungen verglichen: *Was habe ich richtig vermutet? Was war anders?*

Mit leseschwachen Kindern kann eine solche Fragehaltung gut während der Arbeit mit einem Lesepartner entwickelt werden (s. Förderidee 9).

- Bei **Sachtexten** eignen sich Standardfragen wie:
  Was weißt du schon über das Thema? Hast du schon einmal etwas darüber gelesen, gesehen oder gehört? Hast du vielleicht schon einmal etwas Ähnliches erlebt? Interessiert dich das Thema? Was möchtest du über das Thema wissen?
- Im Laufe der Zeit werden mit den Kindern Standardfragen gesammelt, die ihnen auch bei **umfangreicheren Texten** ermöglichen, sich einen ersten Überblick zu verschaffen:
  Wie heißt der Titel des Textes? Was siehst du auf den Bildern? Worüber informiert der Text wohl? Welche Wörter im Text geben dir einen Hinweis darauf? Du möchtest etwas über ... wissen. Kann dir dieser Text helfen?
- Traditionell werden am Ende eines Textes **Lesefragen zum Textverständnis** gestellt. Die Beantwortung erfordert vor allem bei längeren Texten eine bereits fortgeschrittene Lesefähigkeit: Der Text muss nicht nur genau, sondern auch überfliegend gelesen werden, um die erfragten Informationen schnell aufzufinden. Kinder, die langsam lesen, haben jedoch noch nicht das weite Lesefeld, um diese Strategie zu beherrschen. Zur Übung bieten sich kurze und sprachlich einfache Sachtexte zu Themen an, die den Kindern vertraut sind und für die sie Interesse zeigen. Innerhalb einer vorgegebenen kurzen Zeit bearbeiten sie Aufgaben wie z. B.:
  Markiere in dem Text alle Tiere / Fahrzeuge / Obstsorten ..., die vorkommen.
  Markiere in dem Text das Wort »...«.
  oder ein bis zwei einfache Fragen zu explizit im Text gegebenen Informationen. Um die Kopiermenge einzuschränken, empfiehlt es sich, durchsichtige Dokumentenhüllen in den üblichen DIN-Größen, die an zwei Seiten geöffnet sind, bereitzuhalten, die die Kinder über die Seiten schieben und mit einem wasserlöslichen Stift bearbeiten können.

11 Förderidee: Leseprobleme lösen – Texte gliedern und Verständnisprobleme klären

Routinen, die es ihnen erlauben, das Lesen zu kontrollieren und zu steuern, fehlen leseschwächeren Kindern häufig. Sie scheinen oft nicht zu bemerken, wenn sie etwas nicht verstehen, sie überspringen Textteile, die ihnen zu schwierig werden, die Länge eines Textes entmutigt sie und lässt sie den Überblick über den Inhalt verlieren. Sie wirken unkonzentriert und geben schnell auf, wenn ein Text sie zu überfordern scheint.

Wenn leseschwächere Kinder diese Routinen erlernen sollen, so müssen sie zunächst die Stellen benennen können, die ihnen das Lesen erschweren. Dies kann nur im Gespräch geschehen: *Die Geschichten sind immer so lang. Ich kann mich nicht richtig konzentrieren. Ich verstehe manche Wörter oder Sätze gar nicht. Ich finde nie die Zeilen, die ich gerade lese.*

Auf dieser Grundlage kann eine Vereinbarung getroffen werden, wie das Kind Leseprobleme lösen kann. Die folgenden Beispiele machen deutlich, dass sich Leseförderung nicht auf den Deutschunterricht beschränken kann. Die Strategien, die das Kind im Deutschunterricht kennenlernt und nutzt, müssen ebenso in Mathematik und in den Sachfächern Anwendung finden. Schulinterne fächerübergreifende Absprachen sind aus diesem Grund unerlässlich.

Texte strukturieren

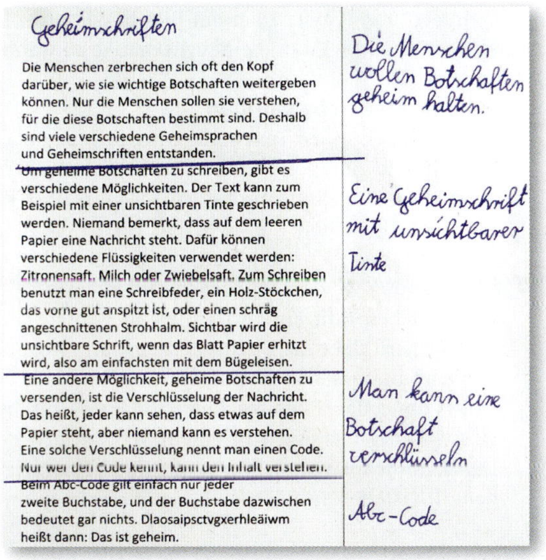
Geheimschriften

Die Menschen zerbrechen sich oft den Kopf darüber, wie sie wichtige Botschaften weitergeben können. Nur die Menschen sollen sie verstehen, für die diese Botschaften bestimmt sind. Deshalb sind viele verschiedene Geheimsprachen und Geheimschriften entstanden. — Die Menschen wollen Botschaften geheim halten.

Um geheime Botschaften zu schreiben, gibt es verschiedene Möglichkeiten. Der Text kann zum Beispiel mit einer unsichtbaren Tinte geschrieben werden. Niemand bemerkt, dass auf dem leeren Papier eine Nachricht steht. Dafür können verschiedene Flüssigkeiten verwendet werden: Zitronensaft, Milch oder Zwiebelsaft. Zum Schreiben benutzt man eine Schreibfeder, ein Holz-Stöckchen, das vorne gut anspitzt ist, oder einen schräg angeschnittenen Strohhalm. Sichtbar wird die unsichtbare Schrift, wenn das Blatt Papier erhitzt wird, also am einfachsten mit dem Bügeleisen. — Eine Geheimschrift mit unsichtbarer Tinte

Eine andere Möglichkeit, geheime Botschaften zu versenden, ist die Verschlüsselung der Nachricht. Das heißt, jeder kann sehen, dass etwas auf dem Papier steht, aber niemand kann es verstehen. Eine solche Verschlüsselung nennt man einen Code. Nur wer den Code kennt, kann den Inhalt verstehen. — Man kann eine Botschaft verschlüsseln

Beim Abc-Code gilt einfach nur jeder zweite Buchstabe, und der Buchstabe dazwischen bedeutet gar nichts. Dlaosaipsctvgxerhleäiwm heißt dann: Das ist geheim. — Abc-Code

- Lange Texte werden vom Kind in Leseportionen aufgeteilt. Das Kind markiert sich das Textstück durch einen Bleistiftstrich oder eine Büroklammer, die es an die entsprechende Stelle auf die Seite schiebt. Dieses Verfahren eignet sich vor allem für längere Texte, z. B. Kinderbücher.
- Die Struktur eines Textes zu erkennen, hilft, ihn verstehbar zu machen. In Erzähltexten geben Abschnitte unterschiedliche Handlungsschritte an, in Sachtexten bündeln sie unterschiedliche Informationen. Die Kinder nummerieren zunächst die vorgegebenen Absätze durch, entweder mit dem Bleistift oder in der oben beschriebenen Form mit einer Sichthülle. Nach jedem Absatz schreiben sie zwei bis fünf wichtige Wörter dazu auf. Diese Aufzeichnungen helfen, das Gelesene wiederzugeben.
- Die Handlungsschritte eines Erzähltextes oder die wichtigsten Informationen eines Sachtextes werden mit kurzen Sätzen oder einzelnen Wörtern auf Erzählkarten geschrieben. Aneinandergelegt oder aufgeklebt bilden sie den Handlungsverlauf wie auf einem Zeitstrahl nach.

- Alle wichtigen abbildbaren Gegenstände eines Sachtextes werden in einfachen Zeichnungen festgehalten und beschriftet. Mit Hilfe dieser Zeichnungen kann das Kind die wesentlichen Informationen wiedergeben.
- Texte ohne Absätze müssen von den Kindern selbst gegliedert werden. Die Frage *»Wenn wir die Geschichte als Comic zeichnen würden: Wo fängt ein neues Bild an?«* kann ihnen bei erzählenden Texten helfen, bei Sachtexten können sie sich an den Schlüsselfragen orientieren (s. Förderidee 12). Die Kinder besprechen im Anschluss, an welchen Stellen sie den Strich gesetzt haben. Hier wird es unterschiedliche Meinungen geben. Mit der Besprechung und Begründung schärft sich aber das Bewusstsein über die Struktur eines Textes.

Sich wieder konzentrieren

Fehlende Konzentration kann unterschiedliche Ursachen haben, die in der Person des Kindes oder in der Art des Textes begründet sein können: *Ich muss immer an … denken. Ich habe jetzt schon so lange gearbeitet, ich kann nicht mehr. Ich mag den Text überhaupt nicht, es ist langweilig und interessiert mich nicht.*

Im ersten Fall hilft es oft, kurz darüber zu sprechen oder aufzuschreiben, was einen im Moment bewegt. Im zweiten Fall darf eine kurze »Kopfpause« eingelegt werden: etwas Bewegung, eine andere, eher handlungsorientierte Tätigkeit ausführen, manchmal hilft ein Schluck Wasser oder ein Biss in das Brot. Im letzten Fall muss es erlaubt sein, einen Text wegzulegen und eine Alternative zu wählen.

Schwierige Stellen bewältigen

- Der Eindruck, einen Text nicht zu verstehen, überlagert die Tatsache, dass es in jedem Text Anteile gibt, von denen aus man sich den weiteren Text erschließen kann. Diese Anteile können Kinder auffinden: Sie markieren mit einem senkrechten Bleistiftstrich am Rand die Stellen, die sie bereits verstehen. Bei einem zweiten Durchgang lesen sie die Stellen noch einmal genau, die sie noch nicht verstanden haben.
- Unbekannte Wörter, Ausdrücke oder Sätze, die das Kind nicht versteht, werden unterstrichen, mit einem leichten Bleistiftstrich, der sich wieder ausradieren lässt, oder es wird über die Buchseiten eine an zwei Seiten geöffnete, durchsichtige Dokumentenhülle geschoben, auf der das Kind mit einem wasserlöslichen Stift arbeiten kann, ohne das Buch zu beschädigen. Leseschwächeren Kindern fällt es schwer, selbstständig Lösungen in einem Wörterbuch oder in einem Lexikon aufzufinden. Dies kann jedoch modellhaft von einer helfenden Person getan werden. Die aufgefundene Textstelle kann dann gemeinsam gelesen und besprochen werden.

Zeilen halten

Wenn Kinder Schwierigkeiten haben, die Zeilen mit den Augen zu halten, nutzen sie eine Lesekarte: Die Karte wird auf den Text gelegt. Eine Aussparung gibt zunächst Wort für Wort, zunehmend aber Satz für Satz frei. Oder die Karte deckt mit der unteren Seite Zeile für Zeile auf. Die Karte kann auch so von oben auf den Text gelegt werden, dass das jeweils Gelesene abgedeckt wird. So wird das Blickfeld weiterhin begrenzt und die Kinder können leichter die Zeile halten, gleichzeitig aber auch ihre Blickspanne erweitern.

→ Kopiervorlagen → 11 Lesekarte

12 Förderidee: Texte genau lesen – mit Schlüsselfragen Informationen entnehmen

Auch W-Fragen, die das Schreiben der Kinder von Sachtexten leiten können (s. Förderidee 19), sind geeignet, die Kerninformationen aus einem Text zu ermitteln: *Wer kommt in dem Text vor? Wo spielt der Text? Wann spielt der Text? Was passiert in dem Text? Warum passiert es? Wie finde ich den Text?* Sie eignen sich sowohl für kürzere Erzähltexte als auch für Bücher.

Diese Fragen können in einem standardisierten Formular angeboten werden. Das hat den Vorteil, dass eine generelle Strategie erlernt und angewendet werden kann. Die Lehrkraft muss nicht Fragen zum Verständnis bei jedem Text neu finden und schreiben und die Kinder wiederum sind nicht auf die jeweiligen textbezogenen Fragen der Lehrkraft angewiesen.

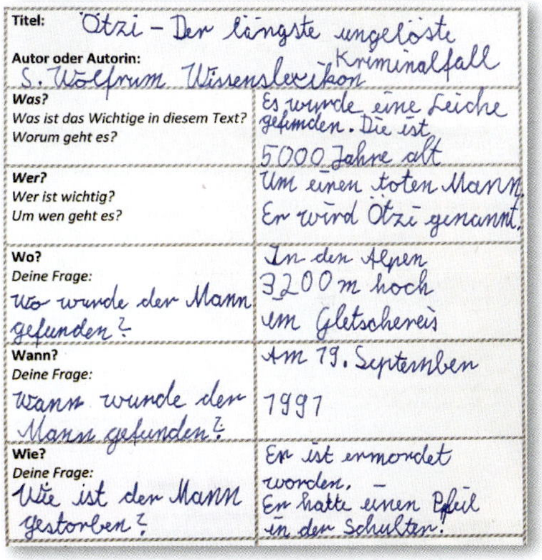

Titel: Ötzi – Der längste ungelöste Kriminalfall	
Autor oder Autorin: S. Wolfrum Wissenslexikon	
Was? *Was ist das Wichtige in diesem Text? Worum geht es?*	Es wurde eine Leiche gefunden. Die ist 5000 Jahre alt
Wer? *Wer ist wichtig? Um wen geht es?*	Um einen toten Mann. Er wird Ötzi genannt.
Wo? *Deine Frage:* Wo wurde der Mann gefunden?	In den Alpen 3200 m hoch im Gletschereis
Wann? *Deine Frage:* Wann wurde der Mann gefunden?	Am 19. September 1991
Wie? *Deine Frage:* Wie ist der Mann gestorben?	Er ist ermordet worden. – Er hatte einen Pfeil in der Schulter!

Leseschwächere Kinder bearbeiten die Fragen zunächst an Texten mit geringerem Textumfang: Mindestens zwei Kinder wählen denselben Lesetext aus, tragen die Kerninformationen in das Formular ein und schreiben ihre Meinung zum Text auf. Dann tauschen sie ihre Ergebnisse aus und überprüfen sie. Das Formular kann die Grundlage für die Empfehlung eines Textes für die gesamte Lerngruppe sein, z. B. im Rahmen der freien Lesezeit. Anschließend kann bei zwei Fragen weiterführend gearbeitet werden:

- Bei der Antwort auf die *Was-Frage* überlegen die zuhörenden Kinder, ob sie verstanden haben, was im Text geschieht. Gegebenenfalls ergänzt das Lesekind seine Antwort. Diese Arbeit hat zum Ziel, dass die Kinder lernen, den Inhalt der Geschichte auch für andere verständlich wiederzugeben.
- Bei der Antwort auf die *Wie-Frage* sollen die Kinder lernen, ihr Urteil zu begründen und am Text auch zu belegen.

Die Schlüsselfragen können auch das Lesen eines Buches kapitelweise begleiten: Am Ende jedes Kapitels füllen die Kinder ein Formular aus, am Ende haben sie damit ein Lesetagebuch für dieses Buch erstellt (s. Förderidee 7).

Die Erschließung von Sachtexten wird ebenfalls durch W-Fragen unterstützt. Hier wird zunächst immer die *Was-Frage* geklärt:

Was ist das Wichtigste in diesem Text? Worum geht es?

Danach werden die anderen Fragen bearbeitet, soweit diese für den Text relevant sind. Auch hier empfiehlt es sich aus den oben genannten Gründen, die Fragen in standardisierter Form anzubieten, allerdings müssen jeweils auch Fragen mit Bezug auf den Text ergänzt werden.

→ Kopiervorlagen → 12 W-Fragen

13 Förderidee: Texte genau lesen und darüber nachdenken – Fragen beantworten

Auch in den Klassen 3 und 4 bietet es sich an, Lesefragen mit leseschwächeren Kindern zunächst noch absatzweise zu bearbeiten. Der Text wird so kopiert, dass die Lehrkraft nach jedem Absatz eine Frage einfügen kann und danach ein Schreibraum für die Antwort frei bleibt. Die Kinder erhalten im Laufe der Zeit Texte mit zunehmend längeren Abschnitten bis hin zu angemessen kurzen Texten, bei denen sich die Fragen am Ende des Textes befinden.

Die Fragen sollten – wie im Beispiel aufgeführt – auf mehreren Ebenen gestellt werden:

Ebene des Textverstehens	Beispiele für Fragen
Fragen zu einzelnen Informationen, die im Text explizit angegeben sind	Wann lebte der »Ötzi«? Wo wurde sein Körper gefunden?
Schlussfolgerungen aus den Informationen ziehen	Warum ist der Mann so lange nicht entdeckt worden? Wenn der Mann an einer anderen Stelle gestorben wäre, was wäre dann wohl passiert?
Inhalt und Sprache bewerten	Findest du es richtig, dass man den Mann in einem Museum ausstellt? Woran merkst du, dass der Text in einer Kinderzeitschrift abgedruckt wurde?

Die Chance, dass Kinder angeregt werden, weiter über Texte nachzudenken und sie in Beziehung zu sich selbst zu setzen, sollte nicht zugunsten eines reinen Trainings der Informationsentnahme aufgegeben werden. Fragen, wie im Folgenden formuliert, regen die Kinder zum Weiterdenken an:

Was ist die wichtigste Stelle in dem Text? Was würdest du an der Stelle von … tun? Was glaubst du; Warum ist …? Kannst du dir denken, warum …? Was denkst du über die Geschichte? Wie hast du sie gefunden?

Bei der Bearbeitung ist Zeit zum Gespräch und eine gemeinsame Arbeit an Texten nötig. Darum muss die Förderung in diesem Bereich kommunikativ angelegt sein: Die Fragen werden in Partnerarbeit beantwortet, die Antworten werden anschließend in der Lerngruppe ausgetauscht und besprochen, damit die Kinder eine direkte Rückmeldung erhalten und andere Einschätzungen kennenlernen.

Die Beantwortung komplexer Fragen ist Kindern nur dann möglich, wenn die Texte ihrem Leseniveau und ihrem Leseinteresse sowie ihrem Weltwissen entsprechen. Beim Einsatz von fertigem Unterrichtsmaterial zum Lesen muss dies berücksichtigt werden. Das bedeutet: Die Kinder werden an der Auswahl beteiligt; das Layout, der Textumfang, das Thema und die sprachliche Gestaltung des Textes werden kritisch eingeschätzt. Nicht immer bedeutet es ein Unvermögen zu lesen, wenn Kinder Fragen zu einem Text nicht beantworten können. Vor allem bei Texten, die über ihre direkte Lebenswelt hinausgehen, finden Kinder mit einem geringen Erfahrungsschatz keinen Sinn in dem Geschriebenen.

14 Förderidee: Texte genau lesen – selber Fragen stellen

Diese Förderidee schließt an die Förderidee 13 an, die Fragen werden nun aber nicht von der Lehrerin gestellt, sondern von den Kindern selbst. Dazu müssen sie sich notwendigerweise intensiver mit dem Textinhalt beschäftigen, ihr Verständnis überprüfen und Nichtverstandenes vorab klären. Verschiedene Aufgaben sind möglich:

- Zwei Kinder arbeiten zusammen, sie lesen zwei unterschiedliche Erzähl- oder Sachtexte. Zum Schluss schreiben sie zwei bis drei Fragen zu ihrem Text auf. Nun tauschen die Kinder sowohl ihre Lesetexte als auch ihre Fragen aus. Sie lesen jeweils den Text des anderen Kindes und beantworten dessen Fragen. Im Gespräch überprüfen sie gegenseitig, ob ihre Antworten richtig sind.
- Begleitend zu der Arbeit an einem Buch entsteht eine Lesewand, auf der die Ergebnisse angepinnt sind. Kleine Notizzettel in zwei unterschiedlichen Farben liegen aus. Die Kinder arbeiten zu zweit Fragen zum Text aus, je nach Farbe des Zettels einfache Fragen zum Inhalt oder Fragen zum Nachdenken. Sie schreiben ihren Namen hinzu und heften den Zettel an die Lesewand. Im Gegenzug wählen sich zwei andere Kinder eine Frage von der Wand aus, beantworten sie auf der Rückseite des Zettels, schreiben ebenfalls ihre Namen hinzu und bringen den Zettel zurück. Zu einem vereinbarten Zeitpunkt sehen alle Fragesteller ihre Zettel durch und besprechen die Ergebnisse mit den Antwortern.
- Die Arbeit an unterrichtlichen Sachthemen wird begleitet durch ein Angebot an Sachbüchern, in denen die Kinder das nachlesen können, was sie interessiert. Es ist auch denkbar, dass Bücher ausgelegt sind zu Themen, für die einige Kinder »Experten« sind. Ähnlich wie im letzten Vorschlag notieren die Kinder Fragen zu den jeweiligen Themen. Vereinbart ist, dass die Fragesteller jeweils wissen müssen, wo man die erfragte Information finden kann (Autorin / Autor, Titel, Seite). Sie überprüfen, ob die Antworten korrekt sind und geben den Antwortern eine Rückmeldung.
- Kinder, die während der freien Lesezeit ein Buch gelesen haben, schreiben zum Schluss Fragen auf, die andere Kinder beantworten können, wenn sie das Buch ebenfalls gelesen haben. Die Fragen können in vielfältiger Form festgehalten werden und in die Bücher eingelegt werden, z. B. als Hosentaschenbücher, als Leporellos oder als Lesefächer, d. h. als Pappstreifen, die durch eine Heftklammer zum Fächer zusammengehalten werden. Die ersten Leser sind die Experten für das Buch und kontrollieren die Antworten der Kinder, die ihre Fragen bearbeitet haben.

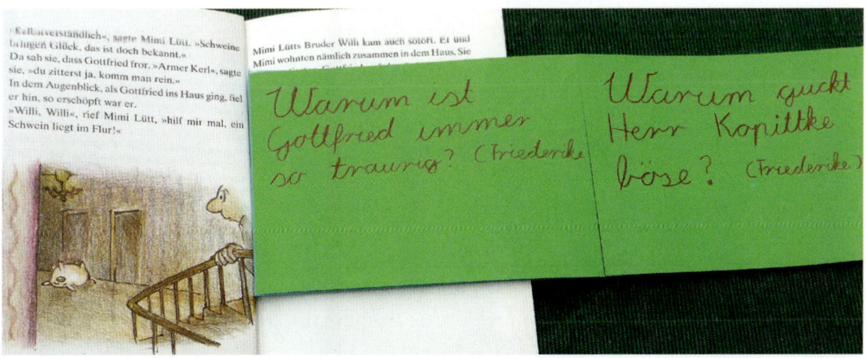

15 Förderidee: Texte genau lesen – Schlüsselwörter finden

Das Auffinden von Schlüsselwörtern ist eine Strategie, bei der es um das Erschließen von Texten geht mit dem Ziel, sie zusammenzufassen. Sie steht immer im Zusammenhang mit der Klärung von Leseerwartungen, einem ersten überfliegenden Lesen des Textes, der Klärung von Verständnisproblemen und dem genauen Lesen.

Die Strategie wird für die Kinder erst dann plausibel und nutzbar, wenn sie verbunden ist mit einem Ziel: Die Kinder haben sich z. B. durch Informationsbroschüren und auf Kinderseiten im Netz über verschiedene Freizeitangebote informiert. Um andere Kinder zu informieren, werden die wichtigsten Informationen in den Texten markiert oder herausgeschrieben. Diese Schlüsselwörter werden auf Karten oder Zettel geschrieben und dienen während eines Vortrags als Gedächtnisstütze.

Für viele Kinder ist zunächst in einem Text alles wichtig. Um ein Gespür dafür zu entwickeln, was wichtig und was unwichtig ist, können folgende Angebote genutzt werden:

- Ein nicht zu umfangreicher Text wird so vorbereitet, dass er von den Kindern zeilenweise in Streifen geschnitten werden kann. In jeder Zeile werden ein bis drei Wörter unterstrichen und anschließend ausgeschnitten. Je nach Länge des Textes wählen die Kinder daraus eine begrenzte Anzahl von Wörtern aus, um den Text wiederzugeben.
- Zwei Kinder arbeiten zusammen, sie lesen zwei unterschiedliche Texte. Zum Schluss überlegen sie jeweils, welches die wichtigsten Wörter in ihrem Text sind und schreiben fünf bis acht Schlüsselwörter auf Zettel auf. Nun berichten die Kinder sich gegenseitig, was sie gelesen haben, danach tauschen sie die Texte aus, lesen sie und überprüfen, ob etwas Wichtiges vergessen wurde.
- Neben einem kurzen Text bleibt eine Randspalte frei, um dort etwa fünf bis acht Schlüsselwörter zu notieren. Das Blatt wird am Schluss so gefaltet, dass nur noch die Schlüsselwörter sichtbar sind, mit deren Hilfe der Inhalt des Textes vorgetragen wird.

Häufig arbeiten die Kinder mit Texten, in die sie keine Anmerkungen einfügen können. In diesem Fall wird über die jeweilige Seite eine durchsichtige, an zwei Seiten offene Dokumentenhülle geschoben und es werden auf ihr zunächst alle wichtigen Wörter im Text mit einem wasserlöslichen Stift markiert. In einem weiteren Schritt werden aus den markierten Wörtern 5 bis 8 Wörter ausgewählt und auf Karteikärtchen oder kleine Zettel geschrieben.

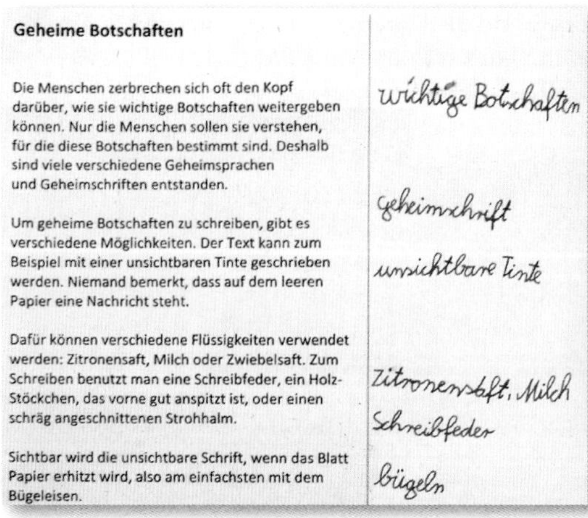

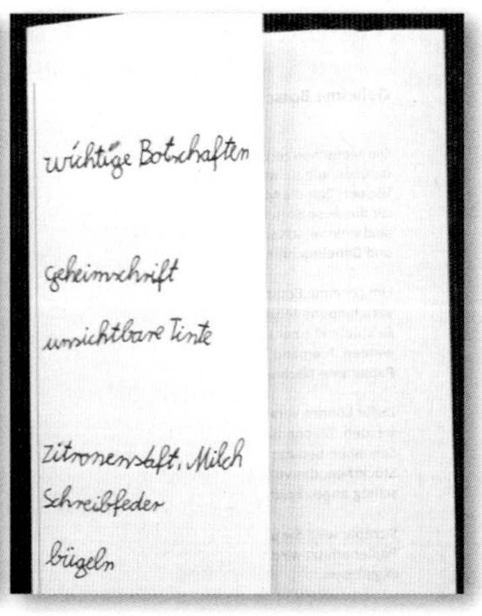

16 Förderidee: den Text neu darstellen und vorstellen

Die Darstellung eines Textes in einer neuen Form und seine Vorstellung sind besonders effektive Lesestrategien, weil die Kinder sich dabei in hohem Maße aktiv und eigenständig mit dem Text auseinandersetzen, oft intensiver als zuvor. Dies gilt umso mehr, wenn sie den Text selber ausgewählt haben und wenn der Inhalt sie besonders interessiert.

Die im Schulalltag am häufigsten genutzte Möglichkeit dazu ist die Buchvorstellung (s. Förderidee 5). Ergänzt werden kann diese Kurzvorstellung durch folgende Angebote:

Vorlesen im Duo

Eine witzige oder spannende Stelle wird vorgelesen, entweder von einem Kind oder von mehreren Kindern, die sich die Erzähler- und die Sprecherrollen teilen. Das laute Vorlesen stellt eine eigene Aufgabe dar: Es gilt, deutlich und betont zu sprechen, dabei nicht zu schnell und mit sinnvollen Pausen, und den Blickkontakt zu den Zuhörern zu halten. Die Vorleser markieren beim Üben die Stellen, an denen sie eine Pause machen wollen, und die, die sie besonders betonen wollen. Wenn in dem Text unterschiedliche Personen sprechen, werden die Stellen, an denen sie sprechen, mit unterschiedlichen Farben unterstrichen. Der so gestaltete Lesevortrag kann zum Abschluss auch als einfaches »Hörspiel« von den Kindern aufgenommen werden.

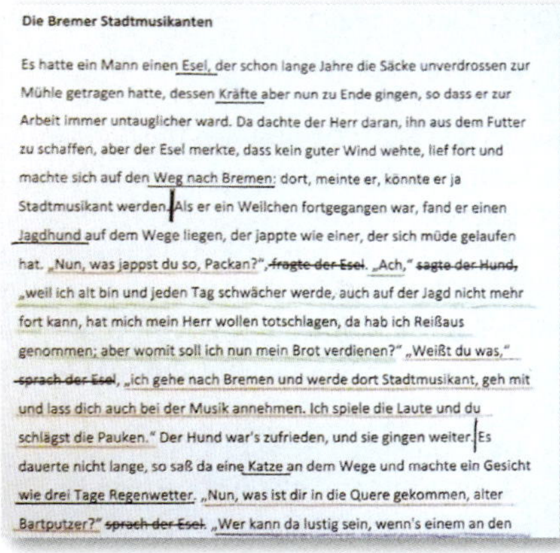
Die Bremer Stadtmusikanten

Es hatte ein Mann einen Esel, der schon lange Jahre die Säcke unverdrossen zur Mühle getragen hatte, dessen Kräfte aber nun zu Ende gingen, so dass er zur Arbeit immer untauglicher ward. Da dachte der Herr daran, ihn aus dem Futter zu schaffen, aber der Esel merkte, dass kein guter Wind wehte, lief fort und machte sich auf den Weg nach Bremen: dort, meinte er, könnte er ja Stadtmusikant werden. Als er ein Weilchen fortgegangen war, fand er einen Jagdhund auf dem Wege liegen, der jappte wie einer, der sich müde gelaufen hat. „Nun, was jappst du so, Packan?“, ~~fragte der Esel~~. „Ach,“ ~~sagte der Hund,~~ „weil ich alt bin und jeden Tag schwächer werde, auch auf der Jagd nicht mehr fort kann, hat mich mein Herr wollen totschlagen, da hab ich Reißaus genommen; aber womit soll ich nun mein Brot verdienen?“ „Weißt du was,“ ~~sprach der Esel~~, „ich gehe nach Bremen und werde dort Stadtmusikant, geh mit und lass dich auch bei der Musik annehmen. Ich spiele die Laute und du schlägst die Pauken.“ Der Hund war's zufrieden, und sie gingen weiter. Es dauerte nicht lange, so saß da eine Katze an dem Wege und machte ein Gesicht wie drei Tage Regenwetter. „Nun, was ist dir in die Quere gekommen, alter Bartputzer?“ ~~sprach der Esel~~. „Wer kann da lustig sein, wenn's einem an den

Präsentation von Material

Die Kinder nutzen bei der Vorstellung der Handlung Materialien, die sie während des Lesens erstellt haben, z. B. eine Lesekiste oder eine Leserolle (s. Förderidee 7). Kleine Lesebegleitbücher (z. B. in Form eines Leseschaufensters oder eines Gucklochbuchs) halten jeweils eine wichtige Figur, eine wichtige Textstelle oder die Lieblingsstelle in einem Bild fest. Dieses Bild wird ergänzt durch Texteile (z. B. der erste und letzte Satz des Textes).

Auf der Rückseite des Buches wird die eigene Meinung zum Text formuliert. Diese »Notizen« kann das Kind bei der Vorstellung nutzen. Nach der Präsentation vor der Großgruppe kann das Material auf der Ausstellungsfläche von den anderen Kindern betrachtet und gelesen werden (vgl.: www. ▸ http://bildungsserver.berlin-brandenburg.de/leseprozesse.html).

Bildliche Darstellung

Das Kind malt die Stelle des Bildes, die ihm besonders gut gefallen hat, und erzählt bei der Buchvorstellung dazu. Oder die Kinder zeichnen alleine oder in der Gruppe zu jedem Textabschnitt ein passendes Bild. Sie präsentieren ihre Bilder im Kamishibai, einem japanischen Papiertheater: In einen hölzernen Rahmen, der oben geöffnet ist, werden nach und nach die Bilder eingeschoben. Das Kind oder die Kinder erzählen den Inhalt der gelesenen Geschichte anhand der Bilder.

Schreiben

1. Förderkonzept: Texte verfassen und verständlich aufschreiben

Begründung für den Förderbereich

Schreibsituationen und Schreibaufgaben in der Grundschule müssen zum Ziel haben, Schreibfreude zu wecken und zu erhalten sowie Schreibkompetenzen individuell zu entfalten. Das bedeutet insbesondere:

- Kindern bewusst Erfolgserlebnisse in den verschiedenen Phasen des Schreibprozesses vermitteln;
- bei den Schreibprozessen für Entlastung sorgen: Schwierigkeiten und Überforderung kann zu Unlust, Resignation oder Verweigerung führen und die Textproduktion stark behindern;
- die Zugänge zum und die Unterstützung beim Schreibprozess individuell auf das schreibende Kind hin bezogen gestalten.

Beate Leßmann betont in ihrem Konzept des »individuell bedeutsamen Schreibens« die Bedeutung von Prozess und Produkt bei der Entwicklung von Schreibkompetenz. Unter »individuell« im Zusammenhang von »Schreiben« und »Lernen« versteht sie,

- dass Themen, Gedanken und Erfahrungen der Kinder im Mittelpunkt stehen, Kinder Zeit und Raum erhalten, um persönlich Bedeutsames schriftlich auszudrücken, und
- dass die Lernvoraussetzungen der einzelnen Kinder beachtet und geachtet werden.

»Individuelles Schreiben« erlaubt dem Kind von Anfang an, gemäß der eigenen Voraussetzungen zu schreiben, was ihm wichtig ist (Leßmann 2013).

Die Grundschule hat die Verantwortung dafür, dass *alle* Kinder grundlegende Schreibkompetenzen erwerben und an der schulischen Schreibkultur teilhaben können.

Zum Schreiben brauchen Kinder *gute Gründe*. Das gilt umso mehr für die Kinder, die sich mit dem Schreiben schwer tun. Wenn Schreiben eine sinnvolle, individuell bedeutsame Tätigkeit sein soll, dann heißt das,

- dass Kinder in konkreten Situationen Texte für sich und andere schreiben können;
- dass Kinder auch beim Schreiben Akzeptanz und Wertschätzung erfahren, ihre Texte folglich beachtet, respektiert und gewürdigt werden;
- dass Kinder erfahren können: Es ist wichtig, eigene Texte auch richtig und lesbar zu schreiben, weil sie damit verständlich für Leserinnen und Leser werden. »Richtig schreiben« erhält seinen einsehbaren Sinn vor allem aus den zu veröffentlichenden Schreibprodukten.

Unterrichtsintegrierte Förderung: Lernumgebung und Unterrichtsprozesse

Sollen sich Schreibkompetenzen von Kindern entwickeln, dann ist eine Lernumgebung notwendig, die Kinder anregt und anleitet, Texte für unterschiedliche Situationen und Anlässe aufzuschreiben.

Ein zum Schreiben ermutigender und herausfordernder Unterricht braucht ein anregendes Schreibumfeld. Kinder sollten jederzeit Zugang zu verschiedenen **Schreibmaterialien** haben (unterschiedliche Papiere, Plakate, leere Hefte, Karten, Briefumschläge usw.).

Ebenfalls sollte ein Sortiment von **Schreibgeräten** zur Verfügung stehen (Bleistifte, feine schwarze und farbige Filzstifte, dicke Filzstifte für fett gedrucktes und große Schriften, Farbstifte und Wachskreiden, Buchstabenstempel, Zugang zu einem PC oder Laptop). Für die Gestaltung von Texten brauchen Kinder **Layout-Werkzeuge** (Scheren; Klebestifte; Lineale; Papiermesser; eine Kiste mit Zeitschriften, Prospekten, Katalogen mit Bildern zum Ausschneiden usw.).

Zur Schreibumgebung gehören aber nicht nur Materialien, sondern auch Hilfen und Tipps für das Schreiben. In Ordnern oder auf Plakaten lassen sich **Schreibanregungen** aller Art unterbringen und ständig ergänzen: Bilder, Geschichten-Anfänge, Wortfelder zu Themen, Satzanfänge, Fortsetzungsgeschichten, Schreibspiele und Ähnliches mehr.

In **Schreibprojekten** ist Schreiben der Ernstfall: eine persönliche Seite für das Klassen-Buch »Unsere Hobbys«, ein Eintrag im Klassentagebuch, eine Erlebnisgeschichte für das Buch zur Klassenfahrt. Klassenbriefkasten, Pinnwand oder Wandzeitung sind Beispiele für **ständige Schreibanlässe**, die feste Bestandteile der Schreibkultur in der Klasse sind.

Die Lernumgebung ist die **Schreibwerkstatt**, in der solche kleinen und größeren Projekte angeregt werden, in der die Texte entstehen und zum Gegenstand der Kommunikation über Texte werden können (vgl. Bartnitzky 2009b, S. 64 ff.).

Didaktische Leitideen

Förderung folgt den drei didaktischen Leitideen:

▶ Förderung ist beziehungsreich und verstehensorientiert.

Unterricht, der Schreibkompetenzen fördert, organisiert vielfältige **Schreibsituationen** im Schulalltag und **Schreibaufgaben**, die sich aus dem jeweiligen Unterrichtsthema ergeben.

Die pädagogische Diskussion um die Entwicklung von »Aufgabenkultur« ergab die Forderung nach »Guten Aufgaben«, die

- für die Kinder motivierende Kraft haben,
- ihre Kompetenzen herausfordern und erweitern
- und eine Bandbreite gültiger individueller Lösungen ermöglichen.

Eine »gute« Schreibaufgabe

- ist eine für Kinder als sinnvoll erfahrbare Aufgabe: der Text hat eine Funktion für das Kind;
- aktiviert erworbene Strategien zum Schreibprozess und erweitert sie (Texte planen, entwerfen, überarbeiten);
- ermöglicht Textschreiben und Nutzen von Schreibhilfen nach den individuellen Bedürfnissen.

Kinder in ihren Schreibprozessen förderlich zu begleiten bedeutet, ihnen konkrete **Hilfen beim Entwerfen und Überarbeiten** ihrer eigenen Texte zu geben. In **Schreibgesprächen** klären sich Fragen nach der Verständlichkeit eines Textes, nach seiner sprachlichen Gestaltung und auch nach seiner Lesbarkeit für andere.

▶ Förderung ist diagnosegeleitet und differenziert.

Das Verfassen von Texten ist für Grundschulkinder ein sehr komplexer und oft auch schwieriger und mühsamer Prozess. Umso wichtiger ist es, Kindern von Anfang an Erfolgserlebnisse zu ermöglichen, damit es nicht »bereits in der Grundschule zu einem

›Teufelskreis‹ kommt, in dem ausbleibender Erfolg zur Beeinträchtigung der Motivation und der Motivationsmangel zu weiter verminderten Leistungen führt, was wiederum der Motivation abträglich ist und negative Gefühle begünstigt« (Bremerich-Vos u.a. 2009, S. 3).

Wenn Kinder schreiben, brauchen sie für ihre Schreibarbeit Ruhe, Sicherheit und ausreichend Zeit. Zeit- und Erledigungsdruck lähmen Beginn und Fortgang kindlicher Schreibprozesse. Das ist ein gravierender Störfaktor, wenn Kinder sich auf ihre Schreibarbeit konzentrieren sollen. Kinder lernen von Kindern, daher sollten im Unterricht systematisch Möglichkeiten geschaffen werden, sich untereinander auszutauschen und zu beraten. Mit Recht erwarten Kinder Zuwendung und Hilfe auch von den Lehrpersonen, die sie beim Schreiben begleiten.

Wenn alle Kinder tragfähige Grundlagen im Schreiben erwerben sollen, um am weiteren Unterricht erfolgreich mitarbeiten und an Schriftkultur teilhaben zu können, muss die Lehrerin die grundlegenden Aspekte der schriftsprachlichen Kompetenzen als Entwicklungsziele kennen, Lernentwicklung und Lernstände der Kinder einschätzen und die weiteren Lernwege anregend, unterstützend und fördernd begleiten können.

Die Kinder können ein **Schreibportfolio** führen, in dem sie gelungene Texte sammeln. Dieses Portfolio spiegelt die Schreibentwicklung des Kindes und ist für die Lehrerin, aber auch für das Kind selbst eine konkret nachvollziehbare »Schreibbiografie«. Die Lehrerin kann darüber hinaus weitere Dokumente für sich zusammenstellen, die die Entwicklung der Schreibkompetenzen deutlich machen (Textentwürfe, Überarbeitungen usw.).

Ein **Beobachtungsbogen** zur Schreibentwicklung fasst die sich entwickelnden Schreibkompetenzen im Überblick zusammen. Grundlagen sind die Beobachtung der Kinder und ihre Schreibprodukte. Ein solcher Beobachtungsbogen hält die grundlegenden Entwicklungsziele fest, schärft den Blick auf die jeweiligen Lernstände und -entwicklungen der Kinder und hilft bei der Bestimmung von Förderschwerpunkten.

→ Kopiervorlagen → 0.5 Beobachtungsbogen Texte verfassen

▶ Förderung ist kommunikativ und kooperativ.

Kinder schreiben nicht für sich allein oder nur für die Lehrerin. Ihr Schreiben ist vielfältig eingebettet in kommunikative und kooperative Prozesse in der Klasse: **Schreibgespräche** zur Beratung über Texte, Leseversammlungen als Forum für die Veröffentlichung von Texten, **Schriftgespräche** über die Handschriften der Kinder, die **Herstellung von Produkten** wie Klassenzeitungen, Themen- oder Geschichtenbücher.

Die Kommunikation in der Klasse über Schrift und Schreiben, Schreibideen, Schreiberfahrungen und -ergebnisse begleiten ständig den individuellen Schreibprozess.

Schreiben und die Gespräche über Schrift und Schreiben benötigen eigene Zeit. **Schreibzeiten** sind eingerichtet als gemeinsame Schreibzeit, als freie Schreibzeiten, z.B. bei freier Arbeit, im Wochenplan- oder Werkstattunterricht, ebenso als Zeit für Schreibberatungen oder als Übungszeiten für das Üben der Handschrift oder das selbstständige Rechtschreiblernen.

→ Kopiervorlagen → 0.6 Selbsteinschätzung Texte schreiben

2. Kritische Stellen und Möglichkeiten der Förderung

Kritische Stellen im Lernprozess	Förderideen	Beispiel Nummer
Schreibgelegenheiten zum eigenen Schreiben nutzen	Individuelle Texte schreiben Schreibideen für Erzähltexte finden Schreibideen für Sachtexte finden Zu Schreibprojekten beitragen	17 18 19 20
Für andere verständlich schreiben	Einen Entwurf schreiben Texten eine Struktur geben: Roter Faden Texten eine Struktur geben: W-Fragen	21 22 23
Texte überarbeiten und bewerten	Schreibprozesse öffnen Überarbeitungen unterstützen Sich über Texte beraten Sinn für Textqualität entwickeln	24 25 26 27
Texte präsentieren	Eigene Texte veröffentlichen Eigene Texte gestalten	28 29

17 Förderidee: Individuelle Texte schreiben

Die meisten Lehrpersonen wissen aus eigener Erfahrung, wie schwer es ist unter Zeitdruck und ohne Motivation einen Text zu Papier zu bringen. Schreibaufgaben, deren Ergebnisse ausschließlich für die Lehrerin bestimmt sind, deren Themen mögliche eigene Schreibabsichten des Kindes verfehlen, behindern die Herausbildung produktiver Schreibhaltungen. Schreibhemmungen oder sogar Abwehr und Verweigerung des Schreibens sind meist Resultate von Selbstzweifeln, Überforderung und Leistungsdruck.

Ohne »gute Gründe« zum Schreiben, ohne eigene Motivation, können schulische Schreibprozesse nicht gelingen. Schreibsituationen und -aufgaben müssen für Kinder einsehbar und bedeutsam sein. Jedes Kind muss einen Grund haben, seine Gedanken und Ideen aufzuschreiben, anderen vorzutragen und vielleicht sogar mit Mühe seinen Text zu überarbeiten. Dazu gehören die Erwartung und das Vertrauen, eine gestellte Aufgabe auch bewältigen zu können. Unterricht, der Schreiben fördern will, vollzieht den Perspektivwechsel »vom Schreiben als Lerngegenstand zum Schreiben als Medium des Lernens« (Abraham / Knopf 2013, S. 62).

Ist ein Kind zum Schreiben motiviert, muss es zunächst eine Schreibidee entwickeln. Diese bezieht sich vor allem auf den Inhalt. Gelegenheiten zum »Freien Schreiben« bieten Kindern ganz individuelle Möglichkeiten und Anregungen, selbst Schreibideen zu entwickeln. Die Motivationen können ganz unterschiedlicher Art sein: die Lust am Erfinden von Geschichten zum Beispiel oder die freudige Erwartung, einen Text zu präsentieren oder zu veröffentlichen. Beim Freien Schreiben entscheidet jedes Kind individuell und verantwortlich, ob, was, wann und wie es schreiben will. Das gesamte Spektrum von Schreibabsichten und Textsorten ist möglich und erwünscht.

Kürzung oder Wegfall der Zeiten für freies Schreiben, die Vorgabe enger Schreibaufträge oder formale Zwänge, die den Schreibunterricht gerade in den höheren Grundschulklassen oft zunehmend bestimmen, verhindern die Entfaltung des eigensinnigen Schreibvermögens der Kinder.

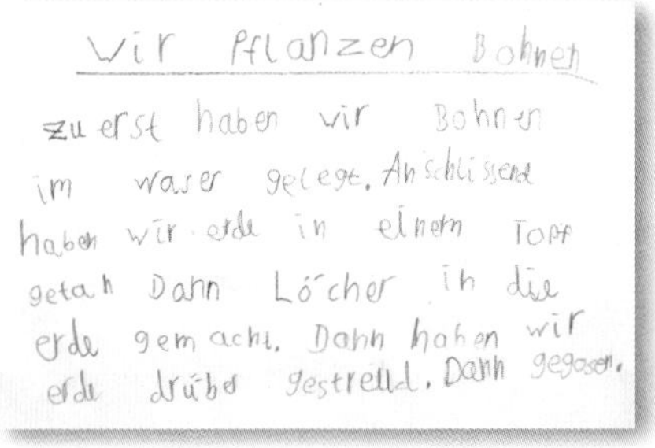
Vir Pflanzen Bohnen
zu erst haben vir Bohnen im waser gelegt. Anschlissend haben wir erde in einem Topf getah Dann Löcher in die erde gemacht. Dann haben wir erde drübe gestrelld. Dann gegosen.

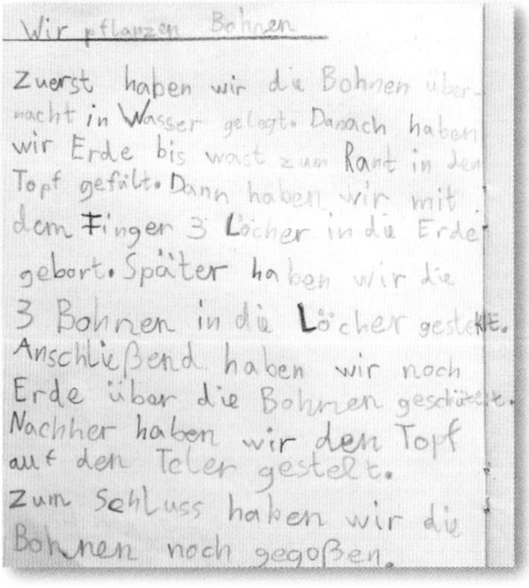
Wir pflanzen Bohnen
Zuerst haben wir die Bohnen über-nacht in Wasser gelegt. Danach haben wir Erde bis wast zum Rant in den Topf gefült. Dann haben wir mit dem Finger 3 Löcher in die Erde gebort. Später haben wir die 3 Bohnen in die Löcher gesteckt. Anschließend haben wir noch Erde über die Bohnen geschüttet. Nachher haben wir den Topf auf den Teler gestelt. Zum Schluss haben wir die Bohnen noch gegoßen.

Anregungen zum Schreiben

Auch in ihrer Schreibentwicklung, in ihrer Motivation und ihren Fähigkeiten zum Schreiben von eigenen Texten unterscheiden sich Grundschulkinder erheblich. Wenn viele Kinder ganz selbstständig eigene Schreibideen finden oder minimale Impulse genügen, brauchen andere Kinder Anleitungen und Anregungen, um Ideen zu finden und eigene Schreibvorhaben umzusetzen.

»Schreibanregungen können sein:

- inhaltliche Impulse wie Fotos, Wörter, Gegenstände;
- gedankliche Strukturen wie Ideenfelder, Mind-Mapping, Clustern;
- Textstrukturen wie der rote Faden, Erzählkarten, ein Steckbrief-Formular, das Zeilenbrechen bei Gedichten, die Struktur von Texten wie Märchen, Szenen;
- klassische Textformen bei Gedichten wie Haikus, bei Prosatexten Märchen, Fabeln;
- sprachliche Mittel wie Wortfelder, eine Sammlung von ›schönen‹ Wörtern und Sätzen, Proben wie ersetzen, umstellen, erweitern und anderes mehr«

(Bartnitzky 2009a, S. 449).

Viele Schreibideen können Kinder auch aus der unmittelbaren Erfahrung im Klassen- und Schulleben gewinnen: Briefe (an kranke Kinder, zum Geburtstag), Vereinbarungen und Protokolle (Regelungen, Klassenrat), Anregungen oder Beschwerden für den Klassenbriefkasten usw.

Schreibwerkstatt

Anregungsmaterialien zum Schreiben werden von vielen Verlagen in großer Fülle angeboten. Allerdings führt das bloße Auslegen solcher Materialien nicht unbedingt zur erwarteten Nutzung. Eine wesentliche Ursache dafür ist, dass solche Materialien von außen vorgegeben sind, es also nicht die Materialien der Kinder sind.

Am besten ist es, wenn Kinder selbst am Aufbau ihrer Schreibwerkstatt mitarbeiten:

- Sie sammeln Wörter, Sätze, Textanfänge, die zum Schreiben anregen können;
- sie bringen besondere Fundstücke mit, um die herum sich eine Geschichte spinnen lässt;
- sie wählen Bilder, Illustrationen und Fotos (Zeitschriften, Kinderbücher) aus und sammeln Kunstpostkarten oder Ansichtskarten.

Kinder können nur dann einen guten Text schreiben, wenn sie eine Schreibidee haben. Bei offenen Schreibaufgaben können Kinder eher eigene Ideen entwickeln als bei engen Vorgaben, auch wenn diese als Hilfe gedacht sind, zu oft aber den Schreibfluss der Kinder geradezu hemmen.

»Die Kinder sollen am Ende der Grundschulzeit drei Schreibfunktionen beherrschen: erzählen, informieren, appellieren. Bei einem ›Offenen Schreibanlass‹, also einer thematischen Anregung (z. B. durch ein Stichwort), kann das Kind eine individuelle Schreibidee entwickeln. Welche Textsorte entsteht, ergibt sich aus der Schreibidee. Denn im Vordergrund steht zuerst einmal nicht die Textsorte, sondern die Fähigkeit, einen stimmigen Text zu produzieren« (Altenburg / Bremermann 2012, S. 2).

→ Kopiervorlagen → 17.1 Anstiftung zum Schreiben
→ 17.2 Mein Schreib-Buch

18 Förderidee: Schreibideen für Erzähltexte finden

Kinder scheitern bei ihren Schreibvorhaben oft daran, dass sie ihren Text nicht »äußern« (»nach außen bringen«) können. Um zu verhindern, dass Schreibhemmungen entstehen, ist es von entscheidender Bedeutung, dass Kinder Freude am Schreiben von Texten gewinnen und behalten.

So richtig die oft gehörte Lehreräußerung »*Schreiben lernt man durch Schreiben*« ist, so oft fehlt die sich daraus ergebende Konsequenz: von Anfang an mit dem schriftlichen Formulieren zu beginnen und vielfältige, auch scheinbar kleine Schreibanlässe zu nutzen.

Die viel zitierte »Angst vor dem leeren Blatt« gründet sich auf zwei Schwierigkeiten:
(1) das Kind hat keine Schreibidee und weiß nicht, was es schreiben könnte.
(2) das Formulieren fällt schwer: die eigenen Gedanken und Inhalte in Worte und Sätze fassen.

Fehlenden Schreibideen kann man begegnen, wenn die Kinder im Klassenraum vielfältige Anlässe und Anstöße zum Schreiben finden. Bei Formulierungsschwierigkeiten helfen vor allem individuelle Hilfestellungen durch die Lehrperson oder andere Kinder.

Um Kinder beim Sammeln von Einfällen, Beobachtungen, Bildern und der Konzentration auf das Thema zu unterstützen, bieten sich folgende Methoden an, die man mit Kindern erarbeiten und immer wieder anwenden lassen kann:

Stichwortsammlung

Zu einem Thema sammelt das Kind allein oder mit Partnern eine Reihe von Stichwörtern, die es beim Nachdenken und freien Assoziieren gefunden hat. Meist werden solche Stichwörter schon beim Sammeln in eine bestimmte Ordnung gebracht.

W-Fragen

Das Kind stellt sich selbst möglichst viele »W-Fragen« zu einem Thema und notiert die Antworten, die es dann in eine sinnvolle Abfolge bringen kann (siehe Förderidee 23):

Wer?
Wo?
Wann?
Was?
Wie geht es weiter?
Wie endet die Geschichte?

Ideenfeld (Cluster)

Ein Bild oder ein Leitwort wird in die Mitte eines Blattes geklebt bzw. geschrieben. Rund um Bild oder Begriff werden alle Assoziationen geschrieben, die dem Kind, den Partnern, der Gruppe dazu einfallen.

Variante 1: Auf das Blatt schreiben Kinder einer Gruppe im stillen Schreibgespräch alles auf, was ihnen einfällt. Sie beobachten sich beim Schreiben, lesen das Geschriebene und regen sich dadurch gegenseitig an.

Variante 2: Ideen werden im Klassengespräch entwickelt. Die Lehrerin schreibt die genannten Stichwörter auf einer Folie mit und präsentiert die Ergebnisse mit dem Overhead-Projektor. Diese Vorgehensweise bietet sich an, um das Verfahren zu zeigen und dann für die individuelle Arbeit verfügbar zu machen.

Große Pause

Ideenfeld (Cluster): Ein Bild oder ein Leitwort wird in die Mitte eines Blattes geklebt bzw. geschrieben

Variante 3: »Zettelwolke« – Bild oder Leitwort werden in die Mitte der Wandtafel geschrieben. Die Kinder schreiben ihre Einfälle auf Klebezettel und bringen sie an der Tafel an.

Impulse zum Schreiben von Erzähltexten

- Bild-Geschichte: »Suche dir ein Bild aus, das dir gefällt. Schreibe dazu eine (kurze) Geschichte.«
- Freizeit: »Was machst du am liebsten? Erzähle, was du dabei erlebt hast oder was du einmal erleben möchtest.«
- Gefühle: »Erinnere dich, wie du einmal sehr froh, glücklich, traurig, wütend oder ganz erleichtert warst. Schreibe diese Geschichte auf.«
- Lieblingsfigur: »Denke an ein Buch, einen Film, eine Fernsehsendung, die dir gut gefallen hat. Suche dir eine Lieblingsfigur. Erzähle eine Geschichte, die du mit dieser Figur erleben möchtest.«
- Anderer Schluss: »Erinnere dich an eine Geschichte. Schreibe einen anderen Schluss zu der Geschichte.«

Zum Schreiben ermutigen

Es dient der Ermutigung zum Schreiben, wenn auch kurze Texte akzeptiert und gewürdigt werden. Auch in der dritten und vierten Klasse ist es für viele Kinder eine Unterstützung, wenn sie wissen, dass nicht unbedingt »lange Texte« erwartet werden. Begrenzte Schreibzeiten oder Schreibaufgaben machen den zu schreibenden Text überschaubar und lassen die Aufgabe erfüllbar erscheinen.

→ Fachtexte → Und übrigens, meins wird jetzt auch 'ne Erzählung

19 Förderidee: Schreibideen für Sachtexte finden

Eine unerschöpfliche Quelle für Schreibideen sind die Ereignisse im Klassen- und Schulleben und die Themen des Unterrichts, besonders wenn sie projektartig angelegt sind und die Texte dabei eine bedeutsame Funktion haben. Dann sind alle Textsorten möglich und sinnvoll.

Berichte: Zurückliegende Ereignisse oder Erlebnisse der Klasse werden beschrieben, den Lesern sollen die wichtigsten Informationen mitgeteilt werden. Die Grenze zu erzählenden Texten ist dabei oft fließend.

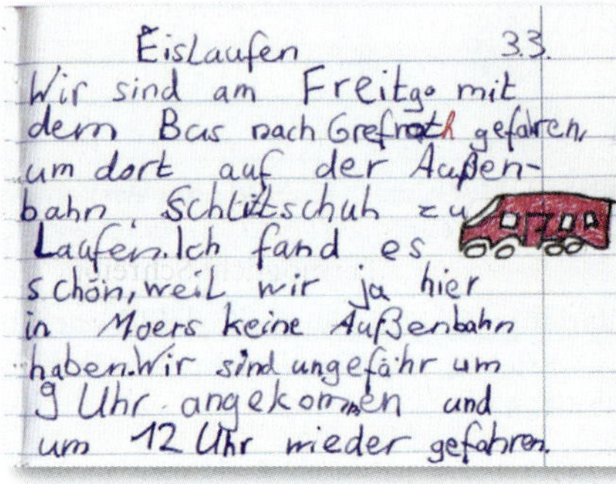
Eislaufen 33.
Wir sind am Freitag mit dem Bus nach Grefrath gefahren, um dort auf der Außenbahn Schlittschuh zu Laufen. Ich fand es schön, weil wir ja hier in Moers keine Außenbahn haben. Wir sind ungefähr um 9 Uhr angekommen und um 12 Uhr wieder gefahren.

Beim Formulieren des Textes helfen die »W-Fragen«, die Kindern auf einem Plakat stets verfügbar gemacht werden können (vgl. Förderidee 12).

Unterrichtstexte: Im Unterricht und aus dem Unterrichtsgeschehen heraus bieten sich vielfältige Schreibsituationen und Textsorten an: Beim Thema »Erfindungen« zum Beispiel Beiträge für ein Buch der Klasse über Erfindungen und ErfinderInnen, Steckbriefe, Forscherberichte, Lesetipps, Beschriftungen und kurze Infotexte für Ausstellungsstücke, Rezepte und vieles mehr.

Gebrauchstexte: Bei allen Unterrichtsthemen können funktionale Ideen für Gebrauchstexte entstehen. Beispiele sind: Inhaltsverzeichnis zum Geschichtenbuch der Klasse, Fragensammlung zum Thema, Lexikontexte zu Fachbegriffen, Einladungen für eine Ausstellung oder Klassenveranstaltung.

Lernplakate: Ein Lernplakat ist eine Kombination von Bildern und kurzen Texten. Die übersichtliche Darstellung eines Lerninhalts auf einem in der Regel DIN-A3- oder DIN-A2-großen Plakat erfordert die gedankliche Durchdringung und übersichtliche Visualisierung des Themas. Ein Lernplakat kann sowohl für sich selbst sprechen (z. B. als Teil einer Ausstellung) oder im Zusammenhang mit einem Vortrag Einsatz finden.

Lernplakate können in Einzelarbeit angefertigt werden, aber auch von zwei bis drei Kindern, die dann bei der Erstellung den Inhalt vielfach diskutieren und sich über Aussagen, Darstellung und Gestaltungsmerkmale einigen müssen.

Meinungstexte: Zu geplanten Vorhaben der Klasse, zu Konflikten oder zu Sachverhalten, die der Regelung bedürfen, können die Kinder ihre Meinung in Texten festhalten, die dann an der Pinnwand ausgehängt, eventuell nach bestimmten Kriterien sortiert und dann ins Gespräch der Klasse einbezogen werden.

Lerntexte: Kinder schreiben nach Abschluss eines Vorhabens oder einer Aufgabe, im Anschluss an Lerngespräche oder eine Präsentation Texte über ihre Arbeit und ihr Arbeitsergebnis, sie halten Fragen und Probleme fest und markieren Erreichtes und Gelungenes. Lerntexte können in allen Fächern entstehen, sie sind sichtbare Lernspuren des Kindes. Das Festhalten in schriftlicher Form macht solche Erfahrungen erinnerbar, die Lerntexte können mit anderen und deren Erfahrungen besprochen und verglichen werden. Beispiele sind: Beschreiben eines eigenen Lösungswegs, ein eigenes Lesetagebuch, Kommentare zu den ausgewählten Inhalten des eigenen Portfolios, Aussagen über Erfolge und Schwierigkeiten beim Lernen.

20 Förderidee: Zu Schreibprojekten beitragen

In einem Projekt planen, gestalten und verantworten Kinder und Lehrperson gemeinsam Arbeiten, die ein vorzeigbares Ergebnis zum Ziel haben. Bei Schreibprojekten ist das Ziel ein veröffentlichtes Schreibwerk. Ein Schreibprojekt kann einen gestalteten und präsentierten Text zum Ziel haben (z.B. eine Klassenzeitung, eine gemeinsam gesponnene Abenteuergeschichte) oder das Schreiben hat dienende Funktion in einem Projektzusammenhang (z.B. eine Ausstellung von Texten und Bildern zu einem bestimmten Thema, eine Geschichtensammlung). In einem Schreibprojekt wird das Schreiben zum »Ernstfall« – und der Ernstfall ermöglicht Schreibprozesse und Textproduktionen, die an der späteren tatsächlichen Verwendung orientiert sind.

Schreiben in der Schule sollte möglichst immer einen Sinn haben: anderen etwas mitteilen, Ideen und Informationen schriftlich festhalten, eine Geschichte erzählen usw. In Schreibprojekten ist dies in besonderer Weise erfahrbar. Hier einige Beispiele für Schreibprojekte:

Gedankenranken – Kinder schreiben für Kinder

Dieses Internetprojekt gab Kindern die Möglichkeit, ihre Geschichten einem größeren Publikum zu präsentieren. Die in verschiedenen Rubriken versammelten Kindertexte zeigen das große Spektrum möglicher Kindertexte. www. ▶ http://gedankenranken.de/

Wo ich lebe

Die Straße, in der ich wohne: Das Schreibprojekt »Kinderstraße«, die umfangreiche Webseite ist inzwischen eingestellt, regte Kinder an, Geschichten aus ihrer Straße zu erzählen. So sollte anderen Kindern, aber auch Erwachsenen, ein Eindruck vom Leben in dieser Straße vermittelt werden. Die Texte der Kinder wurden im Rahmen des Projekts digitalisiert und an die einzelnen Klassen zurückgegeben. Jedes Kind, das sich am Projekt beteiligte, erhielt seinen Text als Computerausdruck zurück. Ein Verfahren, das sich auch in der Grundschule recht leicht umsetzen lässt.

Mein Haus: Kinder der Rixdorfer Grundschule in Berlin stellen die Häuser vor, in denen sie wohnen: Wie die Häuser aussehen, wer da so wohnt und was es Besonderes gibt. www. ▶ www.schule.de/bics/son/wir-in-berlin/kiez/Neukoelln/rix-mein-Haus/meinhaus.htm

Lieblingsplätze: Kinder, die in die 3. Klasse der Schliemann-Grundschule in Berlin-Rudow gingen, erkundeten im Mai 2002 im Sachkundeunterricht die Umgebung ihrer Schule. Dabei zeigten sie sich gegenseitig ihre liebsten Plätze und beschrieben sie. www. ▶ www.primolo.de/home/SchlieKids/

Interessante Themen

Eine Gruppe arbeitet an einem Interessenthema, gestaltet eine Ausstellung, ein Plakat und schreibt Begleittexte (Dinosaurier, Pferderassen, Indianer); themenorientierter Unterricht kann vielfältige Schreibaufgaben für Themen- oder Forscherhefte bereithalten (Ritterzeit, Leben auf der Wiese, Weltraum).

Kinder der Grundschule Lindenstraße in Osterholz-Scharmbeck haben sich mit der Antarktis beschäftigt. Besonders haben sie die Tiere interessiert, die dort leben. Dazu haben sie gründlich in Büchern und im Internet recherchiert. Ansichten der Projektergebnisse finden sich ebenfalls im Internet. www. ▶ http://nibis.ni.schule.de/~grlinden/polar/

Ein Schreibprojekt kann von Anfang an so geplant und organisiert werden, dass jedes Kind einen eigenen sichtbaren Beitrag zum Gesamtergebnis beisteuern kann. Dies schafft die Gelegenheit, zumindest einen besonders gelungenen Text eines jeden Kindes besonders zu würdigen. Schreibprojekte bieten zudem die Gelegenheit, insbesondere schreibschwächeren Kindern Formen kooperativen Schreibens (Schreiben mit einem Partner z. B.) anzubieten, die als Unterstützungssysteme wirken.

21 Förderidee: Einen Entwurf schreiben

Textschreiben ist ein Lernprozess, in dem Kinder nach und nach ihre Fähigkeiten erweitern. Eine anregungsreiche Schreibkultur in der Klasse, die Kinder schon bei den ersten Schritten des Schreibenlernens wie auch in späteren Entwicklungsphasen begleitet und unterstützt, lässt Kinder Schreiben als einen lernbaren Prozess erfahren. Von Anfang an ist es die Hauptaufgabe für die Gestaltung schulischer Schreibprozesse von Kindern, hemmende Faktoren (Nervosität, Unsicherheit, Entmutigung, Vermeidungsverhalten und »Angst vor dem weißen Blatt«) zu vermeiden. Solche Erscheinungen treten besonders dann auf, wenn Kinder die kommunikative Funktion von Schrift nicht erleben und mit Schreibleistungen und -produkten überwiegend Beurteilungen verbinden. Durch vielfältige Impulse und Anlässe zum Schreiben sowie durch sehr konkrete Orientierungshilfen (»Schreib-Wegweiser« nennt das Erika Altenburg) finden alle Kinder einer Klasse oder Lerngruppe Wege zu ihren jeweils eigenen Texten.

Beim Verfassen von Texten können grob die Phasen Planen, Formulieren, Überarbeiten und Veröffentlichen unterschieden werden. Kinder müssen dabei ihre Gedanken und Ideen strukturieren und schon beim Formulieren, spätestens beim Überarbeiten ihres Textes Distanz zum eigenen Geschriebenen herstellen: Sich im Schreibprozess in die Position des zukünftigen Lesers hineinversetzen zu können, ist eine wichtige Voraussetzung für das Entstehen verständlicher Texte. Dies fällt Kindern oft sehr schwer, das Gespräch über Texte fördert diese Fähigkeit. Zu wissen, dass sich im Gespräch mit der Lehrerin und/oder mit anderen Kindern immer wieder Überarbeitungsmöglichkeiten ergeben, bedeutet für viele Kinder eine große Entlastung.

Gemeinsam schreiben

Beim Aufschreiben des Textentwurfs kann es hilfreich sein, wenn der Text mit einem anderen Kind gemeinsam geschrieben wird. Das Kind kann seinen Text Satz für Satz formulieren, das andere Kind schreibt ihn jeweils auf. So ist das Formulieren des Textes vom dabei manchmal störenden motorischen Schreibprozess getrennt, was der Konzentration auf den eigentlichen Inhalt, auf das, was das Kind sagen will, förderlich sein kann. In dieser Weise kann der ganze Text geschrieben und dabei Satz für Satz und später insgesamt auf seine Verständlichkeit geprüft werden.

Textentwürfe überschaubar machen

Zum Aufschreiben des Entwurfs können Kindern zwei Möglichkeiten angeboten werden:

- Der Entwurf wird auf linierte Blätter geschrieben. Dabei lässt das Kind jede zweite Zeile frei, sodass unter einer geschriebenen Zeile immer eine Zeile für Korrekturen und Überarbeitungen frei bleibt. Ein in dieser Weise bearbeitetes Manuskriptblatt wird übersichtlicher, wenn die Korrekturen mit einer anderen Farbe vorgenommen werden. Entsprechende Manuskriptblätter können in der Schreibwerkstatt der Klasse vorgehalten werden, wobei die Schreibzeilen für den Textentwurf vorne mit einem Stift markiert sind, die jeweils folgenden Überarbeitszeilen sind dagegen ohne Stift.
- Kinder können für Ihre Entwürfe auch ein einfaches Schreibheft verwenden, indem sie den Text auf die linke Seite schreiben, Korrekturen und Überarbeitungen finden ihren Platz dann auf der rechten Heftseite.

Durch das Einüben eines solchen Verfahrens erleben die Kinder, dass das Verfassen von Texten stets ein Prozess ist, der vom Entwurf über die Überarbeitung bis hin zum fertigen Schreibprodukt führt. Selbstverständlich sind derart umfangreiche Schreibprozesse nicht für jeden Text sinnvoll und nötig, immer aber dann, wenn das angestrebte Werk für das Kind eine besondere Bedeutung hat.

22 Förderidee: Texten eine Struktur geben – der rote Faden

Wenn du eine Geschichte schreibst, soll sie auch für andere gut zu verstehen sein. Dazu muss sie in einer Reihenfolge erzählt werden. Das ist der »rote Faden« der Geschichte.

Das soll in der Geschichte vorkommen: ______________________________

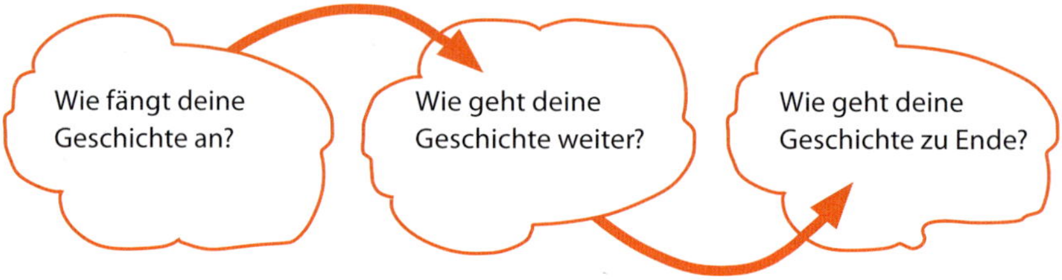

Gib deiner Geschichte eine passende Überschrift.

Sowohl beim Entwerfen und Überarbeiten eines Textes als auch beim Zuhören und Sprechen darüber achten die Kinder darauf, dass man erfährt, wie eine Geschichte beginnt, wie sie weitergeht und endet. Dieser Dreischritt kann schon sehr früh in das Repertoire für mündliches Erzählen aufgenommen werden und später als Planungsmethode auch für das schriftliche Erzählen übernommen werden. Bereiten Kinder einen längeren mündlichen Erzählbeitrag vor, können sie ihre Geschichte mit einfachen Erzählkarten vorbereiten und in Erzählschritten strukturieren.

- Ein Plakat im Klassenraum (vgl. Abb. oben) kann die Erzählschritte für Kinder ständig präsent halten.
- Die Kinder können ein Exemplar eines kopierten Formulars erhalten, das die drei grundlegenden Erzählschritte und die Aufgabe zur Überschrift enthält, um darauf Ideen und Stichwörter festhalten zu können.
- Wenn dieses Verfahren allen Kindern vertraut ist, können sie die drei Schritte einfach auf ein leeres Blatt notieren und dann bearbeiten.
- Kinder können die einzelnen Schritte auf Erzählkarten (Karteikarten oder halbierte DIN-A4-Blätter) schreiben und damit arbeiten. Dies schafft besonders dann mehr Raum und Variationsmöglichkeiten, wenn ein längerer Text produziert wird, bei dem es Übersicht schafft, den zweiten Erzählschritt weiter in einzelne Schritte zu gliedern. Auf die Karten können noch weitere Ideen zum Schreiben oder passende Wörter geschrieben werden. Mit schreibschwächeren Kindern kann die Lehrerin die Geschichte mündlich entwickeln und beim Beschriften der Erzählkarten helfen, die dann den weiteren Schreibprozess leiten.

Auch bei Sachtexten mit einer zeitlichen Abfolge des Geschehens können Erzählkarten bei der Textplanung helfen.

→ Kopiervorlagen → 22 Formular Erzählschritte

23 Förderidee: Texten eine Struktur geben – W-Fragen

Welche Erfindung machte John Dunlop?
John Dunlop war Tierarzt in Schottland. Er war oft mit seinem Fahrrad auf schlechten Straßen unterwegs, wenn er auf Bauernhöfen Arztbesuche machen musste. Die Reifen seines Fahrrads waren nur aus hartem Gummi. Das war sehr unangenehm, wenn man länger fahren musste. An einem Tag im Sommer des Jahres 1888 hatte er die Idee! Zuerst wickelte er einen mit Luft gefüllten Schlauch um die Räder des Dreirads seines Sohnes. Später nutzte er solche Reifen für das Fahrrad. Das federte Unebenheiten ab und machte Radfahren viel bequemer. So begann die Geschichte des luftgefüllten Reifens, den wir heute an jedem Fahrrad und an allen Autos verwenden.

W-Fragen: Berichte über Ereignisse und Personen enthalten stets eine Reihe von Informationen. W-Fragen, die zur inhaltlichen Erfassung eines Textes taugen, sind Fragen, auf die der Text antwortet. Das heißt, es sind Fragen, die mit inhaltlichen Elementen eines Textes beantwortet werden können. Im Textbeispiel oben wären dies: **Was** wurde erfunden? **Wann** wurde es erfunden? **Wer** hat es erfunden? **Wo** wurde die Erfindung gemacht? **Wie** wurde es erfunden? **Warum** wurde die Erfindung gemacht?

Was beim Erfassen eines Sachtextes nützlich ist, kann auch das Schreiben unterstützen und einem geplanten Sachtext eine klare Struktur geben: Kinder können die »W-Fragen« als roten Faden für ihren Text nutzen. Dazu stellen sie Antworten zu W-Fragen auf einem leeren Blatt oder auf einzelnen Zetteln oder Karten in kurzen Stichworten zusammen, ordnen diese Vorarbeiten und nutzen sie beim Schreiben ihres Textes.

Arbeitsschritte: Folgende Arbeitsschritte ergeben sich für das Schreiben mit Hilfe von W-Fragen:

- Sammeln und Formulieren von W Fragen, die zum Thema des Textes passen.
- Auflisten der W-Fragen in Form einer Tabelle oder auf jeweils einem Blatt oder eine Karteikarte.
- Notizen machen zu den Informationen, die Antworten auf die jeweilige W-Frage geben.
- Einarbeiten der gesammelten Informationen in einen »Fließtext«. Schreibschwächeren Kindern hilft es, zu den Informationen jeweils kurze Sätze zu formulieren.

Auch beim Entwickeln und Notieren einer Schreibidee zu einem erzählenden Text können die W-Fragen als roter Faden helfen. Das soll hier kurz angedeutet werden:

Wer?	Harry Potter, Hermine und Ron
Wo?	Bahnhof King's Cross, Gleis 9 ¾
Wann?	Vor der Abreise nach Hogwarts
Was?	Sie lernen sich kennen.
Wie geht es weiter?	Sie werden Freunde und Zauberschüler.

24 Förderidee: Schreibprozesse öffnen

Schreiben ist etwas sehr Persönliches. Können Kinder Schreibgelegenheiten zum Ausdruck eigener Erlebnisse, Erfahrungen und Einsichten nutzen, entwickeln sie eine eigene Sprache, einen individuellen Schreibstil. Der linguistische Begriff »Idiolekt« meint die individuelle Sprache eines einzelnen Menschen (Wortschatz, Sprachverhalten, Ausdrucksweise – mündlich wie schriftlich). Möglichst offen gestaltete Schreibsituationen und vielfältige Schreibaufgaben, in denen jedes Kind »seine« Themen finden kann, bieten Kindern in ausreichendem Maße Gelegenheiten, ihre eigene »Schreibe« zu entwickeln.

Das grundlegende Ziel des Schreibunterrichts in der Grundschule ist es, Kinder zu befähigen, stimmige schriftliche Texte zu verfassen, nicht aber, sie in vorgegebene Textformen einzuüben.

Ein klein- und gleichschrittiger, damit scheinbar leicht plan- und überschaubarer, an vorgeschriebenen Textkriterien orientierter Unterricht, der auch »einfach« zu benoten ist, nimmt Kinder als Personen und heranwachsende SchreiberInnen nicht ernst.

Geht es im Unterricht im Bereich »Schreiben / Texte verfassen« darum, Kindern Lerngelegenheiten und Lernumgebungen zu geben, in denen sie kompetente SchreiberInnen werden können, dann müssen nach wie vor überkommene Praktiken überwunden werden: »die Art der Unterrichtsgestaltung, die gewählten Schreibanlässe, das Bevorzugen einer Textsorte – meist Erzähltexte –, die Vorgaben durch die Lehrperson sowie die Vermittlung überholter Textnormen (›keine Wiederholungen‹ etc.). Manche dieser Setzungen können die individuelle Entfaltung und Entwicklung von Schreibfähigkeiten eher behindern als fördern. Die Texte einer Klasse, die dann gewisse Ähnlichkeiten zeigen, Kindertexte, die sich auf eine merkwürdige Art gleichen, bezeichnete eine Kollegin treffend als ›Grundschulprosa‹ « (Altenburg 2010, S. 10).

Gute Schreibaufgaben

Individuelle Förderung beim Textschreiben bedeutet, die Kompetenzen eines Kindes wahrzunehmen, zu würdigen und zu bestätigen, seine Schwächen zu benennen und mit dem Kind in ermutigender Weise daran zu arbeiten. Nicht um immer ausgefeiltere Differenzierung von der Lehrperson her geht es (Tendenz »Förderplan für jedes Kind«), sondern um die Öffnung von Schreibsituationen und »gute« Schreibaufgaben, die Kindern individuelles Arbeiten ermöglichen.

Gute Schreibaufgaben

- sind für Kinder als sinnvoll erfahrbar: Der Text hat eine Funktion für das Kind;
- aktivieren erworbene Strategien zum Schreibprozess und erweitern sie: zu Textplanung, -entwurf, -überarbeitung;
- ermöglichen Textschreiben und Zugriff auf Schreibhilfen nach den individuellen Möglichkeiten.

Bandbreiten der Entwicklung

Die Heterogenität der Kinder ist die Normalität in jeder Schule und in jeder Klasse. Alle Kinder sollen »tragfähige Grundlagen« für erfolgreiche weiterführende Bildungsprozesse erwerben. Alle sollen eigene Texte verständlich schreiben können. Kinder erreichen dieses Ziel aber jeweils auf dem ihnen möglichen Niveau: Die Verschiedenheit der Lernstände am Ende von vier Grundschuljahren kennzeichnet »Bandbreiten der Entwicklung«. Sprachgewandte und ideenreiche Kinder können z. B. die grundlegenden Aspekte »Sprache«, »Inhalt« und »Gestaltung« auf die jeweilige Schreibaufgabe und auf die eigenen Texte hin konkretisieren.

Spracharmere Kinder brauchen besondere, individuell wirksame Begründungen, mehr Anregungen durch Textmuster und Schreibmittel sowie Bestätigung durch Würdigung ihrer Texte.

Offene Schreibanlässe

Wenn die Interessen und Ideen der Kinder in die Planung und Organisation von Unterricht einbezogen werden, können von vornherein – und auch mit Kindern besprochen und vereinbart – verschiedene Textsorten in den Unterricht einbezogen und zu produktiven Schreibaufgaben werden. So können die Kinder alle Phasen des Schreibprozesses durchlaufen und »im Unterricht Methoden und Arbeitsweisen erwerben und üben, mit deren Hilfe sie sich in diesen Phasen weiter qualifizieren« (Bartnitzky 2009b, S. 77).

Mit offenen Schreibanlässen gibt man jedem Kind immer wieder Gelegenheiten, eigene Schreibideen zu verwirklichen. Vielfältige und individuelle Textvarianten zu Schreibaufgaben können entstehen, wenn die Textsorte nicht festgelegt oder durch Vorgabe von Schreibnormen allzu eingeengt wird. Gelungene Texte wahrzunehmen und zu würdigen ist wichtiger als vorschnelles Kritisieren. Durch offene Schreibanlässe werden Kinder zu Themen angeregt, Kindertexte im Dialog gewürdigt und bewertet und zum Schluss korrigiert.

Zur Überarbeitung von Texten

Besondere Bedeutung kommt dabei der Überarbeitung von Texten zu, gerade bei der Förderung schreibschwächerer Kinder. Kindern fällt die Überarbeitung eigener Texte oft schwer. Dabei unterschiedliche sprachliche Bereiche wie Rechtschreibung, Grammatik oder Textstruktur zu berücksichtigen, bereitet vielen Kindern erhebliche Schwierigkeiten. Gerade für Kinder, die dem Textschreiben schon recht entmutigt gegenüberstehen, sind vertrauensvolle, einfühlsame Gespräche mit der Lehrperson hilfreich, um Mängel im eigenen Text zu erkennen und zu benennen. Enthält ein Text sehr viele Auffälligkeiten, kann die Lehrerin schon am Textentwurf Schwerpunkte festlegen, an denen das Kind arbeiten kann. Es kann auch helfen, wenn die Lehrerin selbst schon (vor allem rechtschriftliche und grammatische) Teil-Korrekturen am Text durchführt, sodass das Kind sich auf das Bearbeiten einzelner Schwierigkeiten konzentrieren kann. Diese Vorgehensweise verhindert, dass ein Kind überfordert wird, und wirkt dem entmutigenden Eindruck entgegen, dass der Text aus »lauter Fehlern« besteht. (Siehe auch Förderidee 25.)

25 Förderidee: Überarbeitungen unterstützen

Fragen zum Text

- Wofür schreibe ich meinen Text?
- Habe ich alles aufgeschrieben, was ich schreiben wollte?
- Hat mein Text einen Anfang und einen Schluss?
- Können andere meinen Text gut verstehen?

Fragen zur Sprache

- Habe ich treffende Wörter verwendet?
- Habe ich Adjektive gebraucht, um etwas genauer zu beschreiben?
- Habe ich Wörter so oft wiederholt, dass sie beim Zuhören stören?
- Beginnen meine Sätze immer gleich?

Fragen zur Rechtschreibung

- Habe ich den Satzanfang immer groß geschrieben?
- Habe ich jedes Satzende mit Punkt, Fragezeichen oder Ausrufezeichen markiert?
- Habe ich alle Nomen groß geschrieben?
- Habe ich das lange i mit ie geschrieben?

Routinierte Schreiber nehmen Überarbeitungen und Korrekturen am Text im Verlaufe des gesamten Schreibprozesses vor. Bereits geschriebene Sätze und Formulierungen werden immer wieder überprüft und bedacht. In dieser Weise erfolgt ein ständiger Wechsel zwischen Schreiben und Lesen, Entwerfen und Überarbeiten. Überarbeitungsprozesse finden so lange statt, bis der Autor des Textes mit seiner Fassung zufrieden ist. Das Überarbeiten von Texten ist ein Vorgang, der sich weniger an vorgegebenen Normen orientiert, sondern vor allem

- an der gefühlten Nicht-Übereinstimmung zwischen dem entworfenen Text und der Schreibabsicht,
- an der Frage, wie man die Wirkung des Textes auf die späteren Leserinnen und Leser einschätzt sowie
- an der Wirkung des Textes auf sich selbst (Genügt der Text den eigenen Ansprüchen an Sprache und Inhalt? Vermittelt er die Zuversicht, dass die späteren Leser den Text verstehen und würdigen?).

Besonders dieser letzte Punkt ist eine wesentliche Ursache für die Entstehung von Schreibhemmungen oder gar Verweigerung beim Textschreiben.

Texte überarbeiten ist eine zumal von schreibschwächeren Kindern oft als sehr mühsam empfundene Tätigkeit. Überarbeitungsprozesse sollten daher sorgsam und sinnvoll in die Schreibkultur der Klasse eingebettet sein.

Schon bei den ersten eigenen Texten der Kinder im ersten Schuljahr kann die Erfahrung und Einsicht vermittelt werden, dass nicht jeder Text, der gerade geschrieben wurde, auch schon fertig ist.

Der Sinn der Schrittfolge Entwurf – Formulierung – Überarbeitung – Veröffentlichung kann Kindern von Anfang an mit Texten aus der eigenen Klasse verdeutlicht werden.

Allerdings muss keineswegs jeder Text überarbeitet werden. Nur für das Kind, für die Lerngruppe wichtige Texte werden in den Prozess der Überarbeitung gegeben werden, damit ein möglichst gutes Ergebnis erzielt wird. Diese Überarbeitungsprozesse erfolgen sowohl individuell als auch im Gespräch mit anderen Kindern oder mit der Lehrerin.

Wird ein Text überarbeitet, sollte dies sehr aufmerksam und behutsam geschehen, zunächst ganz vorrangig unter dem Aspekt der inhaltlichen Stimmigkeit eines Textes. Ist der Text verständlich, wird die Aussage deutlich, dann ist der Text des Kindes gelungen. Korrekturen im Ausdruck sollten vorsichtig verlangt und vorgenommen werden. Kinder werden oft mit von außen gesetzten Schreib-Vorschriften frühzeitig unter Druck gesetzt. Dies kann vermieden werden, wenn Lehrerinnen und Lehrer sich ihre eigenen Ansprüche und Kriterien für die Bewertung von Kindertexten bewusst machen und sie gegebenenfalls selbstkritisch befragen. Sie hören Kindern aufmerksam zu, interessieren sich wirklich für ihre Texte, nehmen das Gelungene wahr und knüpfen daran an. So erfahren Kinder Wertschätzung und Würdigung ihrer Arbeit.

Checklisten

Hilfreich ist es, die Aspekte möglicher oder notwendiger Überarbeitungen mit den Kindern selbst anhand ihrer eigenen Texte zu besprechen und zu vereinbaren. Daraus können einfache Strategiekarten für eigenes Überarbeiten entstehen (siehe oben), die Kinder als »Checklisten« für sich nutzen können.

Sich den Text selbst vorlesen: Besonders Kinder, die sich mit dem Schreiben schwer tun, werden angehalten, sich das Geschriebene zunächst selbst vorzulesen und zu hören, ob der Text »gut klingt«. Gewöhnen sie sich an dieses Verfahren, entsteht allmählich die so wichtige Distanz zum eigenen Text und ein Gespür für Stellen, die überarbeitet werden müssen.
Der Lehrerin den Text vorlesen: Die Lehrerin hört zu und bespricht mit dem Kind den Text, hebt Gelungenes hervor und macht Vorschläge für die Überarbeitung.
Die Lehrerin kommentiert den Text schriftlich: Sie gibt eine kurze Rückmeldung über Gelungenes, über das, was sie verstanden hat (»Ich wünsche mir auch, dass es bald Sommer wird. … «, »Ich war in den Ferien auch schon …«) oder nicht verstehen konnte (»Was meinst du mit …?«, »Wer kam über die Straße?«, »Wie hast du … gemeint?«).

→ Kopiervorlagen → 25 Karten Checkliste Überarbeitung
→ Fachtexte → Texte überarbeiten – wie Kinder sich Textkompetenzen erarbeiten können

26 Förderidee: Sich über Texte beraten

Beratung mit der Lehrerin

Der mündliche oder schriftliche Kommentar zu einem Text ist die traditionelle Form der Rückmeldung durch die Lehrerin. Solche Reaktionen waren in der Vergangenheit oft bereits fertige Beurteilungen oder lediglich Begründungen für ein bereits gefälltes Urteil.

»Dieser Weg wird kommunikativ und für den Schreibprozess unterstützend, wenn (...) ein mündliches oder schriftliches Gespräch zwischen dem Autorenkind und der Lehrkraft als Leser geführt wird. Leitfragen der Leserin oder des Lesers können dabei sein: Was hat mir beim Lesen gut gefallen? Wozu sind Fragen entstanden? Was kann geändert werden und welchen Vorschlag habe ich?« (Bartnitzky 2009b, S. 86 f.).

Solche wertschätzenden und sensiblen Lerngespräche über Texte sind geeignet, das Vertrauen der Kinder zu stärken, dass ihr Geschriebenes akzeptiert und gewürdigt wird, dass die Lehrerin als Beraterin fungiert und den Schreibprozess unterstützend begleitet.

Schreibgespräch / Schreibkonferenz

In der Unterrichtspraxis wurden vielfältige Möglichkeiten entwickelt, eine Gesprächs- und Rückmeldekultur zu Kindertexten zu organisieren. Immer geht es dabei um die konkrete Unterstützung für die Textüberarbeitung und um die Entwicklung eines Gespürs für Textqualitäten.

»Beim **Schreibgespräch** berät sich das Autorenkind mit einem Partner über den Text. Das Schreibgespräch kann in zwei Phasen verlaufen: Zuerst wird der gesamte Text gelesen, das Beraterkind sagt, was ihm gut gefallen hat, auch was es ändern würde. Dann wird Satz für Satz gelesen und besprochen. Das Autorenkind notiert sich Überarbeitungspunkte zu seinem Text. Diese Form der Schreibgespräche sind rasch und individuell zu organisieren. Sie enthalten zugleich die Grundstruktur, die auch für die aufwändiger zu organisierende Schreibkonferenz gilt. (...) Zur **Schreibkonferenz** lädt das Autorenkind zwei oder drei andere Kinder ein. Die eigentliche Konferenz verläuft in zwei Phasen: in der ersten wird der ganze Text gelesen und besprochen, in der zweiten wird Satz für Satz zum Gegenstand der Beratung (...); die Schreibgespräche mit einem Partner sind hierfür ein guter Ausgangspunkt« (Bartnitzky 2009b, S. 87 und 89).

Für jede Form einer **Vorleserunde in kleinem Kreis**, die der Beratung über einen Text dient, ist es hilfreich, wenn das Autorenkind seinen Text mehr als einmal vorliest: zunächst nur zum Zuhören und Verstehen, im Anschluss daran, um Fragen zu klären, auf Besonderheiten hinzuweisen usw. Stets sollte die Möglichkeit eingeräumt werden, seinen Text von der Lehrerin bzw. von einem anderen Kind vorlesen zu lassen. Dies ist insbesondere für die Kinder eine erhebliche Entlastung, die noch Schwierigkeiten beim Vorlesen haben. So kann sich das Kind ganz auf die Beratung über seinen Text konzentrieren. Die Gesprächsleitung sollte beim Autor des Textes liegen. Allerdings sollte es immer auch möglich sein, dass zurückhaltende oder ängstliche Kinder die Leitung des Gesprächs einem anderen Kind übergeben, um sich ganz auf die Beratung des Textes konzentrieren zu können. Auch die Lehrerin kann an solchen Beratungsgesprächen teilnehmen, um das Autorenkind zu unterstützen, z. B. um Hinweise und Anregungen zu protokollieren.

Damit Schreibgespräche gelingen, kann eine feste, im Laufe der Zeit eingeübte und damit vertraute Struktur hilfreich sein. Eine Checkliste mit Fragen (die jedem Kind auf einem Blatt zur Verfügung stehen) kann das unterstützen:

Schritte beim Schreibgespräch / bei der Schreibkonferenz

1. Vor dem Gespräch
- O Lies deinen Text so oft laut, bis du ihn gut vorlesen kannst.
- O Suche dir Kinder, die mit dir über deinen Text sprechen.

2. Lies deinen ganzen Text einmal vor.
Frage die Kinder, höre genau auf ihre Antworten, mache dir Notizen:
- O Habt ihr meinen Text verstanden?
- O Was hat euch gefallen?
- O Fragen zum Text (Karte)
- O Soll ich etwas ändern?

3. Lies jeden Satz einzeln vor.
Frage die Kinder zu jedem Satz, mache dir Notizen:
- O Versteht ihr diesen Satz?
- O Passen die Wörter?
- O Soll ich etwas ändern?

4. Arbeite allein weiter und überarbeite deinen Text.
- O Lies deinen Text noch einmal durch.
- O Überlege, ob du etwas ändern willst. Markiere diese Stellen im Text.
- O Suche dir ein Kind, mit dem du die Rechtschreibung überprüfen kannst:
  - Ist der Satzanfang groß geschrieben?
  - Steht am Schluss immer ein Punkt, Fragezeichen oder Ausrufezeichen?
  - Sind Wörter falsch geschrieben?

  Berichtige die Fehler im Text.
- O Schreibe den Text noch einmal neu.

5. Gib den Text deiner Lehrerin.

Diese allgemeine Anleitung zum Ablauf eines Schreibgesprächs oder einer Schreibkonferenz kann durch Fragen zu konkreten Textsorten (z. B. auf Karteikarten festgehalten) ergänzt werden.

Fragen zu einer ausgedachten Geschichte
- Wie findest du die Geschichte? (spannend, lustig, traurig, …)
- Was gefällt dir besonders?
- Was denkst du über die Figuren in der Geschichte?
- Kannst du dir alles gut vorstellen?

Fragen zu einer erlebten Geschichte
- Welche Gefühle und Gedanken hattest du beim Zuhören?
- Erfährst du, was der Autor gefühlt und gedacht hat?
- Ist der Text gemein oder ungerecht zu anderen?

Fragen zu einem Sachtext
- Findest du den Text interessant?
- Steht alles Wichtige drin?
- Stimmt alles, was im Text steht?
- Hast du etwas Neues gelernt?

Solche und andere Fragen zu bestimmten Textsorten oder Schreibaufgaben können im Laufe der Zeit mit der Klasse entwickelt und jeweils festgehalten werden. So wird ein solches Verfahren allmählich zum ständig verfügbaren Handwerkszeug für alle Kinder.

→ Kopiervorlagen → 26.1 Checkliste Schreibgespräch
→ 26.2 Karten zu Schreibgespräch

27 Förderidee: Sinn für Textqualität entwickeln

Texte sind oft besser, wenn die Sätze nicht immer gleich anfangen:

- Du kannst Sätze umstellen.
- Die Wörter **da, dann** und **und dann** kannst du meistens weglassen.

Lies dir deinen Text selbst vor und achte darauf, wie der Text klingt. Was willst du ändern?

Texte sind oft besser, wenn sich Wörter nicht immer wiederholen:

- Nomen kannst du durch Pronomen ersetzen.
- Verben können durch andere passende Verben ersetzt werden.

Lies dir deinen Text selbst vor und achte darauf, wie der Text klingt. Was willst du ändern?

Solche Anleitungen können sich im Laufe der Zeit aus den vielfältigen Gesprächen über Texte der Kinder ergeben. Sie werden dann als Merkposten an der Pinnwand festgehalten oder Kinder notieren sich solche Hinweise auf einer Liste, auf Karteikarten oder einem Hosentaschenbuch.

Hilfreiche Sprachproben können anhand der eigenen Texte der Kinder eingeführt und immer wieder geübt werden, bis sie »automatisiert« sind und Kindern ständig zur Verfügung stehen: die Klangprobe (»Lies dir deinen Text selbst vor und achte darauf, wie er klingt«), das Umstellen von Wörtern und Satzteilen, das Weglassen, Ersetzen und Ergänzen.

Mit Material aus Kindertexten oder mit neutralen (d. h. in der Regel von der Lehrerin verfassten) Übungstexten ergeben sich immer wieder Situationen, in denen Übungen wie diese produktiv sind:

- Stelle diesen Satz so oft um wie möglich.
  Welcher umgestellte Satz gefällt dir am besten?
- Schreibe den Text auf und lasse dabei die Wörter da, dann und und dann weg.
  Was musst du ändern?
- Schreibe den Text auf und ersetze an einigen Stellen Nomen durch Pronomen,
  sodass er besser klingt.

Die Kinder sollten wissen, dass nur sie selbst entscheiden, ob sie ihren Text und was sie an ihrem Text verändern wollen. Für die Überarbeitung lautet eine mögliche Aufgabe dann: *Überarbeite deinen Textentwurf. Welche Satzanfänge willst du ändern? Welche Wörter willst du ersetzen?*

Für die Qualität von Texten gelten **allgemeine Kriterien** und solche, die sich auf konkrete Schreibaufgaben beziehen: **aufgabenbezogene Kriterien**. Allgemeine Kriterien beziehen sich

- auf den **Inhalt**: Werden stimmige Einfälle für den Text entwickelt?
- auf die **Struktur**: Ist der Text im Aufbau logisch, sinnvoll, stimmig?
- auf die **Sprache**: Wird die Schreibidee schriftsprachlich angemessen umgesetzt?

→ Kopiervorlagen → 27.1 Texte Überarbeiten

Allgemeine Kriterien

Im Verlauf der Grundschulzeit kann sich ein ganzes Repertoire an Beratungspunkten und von Möglichkeiten, Texte zu überarbeiten, entwickeln. Horst Bartnitzky nennt das Beispiel einer dritten Klasse, in der – bezogen auf die allgemeinen Kriterien – folgende Aspekte erarbeitet, auf einer Plakatwand festgehalten und mit Beispielen von Kindertexten veranschaulicht wurden:

Darüber kann man nachdenken.	So kann der Text überarbeitet werden.
Verständlichkeit Habe ich alles gut verstanden? Wozu habe ich Fragen?	Ergänzen, was fehlt Genauer schreiben
Wortwiederholung Wiederholen sich Wörter zu oft?	Wörter zum Wortfeld suchen
Wortwahl Welche Wörter gefallen mir gut? Welche Wörter sind ungenau?	Wörter austauschen
Satzanfänge Sind die Anfänge immer gleich?	Anfangswörter »Dann« oder »Und dann« wegstreichen, Sätze umstellen
Überschrift Macht sie neugierig? Ist sie treffend?	Überschrift ändern
Rechtschreibfehler	Fehler berichtigen

(Bartnitzky 2009b, S. 91)

Solche Aspekte können in der Klasse an Texten der Kinder und an neutralen Übungstexten bewusstgemacht und beim selbstständigen oder gemeinsamen Überarbeiten von Texten geübt werden.

Aufgabenbezogene Kriterien

Sie ergeben sich aus der konkreten Schreibsituation und den sich daraus ergebenden Schreibaufgaben. Alle diese Kriterien könnten nun bei jeder Schreibsituation auf die verschiedenen Textsorten und Schreibabsichten hin mit zahlreichen weiteren Kriterien konkretisiert werden, wie: *Passt die Überschrift? Wurden die Satzanfänge variiert? Wurden die Zeitformen eingehalten? Ist die Reihenfolge richtig?*

Durch die Häufung solcher »Vor-Schriften« türmen sich für etliche Kinder dann schier unüberwindliche Schreibhindernisse auf – und die Texte werden nicht besser, sondern verlieren oft viel von ihrer ursprünglichen Kraft und Originalität. »In einem kompetenzorientierten Schreibunterricht werden die Kriterien nicht in der Fülle vorgegeben oder als Maßstab an die Texte angelegt. Vielmehr haben zunächst die Kinder das Wort: Was gefällt ihnen an Texten anderer Kinder? Was würden sie ändern? Was erfüllt die Schreibaufgabe gut? Was kann noch verbessert werden? Die Lehrkraft verfolgt die Vorschläge der Kinder und bringt sie mit wichtigen Gütekriterien für schriftliche Texte und für die Ansprüche der jeweiligen Textsorte zusammen« (Bartnitzky 2009b, S. 91).

→ Kopiervorlagen → 27.2 Minitexte zum Überarbeiten

28 Förderidee: Eigene Texte veröffentlichen

Kennzeichen einer gelingenden Schreibkultur ist die vielfältige Präsentation von Texten, die in der Lerngruppe entstanden sind. Zu wissen, dass am Ende des manchmal mühsamen Schreibprozesses Leserinnen und Leser warten, ist eine grundlegende Motivation des Schreibens für andere. Besonders das Überarbeiten von Texten ist für Kinder nur dann sinnvoll, wenn ihr Text schließlich für ein Publikum bestimmt ist. So erhält Schreiben einen authentischen Charakter. Die Lehrerin ist verantwortlich für eine Atmosphäre der Akzeptanz und Wertschätzung gegenüber den Texten und den Kindern, die sie verfasst haben.

Keineswegs alle im Unterricht entstehenden Texte werden einer Öffentlichkeit zugänglich gemacht: Übungstexte, Entwürfe und Korrekturfassungen oder Texte, die das Kind nicht veröffentlichen möchte, bleiben »privat« – und das ist in jedem Fall zu respektieren.

Ansonsten aber gilt: Das Schreiben von Texten und der Prozess von der Schreibidee über Entwurf, Beratung bis zur endgültigen Gestaltung erhält seinen Sinn dadurch, dass es Personen gibt, die sich für das Geschriebene zum Lesen oder zum Zuhören interessieren.

Die Leseversammlung oder Autorenlesung ist ein Forum, bei dem fertige Texte vorgelesen werden. Zur Vorbereitung gehört immer auch, dass das Vorlesen zuvor gut geübt wird.

Die Texte der Kinder können auf verschiedene andere Weisen veröffentlicht werden, abhängig auch von den Textsorten und den Adressaten der Schreibprodukte. Möglichkeiten sind:

Klassentagebuch: An jedem Tag schreibt ein anderes Kind einen Eintrag über Erlebtes oder Gelerntes in der Klasse.

Wanderbuch: Das Buch wandert von Kind zu Kind, jedes Kind schreibt einen Text dazu, wobei es frei über Thema und Umfang seines Textes entscheidet.

Sammelordner: Gebrauchstexte (z. B. Spielregeln, Rezepte, Tierkartei, Rätsel) werden, in Klarsichthüllen eingelegt, in einem Ordner gesammelt, sodass die Sammlung ständig wachsen und ggf. auch neu geordnet werden kann.

Pinnwand, Plakatständer, Litfaßsäule: Texte werden zu einer Ausstellung angeordnet und im Schulgebäude präsentiert.

Leporello: In Folientaschen, die durch Pappen verstärkt sind, werden Texte eingelegt, die Folientaschen zusammengeklebt und auf einer Fensterbank oder auf Tischen auf- und ausgestellt.

Zeitung oder Broschüre: Zusammenstellung von Texten zu einem gemeinsam vereinbarten Thema

Buch: Zusammenheften von Texten zu einem Geschichtenbuch, einem Themenbuch, einem Gedichtbuch, einem Forscherbuch

Schulzeitung / Schülerzeitung: Texte werden in schuleigenen »Printmedien« veröffentlicht.

Website: Texte werden auf die Website der Klasse oder der Schule gestellt (viele Schulen richten dafür eine eigene Rubrik auf ihrer Schulhomepage ein).

Außerschulische Öffentlichkeit: Ausstellung oder Lesung von Texten beim Elternabend, in einem selbst organisierten Lesecafé oder in außerschulischen Einrichtungen (z. B. Altenheim) im Rahmen eines Programms.

29 Förderidee: Eigene Texte gestalten

Texte für die Veröffentlichung vorzubereiten, ist eine sehr anspruchsvolle Aufgabe. Die Lehrerin kann Kindern, die dabei Schwierigkeiten haben, wirkungsvoll helfen:

- Sie kann die Texte von schreibschwächeren Kindern mit der Hand oder dem PC aufschreiben, sodass das Kind sie richtig abschreiben kann.
- Sie kann Kindertexte auch in der richtigen Rechtschreibung mit dem Computer abschreiben und für das Kind ausdrucken, sodass das Kind diesen Ausdruck für eine Ausstellung verwenden kann.

Sieht man als Betrachter und Leser einer Ausstellung von Schreibprodukten Kindertexte in dieser Form (also ohne orthografische Fehler und ohne Ansehen der Handschrift), können die eigentlichen Textqualitäten erst unverstellt in den Blick kommen und die Texte dieser Kinder dann auch Akzeptanz und Wertschätzung erhalten. Dass Kinder, die in dieser Weise unterstützt werden, ein förderliches Programm zur Arbeit an ihrer Rechtschreibung oder ihrer Handschrift erhalten, ist dabei selbstverständlich. Wichtig ist nur, dass Rechtschreibfehler oder schlechte Handschrift Kinder nicht von der Teilhabe an Veröffentlichungsvorhaben ausschließen.

Die konkrete Gestaltung von Texten für eine Veröffentlichung bzw. Präsentation ist abhängig von der Art und Weise, in der dies geschehen soll.

Autorenlesung

Sollen Texte eingeladenen Gästen im Rahmen einer Autorenlesung zu Gehör gebracht werden, müssen die Kinder klären,

- wen sie zu ihrer Lesung einladen wollen,
- wann und wo die Autorenlesung stattfinden soll,
- welchen Titel die Veranstaltung bekommen soll und
- wie die Plakate und Einladungszettel gestaltet werden sollen.

Ausstellung

Sollen Texte im Schulgebäude, im Schaufenster einer Buchhandlung oder Bücherei ausgestellt werden,

- werden Überschriften besonders auffällig (farbig, große Schrift, Druckschrift) gestaltet,
- werden die Texte ggf. mit Fotos oder Zeichnungen illustriert,
- werden die Texte mit dünnem schwarzem Filzstift oder mit dem PC geschrieben,
- müssen die Kinder ganz besonders auf eine gut lesbare Schrift achten.

Druck

Sollen die Texte der Kinder kopiert, geheftet oder gebunden werden, so muss überlegt werden,

- wie die Texte preisgünstig kopiert oder gedruckt werden können,
- wie die einzelnen Blätter zu einer Zeitung, einer Broschüre oder einem Buch zusammengestellt werden können,
- wer das gedruckte Produkt erhalten oder kaufen soll.

Rechtschreiben

1. Förderkonzept Rechtschreiben

In ihrer Grundschulzeit sollen *alle* Kinder grundlegende Schreibkompetenzen erwerben und an der schulischen Schreibkultur teilhaben können.

Zum Schreiben brauchen Kinder *gute Gründe*. Das gilt umso mehr für die Kinder, die sich mit dem Schreiben schwer tun. Wenn Schreiben eine sinnvolle, individuell bedeutsame Tätigkeit sein soll, dann heißt das, dass Kinder Texte für sich und andere schreiben können, dass ihre Texte beachtet, respektiert und gewürdigt werden.

In ein solches Konzept zum weiterführenden Schreiben muss die Förderung im **Richtig-Schreiben** integriert werden. Richtig Schreiben erhält seinen einsehbaren Sinn vor allem aus den zu veröffentlichenden Schreibprodukten. Kinder sollen erfahren und erleben, dass es wichtig ist, eigene Texte richtig und lesbar zu schreiben, weil sie damit verständlich für Leserinnen und Leser werden.

Die Förderung findet ihren Niederschlag nicht in umfangreichen Rechtschreibmaterialien in Form von Arbeitsheften, Karteien u. Ä. Es ist vielmehr eine Förderung, bei der für die Kinder spürbar wird, dass die Arbeit an der Rechtschreibung dem Schreiben ihrer eigenen Texte dient. Ausgang und Ziel sind deshalb die schreibwichtigen Gebrauchswörter der Kinder, Lernwörter, die als Modell dienen, um Schreibweisen und Rechtschreibphänomene zu erkennen, und die helfen, diese Einsichten zu generalisieren und auf andere Wörter zu übertragen. So kann an den Fehlerschwerpunkten der Kinder gearbeitet werden, das Rechtschreibüben bekommt eine sinnvolle Begründung.

Ein **Beobachtungsbogen** zur Rechtschreibung fasst die sich entwickelnden Kompetenzen im Überblick zusammen, schärft den Blick auf die jeweiligen Lernstände und -entwicklungen der Kinder, orientiert auf die grundlegenden Entwicklungsziele und hilft bei der Bestimmung von Förderschwerpunkten.

→ Kopiervorlagen → 0.7 Beobachtungsbogen Rechtschreiben
→ 0.8 Selbsteinschätzung Rechtschreiben
→ Fachtexte → Kindgeleitet und normorientiert von Anfang an
→ Vier Säulen des Rechtschreibunterrichts

2. Kritische Stellen und Möglichkeiten der Förderung

Kritische Stellen im Lernprozess	Förderideen	Beispiel Nummer
Texte leserlich schreiben	Texte lesbar schreiben	30
Orthografisch richtig schreiben	Mit Lernwörtern Strategien des Merkens und Einprägens üben	31
	Mit Lernwörtern elementare Rechtschreibstrategien üben	32
	Elementare Rechtschreibregelungen erkennen und beachten	33

30 Förderidee: Texte lesbar schreiben

Die Kriterien zur Bewertung einer kommunikativ funktionierenden Handschrift – Formklarheit, Leserlichkeit, Geläufigkeit – gewinnen in den Klassen 3 und 4 mit dem zunehmenden Umfang und der häufigeren Veröffentlichung der Kindertexte an Bedeutung. Gleichzeitig ist zu beobachten, dass trotz vielfältiger Schreibmöglichkeiten einigen Kindern eine Weiterentwicklung ihrer Handschrift nur schwer gelingt: Es mangelt ihnen an einer flüssigen Schreibbewegung, die Buchstaben sind nicht formklar, sodass die Leserlichkeit leidet, insgesamt ergibt sich kein ästhetisches und lesefreundliches Schriftbild.

Häufig liegen die Ursachen in einem Schreibunterricht, der die Bedürfnisse junger Schreiber nur unzureichend berücksichtigt: Bereits zu einem frühen Zeitpunkt – Ende der 1. Klasse, Anfang der 2. Klasse – lernen die Kinder eine zweite Schrift, die Schreibschrift, die in der Regel nur ansatzweise das vorhandene motorische Programm aufgreift und weiterentwickelt. Sie tun dies häufig mit Schreibgeräten, z. B. dem Füller, die sich ungünstig auf den Schreibdruck auswirken, und in Lineaturen, die weniger die Orientierung im Schreibraum unterstützen, als dass sie unflüssige und überkontrollierte Schreibbewegungen provozieren. Hier muss die Förderung in den Klassen 3 und 4 ansetzen. Dazu kann das vom Grundschulverband entwickelte Konzept und Material zur **Grundschrift** genutzt werden und Grundlage sein für Schreibexperimente und -reflexionen (Bartnitzky u. a. 2011, 2013).

Schreibproben untersuchen: Leserlichkeit? Verbindungen?

Unterschiedliche Schreibproben der Kinder, aber auch von Erwachsenen werden gesammelt und darauf hin überprüft, ob sie lesbar sind. Besonders werden auch die Stellen in den Blick genommen, bei denen Buchstaben verbunden sind: Welche Buchstaben oder Buchstabengruppen sind das? Bei welchen Buchstabengruppen ist das besonders häufig (z. B. *en, er, ie, ei, ch, au, eu*). Bei anderen Buchstaben werden Varianten beobachtet: Die Schleife beim kleinen *l* oder beim großen *G*, das gerundete große *E*. Die Kinder probieren die Verbindungen und Varianten selber aus, Beispiele und Übungsangebote finden sich dazu auf der *Kartei Teil 2: Schreibe mit Schwung*. Ein solcher Blick auf gelungene und weniger gelungene Schriftproben kann mit der ganzen Klasse erfolgen, aber auch mit einzelnen Kindern oder Kindergruppen.

Mit Schrift gestalten

Die Gestaltung von Schreibprodukten in den verschiedenen Fächern (Lernplakate, Themenbücher, Gedichtblätter, Klassenzeitung) ist immer wieder Anlass, über Möglichkeiten nachzudenken, welche Mittel eingesetzt werden können, um einen Text leserlich und ästhetisch erscheinen zu lassen.

Wo immer es möglich und sinnvoll ist, sollte auf den Einsatz von Arbeitsblättern verzichtet werden und die (Schreib-)Arbeiten der Kinder in Heften gesammelt werden. So erzeugen die Kinder ein vorzeigbares Produkt, für das eine leserliche Schrift unverzichtbar ist.

Schrift-Portfolio

Die Kinder führen ein Heft *Meine Schrift*, in das sie besondere Wörter und kurze Texte schreiben, mit dessen Hilfe sie im Rahmen von Schriftgesprächen über ihr Schreiben und ihre Schrift nachdenken können und das die Entwicklung der eigenen Handschrift nachvollziehbar macht. Bei der Auswahl der Texte können die Kinder zurückgreifen auf ihre eigenen Texte, aber auch auf Witze, Gedichte u. Ä. Besondere Buchstabengestaltungen werden ebenfalls aufgenommen (z. B. die Gestaltung der eigenen Initiale), Ideogramme oder Experimente mit unterschiedlichen Schreibgeräten oder Schriften.

→ H1 Deutsch → Fachtexte → Grundschrift: Konzept und Begründungen
→ Schreiblernen im Unterricht reflektiert gestalten
→ Lasst die Kinder wieder mehr in Hefte schreiben

31 Förderidee: Mit Lernwörtern Strategien des Einprägens und Merkens üben

Die für alle Bundesländer verbindlichen Bildungsstandards integrieren das Richtigschreiben-Können in den Kompetenzbereich Schreiben. Eine sich zunehmend der Norm angleichende Rechtschreibung, die Reflexion über verschiedene Schreibweisen sowie Kenntnisse und Fertigkeiten in diesem Bereich ziehen ihre Sinnhaftigkeit daraus, dass die Kinder ein »Rechtschreibgespür und Selbstverantwortung ihren Texten gegenüber« entwickeln (Kultusministerkonferenz 2004, S. 10). Daraus folgt, dass es die Gebrauchswörter der Kinder sind, die zum Ausgangspunkt der Arbeit im Rechtschreibunterricht genutzt werden müssen. Dies können Wörter sein, die in der deutschen Sprache häufig vorkommen (z.B. *wieder, ganz, ohne, muss, können, dann …*). Wenn Kinder sie beherrschen, können sie einen großen Teil ihrer Texte richtig schreiben. Es müssen aber auch die Wörter sein, die wichtig sind, um das auszudrücken, woran die Kinder in der Klasse gerade inhaltlich arbeiten, und die Wörter, die für das jeweilige Kind wichtig sind. So werden beim Thema *Arbeitszeit, freie Zeit* für alle Kinder die Wörter *Hobby* oder *Spaß* wichtig sein, jedoch nur für manche die Wörter *Kinderchor, Skateboard* oder *Voltigieren.*

Immer geht es darum, diese Gebrauchswörter so geläufig zu machen, dass beim eigentlich Wichtigen, dem Schreiben eigener Texte, nicht das Nachdenken über die Rechtschriftlichkeit das Schreiben behindert. Dazu brauchen die Kinder Strategien, die ihnen das Einprägen und Merken wichtiger Wörter erleichtern.

Lernwörter sammeln

Zu Beginn und während jeder Unterrichtseinheit werden die *Klassenwörter*, die für das Thema wichtig sind, in einem »Speicher« gesammelt. Dies kann auf einem Plakat geschehen oder auf einer Seitentafel. **Eigene Wörter** notiert das Kind sich nach Absprache mit der Lehrkraft in seinem Heft. Besonders schreibwichtige Wörter werden als **Lernwörter** markiert. In Partnerarbeit diktieren sich die Kinder gegenseitig diese Wörter in einem **Risikodiktat**. So können sie feststellen, welche der Wörter sie bereits beherrschen. Diese können die Kinder nun in das individuelle Wörterheft, eine Schreibkladde mit alphabetischem Register, eintragen. Mit den anderen Lernwörtern übt das Kind weiter.

Lernwörter einprägen: Abschreiben in vier Schritten

Eine Möglichkeit, methodisch sinnvoll abzuschreiben und sich dabei die Schreibweise einzuprägen, ist das **Abschreiben in vier Schritten**:

1. Schritt: leise lesen
2. Schritt: merken (das Wort in der Rechtschreibsprache flüstern (s. Förderidee 32), die Stolperstelle farbig markieren, das Wort blind schreiben – auf dem Tisch oder in der Luft)

3. Schritt: aufschreiben
4. Schritt: kontrollieren und eventuell korrigieren

Rechtschreibschwächere Kinder können die Lernwörter auf Karteikarten oder kleine Zettel schreiben und in einen Karteikasten mit fünf Fächern einordnen. Jeden Tag nimmt sich das Kind die Karten und bearbeitet sie. Bei korrekter Schreibung wandern die Karten in das nächste Fach, bei Falschschreibungen gehen sie zurück in das erste. Gesicherte Wörter werden, wenn sie im fünften Fach angekommen sind, in das Wörterheft eingetragen.

Lernwörter in Sätzen üben

Die Kinder schreiben alleine oder mit einem Partnerkind Sätze oder kleine Texte auf, in denen die Lernwörter vorkommen. Quatschsätze oder Texte, die sich auf die Klasse beziehen, sind ausdrücklich erwünscht. Anschließend werden diese Sätze und Texte in Form von Dosen-, Schleich- und Wendediktaten geübt.

→ Kopiervorlagen → 31.1 Abschreiben
→ 31.2 Planungshilfe

32 Förderidee: Mit Lernwörtern elementare Rechtschreibstrategien üben

In den Klassen 3 und 4 muss bei allen Kindern das Gespür für das normrichtige Schreiben erweitert werden. Häufige Wörter sollten sie nicht nur automatisiert schreiben können (s. Förderidee 31), sondern auch über Strategien verfügen, um im Zweifelsfall zu einer Lösung zu kommen. Diese Strategien – für die Kinder: Tipps für das richtige Schreiben – werden im Folgenden vorgestellt. Sie werden zunächst mit Hilfe der Lernwörter vorbereitet und geübt, zunehmend aber funktional genutzt beim Schreiben eigener Texte.

Rechtschreibsprache

Während das Kind die Lernwörter oder auch seinen eigenen Text schreibt, spricht es mit – leise oder nur noch die Lippen bewegend – und bildet den Laut, den es gerade spricht, als Buchstaben oder Buchstabenfolge ab. So wird es zum einen aufmerksam auf die Abweichungen der Laut-Buchstaben-Beziehung und es vermeidet zudem Auslassungen oder Vertauschungen von Buchstaben. Schwierige Stellen kommentiert das Kind: *Ziel – z / groß schreiben, weil es ein Nomen ist, ein Ziel – viele Ziele / i / ie, weil i lang gesprochen wird / l.*

Diese Aufgabe ist für rechtschreibschwächere Kinder gut geeignet, weil sie mehrere Sinneskanäle anspricht, die Kinder selbsttätig sind und zur kognitiven Auseinandersetzung angeregt werden.

In Silben gliedern

Vor allem bei längeren Wörtern hilft das Silbengliedern, diese sprechend zu strukturieren und sich – vergleichbar zur Rechtschreibsprache – leichter zu merken und zu schreiben. Die Kinder gliedern Lernwörter so, sammeln aus Wörterlisten Wörter mit unterschiedlich vielen Silben zu dem Klassenthema oder sie arbeiten mit vorstrukturiertem Material.

Länge und Kürze der Selbstlaute nutzen

Die Unterscheidung von lang und kurz gesprochenem Vokal ist hilfreich für eine der grundlegenden Regelungen der deutschen Rechtschreibung: auf lang gesprochene Vokale im Wortstamm folgt zumeist ein Mitlaut, auf kurz gesprochene Vokale zwei. Dies führt gegebenenfalls zu einem Doppelkonsonanten. Auch die Entscheidung, ob i oder ie geschrieben wird, hängt von der Vokallänge ab. Die Unterscheidung der Vokallänge fällt manchen Kindern jedoch auch in der 3. und 4. Klasse noch schwer. Für sie ist es weiterhin wichtig, diese Unterscheidung nicht nur im Anwendungsfall, sondern auch mit vorstrukturiertem Wortmaterial zu üben.

Eine gute Möglichkeit ist, Wörter unterschiedlich auszusprechen: *Futter* einmal mit lang, einmal mit kurz gesprochenem *u*. Die Kinder finden heraus, wie es richtig klingt. Handzeichen oder Markierungen unterstützen sie dabei: Die beiden Hände werden mit den Handflächen zusammengehalten. Bei kurz gesprochenem Vokal klatschen sie zusammen, bei lang gesprochenem entfernen sie sich, als ob sie ein Gummi auseinander ziehen. Unter die kurz gesprochenen Vokale wird ein Punkt gesetzt, unter die lang gesprochenen ein Strich.

Verwandte Wörter finden

Zu einem Lernwort werden verwandte Wörter gesucht. Dies sind Wörter der Wortfamilie (beim Wort *Hand* z.B. *Handschuh, Handtasche, Handball*), aber auch um Prä- und Suffixe erweiterte Wörter (*handlich, behandeln, verhandeln, Handlung*) und Flexionsformen (*sie handelt, er hat gehandelt*). Den Kindern wird durch die folgenden Aufgaben das Prinzip der Morphem-Konstanz vermittelt, das für die deutsche Rechtschreibung grundlegend ist.

- Das Lernwort steht auf einem Plakat, die Kinder haben den Auftrag, über einen festgelegten Zeitraum hinweg verwandte Wörter zu sammeln. Die gefundenen Wörter werden auf das Plakat geschrieben, Gleiches oder Ähnliches wird farbig markiert. Die gesammelten Wörter werden im gemeinsamen Gespräch verglichen, dabei fällt einigen Kindern die Regelhaftigkeit auf. Diese Regelhaftigkeit wird in der folgenden Zeit an anderen Lernwörtern und ihren Verwandten überprüft. Der Begriff **Wortstamm** wird eingeführt. Ein möglicher Merksatz kann von den Kindern selbst formuliert werden: *Wörter haben einen Wortstamm. Bei verwandten Wörtern wird er gleich oder* *ähnlich geschrieben. Wenn ich bei einem Wort unsicher bin, kann ich mich vielleicht an ein verwandtes Wort erinnern.*

- Die Kinder sammeln verwandte Wörter in Form von Wortfeldern in ihrem Rechtschreibheft. Das jeweilige Lernwort, zu dem verwandte Wörter gesucht werden sollen, steht in der Mitte des Feldes. Die Kinder sammeln mit einem Partner oder in der Kleingruppe und tauschen ihre Wörter mit anderen Gruppen aus. Wie viele gemeinsame Wörter findet die Klasse?

Wörter verlängern

Die Buchstaben *b, d, g* werden im Auslaut – auch innerhalb von Wörtern – *p, t, k* ausgesprochen. Die Kinder verlängern Wörter mit dieser Stolperstelle so, dass sie die richtige Schreibweise hören können. Für diese Strategie helfen die Übungen mit verwandten Wörtern: *Burg – viele Burgen, lieb – ein lieber Hund, legt – wir legen.*

- Ausgehend von dem jeweiligen Lernwort sammeln die Kinder Wörter, die ebenfalls diese Schwierigkeit haben: *er lebt – Du hörst ein p, du schreibst ein b. Finde andere Wörter, bei denen das auch so ist.* Zur Lösung dieser Aufgabe nutzen die Kinder Wörterlisten oder Wörterbücher.
- Zur weiteren Übung erhalten sie strukturiertes Wortmaterial, in dem die jeweiligen Stolperstellen durch einen Platzhalter ersetzt sind: *ein Ber•, run•, er le•t.* Eine Lösung ist immer über die Verlängerungsprobe möglich, der Beweis wird notiert: *viele Berge → ein Berg / ein rundes Ding → rund / wir leben → er lebt.*

Über Schreibweisen nachdenken

Schwierige Wörter werden als Nachdenkaufgaben angeboten: *Wie schreibst du das Wort »Erlebnis«?* (Fischbrötchen, Schiedsrichter, Abenteuer …). Die Kinder stellen zunächst für sich alleine ihre Schreibvermutungen auf, besprechen diese mit einem Partner und stellen ihre Lösungen vor. Das Ritual **Nuss des Tages / Wort des Tages** ermöglicht kurze, tägliche Rechtschreibgespräche, bei denen sich die Kinder im Klassenverband darüber unterhalten, welche Schreibvermutungen sie haben und welche Problemlösestrategien sinnvoll sind.

Nomen erkennen

Nomen machen einen großen Teil unseres Wortschatzes aus. Sie als solche erkennen zu können und mit einem großen Anfangsbuchstaben zu schreiben, verringert die Falschschreibungen erheblich. Um eine Entscheidung treffen zu können, müssen die Kinder einen Nomenbegriff erworben haben. Dies beginnt mit dem Schriftspracherwerb, der Arbeitsbegriff Nomen wird in der Regel bereits im 2. Schuljahr eingeführt. Im Rahmen des Rechtschreibunterrichts bietet sich eine einfache Nomenprobe an, die in den meisten Fällen zur Richtigschreibung führt:

Einzahl und Mehrzahl bilden = das Erlebnis, viele Erlebnisse → Nomen (das Zahlwort viele wird anstelle des Artikels gewählt, weil es die Kinder direkt auf die Pluralspur führt).

Nachschlagen

Für viele Kinder ist das Nachschlagen im Wörterbuch unattraktiv, weil ihre Suche zu selten ergiebig ist. Dies liegt unter anderem daran, dass ihnen eine klare Vorstellung des Alphabets fehlt und sie nur mühsam zum gesuchten Buchstaben gelangen. Eine bessere Orientierung erhält das Kind nicht dadurch, dass es das Abc möglichst schnell vorwärts oder rückwärts aufsagen kann. Es muss vielmehr das gesamte Alphabet überblicken, also beim Aufschlagen des Wörterbuches oder beim Suchen in der Wörterliste entscheiden, ob es in großen oder kleinen Schritten, vorwärts- oder zurückgehen muss, um das gesuchte Wort auffinden zu können.

Auch für Kinder in Klasse 3 und 4 ist es hilfreich, eine Alphabet-Leiste vor Augen zu haben – als Tischaufkleber oder an der Wand –, auf der nicht nur die Abfolge deutlich wird, sondern auch, welchen Umfang ein Buchstabe einnimmt, ob er viele Seiten braucht wie das *B* und das *S* oder wenige wie das *N*.

Die Technik des Nachschlagens muss durchgehend gepflegt werden. Eine Aufgabe ist es deshalb immer, die Lernwörter nachzuschlagen, die Seite der Fundstelle sowie das nachfolgende Wort zu notieren: *erleben, S. 121, das Erlebnis*. In einer kleinen Kartei finden die Kinder weitere Aufgaben, die das Nachschlagen nötig machen: *Was kannst du in den Ferien alles erleben? Suche 15 Wörter.* Auch diese Wörter werden mit ihrer Fundstelle notiert.

Bei der thematischen Arbeit sammeln die Kinder wichtige Wörter – Wörter aus der jeweiligen Fachsprache oder ihre schreibwichtigen Wörter – in einem Abcedarium: Auf einem schön gestalteten Blatt schreiben sie ihre Wörter in der alphabetischen Reihenfolge untereinander, eventuell wird der Anfangsbuchstabe farblich oder durch eine andere Schriftart hervorgehoben.

Wörterbuch-Golf: Zwei Kinder arbeiten zusammen. Das erste Kind schätzt, wie viele Stopps es braucht, um das gesuchte Wort zu finden. Ziel ist es, möglichst wenige Stopps zu brauchen. Dann schlägt das Kind das Wörterbuch auf, bereits bedenkend, an welcher Stelle das Wort vermutlich aufzufinden ist. Bei jedem gefundenen Wort macht das schreibende Kind einen Zählstrich, das suchende Kind entscheidet immer wieder neu, wie weit es vor- oder zurückgehen muss. Bleibt das Kind unter seiner Schätzung, hat es gewonnen und die Rollen wechseln.

Selbstständiges Üben mit einem Auswahlangebot

Um die Kinder darin zu unterstützen, die Arbeit mit den Lernwörtern so weit wie möglich selbst zu steuern, ist ein vereinbartes Übungsrepertoire nötig. Dieses Repertoire stellt die Lehrkraft gemeinsam mit den Kindern aus den aufgeführten Angeboten zusammen (Förderidee 31 und 32). Jedes Kind wählt daraus eine vereinbarte Anzahl von Übungen für eine begrenzte Menge an Lernwörtern aus. Bei der Auswahl der Übungen werden Kinder von der Lehrkraft beraten, wenn besondere Fehlerschwerpunkte deutlich geworden sind.

→ Kopiervorlagen → 32 Übungsrepertoire

33 Förderidee 33: Elementare Rechtschreibregelungen erkennen und beachten

Die von den Kindern gesammelten und von der Lehrkraft ergänzten Lernwörter dienen immer auch als **Modellwörter**, an denen Rechtschreibhilfen und -phänomene deutlich werden und die über Sammel- und Ordnungsaufgaben eine Vielzahl von weiteren Wörtern in den Blick der Kinder rücken.

Klasseneigene wachsende Rechtschreibkartei

Im Laufe der Arbeit kann mit diesen **Modellwörtern** eine Rechtschreibkartei entstehen:

Die Lehrkraft stellt zu jedem Thema ergiebige Wörter zusammen und schreibt diese jeweils auf eine DIN-A5-Karteikarte. Zu jedem Wort gibt es Aufgaben zum Sammeln oder Nachdenken und Forschen, z. B.:

Das Lernwort ist *das Glück*. Die Aufgabe dazu heißt: *Finde Wörter mit -ück. Markiere -ück. Findest du mehr als zehn Wörter?*

Oder: Das Lernwort ist *groß*. Die Aufgabe dazu heißt: *Finde mindestens zehn Wörter mit ß. Wie wird der Selbstlaut davor gesprochen? Mache einen Punkt (kurz gesprochen) oder einen Strich (lang gesprochen?). Was fällt dir auf?*

Oder: Das Lernwort ist *die Biene*. Die Aufgabe dazu heißt: *Viele Wörter mit lang gesprochenem i werden mit ie geschrieben. Finde mindestens zwanzig Wörter, die das beweisen.*

Die Karten mit den Sammelaufgaben (Glück) sind am leichtesten zu bearbeiten: Wörter werden zu einem Rechtschreibfall gesammelt und strukturiert. Bei den Aufgaben zum Nachdenken und Forschen (groß, Biene) denken die Kinder über eine Schreibweise nach, sie finden Regelungen und Besonderheiten oder lösen Rechtschreibfragen.

Elementare Rechtschreibregelungen

Über Aufgaben wie diese entwickeln die Kinder Einsichten in die meisten der elementaren Rechtschreibregelungen und können die damit verbundenen Merksätze selber formulieren. Für die Klassen 3 und 4 sind das:

- Satzanfänge werden mit großem Anfangsbuchstaben geschrieben. Am Ende eines Satzes steht ein Punkt, ein Fragezeichen oder ein Ausrufezeichen.
- Nomen werden mit großem Anfangsbuchstaben geschrieben.
- Nach einem kurz gesprochenen Selbstlaut folgen meistens zwei Mitlaute. Wenn nur einer folgt, wird er verdoppelt.
- Nach einem lang gesprochenen Selbstlaut folgt nur ein Mitlaut.
- Ein lang gesprochenes i wird meistens ie geschrieben.
- Der Wortstamm wird immer gleich oder ähnlich geschrieben.

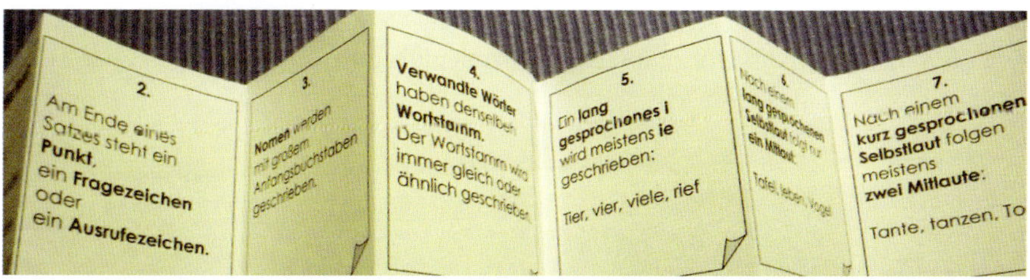

Diese übersichtliche Liste kann die Kinder beim Kontrollieren ihrer Texte unterstützen: *Habe ich alle Nomen mit großem Anfangsbuchstaben geschrieben? Habe ich alle lang gesprochenen i mit ie geschrieben?* …

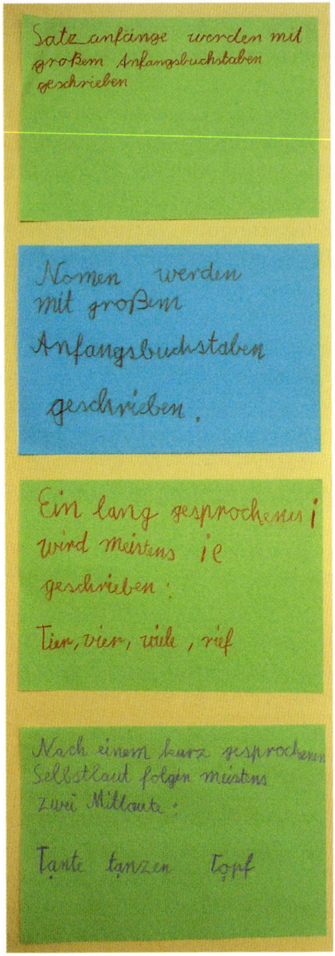

Alle anderen Besonderheiten (z.B. Wörter mit v/V, Selbstlautverdopplungen, Wörter mit ß, Wörter mit langgesprochenem i ohne Längezeichen, h am Silbenanfang oder als Kennzeichnung der Vokallänge usw.) werden wortbezogen gelernt. Zum gleichen Rechtschreibfall werden Wörter gesammelt, auf Plakaten, an der Tafel, in den Rechtschreibheften:

Die Lernwörter sind *klingeln* und *winken.* Die Aufgabe dazu heißt: *Sammle Wörter mit ng und nk. Markiere ng und nk. Findest du mehr als acht Wörter?*

Der Reiheneffekt, der durch das Sammeln und Ordnen entsteht, unterstützt die Verankerung im Gedächtnis und ermöglicht den Kindern zu generalisieren.

Ein Rechtschreibunterricht, in dem so gearbeitet wird, ist ausgesprochen übungsintensiv, weil eine große Menge an Wörtern umgewälzt wird, und doch sehr materialarm. Beides kommt rechtschreibschwächeren Kindern entgegen. Sie benötigen lediglich

- ein Heft, in das sie schreiben,
- ihr Wörterheft, in dem sie ihren Wortschatz sammeln,
- ein Wörterbuch oder eine Wörterliste zum Nachschlagen.

Das skizzierte Vorgehen hat weitere Vorteile:

- Der Aufwand für die Lehrerin ist überschaubar. Sie wählt zu jeder Einheit Lernwörter aus und erstellt eine überschaubare Anzahl von Aufgaben für die wachsende Rechtschreibkartei.
- Die Integration des Bereiches Rechtschreiben in die anderen Aufgabenfelder des Faches Deutsch ist gewährleistet. Richtig schreiben üben ist Teil der Arbeit an den eigenen Texten.
- Es ermöglicht Kindern, über Sprache nachzudenken und das Erkannte zu verwenden.

→ Kopiervorlagen → 33.1 Rechtschreibkarten
→ 33.2 Rechtschreibregeln
→ 33.3 Harte Brocken
→ 33.4 Wörterdiktat
→ 33.5 Wörtersteckbrief

Literatur

Abraham, U. / Knopf, J. (Hg.) (2013): Deutsch – Didaktik für die Grundschule. Berlin: Cornelsen Scriptor.

Altenburg, E. u. a. (2010): Kinder verfassen Texte. Schreibkompetenzen fördern und bewerten. München: Oldenbourg.

Altenburg, E. / Bremermann, G. (2012): Deutsch Schreiben 3./4. Schuljahr (Reihe: Diagnostizieren und Schreiben in der Grundschule). Berlin: Cornelsen.

Bartnitzky, H. / Gadow, A. / Hecker, U. (Hg.) (2006): Lesekompetenz. Ein Lese- und Arbeitsbuch des Grundschulverbandes. Frankfurt a. M.: Grundschulverband.

Bartnitzky, H. u. a. (Hg.) (2009a): Kursbuch Grundschule. Frankfurt a. M.: Grundschulverband.

Bartnitzky, H. (2009b): Deutschunterricht. Baltmannsweiler: Schneider Hohengehren.

Bartnitzky, H. (2011[15]): Sprachunterricht heute. Berlin: Cornelsen Scriptor.

Bartnitzky, H. / Hecker, U. / Mahrhofer-Bernt, Ch. (Hg.) (2011): Grundschrift. Damit Kinder besser schreiben lernen. Frankfurt a. M.: Grundschulverband.

Bartnitzky, H. u. a. (2013): Die Kleeblatthefte zur Grundschrift: Heft 1 Die Großbuchstaben. Heft 2 Alle Buchstaben. Heft 3 Schreiben mit Schwung. Frankfurt a. M.: Grundschulverband.

Bartnitzky, H. / Hecker, U. / Lassek, M. (Hg.) (2012): Individuell fördern – Kompetenzen stärken in der Eingangsstufe, Frankfurt a. M.: Grundschulverband.

Bertschi-Kaufmann, A.(Hg.) (2007): Lesekompetenz – Leseleistung – Leseförderung. Grundlagen, Modelle und Materialien. Seelze/Zug.

Bremerich-Vos, A. u. a. (Hg.) (2009): Bildungsstandards für die Grundschule. Deutsch konkret. Berlin: Scriptor.

Kultusministerkonferenz (2004): Bildungsstandards im Fach Deutsch für den Primarbereich. München: Wolters Kluwer 2005 (Im Internet veröffentlicht unter: www.kmk.org/fileadmin/veroeffentlichungen_beschluesse/2004/2004_10_15-Bildungsstandards-Deutsch-Primar.pdf).

Leßmann, B. (2013): Individuelle Lernwege im Schreiben und Rechtschreiben, Klassen 3 bis 6. Teilband II A: Entwicklung von Schreibkompetenz auf der Grundlage individuell bedeutsamer Texte. Heinsberg: Dieck.

Rosebrock, C. / Nix, D. (2008): Grundlagen der Lesedidaktik und der systematischen schulischen Leseförderung. Hohengehren.

von Wedel-Wolff, A. (1997): Üben im Leseunterricht der Grundschule. Braunschweig.

Autorin und Autoren dieses Heftes

Angelika Gadow, Grund- und Hauptschullehrerin,
Fachleiterin für Deutsch und Englisch am Zentrum für schulpraktische Lehrerausbildung Kleve / Nordrhein-Westfalen

Ulrich Hecker, Rektor der Regenbogenschule in Moers,
stellv. Vorsitzender des Grundschulverbandes und Redakteur der Zeitschrift Grundschule aktuell

Horst Bartnitzky, Dr. h. c., Grundschulpädagoge,
langjähriger Vorsitzender und Ehrenmitglied des Grundschulverbandes

Inhalte der CD

Zum Förderkonzept allgemein: Texte

Fördern heißt Teilhabe (Horst Bartnitzky in: Bartnitzky, H./ Hecker, U./Lassek, M. (Hg.) (2012): Individuell fördern – Kompetenzen stärken in der Eingangsstufe. Heft 1: Fördern – warum, wer, wie, wann? Frankfurt a. M.: Grundschulverband, S. 6 – 36)

Die kritischen Stellen im Lernprozess und wie Kinder sie bewältigen können (Horst Bartnitzky (2013) in: Grundschule aktuell 122/2013, S. 3 – 7)

Zum vorliegenden Heft: Deutsch

Fachtexte

(alle angegebenen Bände stammen aus der Buchreihe des Grundschulverbandes: Beiträge zur Reform der Grundschule)

Sprechen und Zuhören

U. Potthoff: Ich höre, was du sagst, ich sehe, wie du es sagst

C. Claussen: Mitmach-Geschichten fürs Erzählen

Beide Beiträge in: H. Balhorn u. a. (Hg.) (2002): Sprachliches Handeln in der Grundschule, Schatzkiste Sprache 2, S. 156 ff. und S. 167 ff.

Weiterführendes Lesen

H. Bartnitzky: Lesekompetenz – was ist das und wie fördert man sie? In: Grundschulverband aktuell 84/2003, S. 11 ff.

U. Hecker: Lesekompetenz entwickeln und würdigen. Leseförderung als Aufgabe der ganzen Schule. Im selben Heft, S. 3 ff.

H. Niemann: Begegnung mit Büchern. In: M. Duderstadt/C. Forytta: Literarisches Lernen, S. 67 ff.

A. Gadow (2006): Lesetagebücher: Lesekompetenz. Ein Lese- und Arbeitsbuch des Grundschulverbandes, S. 96 ff.

Texte verfassen

H. Bambach: Und übrigens, meins wird jetzt auch 'ne Erzählung … In: Balhorn u. a. (Hg.) (2002): Sprachliches Handeln in der Grundschule. Schatzkiste Sprache 2, S. 215 ff.

A. Gadow: Texte überarbeiten – wie Kinder sich Textkompetenzen erarbeiten können Im selben Band, S. 226 ff.

M. Ritter: Beurteilungskriterien für Kindertexte

M. Ritter: Den eigenen Weg zum Schreiben finden. In: Grundschulunterricht 09/2004

M. Ritter: Freies und kreatives Schreiben. In: Grundschule aktuell 96/2006

Schreibwerkstatt / Übersicht Schreibende Schule (U. Hecker, H. Küppers)

Rechtschreiben

H. Bartnitzky: Kindgeleitet und normorientiert von Anfang an. Kurzer Überblick über den fachdidaktischen Stand. In: Renate Valtin (Hg.) (2000): Rechtschreiben lernen in den Klassen 1 – 6, S. 50 ff.

E. Brinkmann: Vier Säulen des Rechtschreibunterrichts als Organisations- und Strukturierungshilfe im Deutschunterricht. Im selben Band, S. 59 ff.

Schriftförderung

H. Bartnitzky: Grundschrift: Konzept und Begründungen. In: H. Bartnitzky/U. Hecker/Ch. Mahrhofer-Bernt 2011 (Hg.): Grundschrift. Damit Kinder besser schreiben lernen. S. 12 ff.

Ch. Mahrhofer-Bernt: Schreibenlernen im Unterricht reflektiert gestalten – Produktive Übungsformen und ihre Zielsetzung. Im selben Band, S. 78 ff.

L. Bode: Lasst die Kinder wieder mehr in Hefte schreiben. Im selben Band, S. 105 ff.

KV: Kopiervorlagen

0.1 Beobachtungsbogen Sprechen und Zuhören
0.2 Selbsteinschätzung Sprechen und Zuhören
0.3 Beobachtungsbogen Lesen
0.4 Selbsteinschätzung Lesen
0.5 Beobachtungsbogen Texte verfassen
0.6 Selbsteinschätzung Texte schreiben
0.7 Beobachtungsbogen Rechtschreiben
0.8 Selbsteinschätzung Rechtschreiben
2.1 Gesprächsregeln DIN A4 mit Text und blauem Fond
2.2 Gesprächsregeln 8 x A7 auf DIN A4 blanko
4.1 Vortrag vorbereiten
4.2 Vortrag bewerten
5.1 Buch-Tipp
5.2 Bücherwürmer-Urkunde
5.3 Wachsender Leseausweis
7 Lesekiste
11 Lesekarte
12 W-Fragen
17.1 Anstiftung zum Schreiben
17.2 Mein Schreib-Buch
22 Formular Erzählschritte
25 Karten Checkliste Überarbeitung
26 Checkliste und Karten Schreibgespräch
27 Checkliste und Karten Minitexte zum Überarbeiten
31.1 Abschreiben
31.2 Planungshilfe Rechtschreiben
32 Übungsrepertoire
33.1 Rechtschreibkarten
33.2 Rechtschreibregeln für die Hosentasche
33.3 Harte Brocken
33.4 Wörterdiktat
33.5 Wörtersteckbrief

Power-Point-Präsentation

PPP Fördern 3.4.pptx

Horst Bartnitzky / Ulrich Hecker / Maresi Lassek (Hg.)

Individuell fördern – Kompetenzen stärken (ab Klasse 3)

Heft 3

Angela Guadatiello / Angelika Speck-Hamdan (Hg.)

Bildungssprache / Deutsch als Zweitsprache fördern

Mit Beiträgen von
Angela Guadatiello, Marion Gutzmann, Jule von der Haar,
Anna Haulitschek, Nazli Hodaie, Anne Steiner,
Angelika Speck-Hamdan, Susanne Spies

Grundschulverband e.V.
Frankfurt / M.

Satz und Gestaltung:	novuprint · Agentur für Mediendesign, Werbung, Publikationen GmbH, 30161 Hannover
Bildnachweis:	Die Rechte liegen bei den Autoren, soweit nicht anders angegeben
Druck und Bindung:	Beltz Bad Langensalza, 99974 Bad Langensalza
ISBN-Nr.	ISBN 978-3-941649-08-8 / Best.-Nr. 1095 (Beiträge zur Reform der Grundschule, Band 135)

Bildungssprache / Deutsch als Zweitsprache fördern

Die CD mit Kopiervorlagen, Fachtexten, PowerPoint-Präsentationen liegt Heft 1 bei.

Aus Gründen der Lesbarkeit wird in diesem Band darauf verzichtet, durchgängig die männliche und die weibliche Form gemeinsam zu verwenden. Wenn nur eine der beiden Formen verwendet wird, ist die andere stets mit eingeschlossen.

Fördern durch Teilhabe: Zum präventiven und integrativen Förderkonzept

Das vorliegende Heft ist Teil des Bandes 135 mit dem Titel: »*Individuell fördern – Kompetenzen stärken ab Klasse 3*«. In einzelnen Heften werden schulpraktische Vorschläge zu folgenden Arbeitsfeldern gemacht:
- Fördern im Deutschunterricht
- Fördern im Mathematikunterricht
- Fördern von Bildungssprache / Deutsch als Zweitsprache
- Fördern mit sozial-emotionalem Schwerpunkt

Dieser Band setzt fort, was mit dem Band 134 begonnen wurde: »*Individuell fördern – Kompetenzen stärken in der Eingangsstufe (Kl. 1 und 2)*«. Dort ging es um die Arbeitsfelder:
- Fördern – warum, wer, wie, wann? (Förderkonzept)
- Basiskompetenzen fördern im Übergang Kindertagesstätte – Schuleingangsstufe
- Fördern im Deutschunterricht der Eingangsstufe
- Fördern im Mathematikunterricht der Eingangsstufe

Integrativ und präventiv

Das hiermit vorgelegte Förderkonzept unterscheidet sich in wesentlichen Punkten von gängigen Konzepten:
- Es verlegt Förderung nicht in externe Förderstunden, sondern entwickelt die Fördermöglichkeiten im gemeinsamen Unterricht.
- Es vereinzelt die Kinder in ihrem Lernen nicht durch individuell zu bearbeitende Materialien oder das Abarbeiten eines individuellen Lernplans, sondern integriert das individuelle in das gemeinsame Lernen.
- Es zerlegt nicht Lernstoff oder Kompetenzen in kleinste Lernelemente, sondern fordert die Kinder durch komplexe Aufgaben oder Themen heraus, die auf unterschiedlichen Anspruchshöhen erfolgreich bearbeitet werden können.
- Es ist nicht an Defiziten orientiert, sondern sucht die vorhandenen Kompetenzen der Kinder zu aktivieren und Impulse zu ihrer Weiterentwicklung zu geben.
- Es setzt die Förderung nicht erst nach der Feststellung von Versagen an, sondern will präventiv Versagen verhindern.

Integrative und präventive Förderung – das sind die Leitideen für dieses Förderkonzept. Es bezieht die drei Dimensionen guten Unterrichts in die Überlegungen und Entscheidungen mit ein:
- die förderliche Lernumgebung,
- die kritischen Stellen im Lernprozess,
- die Realisierung der Förderung.

Der didaktische Rahmen: Gestaltung der förderlichen Lernumgebung

Die Lernumgebung im weiteren Sinne umfasst das sozial-emotionale Klima, die eingeführten Regelungen, die Raum- und Zeitgestaltung, das pädagogische Handeln der Lehrkraft – kurz: alles, was Einfluss auf die Möglichkeiten zu Teilhabe, auf die Stärkung von Lernzuversicht und förderliche Unterstützung hat.

Im engeren Sinne gehört dazu das fachbezogene Anregungspotenzial, zum Beispiel die entfaltete Lese-Schreib-Kultur für den Schriftsprachbereich, die substanziellen Aufgabenformate im Mathematikunterricht.

Der Förderfokus: Kritische Stellen im Lernprozess

Kritische Stellen im Lernprozess haben diesen Doppelaspekt: Sie sind Lernchancen, weil Lernen auch Überwinden von Schwierigkeiten ist, und sie sind zugleich Lernrisiken. Kinder können sie bewältigen, und sie können an ihnen scheitern. Deshalb gilt ihnen die besondere Beachtung in der präventiven Förderung. Welche Stellen in den Arbeits- und Lernprozessen sind für die Kinder, insbesondere für die lernschwächeren, kritische Stellen? Ihnen gelten die weiteren Überlegungen zu konkreten Unterstützungen der Kinder.

Solche kritischen Stellen können z. B. sein: im Lernbereich Mathematik Zahlvorstellungen haben, Beziehungen zwischen Zahlen herstellen können, Zehner- und Hunderter-Überschreitungen bewältigen; im Deutschunterricht orthografisches Bewusstsein entwickeln, Lesetexte selbst auswählen und gewinnbringend lesen; im überfachlichen Bereich ruhig und aufmerksam zuhören, einen Sachverhalt anderen verständlich vorstellen.

> Konzept, Argumentation und schulpraktische Konsequenzen werden ausführlich dargestellt in Beiträgen, die sich auf der CD zu diesem Band befinden:
> → Förderkonzept Texte: Fördern heißt Teilhabe / Die kritischen Stellen im Lernprozess und wie Kinder sie bewältigen können

Die Realisierung: Förderideen

Zu den kritischen Stellen werden Förderideen für die unterrichtliche Realisierung gefunden. Diese Förderideen müssen die wesentlichen Merkmale qualitätsvollen Unterrichts in sich haben.

Förderung ist …

- **… beziehungsreich und verstehensorientiert.**

Nicht isolierte, klein portionierte Teilelemente werden in kleinsten Schritten gelernt, sondern in ihren Sinnzusammenhängen. Zum Beispiel werden Rechtschreibphänomene nicht ohne Bezug zu sinnstiftenden Schreibsituationen bearbeitet und Rechenaufgaben nicht, ohne die mathematischen Beziehungen in den Blick zu nehmen.

- **… diagnosegeleitet und differenziert.**

Nicht die Trennung von Lern- und Leistungssituationen steht hier an, sondern ihre Verbindung ist wichtig. Dabei kommt auch der Selbsteinschätzung über den individuellen Lernweg und Lernerfolg eine besondere Rolle zu (siehe das Material des Grundschulverbandes zum Thema: Pädagogische Leistungskultur).

- **… kommunikativ und kooperativ.**

Zwar ist der innere Lernprozess individuell, der äußere aber auf gemeinsame Reflexion, gegenseitige Unterstützung und Anregung angewiesen. Kinder verständigen sich im

Mathematikunterricht über Erkenntnisse, Probleme und Zusammenhänge und lernen dabei individuell nach ihren Möglichkeiten. Sie teilen anderen ihr Wissen, ihre Vorstellungen, ihre Überlegungen mit. Dies gilt für alle Fächer. Mathe-Konferenzen sind deshalb wie Schriftgespräche, Schreibprojekte, metakommunikative Phasen Ausweise für modernen Grundschulunterricht.

Förderschleifen als zeitlich befristeter Förderunterricht

In der Hauptsache geschieht die integrative und präventive Förderung im Unterricht der heterogenen Lerngruppe. Dazu können Förderschleifen sinnvoll sein, also zeitlich befristeter Förderunterricht. Seine Aufgaben erwachsen aus der gemeinsamen Arbeit und führen in die gemeinsame Arbeit wieder hinein, weil Kinder mehr Hilfen, mehr Zeit, eine kleinere Lerngruppe, einen anderen Zugang brauchen, was sich im gemeinsamen Unterricht nicht realisieren lässt. Nur ist die Förderschleife immer eine befristete Maßnahme und sie hat immer Bezug zur Arbeit in der Lerngruppe.

Dies bleibt das Grundprinzip: Fördern durch Teilhabe. Damit ist das hier vorgelegte Förderkonzept auch ein Beitrag auf dem Weg zur inklusiven Schule.

Maresi Lassek, Ulrich Hecker, Horst Bartnitzky
(Herausgeber-Team der beiden Bände:
Individuell fördern – Kompetenzen stärken)

Angelika Speck-Hamdan / Angela Guadatiello

Warum sollte Bildungssprache gefördert werden?

»Ein Lastkraftwagen legt in der Stunde durchschnittlich 70 Kilometer zurück. Wie viel Zeit benötigt er für eine Strecke von 350 Kilometern?«

Eine einfache Aufgabe. Für alle Kinder? Diese für die Grundschule durchaus übliche Aufgabe bettet die einfache Divisionsaufgabe »350 : 70 = __« in eine reale Situation ein und knüpft damit an den Alltag an; aber:

- Was ist ein »*Lastkraftwagen*«?
- Was bedeutet »*durchschnittlich*«?
- Was ist gemeint mit »*legt zurück*«?
- Was heißt »*benötigt*«?
- Was ist eine »*Strecke*«?

Alltagssprache – Bildungssprache

Vergleicht man diese Begriffe mit der Alltagssprache, tun sich einige Fragen auf. Denn im Alltag vieler Kinder *fährt ein Laster mit 70*, und *er braucht für 350 Kilometer so oder so lang*. Die genannten Begriffe stellen sprachliche Hürden dar, da es sich entweder um Fachbegriffe, um relativ abstrakte oder gar redundante Ausdrücke handelt. Zusätzlich wird in der Aufgabe mit einem trennbaren Verb operiert; wer nicht weiß, dass *zurück und legen* zusammengehört, fragt sich, ob der Laster zurückfährt. Wohin? Dass sich die Angabe *in der Stunde* auf eine fiktive Stunde bezieht, weiß auch nur derjenige, der mit dem Begriff des Durchschnitts etwas verbindet.

Dieses knappe Beispiel verdeutlicht die Differenz zwischen der Art und Weise, wie Sprache im Alltag und wie sie in Bildungskontexten gebraucht wird, zumal da, wo sie schriftlich ist. Aber auch die mündlichen Situationen in diesen Kontexten enthalten oft Anforderungen, die mit der Alltagssprache nur bedingt zu bewältigen sind. Um diese Anforderungen (mündlicher und schriftlicher Art) geht es im vorliegenden Heft. Es enthält Vorschläge für eine gezielte Förderung dessen, was seit einigen Jahren in der Fachdiskussion als »Bildungssprache« bezeichnet wird. Adressaten einer solchen Förderung werden in erster Linie Kinder sein, die Deutsch als zweite (oder auch dritte) Sprache erworben haben, aber auch Kinder, die in sprachlich wenig anregungsreichen Umgebungen aufwachsen; denn beide Gruppen benötigen eine besondere Unterstützung, um die Bildungsangebote der Schule überhaupt nutzen zu können.

Sprachbezogene kritische Stellen im Lernprozess

So geht es hier um sprachliche Schlüsselphänomene, die als kritische Stellen das Verständnis behindern bzw. ermöglichen können. Denn die unterrichtliche Verständigung erfolgt primär über die Sprache, genau genommen über eine »spezifische Sprache«, die sich vor allem dadurch auszeichnet, dass sie von der Situation abstrahiert, in der gesprochen wird. Dies bedeutet, dass nicht-sprachliche Verständigungsmittel, wie Gestik, Mimik oder der Blickkontakt, nicht zur Verfügung stehen, sondern die Information nur aus der Sprache entnommen werden kann – und muss. Ein Sachbuchtext beispielsweise soll allein aufgrund der verwendeten sprachlichen Mittel Inhalte eindeutig erklären. Ob es heißt *»Der Stadtrat wird gewählt«* oder *»Der Stadtrat wählt«* macht einen entscheidenden Unterschied, der sich nur dann erschließt, wenn die Bedeutung von Verbformen im Aktiv und im Passiv unterschieden werden kann. Die Aufforderung *»Ordne dich entsprechend der Breite des Hindernisses zur Fahrbahnmitte hin ein«* (Radfahren Klassen 3/4, Cornelsen 2012, S. 17) setzt die Kenntnis des Genitivs und seiner Zuordnung voraus. Insbesondere Sachtexte operieren aufgrund ihres Anspruchs, komplexe Inhalte eindeutig und klar verständlich darzustellen, mit relativ gehobenen sprachlichen Mitteln. Sie verwenden Fachbegriffe, Abstrakta, Ober- bzw. Unterbegriffe, oft zusammengesetzte Nomen, auch Fremdwörter; Verben werden häufig im Passiv oder in unpersönlichen Formen verwendet (*man, es*); die Satzkonstruktionen sind öfter hypotaktisch; beliebt sind auch Nominalisierungen (*Verschrottung*), um nur einige wichtige Merkmale zu nennen. Sowohl hinsichtlich des Wortschatzes als auch hinsichtlich der Grammatik stellt Sprache in der Schule bzw. in Bildungskontexten eine sehr spezifische und komplexe Herausforderung dar, und dies bereits in der Grundschule.

Der Begriff der Bildungssprache korrespondiert eng mit verschiedenen theoretischen Modellen. Basil Bernstein unterschied – basierend auf empirischen Untersuchungen der frühen sechziger Jahre – zwischen dem so genannten **elaborierten und restringierten Code** (Bernstein 1972), welcher jeweils direkt mit der sozialen Schicht korreliere. Damit wies er auf den Zusammenhang zwischen Sozialisationsbedingungen und dem Erwerb der in Bildungskontexten gebräuchlichen »öffentlichen Sprache«, wie er sie auch nannte, hin. Ein grundlegendes Unterscheidungsmerkmal stellte für ihn (neben der syntaktischen und lexikalischen Vorhersagewahrscheinlichkeit) die Kontextabhängigkeit dar.

Bekannt ist auch die von Jim Cummins (2008) getroffene Unterscheidung in **BICS** (basic interpersonal communicative skills) und **CALP** (cognitive academic language proficiency). Sie bezieht sich direkt auf den Spracherwerb von Zweitsprachlernern und betont den Zusammenhang zu den kognitiven Anforderungen der Schule. Während die basalen sprachlichen Fähigkeiten auf die kommunikative Bewältigung des Alltags gerichtet sind, zielen die akademischen sprachlichen Fähigkeiten auf die kognitive Funktion der Sprache als Werkzeug des Denkens. Cummins weist mit dieser Unterscheidung insbesondere auf die Abhängigkeit der Entwicklung dieser akademischen Sprachfähigkeiten von den Bildungsangeboten hin.

Großen Einfluss auf das Konzept der Bildungssprache hatte auch die von den beiden Romanisten Peter Koch und Wulf Oesterreicher (1985) getroffene Unterscheidung in eine mediale und eine konzeptionelle Dimension von Mündlichkeit und Schriftlichkeit. Die Sprache der Distanz verfolgt eher Strategien der **konzeptionellen Schriftlichkeit**, d.h. sie zeichnet sich u.a. durch einen hohen Grad an Informationsdichte, an Komplexität, an Elaboriertheit und an Planung aus. Dies erreicht sie durch spezifische sprachliche Mittel, wie z.B. hypotaktische Satzstrukturen mit Konjunktionen, die eine bestimmte Relation (z.B. kausal, konsekutiv, adversativ etc.) zwischen den Satzgliedern herstellen. Auch dieser Unterscheidung liegt das Merkmal der Situations- oder Kontextverschränkung zugrunde. Je weniger Sprache und Situation miteinander verschränkt sind, desto mehr entspricht sie der konzeptionellen Schriftlichkeit, was für Sprache im Bildungskontext vorwiegend der Fall ist.

Aus diesen und ähnlichen Unterscheidungen leitet sich zum einen die Feststellung ab, »dass in der Schule weitergehende und wesentlich komplexere sprachliche Kompetenzen gefordert sind als im Alltag« (Jeuk 2010, S. 52), und zwar solche, die näher an der schriftlichen Sprache orientiert sind; zum anderen werfen sie die Frage auf, wie der Aufbau dieser komplexeren sprachlichen Kompetenzen unterstützt werden kann. Denn – und das gehört mittlerweile zum Allgemeinwissen – ein nicht unerheblicher Teil der SchülerInnen in Deutschland scheitert an der sprachlichen Hürde der Bildungssprache.

Im vorliegenden Heft werden einige kritische Stellen näher beleuchtet; sie stellen zum großen Teil ausgewählte »Besonderheiten der deutschen Sprache« (s. Rösch 2011, S. 80 ff.) dar, die im Zusammenhang mit Bildungssprache eine exponierte Bedeutung haben. Diese Besonderheiten sind schwerpunktmäßig grammatischer Natur, was dem Umstand geschuldet ist, dass gerade die Grammatik – wie wir oben gesehen haben – kognitiv sinnhafte Bezüge zwischen den einzelnen Wörtern herstellt und damit für das Verstehen von fachlichen Inhalten eine entscheidende Rolle spielt. Dabei ist die Auswahl der kritischen Stellen keineswegs erschöpfend. Einen ersten Überblick über zu fördernde Inhalte bietet Rösch (2011, S. 80 ff.). Im Einzelnen und vertiefend werden in Ehlich et al. (2008) die phonische, semantische, morphosyntaktische, pragmatische, diskursive und literale Basisqualifikation ausgeführt; diese Basisqualifikationen gilt es im Rahmen einer sprachlichen Förderung in der Erst- und Zweitsprache auszubilden.

Didaktische Einbettung: implizite und explizite Vermittlung

Da für Kinder nicht-deutscher Erstsprache die – deutsche – Bildungssprache die Zweitsprache bildet, seien an dieser Stelle auch einige methodische und didaktische Prämissen benannt, die in Zusammenhang mit der Vermittlung des Deutschen als Zweitsprache stehen und sich in der Darstellung der einzelnen Förderideen niederschlagen:

Die Fokussierung grammatischer Phänomene in diesem Band ist methodisch keineswegs als Plädoyer für einen deduktiven Grammatikunterricht zu verstehen. Die zusammengestellten Förderideen gehen überwiegend explizit vor und nehmen die Regelmäßigkeiten der deutschen Sprache unter die Lupe. Gleichzeitig betten sie stets die Regeln in handlungsorientierten und sprachlich angereicherten Kommunikationssituationen ein, die den Schülern und Schülerinnen die induktive Erschließung von Regeln erlauben. So stehen alle Förderideen vielmehr für ein ausgewogenes Verhältnis zwischen einer expliziten und impliziten Sprachförderung – ganz im Sinne neuerer Studien, die darauf hindeuten, dass die Kombination einer expliziten und impliziten Vorgehensweise auch bei Grundschulkindern zu einem effektiveren Lernen führt (s. dazu Lütke 2010, S. 70 ff.). Rösch schreibt hierzu: »Abzulehnen ist sowohl eine durchgehend explizite Förderung, die Sprachstrukturen losgelöst von inhaltlichen Aspekten vermittelt, als auch eine rein implizite Förderung, die darauf setzt, dass Sprache ausschließlich ›nebenbei‹ gelernt wird« (Rösch 2011, S. 31). Die Verschränkung einer impliziten und expliziten Vorgehensweise »nutzt und entfaltet Sprachbewusstheit als kognitive, reflexive und auf den Gebrauch einer metasprachlichen Begrifflichkeit basierende Beschäftigung mit Sprache/n« (Rösch 2011, S. 72) und setzt sie in Beziehung zu den vielfältigen Lebenswelten der Kinder.

Die Fokussierung von Sprachwissen und Sprachbewusstheit bedeutet über die Grammatikvermittlung hinaus gleichzeitig weiterhin auch eine Vermittlung von Wortschatz. In Anlehnung an die Fremdsprachendidaktik spricht die Deutschdidaktik von einer »Grammatikalisierung und Textualisierung von Lexik« (s. Rösch 2011, S. 89 ff.). Demnach werden Wörter bzw. Wortgruppen im Kontext vermittelt, z. B. über Redewendungen (*ein offenes Ohr haben*) oder über syntagmatische Zusammenhänge (*eine Strecke zurücklegen*). Diese Art der Wortschatzvermittlung ist besonders im Zusammenhang mit Fachsprache und entsprechend auch mit Bildungssprache von elementarer Bedeutung. Leisen (2010) nennt in diesem Sinne neun »Leitlinien der Wortschatzarbeit« (s. Leisen 2010, S. 185):

»Wortschatzarbeit
- führt neue Begriffe und Sprachstrukturen nicht isoliert ein;
- semantisiert im fachlich relevanten Kontext;
- verwendet neue Begriffe und Sprachstrukturen und grenzt sie in bekannten Wortfeldern ab;
- führt neue Begriffe und Sprachstrukturen über mehrere Stufen sprachlicher Fassungen ein;
- liegt knapp über dem jeweiligen Entwicklungsstand der Lerner;
- führt zu relevanten mündlichen und schriftlichen Äußerungen;
- verbindet sprachliche Unterweisung und interaktives, kommunikatives Handeln;
- vermeidet mechanischen Sprachgebrauch;
- fördert die Sprachbewusstheit.«

Die in diesem Band vorgestellten Förderideen folgen dem Prinzip der Kontextualisierung von allgemeinsprachlichem und bildungssprachlichem Wortschatz.

Prinzipiell sind die ausgewählten Förderideen großteils auch auf andere kritische Stellen übertragbar. So kann beispielsweise das Fachwörterheft, vorgestellt im Zusammenhang mit der Fachsprache Mathematik, auch für andere Fachsprachen eingesetzt werden; durch Puzzle- oder Dominospiele können ebenso gut weitere grammatische Phänomene wie Konjunktionen, Nebensätze etc. eingeübt werden.

An dieser Stelle danken wir allen Autorinnen, die die Förderideen aus ihrer Praxis durch ihre Beiträge in diesem Band für viele Leser zur Verfügung stellen. Viele Autorinnen sind seit Jahren im Projekt Mercator am Standort München tätig. Somit spiegeln die Förderideen teilweise auch diese wichtige Sprachförderarbeit wider.

Zur Schwierigkeitsanalyse von Texten und zu Möglichkeiten der Förderung:
CD: → Bildungssprache → Fachtexte → Bedingungen des Textverstehens – Stolpersteine und Fördermöglichkeiten
→ PowerPoint-Präsentation Bildungssprache

Kritische Stellen im Lernprozess und Förderideen

Die hier versammelten kritischen Stellen stellen bewusst eine Auswahl der Besonderheiten des Deutschen als Zweitsprache dar; die Bildungssprache des Deutschen enthält darüber hinaus eine ganze Reihe weiterer Herausforderungen für Lernerinnen und Lerner. Die für den vorliegenden Band getroffene Auswahl sensibilisiert jedoch grundlegend für die sprachlichen Leistungen, die der Grundschulunterricht vor allem Kindern mit Deutsch als Zweitsprache oder auch Kindern mit verzögerter Sprachentwicklung abverlangt.

Die nachfolgenden Förderideen sind als integrative Elemente im gemeinsamen thematischen Unterricht der Lerngruppe gedacht. Hier tragen sie dazu bei, dass Kinder erfolgreich am Unterricht mitwirken können. In diesem Kontext erhalten sie für die Kinder ihren Sinn.

Beim Unterrichtsthema »Auf der Wiese« zum Beispiel wird auf einer Wiese beobachtet und untersucht, in der Klasse werden Regenwürmer beobachtet, in Heften, Büchern, im Internet recherchieren die Kinder über Regenwürmer und Marienkäfer, über Löwenzahn und Gräser. Dabei mögen als sprachbezogene kritische Stellen entstehen:

- auf der lexikalischen Ebene: Fachwörter, Adjektive zur Beschreibung von Farben und Formen,
- auf der Satz- und Textebene: Verwendung von Präpositionen (*Wo wächst der Löwenzahn? … Wo gräbt der Maulwurf? …*), Textverknüpfungsmittel (*Regenwürmer graben in der Erde Gänge. Dabei lockern sie die Erde auf. – Worauf beziehen sich die Wörter: dabei und sie?*).

Diese kritischen Stellen können mithilfe von Förderideen, wie sie in diesem Heft vorgeschlagen werden, mit den Kindern bearbeitet werden: integrativ während der Erarbeitung durch verstärkte Beachtung der kritischen Stelle sowie als Förderschleife in innerer oder auch zeitlich befristet in äußerer Differenzierung (siehe S. 8 in diesem Heft).

Die förderliche Lernumgebung

Für ein solchermaßen integratives wie präventives Förderkonzept bedarf es der förderlichen Lernumgebung

- im weiteren Sinne: eine handlungs- und lernanregende Lernumgebung (im Beispiel: *die forschende Arbeit auf der Wiese, die Beobachtung der Regenwürmer mit entsprechender Beobachtungs-Methodik, anschauliche und informative Materialien, die Gestaltung eines Forscherbuches* etc.)
- im engeren Sinne: eine Fachwörter-Kartei, die im Zuge der Arbeit mit den Kindern entsteht; die Sprachmuster, mit denen die Kinder Beobachtungen beschreiben können; die ausgewählten Sachtexte, aus denen Kinder Informationen erarbeiten etc.

3 Qualitätsmerkmale für nachhaltige Förderung

So eingebettet haben die integrierten Fördermaßnahmen eine didaktisch wertigere und nachhaltigere Qualität, als sie das Durcharbeiten von Förderblättern in einem isolierten Förderkurs haben können:

- Die Förderideen sind **beziehungsreich und verstehensorientiert**: Sie sind eingebettet in thematische Arbeit und beziehen sich auf den jeweiligen unterrichtlichen Zusammenhang. Von dieser integrierten Funktion her erhalten sie auch für die Kinder ihre Bedeutung. Damit bleiben sie nicht »träges Wissen«, sondern sind Handlungswissen, was wiederum Voraussetzung für Transfer auf andere Situationen ist.
- Die Förderideen sind **diagnosegeleitet und differenziert**: Die individuellen Bearbeitungen beinhalten eine Bandbreite an Möglichkeiten, wenn Kinder mit Lösungsstrategien arbeiten (z. B. zusammengesetzte Nomen gliedern und verstehen; Sätze mit W-Fragen bilden) oder wenn sie mit sprachlichen Strukturen umgehen (z. B. Nomen im Dativ und Akkusativ verwenden; eine Fachwörterkartei aufbauen und nutzen). Das jeweilige Niveau ihrer Bearbeitung gibt zudem Aufschluss über den Entwicklungsstand der Kinder.
- Die Förderideen sind **kommunikativ und kooperativ**: Sie zielen auf gemeinsames Untersuchen von sprachlichen Strukturen, auf kommunikative Verständigung und gegenseitige Anregung zum Sprachverstehen und eigenem Sprachhandeln. Häufig haben die Förderideen Spielcharakter, der Spielpartner voraussetzt (z. B. Ratespiele, Puzzles, Domino).

Diese drei Qualitätsmerkmale waren für die Auswahl und Zusammenstellung der folgenden Förderideen mit leitend.

Zur Planung und Durchführung integrierter Förderung siehe:

→ Bildungssprache → Fachtexte → Integriert, nicht isoliert: Sprachförderung in thematischen Unterrichtseinheiten
→ Sprachzuwachs durch Lernszenarien

Kritische Stellen im Lernprozess	Förderideen	Beispiel-Nummer
Artikel richtig gebrauchen	– Für die Artikel *der, die, das* sensibilisieren: Ratespiel und Lernplakate	1
	– Ein individuelles Vokabelheft führen: Meine bunten Wörter	2
	– Artikel und Nomen zuordnen: das Puzzlespiel	3
	– Mit der Artikeluhr Sätze erfinden	4
	– Den richtigen Artikel verwenden: Sätze und Geschichten zum Wimmelbuch	5
Zusammengesetzte Nomen verstehen	– Zusammengesetzte Nomen bilden und trennen: drei Spielformen	6
	– Grund- und Bestimmungswörter unterscheiden: Wasser marsch	7
	– Nomen zusammensetzen: Würfelwörter	8
	– Nach Fugenelementen forschen	9
	– Zusammengesetzte Nomen erraten: Wortschatz-Activity	10
	– Zusammengesetzte Fachbegriffe einem Schaubild zuordnen: Wasserwörter	11

Kritische Stellen im Lernprozess	Förderideen	Beispiel-Nummer
Nomen flektieren	– Nomen im Akkusativ bilden: Koffer packen – Sätze mit Ergänzung im Akkusativ bilden: Beschreibungen – Sätze mit mehreren Fällen bilden: Reihum-Sätze	12 13 14
Präpositionen im Akkusativ- und im Dativkontext verwenden	– Akkusativ und Dativ verwenden – Sätze mit Präpositionalphrasen bilden und verstehen: Turnhallen-Parcours – Präpositionen im Akkusativkontext verwenden: Memory – Präpositionen im Dativkontext verwenden: Domino – Akkusativ- und/oder Dativ-Präposition zuordnen: Terzett – Präpositionen in der Spontansprache anwenden: Thema Rad fahren	15 16 17 18 19 20
Verben mit Vorsilben / Präfixen verstehen und verwenden	– Wörter sammeln, Wortbedeutungen erfassen: Steckbriefe für Verben – Wörter bilden und nutzen: Frag doch mal die anderen – Mit Texten produktiv umgehen – eigene Texte generieren	21 22 23
Modalverben verstehen und verwenden	– Modalverben verwenden: Würfelspiel zur Satzbildung – Verhaltensregeln mit Modalverben schreiben: Verhalten am Wasser – Klassenregeln aufstellen	24 25 26
Sachtexte erschließen	– Textverknüpfungsmittel zuordnen: Arbeit am Text – Informationen entnehmen und darstellen: Grafik und Textmuster	27 28
Nebensätze bilden	– Begründungssätze verwenden – Meinungssätze und Podiumsdiskussion – Relativsätze verwenden – Berufe beschreiben	29 30
Fachsprache Mathematik verstehen und anwenden	– Fachwörterkartei aufbauen: Kartei und Express-Übung – Rechenrätsel fachsprachlich entschlüsseln: Fachwörterheft und Rechenrätsel	31 32

Angela Guadatiello

Artikel richtig gebrauchen

»Das ist doch egal, ob es *der, die* oder *das Tisch* heißt. Die Hauptsache ist, dass das Kind kommunizieren kann!« – Diese Äußerung begegnete mir in einer Fortbildung, in der es um das Thema Sprachförderung ging. Selbstverständlich werden wir ein Kind verstehen, das äußert: *Die Tisch ist kaputt.* Werden wir aber einem Kind die gleiche Äußerung in einem Aufsatz durchgehen lassen? Und seien wir doch ehrlich: Bemerken wir nicht sofort *die Tisch* als »Fehler«, und wissen wir damit nicht sofort, dass der Sprecher in diesem Fall des Deutschen noch nicht so mächtig sein kann?

Die Bedeutung des Artikels im Deutschen

Die Beherrschung des Artikels mag auf den ersten Blick für (mündliche) Kommunikationszusammenhänge unwichtig erscheinen; sie ist es jedoch nicht, wenn man sich bewusst macht, dass vom Artikel im Deutschen ein wichtiger Teil der Flexionsregeln abhängt. Der Artikel markiert im Deutschen das Genus. Sowohl die gesamte Deklination des Substantivs mit den Kasusmarkierungen als auch die Adjektivdeklination mit den entsprechenden Markierungen am Artikel und am Adjektiv funktionieren nach klaren Regeln in Abhängigkeit vom Genus (s. Dudenredaktion 2009[8], Kap. »Die Kasusflexion des Substantivs«, S. 193 ff. und Kap. »Die flektierten Formen des Adjektivs«, S. 363 ff.). Wenn ein Sprecher des Deutschen als Zweitsprache also den Artikel und damit das Genus eines bestimmten Substantivs kennt, kann er dessen gesamte Deklination ableiten:
der Tisch – ein Tisch – der rote Tisch – ein roter Tisch
dem Tisch – einem Tisch – dem roten Tisch – einem roten Tisch etc.

Dem Artikel wird im Deutschen also nicht nur das Genus, sondern auch der Kasus entnommen (s. Weinrich 1993, S. 324). Darüber hinaus ist der Artikel entscheidend für Textverständnis und Textproduktion. Denn der syntaktische Zusammenhang wird unter anderem durch Bezüge hergestellt (z. B. durch Personalpronomen), deren Bildung die Kenntnisse des Genus' eines Substantivs grundlegend erfordert, worauf sich die Bezüge beziehen:
Es war einmal ein Mädchen, das war arm. Eines Tages ging es fort von zu Hause, weil es einen großen Traum hatte: Es wollte berühmt und reich werden. In der großen Stadt angelangt, begegnete es einer alten Frau. Sie fragte es: »Wie heißt du?« Es antwortete: »Claudia.«

Dort, wo das Genus eines Substantivs nicht mit dem natürlichen Geschlecht zusammenfällt, wird es besonders deutlich, dass die Verwendung und das Verstehen von Kohäsionsmitteln in Texten, wie beispielsweise Pronomen (Personal-, Demonstrativ-, Possessiv-, Interrogativ-, Indefinit-, Relativpronomen), wesentlich von der Kenntnis des Artikels – bzw. genauer gesagt von der Kenntnis des Genus' eines bestimmten Substantivs – abhängen. Das obige Beispiel zeigt es: *Es* kann sich nur auf *das Mädchen* beziehen, *sie* auf *die Frau*.

In schriftlichen Produktionen der Kinder finden sich grammatische Fehler, aus denen Lehrkräfte ableiten können, dass der Artikel bzw. das Genus nicht gefestigt ist; hierzu zwei Beispiele aus Reizwortgeschichten, geschrieben in einer 4. Jahrgangsstufe:

Reizwortgeschichte 1

»… Später gehte er in die Wüste und er findete ein Goldring. … Er lief in sein Schloss und versteckte es in sein Bett.«[1]

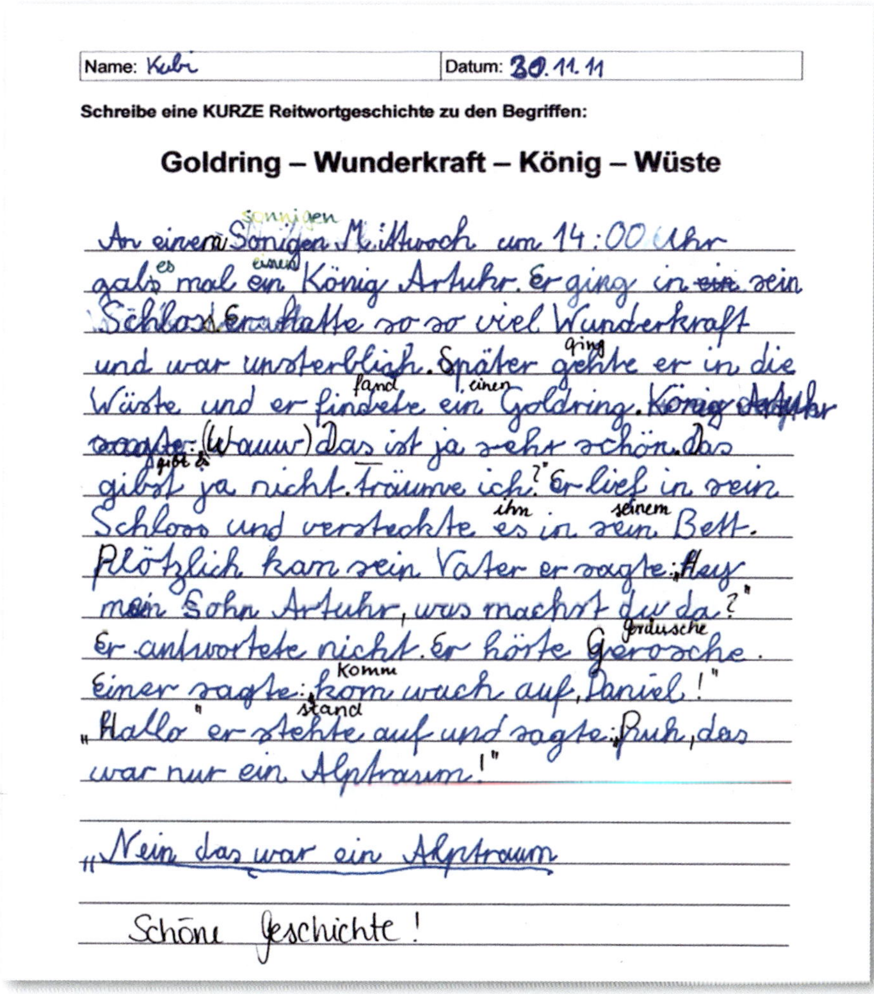

1) Im Rahmen einer genauen Betrachtung der Fehler, die dieses Kind macht, kann man hier erkennen, dass als nächstes grammatisches Thema die Bildung des Imperfekts bei starken Verben zu bearbeiten wäre (*gehte; findete*). Einzelne Formen wendet das Kind bereits an (*lief*).

Reizwortgeschichte 2

»An einem schöne Tag ging König Luis durch den Dorf. ... Sie hat einen Goldring an ihn verkauft. Der Goldring wollte er seiner Frau schenken. Doch da gescha es. Sie hatte es in die Hand genomen!«[2)]

Halten wir also fest: Die Beherrschung des Artikels ist zu Recht als eine kritische Stelle zu sehen. Der Artikel gibt das Genus eines Substantivs vor. Dies ist grundlegend für die gesamte Deklination – des Substantivs und des Adjektivs – und für ein kohärentes Verstehen und Produzieren von Texten.

Vor allem die Textkohäsion ist ein wesentliches Merkmal der Bildungssprache.

Die drei Genera im Deutschen: der, die und das

»Ich sage mir: ›Regen‹ ist männlich – oder vielleicht ist es weiblich – oder möglicherweise sächlich – es macht jetzt zu viel Mühe, nachzuschlagen. Also ist es entweder ›der‹ Regen oder ›die‹ Regen oder ›das‹ Regen, je nachdem, was dabei herauskommt, wenn ich nachschlage« (Twain 2009 = 1963, S. 444).

Das Deutsche kennt drei Genera und damit drei Artikel: das Maskulinum *der*, das Femininum *die* und das Neutrum *das*. Die Zuordnung der jeweiligen Artikel zu Substantiven folgt in vielen Fällen bestimmten Regeln (s. dazu Dudenredaktion 2009[8], Kap. »Das Genus des Substantivs«, S. 152 ff.). Colombo-Scheffold (2008, S. 61 – 62) macht fünf Prinzipien aus, nach denen die Genuszuweisung erfolgt:

- das Sexusprinzip: das Genus entspricht dem natürlichen Geschlecht, z. B. *der Sohn, die Tochter*;
- das morphologische Prinzip: bestimmte Endungen verlangen ein bestimmtes Genus, z. B. *der Schmetterling, die Aufmerksamkeit, das Tischlein*;
- das phonologische Prinzip: ein bestimmter Wortauslaut verlangt ein bestimmtes Genus, z. B. *der Teppich*;
- das Leitwortprinzip: *der Januar*, weil der Oberbegriff *der Monat* lautet;
- Prinzip der semantischen Analogie: *die CD*, weil das deutsche Wort, das semantisch am ähnlichsten ist, *die Schallplatte* lautet.

Lernern des Deutschen als Zweitsprache bereitet die Zuordnung des Artikels zu Substantiven deshalb Schwierigkeiten, weil in deren Erstsprache die Genuszuordnung meist anderen Prinzipien folgt. Darüber hinaus verfügen einige Erstsprachen, die die Kinder mit Migrationsgeschichte sprechen, über keine Artikel (z. B. das Türkische), nur über einen (z. B. das Englische) oder über zwei Artikel (z. B. die romanischen Sprachen) (s. dazu weiterführend Colombo-Scheffold / Fenn / Jeuk / Schäfer 2008).

Für Lerner des Deutschen als Zweitsprache ist es also sinnvoll, beim Erlernen neuer Wörter den entsprechenden Artikel mit zu erlernen, um Verwirrung zu vermeiden.

Dabei ist die Sensibilisierung für das Vorhandensein der drei Artikel im Deutschen ein erster Schritt. Kinder nicht-deutscher Erstsprache müssen – vor dem Erlernen des Artikels – zunächst einmal ein grundlegendes Bewusstsein darüber entwickeln, dass man im Deutschen drei Artikel verwenden kann. Ein erstes Lernziel ist es, diesen Kin-

2) Eine genaue Fehleranalyse des Textes ergibt, dass dieses Kind als nächsten Lernschritt den Gebrauch von Verben einüben müsste, die den Akkusativ und den Dativ regieren (z. B. *verkaufen, schenken*). Auch hier zeigt es sich, dass das Kind Lösungen für solche Äußerungszusammenhänge angeht, hier mit einer Präpositionalkonstruktion (*an ihn verkauft*).

dern einen spielerischen Zugang zum Artikelgebrauch zu eröffnen. Um dies zu erreichen, kann man die Schüler und Schülerinnen den Artikel »erraten« lassen. Die Kinder sollen die Vermutung darüber äußern, wie der Artikel heißen könnte. Die Hypothesenbildung sollte individuell erfolgen; hier wäre also ein Spiel, bei dem sich beispielsweise eine Gruppe auf einen Artikel einigen soll, nicht geeignet und zielführend. Im Folgenden nun eine Spielidee, die das individuelle Raten mit Bewegung verknüpft:

1 Förderidee: für die Artikel *der, die, das* sensibilisieren – Ratespiel und Lernplakate

Der, die oder das? Ein Ratespiel

Es werden im Klassenzimmer drei farblich markierte Felder definiert: ein blaues Feld für *der*, ein rotes Feld für *die* und ein grünes Feld für *das*. Die Felder werden mit einem entsprechenden farblichen Tonpapierbogen, der an einer freien Wand angebracht wird, markiert. Die Ränder des Bogens können mit einem Kreppband auf dem Boden weitergeführt werden. Das Kreppband wäre dann farblich entsprechend markiert. Die jeweiligen Bögen werden mit *der / ein*, *die / eine* und *das / ein* betitelt.

Nun hebt die Lehrkraft Bildkarten bestimmter Gegenstände hoch; die Kinder müssen sich entscheiden, auf welches Feld sie hüpfen. Sprachlich wird dies durch die Lehrperson begleitet: *Der, die oder das?* Wenn die Kinder sich entschieden und ein Feld eingenommen haben, wird die Lösung durch die Lehrkraft geäußert und mehrmals wiederholt, um den Ausdruck im Nominativ mental zu verankern (z. B. *der Hase*). Die Kinder, die auf dem falschen Feld stehen, nehmen währenddessen das richtige Feld ein. Erst dann wird die neue Bildkarte gezeigt.

Sollte das gegebene Klassenzimmer zu klein für ein solches Bewegungsspiel sein, kann man alternativ jedem Kind einen blauen, roten und grünen Papierbogen überlassen. Dann hält jedes den entsprechenden Farbbogen hoch, wenn die Bildkarte gezeigt wird. Auch eine Gruppierung der Kinder in bestimmten Ecken, die für eine bestimmte Farbe / für einen bestimmten Artikel definiert sind, ist denkbar.

Durch dieses Vorgehen gewinnt die Selbsteinschätzung einen besonderen Stellenwert. Jeder kann für sich zunächst einmal auf eine spielerische Art und Weise die eigenen Kenntnisse in Bezug auf die Artikel-Substantiv-Zuordnung überprüfen und unmittelbar korrigieren.

Die Auswahl der Wörter kann unterschiedlich erfolgen: Man kann ein bestimmtes Wortfeld abdecken (z. B. nur Säugetiere, Lebensmittel, Blumennamen etc.). Ein anderes Vorgehen wäre es, Wörter aus einem Text auszuwählen, der im Anschluss gelesen und behandelt wird. Damit wird der Text wesentlich vorentlastet und den Kindern semantisch zugänglich gemacht.

Egal, welche Variante man also wählt, wichtig ist es, Wortschatz- und Artikelarbeit nicht losgelöst, dekontextualisiert anzugehen. Das heißt, das Erraten der Artikel bedeutet auch immer eine Vorbereitung auf den Umgang mit Themenbereichen und entsprechenden (Sach-)Texten. Damit ist das Vorgehen verstehensorientiert und geleitet von dem Ziel, Sinnzusammenhänge zu stiften.

Lernplakate

Nach dem »Erraten« des bestimmten Artikels zu einem Substantiv sollte nun sichergestellt werden, dass die Artikel auch verinnerlicht, auswendig gelernt und wieder abrufbar werden. Dazu werden im Anschluss an das Ratespiel alle genannten Wörter mit dem bestimmten Artikel – oder eine Auswahl davon – auf die entsprechenden farbigen Tonpapierbögen, die an der Wand befestigt sind, geschrieben. So sind das Schriftbild des Wortes und der entsprechende Artikel immer sichtbar. Eine lernpsychologische Unterstützung bildet die Farbe des passenden Tonpapierbogens (z. B. *der Pilz* auf blauem Bogen).

Dadurch, dass der unbestimmte Artikel neben dem bestimmten in der Überschrift der Plakate festgehalten ist, kann so auch dieser memoriert werden. Die Kinder entdecken schnell, dass der unbestimmte Artikel lediglich bei femininen Substantiven sich verändert (*eine*). Im Maskulinum und im Neutrum ist der unbestimmte Artikel gleich (*ein*).

2 Förderidee: Individuelles Vokabelheft führen – Meine bunten Wörter

Die Kinder führen ein individuelles Vokabelheft – »Meine bunten Wörter« –, in das sie ihre Wörter eintragen. Dabei werden die bestimmten Artikel *der, die, das* mit der passenden Farbe geschrieben. Die Anzahl der Eintragungen sollte nach lernpsychologischen Gesichtspunkten eingegrenzt werden: Ratsam ist es, nach jedem Ratespiel jedes Kind nicht mehr als je zwei für das Kind interessante, neue Wörter im Maskulinum, Femininum und Neutrum auswählen zu lassen.

Die Einführung und das konsequente Weiterführen des individuellen Vokabelheftes werden unterstützt durch die systematische Arbeit mit einem einsprachigen Wörterbuch, in dem der bestimmte Artikel und eventuell auch die Bedeutung der Wörter nachgeschlagen werden kann (alphabetisches Vorgehen und die Entnahme des Artikels). Neu in Deutschland angekommene Kinder sollten dazu angeregt werden, ein zweisprachiges Wörterbuch zu verwenden.

3 Förderidee: Artikel und Nomen zuordnen – das Puzzlespiel

In regelmäßigen Abständen kann aus den neu eingeführten Wörtern ein Puzzle erstellt werden. Durch die häufige Wiederholung wird das Memorieren des Wortschatzes und der Artikel unterstützt; das Genus der Substantive wird erlernt. Ein gut geeignetes Puzzle ist ein zweiteiliges, das jeweils aus einem Substantiv und dem entsprechenden bestimmten (und unbestimmten) Artikel besteht. Die Puzzles sollten kognitiv keinen allzu großen Schwierigkeitsgrad haben. Denn der Schwerpunkt der Arbeit der Kinder sollte nicht auf dem Zusammensetzen des Puzzles liegen, sondern vielmehr auf der Zuordnung von Artikel und Substantiv. Vorlagen zu passenden Puzzles finden sich auf der CD (→ Kopiervorlagen → 3.1 Puzzle_rund bzw. → 3.2 Puzzle_zweiteilig).

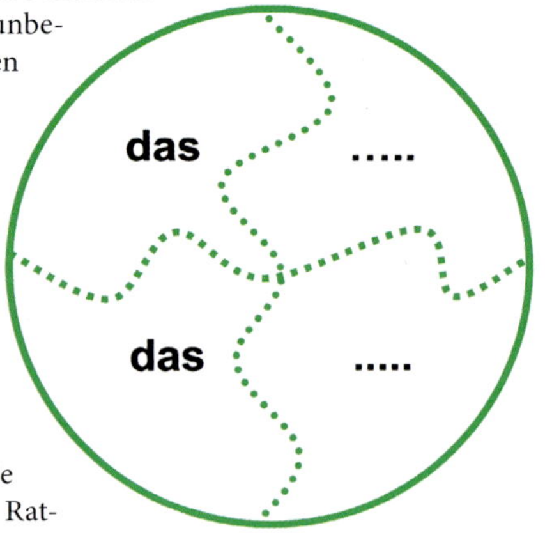

Die Kinder können in Partnerarbeit die Puzzlespiele lösen. Eine Unterstützung bietet die farblich passende Einrahmung der Puzzleteile. Ratsam ist es auch hier, vor allem am Anfang eine nicht allzu große Anzahl an Wörtern bzw. Puzzleteilen zu haben, damit die Wörter und die Artikel erinnert werden können (z. B. 9 ganze Puzzles bzw. 18 Puzzleteile für zwei Kinder). Das Zusammensetzen des Puzzles in Partnerarbeit unterstützt den Lernprozess auf eine kommunikative und kooperative Art und Weise. Beim Lösen des Puzzles findet eine gemeinsame Reflexion statt; die Kinder teilen ihre Vermutung bzw. ihr Wissen über die (richtige) Artikelzuordnung einander mit und kommen darüber ins Gespräch.

4 Förderidee: Mit der Artikeluhr Sätze erfinden

In Duscher (2010, S. 14) findet sich eine »Begleiteruhr«, die neben dem bestimmten Artikel auch den unbestimmten enthält, darüber hinaus auch Possessivpronomen und Zahlwörter. Zum Memorieren der bestimmten und unbestimmten Artikel kann diese Begleiteruhr etwas abgeändert werden und nur mit dem bestimmten und unbestimmten Artikel (im Nominativ) genutzt werden. In Partnerarbeit können dann durch die SchülerInnen weitere Substantive zu dem eingestellten Artikel gefunden und im Kontext eines Satzes aufgeschrieben werden. Damit festigt sich und erweitert sich der Wortschatz; denn an dieser Stelle bringen die Kinder alle Wörter, die sie kennen, ein.

→ Kopiervorlagen → 4.1 Artikeluhr

5 Förderidee: Den richtigen Artikel verwenden – Sätze und Geschichten zum Wimmelbuch

Neben dem Sensibilisieren für Artikel und dem Memorieren von Artikel-Substantiv-Zuordnungen muss die Zuordnung des Genus' zu einem Substantiv gefestigt werden. Dies geschieht am besten im Textkontext. Denn hier werden die einzelnen Artikel-Zuordnungen angewandt und in ihrem Sinnzusammenhang begriffen. Die Aufgabenstellung soll so erfolgen, dass die Kinder sinnstiftend ihr Wissen über Artikel gemeinsam reflektieren, ableiten (z. B. durch die Arbeit mit einem Wörterbuch), überprüfen (z. B. durch zur Verfügung gestellte Hilfsmittel) und anwenden (z. B. durch die Produktion eigener Texte). Als Hilfsmittel erhalten die Kinder eine einfache Tabelle, aus der die Artikel in den jeweiligen Fällen und die jeweiligen Pronomen abgeleitet werden können.[3)]

→ Kopiervorlagen → 5.1 Tabelle

Hierfür eignet sich die Arbeit mit Wimmelbüchern. Empfehlenswert ist das Leporello-Wimmelbuch von Rotraut Susanne Berner, Winter & Frühling Wimmelspaß (Gerstenberg 2013). Zunächst werden zu einzelnen Bildern gemeinsam Wörter mit dem Artikel an der Tafel festgehalten (vier Spalten: *der, die, das* und Plural *die*). Damit steht jedem Kind eine Mindestanzahl an Substantiven mit dem jeweiligen Artikel zur Verfügung; es ist abgesichert, dass jedes Kind am folgenden Geschehen teilnehmen kann.

In Kleingruppen (4 Kinder) bilden die Kinder kleinere Texte. Jeder Kleingruppe steht ein Wörterbuch zur Verfügung, in dem Artikel nachgeschlagen werden können. Die zu bildenden Sätze können in einer einfacheren und einer komplexeren Variante evoziert werden.

---

3) Die Tabelle setzt voraus, dass die Fälle bereits eingeübt wurden. Wenn dies nicht der Fall ist, sollte zunächst nur der Nominativ in den Blick genommen werden.

Einfachere Variante: Die Kleingruppen treten in einen Wettbewerb zueinander. In den Kleingruppen wird eine möglichst hohe Anzahl an zusammengehörenden Sätzen gebildet, die den richtigen Bezug (das richtige Personalpronomen) enthalten. Die Anleitung dazu sollte ebenfalls möglichst einfach formuliert sein:
Was ist auf dem Bild zu sehen? Finde eine passende Beschreibung dazu.
Da ist ein Heißluftballon. Er ist gelb.
Da ist eine Frau. Sie hat einen gelben Mantel an.
Da ist ein Papagei. Er sitzt auf dem Verkehrschild.

Komplexere Variante: Das oben genannte Wimmelbuch eignet sich gut zur Differenzierung. Es enthält pro Winter und Frühling sieben Wimmelbilder. Teilt man alle sieben Bilder pro Gruppe aus, so haben die Kinder die Möglichkeit, einzelne Charaktere über die einzelnen Bilder hinweg in ihrem Handeln zu verfolgen; es entsteht eine kleine Geschichte. Das Buch enthält auch eine Legende, in der einzelne Charaktere vorgegeben und anmoderiert werden, z. B. »Frank ist auf der Suche nach neuen Freunden«. Kindern, die sich schwer mit einer Auswahl eines Charakters tun, bietet diese Anmoderierung eine Orientierung.

Bei dieser Variante bilden die Kleingruppen eine möglichst lange Geschichte mit einer hohen Anzahl an zusammengehörenden Sätzen, die das richtige Personalpronomen enthalten. Die Geschichten werden anschließend im Klassenplenum vorgelesen. Die Anleitung ist bei dieser Variante offener formuliert:
Was ist auf dem Bild zu sehen? Schreibe eine Geschichte. Beginne mit
An einem schönen Frühlingstag … oder
An einem kalten Wintermorgen …

In beiden Varianten dient die ausgeteilte Übersicht als Orientierung für die Zuordnung des richtigen Personalpronomens. Neben dem Schreiben eigener zusammenhängender Texte geht es hier auch um ein Bewusstmachen von Sprachregeln und um die gemeinsame Reflexion darüber. Die Kinder bauen mit einem solchen Vorgehen mit der Zeit ein lexikalisches und grammatisches Bewusstsein über Artikel-Genus-Zuordnungen und über Bezüge auf.

Jule von der Haar

Zusammengesetzte Nomen verstehen

Im Laufe der Grundschulzeit nimmt der Wortschatz, dem Kinder mit Deutsch als Zweitsprache begegnen, stetig zu und wird dabei immer anspruchsvoller und komplexer. Der Erwerb und die Erweiterung von Wortschatz kann daher nicht über einfaches Vokabellernen oder Wortlisten geleistet werden. Vielmehr wird es zunehmend wichtig, diese Kinder mit wesentlichen Wortbildungsprinzipien vertraut zu machen, die es ihnen ermöglichen, Wortbedeutungen auf den Grund zu gehen und ihren Wortschatz zu erweitern (vgl. Rösch 2003, S. 98). Zu den wichtigsten Wortbildungsprinzipien gehört die Komposition, also die Zusammensetzung aus mindestens zwei Wörtern.

Die Komposition bzw. die Zusammensetzung begegnet uns in allen Sprachregistern und auf allen Stilebenen. Entsprechend werden die Kinder in nahezu allen sprachlichen Situationen des Lebens mit Zusammensetzungen konfrontiert, ob in ihrer häuslichen Lebenswelt (*Saftflasche, Mülleimer*), im Schulalltag (*Schulhof, Klassenzimmer, Radiergummi*) oder in der Fachsprache (*Wasserkreislauf, Zehnerübergang, Satzaussage, Stellenwerttafel*).

Zusammensetzungen – Lernhürde oder Lernchance?

In der deutschen Sprache lässt sich mit Zusammensetzungen präzise und knapp formulieren, was in anderen Sprachen meist über Relativsätze, Präpositionalphrasen oder Attribute ausgedrückt wird. So steht bspw. das deutsche *Schulbuch* dem italienischen *libro di scuola* gegenüber, welches mit Hilfe einer präpositionalen Nominalphrase gebildet wird. Vielen Kindern mit nicht-deutscher Erstsprache ist das Wortbildungsprinzip *Komposition* daher nicht aus ihrer Herkunftssprache vertraut. Auch die Zusammenschreibung zusammengesetzter Wörter stellt eine Besonderheit der deutschen Sprache dar und kann den Kindern Schwierigkeiten bereiten. Umso wichtiger ist es, das Prinzip der Wortbildung und die damit einhergehenden grammatikalischen Phänomene gemeinsam mit den Kindern zu erarbeiten und zu üben.

Durch die Zusammensetzung einzeln verwendeter Wörter entstehen neue Begriffe, und neue Begriffe gehen mit neuen Bedeutungen einher. Manchmal wird durch die Zusammensetzung die Bedeutung lediglich präzisiert, wie z. B. bei *Marmelade – Erdbeermarmelade*, und lässt sich i. d. R. noch leicht erschließen. In anderen Fällen ergeben sich völlig neue Bedeutungen, die sich häufig nicht mehr so leicht herleiten lassen, wie z. B. *Fensterbank*. Dies ist vor allem dann schwierig, wenn die Kinder die einzelnen Bestandteile aus unterschiedlichen Kontexten kennen. Noch komplizierter wird es, wenn die neuen Zusammensetzungen gar zu übertragenen Bedeutungen führen (vgl. Rösch 2010, S. 99), z. B. *Ohrwurm, Spiegelei, Eselsbrücke, Leseratte, Kindergarten*. Diese lassen sich nicht mehr mit einer einfachen Umschreibung herleiten (»*ein Wurm, der im Ohr lebt*« oder »*eine Brücke für Esel*«).

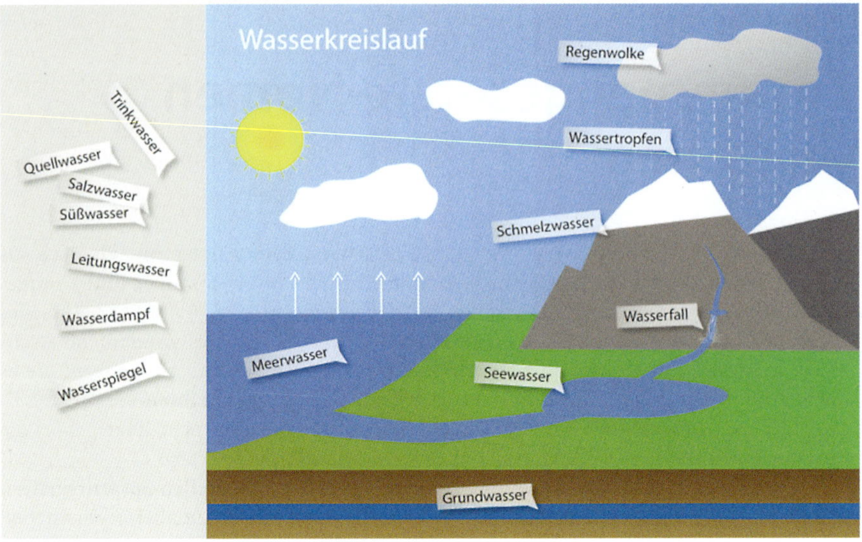

Zusammensetzungen in der Fachsprache

Besonders viele zusammengesetzte Nomen finden sich, gerade ab der dritten Jahrgangsstufe, im Bereich der Fachwortschätze (*Stromkreis, Baumkrone, Grundwasser* etc.). Sie sind für das (schulische) Lernen äußerst bedeutsam. Damit die Kinder fachliche Zusammenhänge besser verstehen können, ist es notwendig, dass sie wissen, wie sie solche Begriffe herleiten können (vgl. Leisen 2010, S. 186). Gerade im Bereich der Fachsprache gibt es jedoch auch eine Vielzahl an Zusammensetzungen, die sich nicht so leicht erschließen lassen und die Kinder vor große Herausforderungen stellen können, wie z. B. *Grundwasser*. So könnte der Wortbaustein *Grund* auch im Sinne von Beweggrund gedeutet werden, was im Zusammenhang mit dem Wort *Wasser* jedoch zu keiner sinnhaften Bedeutung führen würde. Um solchen Verwirrungen vorzubeugen, ist es besonders wichtig, Zusammensetzungen im Fachunterricht aufzugreifen und ihre Bedeutungen und die ihrer einzelnen Wortbestandteile im Kontext zu klären.

Zusammensetzungen und ihre Besonderheiten

Die häufigste Form der Komposita sind die Zusammensetzungen aus zwei Nomen, die Substantivkomposita. Doch auch Bildungen aus Adjektiv, Verb oder Präposition und Nomen finden wir in unserem alltäglichen Wortschatz.

Nomen + Nomen	Verb + Nomen	Adjektiv + Nomen	Präposition + Nomen
die Saftflasche	die Trinkflasche	der Buntstift	der Mitschüler
das Regenwasser	das Trinkwasser	das Süßwasser	der Gegensatz

Tab. 1: Komposita

Komposita bestehen aus einem Grundwort und einem Bestimmungswort. Das Grundwort steht an letzter Stelle und bestimmt über das Genus des Kompositums. Das Bestimmungswort präzisiert die Bedeutung des Grundwortes, welches eine allgemeinere Bedeutung trägt (Duden 2009, S. 664): *der Regen + das Wasser = das Regenwasser.*

Betrachtet man Wörter wie *Leitungswasser, Kindergarten, Hundehütte* oder *Taschenlampe*, wird eine weitere Besonderheit zusammengesetzter Wörter deutlich, die Fugenelemente: *–(e)s –, –e –, –(e)n –, – er –*. Sie tragen keine Bedeutung und sind für Lernende des Deutschen als Zweitsprache schwer zu erlernen, da es kaum Regeln gibt, mit denen der Einsatz von Fugenelementen bestimmt werden kann. Gerade deshalb ist es jedoch wichtig, Fugenelemente im Unterricht zu thematisieren.

Zusammensetzungen und Prinzipien ihrer Erarbeitung

Wie lassen sich zusammengesetzte Nomen im Unterricht erarbeiten?
Bei der Erarbeitung zusammengesetzter Nomen sollte darauf geachtet werden,

- an das Vorwissen der Kinder anzuknüpfen,
- die Erarbeitung in aktuelle Unterrichtsthemen einzubetten,
- diese zunächst möglichst so darzubieten, dass die Kinder sie sich selbst erschließen können, z. B. aus dem Zusammenhang,
- sowohl die Bedeutungen der einzelnen Wortbausteine als auch die Bedeutungen der neu zusammengesetzten Wörter zu klären.

6 Förderidee: Zusammengesetzte Nomen bilden und trennen – drei Spielformen

Um das Prinzip zusammengesetzter Nomen zu üben und zu festigen, eignen sich verschiedene Spielformen, wie z. B. Wörterpuzzle, Dominos oder Memorys (z. B. Bildkarten zur Sprachförderung: Zusammengesetzte Nomen. Verlag an der Ruhr 2009 oder: »1 + 1 gleich 11 …?!« Babbe / Poetter 2007). Diese können auch von den Kindern selbst erstellt werden. Haben die Kinder das Prinzip der Zusammensetzung verstanden, so können sie selbst Zusammensetzungen suchen, bilden und erproben. Hierzu eignen sich Spiele wie Endloswörter oder Worterkette.

Reißverschlusswörter

Anhand dieser Übung lässt sich das Prinzip zusammengesetzter Wörter (»Reißverschlusswörter«) anschaulich demonstrieren und üben.

Die Kinder können erkennen, dass sich zusammengesetzte Wörter leichter lesen lassen, wenn man sie trennt, und sie üben das Trennen und Bilden zusammengesetzter Wörter.

Die Kinder erhalten Wortkarten mit zusammengesetzten Nomen, schneiden diese in Partnerarbeit an der »Reißverschluss«-Stelle auseinander. Dabei ist zu beachten, dass hier keine Nomen mit Fugenelementen verwendet werden können. Die Karten werden verdeckt gemischt und als Memory-Karten verwendet.

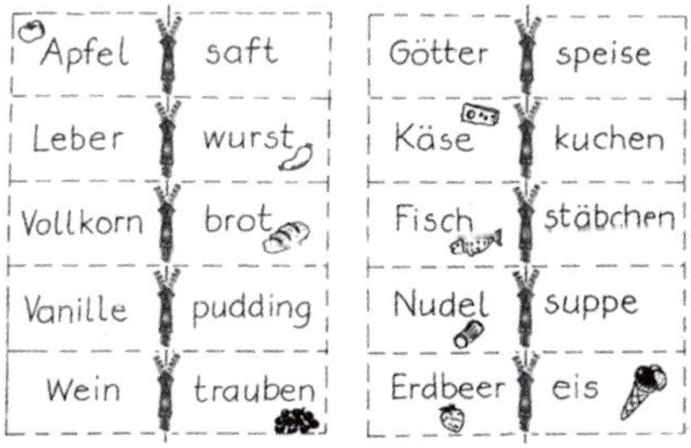

Endloswörter

Kinder bilden Wortzusammensetzungen und erkennen, dass Zusammensetzungen aus mehr als zwei Wörtern bestehen können.

Das Prinzip lässt sich anhand eines Beispiels verdeutlichen, indem die Lehrperson Schritt für Schritt ein Wort an der Tafel aufbaut (Beispiel: *Haus – Haustür – Haustürschlüssel – Haustürschlüsselloch*; *Fuß – Fußball – Fußballspiel – Fußballspielplan*). Anschließend startet die Lehrperson die Kette mit einem Wort (z. B. *Auto*) und lässt diese durch die Kinder weiterführen, bis keinem mehr ein Wort einfällt. Dann erhalten die Kinder in ihren Gruppen eine Wortkarte und fügen so viele weitere Wörter an wie möglich. Die Gruppe mit dem längsten Wort bzw. dem längsten Wort, das einen Sinn ergibt, gewinnt das Spiel.

Variante / Differenzierung: Die Kinder erhalten verschiedene Wortkarten, aus denen sich mindestens ein langes Wort bilden lässt, und versuchen, die einzelnen Wörter zu einem langen Wort zusammenzufügen.

→ Kopiervorlagen → 6.1 Endloswörter

Wörterkette

Die Kinder bilden zusammengesetzte Nomen. Sie finden kreative Wortzusammensetzungen, und sie können erkennen, dass bestimmte Wortteile sowohl am Anfang als auch am Ende eines Wortes stehen können, sich die Bedeutung dabei aber entscheidend verändert.

Die Lehrperson gibt beispielhaft ein paar Wörter als Bild- oder Wortkarte vor (z. B. *Fußball – Ballspiel – Spielfeld – Feldhase*), um das Prinzip des Spiels vorzustellen. Anschließend startet sie die Kette mit einem zusammengesetzten Nomen und gibt dieses an ein Kind weiter. Es soll den zweiten Wortteil für die Bildung eines neuen zusammengesetzten Wortes verwenden, wobei dieses Wortteil das erste eines neuen Wortes ist: *Fußball – Ballspiel*. Es dürfen auch ungewöhnliche Wörter zusammengesetzt werden.

Um die Genusregeln zu thematisieren, werden die Wortzusammensetzungen mitgeschrieben. Im Anschluss können die einzelnen Wörter sowie die Zusammensetzungen an der Tafel notiert werden; anschließend gehen die Kinder der Frage nach, nach welchem Kriterium der Artikel des zusammengesetzten Wortes bestimmt wird.

Alternative Wörterdomino: Ist diese Variante für die Kinder zu schwierig, so kann alternativ auch ein Wortschlangendomino verwendet werden, bei dem die Kinder aus vorgegebenen Wörtern die passenden Zusammensetzungen finden und zusammenfügen. Ein solches Domino findet sich als Kopiervorlage bspw. bei Rösch (2003), kann von den Kindern aber auch selbst erstellt werden.

KOPF	BALL	BALL	KORB	KORB	STUHL

7 Förderidee: Grund- und Bestimmungswörter unterscheiden – Wasser marsch!

Haben die Kinder das Grundprinzip zusammengesetzter Nomen verstanden, können die Zusammensetzungen auf der sprachstrukturellen Ebene genauer untersucht werden. Die Kinder lernen zwischen Grund- und Bestimmungswörtern zu unterscheiden bzw. sie zu ermitteln und erkennen, dass manche Substantivkomposita Fugenelemente benötigen. Neben einem rein analytisch ausgerichteten Vorgehen gibt es auch spielerische und anschauliche Methoden, um diese grammatikalischen Phänomene zu erarbeiten, wie bspw. die Spiele *Wasser marsch!* oder *Würfelwörter* (siehe Förderidee 8).

Ein anschaulicher und handlungsorientierter Zugang zur Erarbeitung von Zusammensetzungen und insbesondere der Bestimmung von Grund- und Bestimmungswörtern ist das Spiel *Wasser marsch!* (in Anlehnung an das Spiel »Wolkenbildung« nach Rösch 2003, S. 100 f.).

Material (max. 28 Kinder): 14 »Wasser«-Karten (14 ×),
14 Grundwort- und Bestimmungskarten:
7 × Grundwörter: *Tropfen, Rutsche, Melone, Hahn, Ball, Glas, Dampf*
7 × Bestimmungswörter: *Salz, Tee, See, Meer, Schmutz, Leitung, Regen*

Die Kinder bilden einen Kreis. Zunächst werden die Wortkarten an die Kinder verteilt. Anschließend werden im Plenum die Wortbedeutungen der einzelnen Wörter geklärt, indem die Kinder die Wörter erklären oder darstellen. Die Wörter werden nun mit ihren Artikeln an der Tafel notiert. Daraufhin kommen die »Wasser«-Kinder in die Mitte des Kreises, und es wird geschaut, welches der anderen Kinder jeweils dazu passt. Wird eine passende Zusammensetzung genannt, darf das betreffende Kind ebenfalls in den Kreis kommen und stellt sich zu seinem »Wasser«-Partner. Die Bedeutung des neuen Wortes wird gemeinsam diskutiert. Haben alle Kinder einen Wortpartner gefunden, werden die Paare aufgefordert, sich in zwei Gruppen zu sortieren, eine Gruppe, deren Zusammensetzungen mit dem Wort *Wasser* beginnen, und eine Gruppe, deren Zusammensetzungen mit dem Wort *Wasser* enden. Anschließend diktieren die Kinder der Lehrperson die neu entstandenen Wörter an die Tafel, wobei die Zusammensetzungen nach Grund- und Bestimmungswörtern getrennt notiert werden. Nun gehen die Kinder der Frage nach, was diese beiden Gruppen unterscheidet, und ordnen den Zusammensetzungen ihre Artikel zu. Jetzt können die Kinder aufgefordert werden, eine Regel für die Bestimmung der Artikel bei zusammengesetzten Nomen zu finden.

→ Kopiervorlagen → 7.1 Wasser marsch!

8 Förderidee: Nomen zusammensetzen – Würfelwörter

Die Kinder ermitteln das Grund- und Bestimmungswort und erkennen Fugenelemente.

Material: Wortkarten mit (»Grundwort«-)Nomen, z. B. *das Wasser, das Papier, der Stift*
Würfel mit Beschriftung: *Nomen, Verb, Adjektiv.*

Die Kinder ziehen zunächst eine Wortkarte mit einem »Grundwort«-Nomen. Anschließend würfeln sie mit dem Würfel die Wortart des Bestimmungswortes und bilden passende Zusammensetzungen, z. B. Grundwortkarte:
Wasser + Würfel: *Verb* → *das Wasser* + *trinken* = *das Trinkwasser.*

Die gezogenen und gewürfelten Wörter sowie die gefundenen Zusammensetzungen werden mit ihrem Artikel in einer Tabelle festgehalten (siehe S. 24, Tab. 1). Anschließend können die Kinder der Frage nachgehen, inwiefern sich die Wörter durch die Zusammensetzung verändern, ob bspw. Fugenelemente eingefügt werden müssen oder die Wörter verkürzt werden.

→ Kopiervorlagen → 8.1 Würfelwörter

9 Förderidee: Nach Fugenelementen forschen

Dieses Spiel eignet sich als spielerischer Einstieg in das Thema »Fugenelemente«. Die Kinder erkennen, dass manche Wortzusammensetzungen Fugenelemente benötigen, und sammeln unterschiedliche Fugenelemente.

Material: Würfel mit Bestimmungswörtern wie *Tasche, Blume, Lampe, Liebling, Sonne, Geburtstag.*

Die Kinder würfeln abwechselnd mit dem Würfel den ersten Bestandteil eines zusammengesetzten Wortes (Bestimmungswort) und suchen gemeinsam nach passenden Nomen. Die entstandenen Wörter werden in einer Tabelle festgehalten (siehe Tab. 2, Spalte »zusammengesetztes Nomen«).

Bestimmungswort			Grundwort Nomen (mit Artikel)	Fugenbuchstabe	Zusammengesetztes Nomen (mit Artikel)
Verb	Adjektiv	Nomen (mit Artikel)			
trinken	–	–	das Wasser	–	das Trinkwasser
–	süß	–	das Wasser	–	das Süßwasser
		die Tasche	das Buch	– n –	das Taschenbuch
lesen	–	–	das Buch	–	das Lesebuch
–	–	der Tag	das Buch	– e –	das Tagebuch

Tab. 2: Fugensuche 1

Anhand der entstandenen Zusammensetzungen kann in Partner-, Gruppen- oder Klassenarbeit überlegt werden, inwiefern sich die Bestimmungswörter durch die Zusammensetzung verändern und welche Fugenelemente es gibt. In diesem Zusammenhang sollte thematisiert werden, dass das Fugenelement selbst keine Bedeutung trägt, aber dennoch in manchen Fällen notwendiger Bestandteil eines Wortes ist.

Variante: Alternativ können den Kindern auch Wortkarten mit zusammengesetzten Nomen zum Auseinanderschneiden vorgegeben werden. Zur Festigung und Übung lassen sich die getrennten Wörter und die zugehörigen Fugenelemente wieder zusammenfügen.

→ Kopiervorlagen → 9.1 Fugensuche

zusammengesetztes Nomen	Bestimmungswort	Fugenbuchstabe	Grundwort

Tab. 3: Fugensuche 2

10 Förderidee: Zusammengesetzte Nomen erraten – Wortschatz-Activity

Je anschaulicher Wortzusammensetzungen dargestellt werden und je mehr (sinnliche) Zugänge Kinder zu den Wörtern erhalten, desto besser können sie diese abspeichern. Mit dem Spiel Wortschatz-Activity kann der Wortschatz über drei verschiedene Zugänge (Beschreibung, bildliche Darstellung und Pantomime) gefestigt werden.

Eine besondere Bedeutung kommt Wortzusammensetzungen im Fachunterricht zu, denn hier werden die Kinder mit einer Vielzahl zusammengesetzter Nomen konfrontiert, die sie jedoch nur bedingt selbst erschließen können, wie z. B. *Grundwasser, Nadelwald* oder *Stromleiter*. Umso wichtiger ist es daher, die Wortbedeutungen der einzelnen sowie der zusammengesetzten Wörter im fachlichen Zusammenhang zu erarbeiten. *Schaubilder* (vgl. die Abb. Wasserschaubild auf S. 24) stellen dabei eine sinnvolle Möglichkeit dar, Wörter anschaulich und in einem geordneten Zusammenhang darzustellen.

Das Spiel orientiert sich an dem Spiel *Activity* (Führer / Catty) und erlaubt es, Wortschatz über verschiedene Zugänge handelnd zu festigen. Dabei erweitern und festigen die Kinder ihren Wortschatz, und sie lernen, dass sich mit Hilfe von Zusammensetzungen knapp und präzise formulieren lässt, was sonst umfangreicher Umschreibungen bedürfte.

Material: Wortkarten mit zusammengesetzten Nomen

Die Kinder werden in zwei oder drei Gruppen aufgeteilt. Die Gruppen spielen gegeneinander. Von einem Stapel zieht immer ein Kind einer Gruppe eine Wortkarte. In der **ersten Runde** ist es nun die Aufgabe des Kindes, das Wort seiner Gruppe zu beschreiben, z. B. *Fußball: Ein Ball, der mit dem Fuß geschossen wird.* Aufgabe der übrigen Gruppenmitglieder ist es, möglichst viele Wörter innerhalb der vorgegebenen Zeit (z. B. 2 Minuten) zu erraten. Für jedes erratene Wort erhält die Gruppe einen Punkt. Die Gruppen wechseln sich reihum ab, bis keine der Wortkarten mehr vorhanden ist. Die Karten werden nun für die nächste Runde gut durchgemischt. Die **zweite Runde** folgt dem gleichen Prinzip, aber nun geht es darum, die gezogenen Wörter zu malen. Sind alle Karten verbraucht, ist diese Runde beendet, und die Karten werden neu gemischt. In der **dritten Runde** müssen die gezogenen Wörter pantomimisch dargestellt und erraten werden. Gewonnen hat schließlich die Gruppe, die insgesamt die meisten Wörter erraten konnte.

Varianten: Zur Differenzierung können Karten mit Bedeutungserklärungen vorgegeben werden. Haben die Kinder das Prinzip der Wortzusammensetzung verstanden, können sie auch eigene Wortkarten oder Wortbedeutungskarten beisteuern. Das Spiel kann auch in seinen einzelnen Bestandteilen gespielt werden.

11 Förderidee: Zusammengesetzte Fachbegriffe einem Schaubild zuordnen – Wasserwörter

(Siehe das Schaubild auf S. 24 »Wasserkreislauf«)

Die Kinder ordnen Wortkarten mit zusammengesetzten Nomen an den richtigen Stellen im Schaubild zu: *Wasserkreislauf – Regenwolke – Wassertropfen – Trinkwasser* etc.

Je mehr sinnliche Zugänge den Kindern geboten werden, wie bspw. das Schmecken von Salz- bzw. Süßwasser, desto besser kann dabei der Wortschatz gefestigt werden.

Variante: Zur Wortschatzfestigung eignen sich auch Zuordnungsspiele, bei denen die Wortbestandteile, die Beschreibung und das zusammengesetzte Wort einander zugeordnet werden müssen.

→ Kopiervorlagen → 11.1 Wortzuordnungen

Nazli Hodaie / Anne Steiner

Nomen flektieren

Die Markierung von Genus und Kasus erfolgt im Deutschen nach einem komplizierten, für Kinder mit Sprachförderbedarf oft nicht durchschaubaren System. Grammatisches und natürliches Geschlecht stimmen oft nicht überein (*das Mädchen*), die Genuszuordnung ist weitgehend willkürlich (*die Sonne* vs. *der Mond*), sie ist zudem am Nomen meist nicht erkennbar und muss gelernt werden. »Für das Deutsche kommt schließlich hinzu, dass die Markierung nicht nur in Bezug auf Genus weitgehend ohne System erscheint und für die Lerner dunkel ist, sondern, da gleichzeitig der Kasus markiert werden muss, auch diesbezüglich uneindeutig ist« (Ahrenholz 2010, S. 22).

So erscheinen die bestimmten Artikel *die* und *der* vor denselben Nomen (*die Bahn, in der Bahn, mit der Bahn, die Bahnen, die Schienen der Bahnen* etc.). Dazu kommt, dass Kasusunterschiede in einer auch dialektal geprägten mündlichen Alltagssprache oft unmarkiert bleiben (*Ich sehe den Herr Meier heute*) und Formenunterschiede kaum zu hören sind (so sind z. B. *ihn* und *ihm* in der Alltagskommunikation nicht immer eindeutig zu unterscheiden). »Die Schriftsprache erfordert [...] eine Genauigkeit der grammatischen Formen, die in der Umgangssprache so nicht nötig ist, weil Endungen verschliffen werden« (Knapp 2013, S. 144). Für jedes Nomen ist daher zu lernen, »welchem Genus es zugehört und welche Formen in der Nominalflexion zielsprachlich« (Ahrenholz 2010a, S. 23) sind. Dafür bedarf es Übungsformen, die Genus- und Kasusmarkierung spielerisch wiederholen, daneben aber auch Übungen, die durch aktiv-entdeckendes Lernen implizites Wissen entwickeln helfen, auf dem später explizites Wissen aufgesetzt werden kann (nach Bartnitzky 2013, S. 147).

12 Förderidee: Nomen im Akkusativ bilden – Koffer packen

Die Förderidee lehnt sich an das Spiel »Koffer packen« an und nimmt die Deklination im Akkusativ in den Blick. Benötigt werden Wort-Bild-Karten, auf denen Gegenstände dargestellt sind und das entsprechende Wort samt Artikel und Pluralform schriftlich festgehalten ist. Entsprechende Karten können mit den Kindern hergestellt werden: Aus Illustrierten und Reklamebroschüren werden Gegenstände ausgeschnitten und auf Karten geklebt. Die Lehrperson oder ältere Schulkinder schreiben den Begriff mit Artikel dazu.

Die SchülerInnen sitzen im Kreis. Der Kartenstapel wird in die Mitte des Kreises gelegt. Das erste Kind zieht eine Karte und baut den darauf abgebildeten Gegenstand in korrekter Form in den folgenden Satz ein: »*Ich packe meinen Koffer und nehme ... mit.*« Das nächste zieht die folgende Karte und wiederholt den o. g. Satz, wobei sowohl der neue als auch der alte Gegenstand einbezogen werden.

Die Akkusativergänzung könnte anhand des bestimmten oder unbestimmten Artikels gebildet werden. Dies muss jedoch vor dem Spiel festgelegt werden.

Variante: Bei fortgeschrittenen Schülerinnen und Schülern könnte das Spiel mit der Adjektivzuordnung im Akkusativ erweitert werden. In diesem Fall wird jeder Gegenstand mit einem Adjektiv beschrieben. Dies könnte während des Spiels spontan vorgenommen werden oder auch im Vorfeld geschehen, indem die Lehrperson die Bildkarten mit den Kindern bespricht und dabei Adjektive hinzufügt. So könnten Sätze wie der folgende entstehen:

Ich packe meinen Koffer und nehme einen blauen Pullover mit.

13 Förderidee: Sätze mit Ergänzung im Akkusativ bilden – Beschreibungen

Im Klassen- oder Gruppenkreis beschreiben die Kinder, was andere Kinder anhaben. Muster: *Mia hat ein blaues Kleid an. Murat hat schwarze Socken an.*

Für Partner- oder Gruppenarbeit können auch Bildkarten mit den Kindern hergestellt werden: Aus diversen Druckerzeugnissen werden Personen ausgeschnitten und auf Bildkarten geklebt. Jedes Kind erhält bis zu fünf Bildkarten und beschreibt die darauf abgebildete Figur mit Sätzen wie den folgenden: *Die Frau hat eine grüne Bluse an. – Der Mann hat eine braune Hose an. – Das Mädchen hat einen kurzen Rock an.*

Die Übung kann auch zur Unterstützung der Genitivbildung eingesetzt werden. Den Kindern werden in diesem Fall folgende Sprachmittel zur Verfügung gestellt:

Die Bluse der Frau ist … – Die Hose des Mannes ist … – Der Rock des Mädchens ist …

Variante für Partnerarbeit: Ein Kind beschreibt eine Bildkarte, die vom Partner nicht gesehen werden darf. Das andere Kind versucht, das Bild den Beschreibungen entsprechend nachzumalen. Als Sprechmittel werden die o. g. syntaktischen Strukturen zur Verfügung gestellt. Abschließend und zur Kontrolle werden beide Bilder verglichen.

14 Förderidee: Sätze mit mehreren Fällen bilden – Reihum-Sätze

Die Förderidee wird zur Unterstützung der Deklination im Nominativ, Akkusativ und Dativ eingesetzt und kann in Dreier-Gruppen durchgeführt werden. Die Kinder deklinieren verschiedene Nomen und entwickeln bzw. stärken ihr implizites Wissen über Satzkerne und Satzergänzungen sowie die Genus- und Kasusformen verschiedener Nomen.

Die Kinder erinnern sich an Situationen, in denen es Geschenke gab, oder sie erzählen, was sie selber jemandem schenken möchten. Die Lehrperson notiert in folgendes Schema Nomen mit Artikel, die von den Kindern genannt wurden.

Wer	schenkt	wem	was
	schenkt		

Für das oben genannte Schema eignen sich alle Satzkerne mit Ergänzungen im Dativ und Akkusativ: *bringt, wünscht, füttert, erzählt …* Auch zweiteilige Verben können gewählt werden, um die Satzstellung zu klären: *vorlesen – liest vor, mitbringen – bringt mit* oder: *habe geschenkt, habe mitgebracht, habe gefüttert …* Auch andere Flexionsformen der Verben sind möglich.

Reihum-Sätze: Jedes Kind in der Gruppe hat ein Arbeitsblatt mit dem Schema, wobei die Spalte mit dem Satzkern entfällt. Satzkerne stehen auf Karteikärtchen. Ein Kärtchen wird in die Mitte gelegt, jedes Kind füllt auf seinem Blatt die Wer-Spalte und knickt sie um. Das nächste füllt die Wem-Spalte und knickt sie um, das letzte die Was-Spalte. Dann werden die Sätze mit dem Satzkern vorgelesen und aufgeschrieben.

Anna Haulitschek

Präpositionen im Akkusativ- und Dativkontext verwenden

Jeder hat schon mal Aussagen gehört wie z. B. *Gehen wir Aldi?* Oft werden die »kleinen Wörter des Ortes« weggelassen oder auf ein Minimum beschränkt, wobei dann die Präpositionen *in* und *bei* häufig übergeneralisiert werden. Für Kinder mit Deutsch als Zweitsprache ist der Gebrauch und die richtige Verwendung von Präpositionen oft sehr schwer. Die Äußerungen des Kindes werden auch ohne die Verwendung von Präpositionen verstanden; dadurch entsteht kaum spontaner Korrekturbedarf (*Rabe sitzt Baum* oder *Rabe sitzt in/bei Baum*). Allerdings wirkt die Sprache unter Auslassung von Präpositionen telegrammartig. Denn durch das Auslassen der Präpositionen werden in der Regel auch keine Kasusformen verwendet (*Gehen wir Aldi* vs. *Gehen wir zum Aldi;* analog dazu *Wir treffen uns Ostbahnhof* vs. *Wir treffen uns am Ostbahnhof*). Um die Entwicklung einer angemessenen Bildungssprache zu ermöglichen, sollte diese kritische Stelle nicht außer Acht gelassen werden.

Präpositionen stehen meist im Akkusativ- und/oder Dativkontext. Diese beiden Kasusformen sollten beim Üben von Präpositionen stets mit thematisiert, geübt und behandelt werden (siehe auch Förderideen 5, 13 – 15). Ein isoliertes Üben von Präpositionen, ohne dass ein Verständnis von Akkusativ- und Dativformen vorhanden ist bzw. gefördert wird, führt zur Überforderung und gefährdet damit möglicherweise auch den späteren Lernerfolg. Bevor die Lehrperson mit dem Üben von Präpositionen beginnt, sollte sie deshalb zuerst prüfen, ob die Kinder auch Ansätze von Akkusativ- und Dativverwendung in der Spontansprache aufzeigen. Dabei ist es nicht notwendig, einen Sprachtest durchzuführen. Die Lehrperson kann die Spontansprache der Kinder im Unterrichtsgespräch beobachten und beurteilen.

In der Regel erwerben die Kinder den Akkusativ vor dem Dativ. Verwendet ein Kind den Dativ, so kann davon ausgegangen werden, dass es auch den Akkusativ beherrscht. Muss der Akkusativ erst noch angebahnt werden, so empfiehlt es sich, mit dem Akkusativ maskulinum zu beginnen, da dieser durch die Veränderung des Artikels besonders markiert wird. Bei maskulinen Objekten verändert sich der Artikel *der* zu *den* (*Der* Rabe fliegt auf *den* Baum), wohingegen sich die Artikel bei femininen und neutralen Objekten nicht verändern (*Ich setzte mich auf die Terrasse / Er schaut durch das Fenster*). Haben die Kinder den Akkusativ maskulin gelernt, kann zum Akkusativ feminin und dann zum Akkusativ neutrum übergegangen werden.

Die meisten Präpositionen der deutschen Sprache fordern regelhaft entweder den Akkusativ oder den Dativ. Allerdings gibt es auch einige Präpositionen, die beide Kasusformen nach sich ziehen, in Abhängigkeit vom semantischen Kontext. Solche Präpositionen werden als Wechselpräpositionen bezeichnet. Es empfiehlt sich, zuerst mit eindeutigen Präpositionen zu beginnen, die immer den gleichen Kasus nach sich ziehen. Da der Akkusativ leichter zu erlernen ist und sich auch im normalen Spracherwerb vor dem Dativ entwickelt, sollte die Auswahl zunächst auf Präpositionen gerichtet werden, die den Akkusativ verlangen. Sobald die Kinder die Präpositionen im Akkusativkontext sicher beherrschen, kann zu den Präpositionen, die immer den Dativ fordern, übergegangen werden. Zum Schluss sollten die Wechselpräpositionen geübt werden.

Die folgende Tabelle stellt einige Präpositionen dar, denen ausschließlich der Akkusativ oder der Dativ folgen muss, sowie die Präpositionen, die sowohl im Akkusativ- als auch im Dativkontext Verwendung finden können (Wildegger-Lack 2011).

Präpositionen im Akkusativkontext	Präpositionen im Dativkontext	Wechselpräpositionen
durch	aus	an
für	von	auf
um	nach	unter
gegen	bei	über
ohne	mit	hinter
	zu	vor
		neben
		in
		zwischen

Präpositionen, die den Akkusativ, den Dativ oder beide Kasusformen fordern können (nach Wildegger/Lack 2011, S. 142)

15 Förderidee: Akkusativ und Dativ verwenden

Auf der CD befindet sich ein Quartett-Spiel, bei dem die Kinder nach der gesuchten Quartettkarte fragen und dabei stets den Akkusativ mit männlichem Nomen verwenden: *Gib mir den Schatz – Hast du den Ring?*

→ Kopiervorlagen → 15.1 Quartett Akkusativ

Auch beim Dativ sollte den Kindern der Dativ zunächst anhand von maskulinen Objekten, bei denen sich der Artikel von *der* zu *dem* ändert, verdeutlicht werden (*Der Rabe sitzt auf dem Baum*). Anschließend kann zu den neutralen Objekten übergegangen werden, bei denen sich der Artikel *das* ebenfalls zu *dem* verändert (*Er schreibt auf dem Blatt*). Zuletzt sollte auf die femininen Objekte eingegangen werden (*Er sitzt auf der Schaukel*). Allgemein empfiehlt es sich, den Schülerinnen und Schülern verständlich zu machen, dass beim Akkusativ mit *wohin*, beim Dativ mit *wo* gefragt wird (*Wohin fliegt der Rabe? Auf den Baum / Wo sitzt der Rabe? Auf dem Baum*).

Mit Kuscheltieren und Spielfiguren der Kinder kann im Klassenraum der Zusammenhang von W-Frage und Kasus weiter geübt werden: Der Dino fliegt aufs Lehrerpult (*Wohin fliegt der Dino? …*). Ein Kind setzt ihn auf einen Stuhl (*Wo sitzt der Dino?*). Ähnlich kann mit einer Folie gearbeitet werden, auf der eine Straßenszene oder Ähnliches abgebildet ist. Ein Tier auf der Folie fliegt, schwebt, krabbelt, schleicht, springt etc. *wohin?* (erfordert den Akkusativ) Es sitzt, steht, schläft etc. *wo?* (erfordert den Dativ) Je nach Unterrichtsthema kann mit Folienbildern oder mit Figuren gearbeitet werden.

Zur Artikelverwendung und Phrasenbildung siehe auch die Förderidee 5 mit der dort verwendeten Tabelle (S. 21).

16 Förderidee: Sätze mit Präpositionalphrasen bilden und verstehen – Turnhallen-Parcours

Gemeinsam wird mit den Kindern in der Turnhalle ein Parcours aufgebaut. Anschließend setzen sich die Kinder in einen Kreis und sammeln mögliche Präpositionalphrasen (z. B. *Ich kann über das Pferd springen / Am Klettergerüst kann man hochklettern* etc.), die auf einem Flipchart festgehalten werden.

Nach der Sammlung der Präpositionalphrasen laufen die Kinder durch die Turnhalle. Sobald die Lehrperson auf eine Trommel schlägt, bleiben sie stehen. Die Lehrperson äußert nun die zuvor gemeinsam gesammelten Präpositionalphrasen innerhalb einer Aufforderung (z. B. *Spring über das Pferd!*). Im Umsetzen der Aufforderungen wird den Kindern der Bedeutungsunterschied der Präpositionen bewusst. Wer beim Verstehen noch unsicher ist, kann sich somit an den Mitschülerinnen und Mitschülern orientieren. In weiteren Durchgängen können auch die Kinder Aufforderungen äußern.

Dieses Spiel kann ebenfalls zur Auflockerung während des Unterrichts stattfinden. Dabei stellen sich die Kinder hinter ihren Stuhl und erhalten Aufforderungen wie: *Stell dich auf den Stuhl / Setz dich unter den Tisch / Stell dich neben deinen Stuhl.* Die Aufforderungen können auch hier von den Kindern selbst gebildet und geäußert werden.

17 Förderidee: Präpositionen mit einem fixen Fall verwenden – Memory

Damit die Kinder die eingeführten Präpositionen schnell in die Spontansprache übernehmen können, müssen diese automatisiert werden. Dafür eignet sich sehr gut Memory, welches darüber hinaus die allgemeine Gedächtnisspanne steigert. Durch den Spielcharakter sind die Kinder in der Regel sehr motiviert, was sich positiv auf ihren Lernerfolg auswirkt. Spiele, wie »Präpositionen-Memory«*, können leicht in Phasen der Freiarbeit oder in den Wochenplan aufgenommen werden.

Das Präpositionen-Memory folgt den typischen Memory-Regeln. Die Kinder decken jeweils zwei Memory-Karten auf. Beim Aufdecken einer Satzkarte lesen sie den Satz laut vor und überlegen, ob er zur jeweils anderen aufgedeckten Karte passen könnte. Die

Das Auto ist gegen die Wand gefahren.

Bilder stellen die Präpositionen eindeutig dar. Die Kinder haben somit die Gelegenheit, dieses Bild als zusätzliche Abrufhilfe im Lexikon abzuspeichern, welches ihnen später den Zugriff auf die benötigte Präposition erleichtert. Die jeweilige Präposition ist im Satz rot gekennzeichnet, um die Aufmerksamkeit auf die Präpositionen zu lenken. Für das Memory werden nur Präpositionen verwendet, die entweder den Akkusativ oder den Dativ nach sich ziehen (siehe Tabelle auf S. 33). Als Erweiterung können später auch Wechselpräpositionen hinzugefügt werden.

18 Förderidee: Präpositionen mit einem fixen Fall – Domino

Durch Förderspiele, die mit Bild und Schrift verknüpft sind, können die Kinder gezielt die Bedeutung des Bildes mit dem dargestellten Satz und dessen syntaktischen und graphemischen Eigenschaften verknüpfen. Im Folgenden wird dies anhand des Domino-Spiels* dargestellt. Wie auch das Memory besitzt das Dominospiel einen hohen Aufforderungscharakter und lässt sich gut in Wochenplanarbeit, Freiarbeit oder zwischendurch zur Auflockerung einbauen. Die Kinder arbeiten dabei alleine und selbstständig. Durch die vorgegebene Start- und Zielkarte können sich die Kinder selbst kontrollieren und korrigieren.

Das Präpositionen-Domino folgt den typischen Dominoregeln. Die Kinder müssen immer die entsprechende Präpositionalphrase an das Bild anlegen. Die visuell dargestellten Präpositionen können dabei direkt mit der jeweiligen Präpositionalphrase verknüpft werden. Kinder, die noch unsicher sind, können sich Zeit nehmen und haben die Möglichkeit, durch »trial and error« zur Lösung zu finden.

Auch beim Präpositionen-Domino werden zunächst nur die Präpositionen verwendet, die einen fixen Fall fordern (siehe Tabelle S. 33). Bei Kindern, die bereits einen sicheren Umgang mit Präpositionen im Akkusativ- und Dativkontext erworben haben, kann das Domino mit Wechselpräpositionen ergänzt werden.

19 Förderidee: Akkusativ- und/oder Dativ-Präposition zuordnen – Terzett

Die Wechselpräpositionen sollen in unterschiedlichen Kontexten Verwendung finden, damit die Schülerinnen und Schüler erkennen, dass manchen Präpositionen beide Kasusformen folgen können. Hierfür bietet sich das Präpositionen-Terzett an, das als Kopiervorlage auf der CD zu finden ist.

→ Kopiervorlagen → 19.1 Terzett

Bei dem Terzett nehmen die Stofftiere »das Eichhörnchen«, »die Ente«, »der Rabe« die unterschiedlichen Wechselpräpositionen ein: *an, auf, unter, über, hinter, vor, neben, in, zwischen*. Die Präpositionen stehen dabei im Zusammenhang mit maskulinen, femininen und neutralen Objekten (*der Schrank, die Kommode, das Regal*), sodass es zu unterschiedlichen Artikelveränderungen im

* Die Grundideen zum Präpositionen-Memory sowie zum Präpositionen-Domino sind Reber / Schönauer-Schneider (2009) entnommen.

Akkusativ und Dativ kommt. Die Kinder müssen für jede Präposition drei Karten (entspricht den drei Stofftieren) erfragen. Am Beispiel der Präposition *auf* hat der Einzelne die Karten *Der Rabe ist auf dem Schrank*, *Das Eichhörnchen sitzt auf dem Regal* und *Die Ente steht auf der Kommode* zu erfragen. Beim Fragen nach den Terzett-Karten hält die Lehrperson die Kinder dazu an, unterschiedliche Verben für die Ausführung der Tätigkeiten der Tiere zu verwenden, da durch den Gebrauch unterschiedlicher Verben auch unterschiedliche Kasusformen folgen. So fordert die Frage *Hast du den Raben, der vor den Schrank hüpft?* einen anderen Kasus als die Frage *Hast du den Raben, der vor dem Schrank sitzt?* Dadurch können die Kinder erkennen, dass die gleiche Präposition den Akkusativ oder den Dativ erfordern kann, jeweils in Abhängigkeit vom gewählten Verb und semantischen Kontext.

Weitere Übung: Die Kinder erhalten ein Arbeitsblatt mit bildlichen Darstellungen und unvollständigen Sätzen, in denen Präposition und Artikel fehlen bzw. nur angedeutet sind. Die zu ergänzenden Präpositionen können den Akkusativ und den Dativ fordern (*Der Rabe sitzt vor dem Schrank. Der Rabe hüpft vor den Schrank*). Die fehlende Präposition und das Nomen im richtigen Kasus werden ergänzt. Um die Wechselpräposition mit ihren beiden Kasusmöglichkeiten zu verdeutlichen, werden Sätze wie *Das Eichhörnchen klettert in das Regal* und *Das Eichhörnchen sitzt in dem Regal* direkt untereinander auf dem Arbeitsblatt aufgeführt. Das Arbeitsblatt kann in Einzel- oder Partnerarbeit bearbeitet werden.

→ Kopiervorlagen → 19.2 Wechselpräpositionen

Die Grundidee zum Präpositionen-Terzett sowie die Bildvorlagen des Präpositionen-Terzetts sowie des Arbeitsblatts sind Steinbach & Wildegger-Lack (2008) entnommen.

20 Förderidee 21: Präpositionen in der Spontansprache anwenden – Thema »Rad fahren«

In der dritten Klasse wird in der Regel das Thema »Rad fahren« behandelt. Dieses Thema eignet sich sehr gut, um die Präpositionen im Akkusativ- und Dativkontext anwendungsbezogen zu üben (*Ich fahre neben dem Gehweg* oder *Ich fahre auf der Straße* oder *Ich fahre durch die Unterführung* oder *Ich muss bei der Kreuzung nach links abbiegen*). Im Unterrichtsgespräch wird deutlich, dass es auf die passenden Präpositionen und ihre syntaktischen Kontexte ankommt. Dadurch wird verhindert, dass das gelernte Wissen zu Präpositionen im Akkusativ- und Dativkontext als träges und isoliertes Wissen bestehen bleibt.

Marion Gutzmann

Verben mit Präfixen verstehen und verwenden

Das Verstehen von Verbbedeutungen, insbesondere in ihren vielfältigen Facetten der Zusammensetzung bzw. Ableitung als trennbare und nicht trennbare Formen, stellt eine besondere Hürde für alle Sprachlernenden dar. Die unterschiedliche Bedeutung von Verben, wie z. B. *fragen, abfragen, nachfragen, ausfragen* oder auch *befragen,* erschließt sich für Zweitsprachlernende nicht so leicht und verunsichert sie oft. Schon Mark Twain hat diese Schwierigkeit als eine Besonderheit der deutschen Sprache so beschrieben: »Die Deutschen haben noch eine Art von Parenthese, die sie bilden, indem sie ein Verb in zwei Teile spalten und die eine Hälfte an den Anfang eines aufregenden Absatzes stellen und die andere Hälfte an das Ende. Kann sich jemand etwas Verwirrenderes vorstellen? Diese Dinger werden »trennbare Verben« genannt. Die deutsche Grammatik ist übersät von trennbaren Verben [...]; und je weiter die zwei Teile auseinandergezogen sind, desto zufriedener ist der Urheber des Verbrechens mit seinem Werk« (Twain 2009 = 1963, S. 447).

Ein wichtiges Merkmal der deutschen Syntax besteht darin, dass Verben einen festen Platz im Satz einnehmen. Dazu gehört die Zweitstellung des Verbs im Aussagesatz ebenso wie die Verbklammer, die in zweigliedrigen Prädikaten durch Modalverb und Verb (*Die Kinder wollen mit dem Hund spielen*) oder durch trennbare Verben gebildet werden (*Die Mutter kauft auf dem Markt Obst und Gemüse ein*). Wann ein Verb im Satz trennbar oder nicht trennbar eingesetzt wird, welche Bedeutung die trennbaren Teile innerhalb der Verbklammer ergeben oder welche Formen das Verb in anderen Zeitformen, wie z. B. dem Perfekt, bildet, wird ohne vielfältige Übung und Reflexion von den Zweitsprachlernenden nicht »einfach gekonnt«.

In den Bildungsstandards der KMK im Fach Deutsch für den Primarbereich wird für den Kompetenzbereich »Sprache und Sprachgebrauch untersuchen« u. a. aufgeführt, dass die Schülerinnen und Schüler über ein Grundwissen an grammatischen Strukturen, einen Grundbestand an Begriffen und Verfahren zum Untersuchen von Sprache verfügen. Unter der Rubrik »an Wörtern, Sätzen, Texten arbeiten« beschreiben insbesondere drei der ausgewiesenen Standards, was die Kinder, auch im Hinblick auf die kritische Stelle »Vorsilbe«, können sollen:

- Wörter strukturieren und Möglichkeiten der Wortbildung kennen,
- Wörter sammeln und ordnen,
- mit Sprache experimentell und spielerisch umgehen.

Diesen drei Standards lassen sich die nachfolgend dargestellten Förderideen zuordnen. Auch wenn die drei Förderideen unter dem Fokus des Förderziels separat aufgeführt werden, spielen sie in der Unterrichtspraxis mehr oder weniger stets in ihrem »Dreiklang« eine Rolle. Wörter, damit auch die Verben, werden auf unterschiedliche Weise thematisiert – als Bestandteil des Wortschatzes, in Form von Wortarten und als Teile von Sätzen; Einzelphänomene können keinesfalls isoliert nur in einem der drei Bereiche gefördert werden.

21 Förderidee: Wörter sammeln, Wortbedeutungen erfassen – Steckbriefe für Verben

Wörter sammeln, im Zusammenhang verwenden

Zu Beginn eines neuen Themas steht das Sammeln von Wörtern zum Thema im Mittelpunkt: Gemeinsam werden Wörter gesucht und gesammelt, wiederholt gesprochen oder gelesen, pantomimisch dargestellt oder in ihrer Bedeutung beschrieben. Es werden verwandte Wörter gesucht, zu Wortfamilien ergänzt und im Satz- oder Textzusammenhang verwendet. Die Wörter werden geordnet und verglichen, Gemeinsamkeiten und Unterschiede thematisiert, verstärkt auf Besonderheiten geachtet.

Immer wieder entdecken die Kinder dabei auch die trennbaren Verben. So wurde am Beispiel des Themas »Meine Straße – hier bin ich zu Hause« (vgl. Gutzmann 2009) das Wort *einkaufen* als trennbares Verb entdeckt und weitere Verben der Wortfamilie ergänzt. Auch zu den Verben *gehen, fahren, laufen* und *spielen* wurden trennbare und nicht trennbare Formen gesammelt und untersucht. Gerade den Jungen gefiel es, mithilfe von Modellautos am Beispiel des Verbs *fahren* darzustellen, was die Verben *anfahren, abfahren, vorbeifahren, nachfahren, mitfahren, durchfahren, überfahren, hinfahren, wegfahren, losfahren, vorfahren* und auch *befahren, verfahren* bedeuten und in welchem Zusammenhang sie verwendet werden.

Die Auswahl des Wortschatzes ist eine gemeinsame Aufgabe von Lernenden und Lehrenden. Dieses Entdecken, Sammeln, Ordnen von Wörtern stellt immer wieder eine intensive Zeit mit anspruchsvollen Gesprächen über Wortschatz, Wortbedeutung, aber auch über Rechtschreibung, Sprachgebrauch und Grammatik dar. Mit der systematisch aufgebauten und kontextgebundenen Wortschatzarbeit werden Kinder in ihrem Spracherwerb und ihrer Sprachentwicklung unterstützt. Deutlich wird dabei, dass es darum geht, nicht Einzelwörter zu lernen, sondern Formulierungen anzuwenden – in jedem der Sätze hat *fahren* eine andere Bedeutung, und dabei ist nicht jedes Wort wirklich neu.

Wörtersteckbrief

Ein Wörtersteckbrief (vgl. Pieler 2008) kann dazu dienen, die gesammelten Verben als Wortschatz sichtbar zu machen. Die Steckbriefe werden zusammen mit den Kindern jeweils in Verbindung mit der Arbeit an Themen oder Projekten erarbeitet. Dazu werden insbesondere Wörter, die die Kinder auch in ihren produktiven Wortschatz aufnehmen sollen, ausgewählt. In einem Steckbrief sind alle Informationen enthalten, die zu dem entsprechenden Wort hilfreich sind. Inhalt und Umfang der Informationen auf dem Steckbrief richten sich nach den Sprach- und Lesemöglichkeiten der Kinder. Die einfachsten Verbensteckbriefe sind Zeichnungen in einem Kreis bzw. Oval mit Angabe der Grundform des Verbs. Der Kreis signalisiert, dass nicht die abgebildeten Personen oder Gegenstände gemeint sind, sondern das, was sie tun bzw. tun können.

Mit zunehmender Erfahrung werden die Wörterkarten zu Wörter-Steckbriefen erweitert. Sobald mit den Kindern neue Aspekte erarbeitet werden, werden diese in Beispielsätzen auf der Rückseite der Verbkarte aufgenommen. Die Wörtersteckbriefe werden in einer Klassenkartei gesammelt und können für weitere Übungen genutzt werden. Beispielsweise können Sätze von der Rückseite der Verbkarten vorgelesen werden. Eine Aufgabenstellung kann dabei heißen: »Wurde das Verb in dem Satz getrennt? Ja oder nein?« So werden alle Verben überprüft. Am Schluss kann ermittelt werden, wie viele Kinder richtig getippt haben.

Steckbriefe für Verben

- Der runde bzw. ovale Kreis kündigt an, dass es sich um ein Verb handelt.
- Die gestrichelte Linie weist auf ein trennbares Verb; d.h. die Vorsilbe wird im Satz nach hinten geschoben. (Die Verbkarte kann ggf. für Spiele an der gestrichelten Linie zerschnitten werden.)
- Der Wortstamm wird sichtbar durch eine Fettschreibung oder Färbung des Stamm-Morphems.
- Die verstärkte Linie des Ovals weist auf ein starkes Verb. Das Wort hinter dem Pfeil gibt an, mit welchem Modalverb das Perfekt gebildet wird.

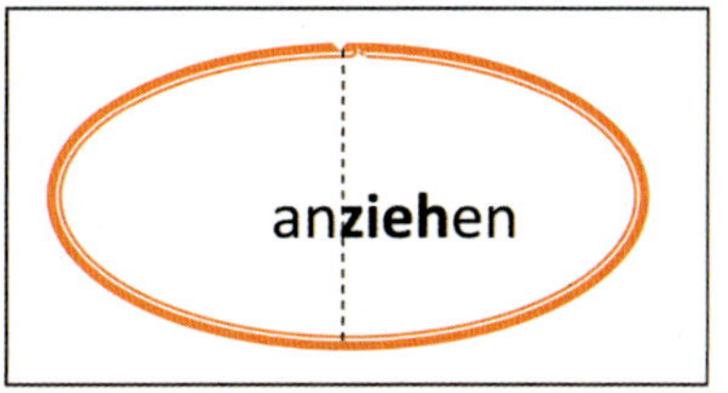

Ich **ziehe** die Jacke **an**.
Du **ziehst** den Mantel **an**.
Mein Bruder **zieht** das Shirt **an**.

⇐ haben

Ich **habe** die grüne Hose **angezogen**.
Wir **haben** Handschuhe **angezogen.**

22 Förderidee: Wörter bilden und nutzen – Frag doch mal die anderen

In verschiedenen Lernsettings, insbesondere in Spielen, in denen Sprachmuster trainiert werden, lernen die Kinder auch, Formen von Verben zu erfassen und mehr und mehr richtig anzuwenden. Eine Befragung oder ein Interview durchzuführen wird von den Kindern bereits in verschiedenen Fächern gefordert, als Sprachhandlung selbst jedoch noch zu wenig im Unterricht thematisiert bzw. auch geübt. Zu den unterschiedlichsten Themen bietet es sich an, die Kinder in der Rolle als Reporter eine Befragung unter den Mitschülerinnen und Mitschülern durchführen zu lassen. Damit kann zum einen an die eigenen Interessen und Erfahrungen der Kinder angeknüpft und jeder in seiner kulturellen Identität wertgeschätzt werden. Zum anderen werden Sprachmuster wiederholt in authentischen Situationen angewendet, sowohl in der Befragungssituation mit einzelnen Kindern als auch in einer Gesamtauswertung der Klasse. Diese kann in einer Übersicht, als Tabelle oder Diagramm visualisiert werden, die ggf. auch im Mathematikunterricht aufgegriffen werden kann.

Was andere mögen oder nicht mögen

Für weitere Übungen der Satzmuster mit trennbaren Verben können Wortkarten zum Inhalt und als Ergebnis der Befragung angefertigt werden. In Partner- oder Gruppenarbeit werden Sätze mit den Namen der Kinder gelegt. Die Aufgabenstellung lautet: »Stimmt der Satz, oder stimmt der Satz nicht?« Anhand der Übersicht zum Befragungsergebnis können die Sätze überprüft werden.

Gern oder nicht gern?
Ziehst du gern eine Jacke **an**?
(Zieht .... gern eine Jacke **an?)**

Name	gern	nicht gern
Mia	X	
Lucas		X
Amira	X	
Momo	X	

Amira	Tom	Momo
zieht	setzt	macht
eine Mütze	eine Jacke	einen Schuh
zu	auf	an
aus	ab	

Was andere machen

Eine Spielvariante bietet eine Tabelle mit einer Übersicht zu den Wochentagen. Zwei Kinder legen zunächst durch Ankreuzen (z. B. fünf Kreuze) fest, welche Tätigkeiten sie an welchen Wochentagen durchführen. Dann befragen sich die beiden Kinder gegenseitig, ähnlich wie im Spiel »Schiffe versenken«: *Kaufst du am Montag ein? Ja oder nein?* Die »Treffer« werden eingerahmt. Das Spiel ist zu Ende, sobald einer als erster alle fünf Treffer erzielt.

Kaufst du am ______________ **ein**? Ja oder nein?
Fährst du am ________________ **weg**? Ja oder nein?

	einkaufen	wegfahren
Montag		
Dienstag		
Mittwoch		
Donnerstag		
Freitag		
Sonnabend		
Sonntag		

Faltblätter-Methode

Ein weiteres differenziertes Übungsangebot, auch für die Arbeit mit einem Partnerkind, kann eine dreispaltige Liste mit Lernwörtern zum (mehrmaligen) Training darstellen (vgl. Neugebauer / Nodari 2012). Die Lehrpersonen wählen auf der Basis von Unterrichtsthemen Wörter und Formulierungen aus, die die Kinder mehr und mehr in ihren produktiven Wortschatz aufnehmen sollen. Diese Wörter und Formulierungen werden in Beispielsätzen eingebettet, die so formuliert werden können, dass ein kurzer zusammenhängender Text entsteht. Die fett markierten Wörter bzw. Formulierungen werden in der dritten Spalte durch Lücken ersetzt. Zum Training wird die dritte Spalte des Faltblatts nach hinten umgeknickt. Die Kinder lesen, sprechen oder hören die vollständigen Sätze immer wieder und versuchen nach und nach, die Sätze in der dritten Spalte aus der Erinnerung zu ergänzen.

Morgens vor Schulbeginn

Wörter und Formulierungen	Beispielsatz	Für das Training (nicht in die Lücken schreiben)
um … Uhr aufstehen	Jeden Morgen **stehe** ich um ___ Uhr **auf**. Am Sonntag **stehe** ich erst um ___ Uhr **auf**.	Jeden Morgen __________ ich um ___ Uhr _____. Am Sonntag __________ ich erst um ___ Uhr _____.
frühstücken Pausenbrot und Obst einpacken	Um ___ Uhr **frühstücke** ich. Ich **packe** in meine Schultasche Pausenbrot und Obst **ein**.	Um ___ Uhr __________ ich. Ich __________ in meine Schultasche Pausenbrot und Obst _____.
von zu Hause losgehen aufpassen	Um ___ Uhr **gehe** ich von zu Hause **los**. Ich **passe** gut **auf**, wenn ich über die Straße **gehe**.	Um ___ Uhr __________ ich von zu Hause _____. Ich __________ gut _____, wenn ich über die Straße __________.
in der Schule ankommen	Um ___ Uhr **komme** ich in der Schule **an**.	Um ___ Uhr __________ ich in der Schule _____.

Faltblätter dieser Art können zu den unterschiedlichsten Themen nach und nach erstellt, ggf. auch laminiert werden, und z. B. in einem täglichen Fünfminutentraining wesentlich zur Erweiterung des produktiven Wortschatzes und zum Einüben von Sprachmustern beitragen. Auch hier entscheiden Sprach- und Leseerfahrungen der Kinder über Inhalt und Umfang des Faltblattes.

23 Förderidee: Mit Texten produktiv umgehen – eigene Texte generieren

Ein gezielter Input mithilfe sprachlicher Handlungen, Texte oder Übungen sollte für alle Kinder attraktiv und verständlich sein. Gute Texte der Kinderliteratur bieten die Möglichkeit, komplexe Sachverhalte in einfacher und zugleich ästhetisch attraktiver Weise zu vermitteln. Viele Gedichte bieten ein Angebot, das sprachliches Lernen sowohl in Bezug auf das Textsortenwissen als auch in Bezug auf den Erwerb grammatischer Formen unterstützt. Das generative Schreiben kann eines der Grundprinzipien für den Deutschunterricht in sprachlich heterogenen Klassen darstellen (vgl. Belke 2007), das, nach Belke, eine implizite Sprachförderung der Kinder mit Deutsch als Zweitsprache im Rahmen des Deutschunterrichts ermöglicht, ohne die muttersprachlich deutschen Kinder zu vernachlässigen.

Beim generativen Schreiben produzieren Kinder eigene Texte auf der Basis vorgegebener Textmuster. Der Basistext, oftmals ein lyrischer Text, wird durch das Austauschen einzelner Elemente so variiert, dass neue Texte entstehen. Dabei wird der Wortschatz erweitert und grammatische Strukturen werden gefestigt. Das generative Schreiben, d. h. die Möglichkeit, richtige Texte schreiben zu können, trägt dazu bei, Fossilierungen zu vermeiden oder aufzubrechen und den bewussten, normorientierten Umgang mit der Schriftsprache zu fördern. Gerlind Belke hat in ihrer Veröffentlichung Texte als attraktive Textvorlage zum generativen Schreiben ausgewählt, u. a. »Ein arbeitsreicher Tag« von Hans Manz. In diesem Gedicht wird ein ganz normaler Tagesablauf mit Verben im Partizip Perfekt zusammengefasst. Mit den Kindern kann der Text umformuliert werden, als Tagesablauf im Präsens oder in der Aufzählung der Tätigkeiten im Infinitiv. Fragen wie: Was unterscheidet die beiden Texte? Was ist ähnlich? Wie ist der eigene Tagesablauf? können thematisiert werden. Die Kinder können nach dem Muster des Textes von Hans Manz ihren eigenen Text schreiben (vgl. Belke 2007):

Ein arbeitsreicher Tag

Gespielt.
Der Mutter **geholfen**.
Nachgedacht.
Gespielt.
Der Mutter viel **erzählt**.
Dem Vater Fragen **gestellt**.
Mit der Schwester **gezankt**.
Herumgetollt.
Den nächsten Tag **geplant**.

Wörtersammlung zum Schreiben des eigenen Textes

aufgestanden, aufgewacht, aus dem Bett gesprungen, …
in die Schule gegangen, zum Bus gerannt, …
Spaß gehabt, Geschichten geschrieben,
in Mathe geschwitzt, mich gelangweilt, …
Fußball gespielt, haushoch gewonnen, …
zu spät nach Hause gekommen, Ärger gekriegt, …
Hausaufgaben gemacht, Malfolgen geübt, …
mit meinem Bruder gespielt, Zimmer aufgeräumt, …
spät eingeschlafen, von Noten geträumt, …

Folgende Abfolge wird für das generative Schreiben von Texten vorgeschlagen:

- Vorstellen des Originaltextes;
- wiederholtes Sprechen, Lesen, ggf. Auswendiglernen;
- gemeinsames Wörtersammeln (Substitution);
- Wörter einsetzen, weitere Veränderungen suchen und einsetzen;
- Schreiben eines eigenen Textes;
- Präsentieren der Texte.

Auf der Suche nach Potenzialen in Texten entdeckt man in vielen Gedichtsammlungen Texte, die für das generative Schreiben genutzt werden können. Im Text von Wolfgang Buschmann (aus: »Wo kommen die Worte her«) kann mit den Kindern nicht nur das trennbare Verb *ausziehen* entdeckt werden. Die Anordnung des Schriftbildes, Zeilensprung, Reim und Wiederholung von ähnlichen Verszeilen lassen das Gedicht als lyrischen Text besonders wirken.

> Wolfgang Buschmann
>
> Steht
> ein großer
> Bär vorm
> Haus.
> Zieht den ersten **Mantel aus.**
> Zieht den zweiten **Mantel aus.**
> Zieht den dritten **Mantel aus.**
> Zieht den vierten **Mantel aus.**
> Zieht den fünften **Mantel aus.**
> Zieht den sechsten **Mantel aus.**
> Zieht den siebten **Mantel aus.**
> Zieht den neunten **Mantel**
> **aus.** Zieht den ersten **Mantel**
> **aus.** Zieht den elften **Mantel aus.**
> Zieht den zwölften **Mantel aus.**
> Zieht den dreizehnten **Mantel aus.**
> Zieht den vierzehnten **Mantel aus.**
> Zieht den fünf-
> zehnten **Mantel**
> **aus.** – Wer kommt raus?
> Nein, nicht eine Maus, fünfzehn Mäuse.
>
> Aus: Hans-Joachim Gelberg (Hg.):
> Wo kommen die Worte her?
> Beltz & Gelberg 2011, S. 38

Was könnte im Text ersetzt werden?

- Wer steht vor dem Haus? Ein Elefant? Ein Riese? etc.
- Kann das Verb ersetzt werden? Er zieht etwas an, nicht aus – Wer kommt an, nicht wer kommt raus? Er wirft etwas rein, holt etwas raus, gießt etwas aus etc.
- Welche Kleidungsstücke, wie viele?
  - die erste Jacke, … die zehnte Jacke, … das erste Mäntelchen, … den ersten Schafspelz etc.
  - die grüne Hose, die blaue Hose, die lila Hose etc.
  - die karierte Jacke, die gestreifte Jacke / die Jacke mit Streifen, die gepunktete Jacke / die Jacke mit Punkten etc.

Werden abschließend die verschiedenen Texte präsentiert, bekommen die Kinder durch die Wiederholung und die sprachliche Variation der Texte sprachliche Strukturen (Deklinationen, Konjugationen, Satzmuster) ins Ohr und prägen sich neue Wörter, auch trennbare Verben, ein.

Susanne Spies

Einsatz der Modalverben üben

»Mögen hätt ich schon wollen, aber dürfen hab ich mich nicht getraut.« Bereits anhand dieses bekannten Zitats von Karl Valentin wird die Verwendung der Modalverben deutlich. Sie werden im Deutschen einerseits zur Formulierung von Wünschen und Geboten sowie andererseits von Verboten, Zwängen und Notwendigkeiten verwendet und häufig auch mit dem Begriff der »modalen Hilfsverben« beschrieben. »Mit einem modalisierten Satz macht der Sprecher keine unmittelbare Aussage über die Wirklichkeit, sondern stellt einen Sachverhalt als notwendig oder möglich hin relativ zu einem bestimmten Redehintergrund […] – bestimmten Normen, Wünschen, Wissensbeständen, faktischen Umständen etc.« (Dudenredaktion 2009[8], S. 556).

Zu den Modalverben zählen *müssen, sollen, wollen, mögen, dürfen* und *können.* Sie verbinden sich in Modalsätzen jeweils »mit dem Infinitiv […] eines Vollverbs zu einem Modalverbkomplex« (a. a. O.). Dabei wird jeweils das Modalverb konjugiert und zeigt somit die handelnde Person an. Das Vollverb im Infinitiv steht am Satzende.

Gemäß der Dudenredaktion (vgl. a. a. O., S. 557) lassen sich die Modalverben in Bezug auf ihre Bedeutung und Verwendung nach drei Aspekten genauer beschreiben und unterscheiden:

- modale Stärke,
- (nicht) epistemisch,
- extrasubjektiv / intrasubjektiv.

Mit dem Begriff der **modalen Stärke** wird auf die unterschiedlichen Bedeutungen der Modalverben eingegangen, deren Bandbreite sich – wie anfangs genannt – von Möglichkeiten bis hin zu Zwängen erstreckt.

Hinter dem Begriffspaar **epistemisch – nicht epistemisch** verbirgt sich die Unterscheidung, ob eine Aussage »auf das Wissen des Sprechers bezogen« (a. a. O.) oder vielmehr auf bestimmte Normen oder Fakten bezogen ist. Die folgende Gegenüberstellung der beiden Beispiele soll diesen Gesichtspunkt verdeutlichen:

- *Es muss heute Nacht stark geregnet haben.* (Im Sinne einer Vermutung des Sprechers);
- *Man muss seine Schuhe an der Tür ausziehen.* (Im Sinne einer gängigen Verhaltensnorm).

Der dritte Aspekt behandelt sozusagen den Auslöser der Möglichkeit, des Zwangs oder auch des Wunsches. Während bei den Modalverben *sollen* und *dürfen* deutlich wird, dass dem Handelnden diese Pflichten bzw. Möglichkeiten quasi von außen vorgegeben sind (**extrasubjektiv**), geht der Wunsch bei einer Formulierung mit *wollen* immer von dem handelnden Subjekt aus (**intrasubjektiv**).

Neben den sechs bereits genannten Verben wird auch *brauchen* der Gruppe der Modalverben zugeordnet, da die verneinte Form in seiner Bedeutung etwa dem *nicht müssen* entspricht. Dieser Aspekt wird jedoch in den anschließenden Förderideen vernachlässigt. Ebenso konzentrieren sich die folgenden Übungsformen auf die zuvor beschriebene »charakteristische infinitregierende Funktion« (z. B. *Ich kann singen*) und nicht auf die ebenfalls mögliche Verwendung der Modalverben als Vollverben (z. B. *Ich mag keine Pizza*).

Die Schwierigkeit dieses Grammatikthemas liegt vor allem für Kinder mit Deutsch als Zweitsprache in der Komplexität der Sätze. Aufgrund der Verbklammer – bestehend aus dem konjugierten Modalverb und dem dazugehörigen Infinitiv des Vollverbs – wird die bisher bekannte Wortstellung im Hauptsatz verändert. Zudem führen Ergänzungen wie beispielsweise Orts- und Zeitangaben dazu, dass sich das Modalverb im Satz immer weiter vom dazugehörigen Vollverb entfernt. Für die Kinder ist dann häufig der Modalverbkomplex nicht mehr als solcher zu erkennen. Das kann zu Verständnisschwierigkeiten führen.

24 Förderidee: Würfelspiel zur Satzbildung

Dieses Übungsformat bietet sich vor allem zu Beginn der Sequenz an. In spielerischer Form sollen einfache Sätze mit Modalverben gebildet werden, um die Satzmuster zu automatisieren.

→ Kopiervorlagen → 24.1 Würfelspiel

Variante 1: Es wird der Anleitung entsprechend gewürfelt. Im Anschluss daran werden ein oder zwei bejahte bzw. verneinte Sätze gebildet. Die Verwendung der Person (*ich, du, er/sie, wir, ihr, sie*) sowie des Modalverbs (*können, dürfen, wollen, mögen, müssen, sollen*) wird dabei durch jeweils einen Würfel festgelegt. Die Aktion, die im Infinitiv steht, wird in Form einer Bildkarte aus einem Säckchen gezogen.

Zur Steigerung des Schwierigkeitsgrades können ferner Karten mit Zeitangaben (*am Vormittag, morgens* etc.) hinzugegeben werden, die ebenfalls aus einem Säckchen gezogen werden, wenn der Spieler an der Reihe ist. Je nach Position der Zeitangabe verändert sich die bisherige Wortstellung oder wird lediglich ergänzt:

- Zeitangabe am Satzanfang: Veränderung der bisherigen Wortstellung (z. B. *Am Nachmittag darf er spielen*);
- Zeitangabe nach dem Modalverb: Die bisherige Wortstellung des Modalsatzes bleibt bestehen. Der Satz wird lediglich um ein Satzglied ergänzt (z. B. *Er darf am Nachmittag spielen*).

Die Kinder werden so an einen flexibleren Umgang mit den gelernten Satzmustern herangeführt.

Während des Spiels kontrollieren sich die Kinder gegenseitig. Aus diesem Grund ist es sinnvoll, auf eine sprachlich heterogene Zusammensetzung der Spieler zu achten. Denkbar wären in diesem Zusammenhang auch Zweierteams, wobei dabei die Gefahr besteht, dass ein Spieler dominiert und somit dem Partner die gewünschte Übungsmöglichkeit genommen wird. Die Spieleranzahl sollte insgesamt auf vier begrenzt werden, damit alle oft genug an die Reihe kommen. Denkbar ist der Einsatz des Spiels sowohl in Freiarbeitsphasen als auch im Rahmen des Wochenplans sowie in gezielten Sprachförderstunden.

Variante 2: Eine Variationsmöglichkeit des Materials, die von den Kindern jedoch mehr Vorkenntnisse verlangt und weitaus freier gestaltet ist, sieht folgendermaßen aus:

Es kommen weiterhin die beiden Würfel zum Einsatz, die die handelnde Person und das Modalverb vorgeben. Diesmal wird jedoch aus dem Säckchen kein Verb, sondern ein Thema (Im Klassenzimmer, Im Urlaub, Auf dem Bauernhof etc.) gezogen.

Gespielt wird entweder einzeln oder in Zweierteams gegeneinander, abwechselnd wird mit beiden Würfeln gewürfelt und eine Themenkarte gezogen. Während eine Sanduhr durchläuft, haben beide Spieler / Teams Zeit, so viele Modalsätze wie möglich mit den vorgegebenen Variablen (Person, Modalverb, Thema) auf einem Blatt zu notieren.

Beispiel: *dürfen – er – Im Urlaub* → *Er darf viel Eis essen. Er darf lange ausschlafen. Er darf verreisen. Er darf seine Familie besuchen* usw.

Sollte den Kindern das freie Formulieren zu den Themen Schwierigkeiten bereiten, können als Hilfe vor allem zu Beginn thematisch passende Wimmelbilder eingesetzt werden.

Wenn die Zeit abgelaufen ist, schreiben beide Spieler / Teams den jeweils angefangenen Satz zu Ende. Nacheinander werden die gefundenen Sätze vorgelesen. Für jeden richtig gebildeten Satz erhält der Spieler / das Team einen Glasstein o. Ä. Falsche Sätze werden von allen Spielern gemeinsam korrigiert. Der Verfasser notiert dabei die richtige Formulierung auf seinem Notizblatt.

Die Dauer des Spiels kann durch eine Zeitspanne oder durch die Anzahl der Themenkarten und somit der Spielrunden vorgegeben werden. Des Weiteren kann man auch die Dauer der einzelnen Spielrunden durch die Verwendung entsprechender Sanduhren verlängern bzw. verkürzen.

Nach Abschluss des Spiels werden die notierten Sätze bei der Lehrperson abgegeben und können so Einblick in den bisherigen Lernstand geben (Anzahl der gefundenen Sätze pro Runde, Abwechslung hinsichtlich des verwendeten Wortschatzes, Variationen in Bezug auf die Satzstellung/Anzahl der Satzglieder etc.). Aufgrund der erneuten gegenseitigen Korrektur gelten auch hier die bereits gemachten Empfehlungen zur Spielerzusammensetzung.

25 Förderidee: Verhaltensregeln mit Modalverben schreiben – Verhalten am Wasser

Die folgende Förderidee zeichnet sich durch einen engen Bezug zur Lebenswelt der Kinder aus. Im Rahmen der schulisch vorgegebenen Belehrungen werden die Kinder unter anderem auch über angemessenes Verhalten am Wasser aufgeklärt. Dazu zählen neben den Baderegeln im Sommer auch das Verhalten auf dem Eis im Winter.

Grundlage der Fördermaterialien sind die Bilder der Versicherungskammer Bayern, die für Schulen in Zusammenarbeit mit der Deutschen Lebens-Rettungs-Gesellschaft e.V. und weiteren Partnern mehrere Broschüren, Poster und anderes Informationsmaterial zu den genannten Themen zur Verfügung stellt.

Regelkarten

Die Kinder erhalten jeweils eine oder mehrere Regelkarten. Diese bestehen aus einem Bild und mehreren Leerzeilen. Nach vorausgegangener Besprechung der Modalsätze können die Kinder das Gelernte produktiv umsetzen, indem sie sich zum jeweiligen Bild Gedanken machen und einen entsprechenden Regelsatz formulieren. Vorgabe dabei ist

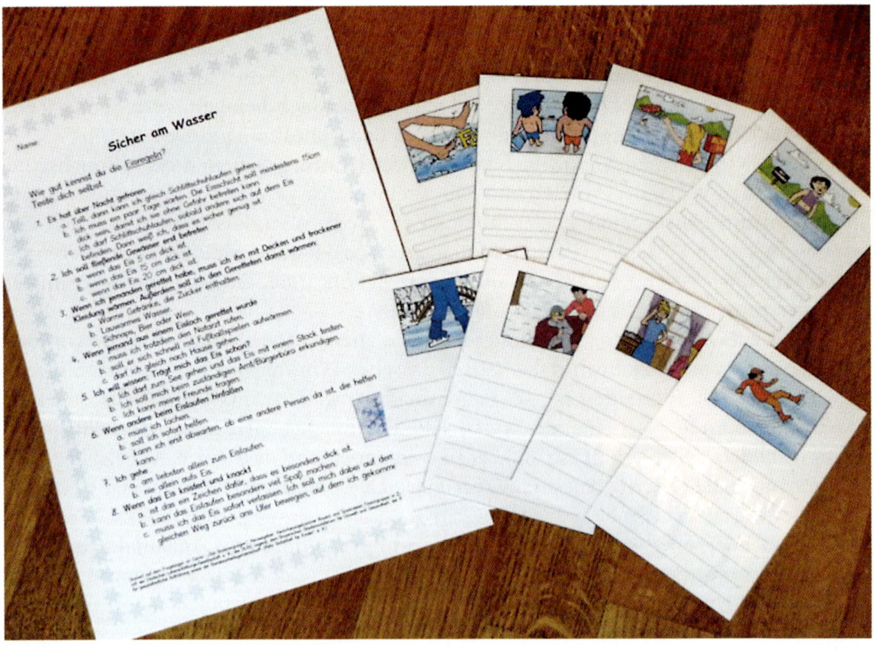

der Einsatz von Modalverben, d.h. Formulierungen im Imperativ sollen in diesem Fall vermieden werden. Als Formulierungshilfe können die Modalverben anfangs genannt und deren Verwendung mit einem Beispielsatz wieder ins Gedächtnis gerufen werden. Anschließend werden die Regeln zusammengetragen und besprochen, sofern dies nicht bereits im Vorfeld geschehen ist. Bei dieser Aufgabenstellung benötigen die Kinder bereits Vorwissen zum Thema Modalverben. Die entsprechende Verwendung und Bedeutung muss bekannt sein, da nur wenige Hilfestellungen beim Formulieren gegeben werden.

Fragebögen

Als Sicherung des Besprochenen, aber auch im Vorfeld der Regelformulierung können zudem die auf CD bereitgestellten Fragebögen verwendet werden. Diese basieren ebenfalls auf den Veröffentlichungen der Versicherungskammer Bayern. Sie wurden jedoch im Hinblick auf den Förderbereich sprachlich verändert.

→ Kopiervorlagen → 25.1 Wasserregeln
→ 25.2 Eisregeln

In Form von acht bzw. neun Multiple-Choice-Fragen wird das richtige Verhalten am Wasser bzw. auf dem Eis geprüft. Neben dem inhaltlichen Aspekt bieten sich aufgrund der gehäuften Verwendung von Modalverben zusätzlich auch reine Sprachübungen an, die den alltäglichen Gebrauch der Modalverben vor Augen führen. Die Kinder werden beispielsweise aufgefordert, alle Modalverben mit der entsprechenden Person farbig zu unterstreichen. Mit einer weiteren Farbe werden die dazugehörigen Infinitive markiert. Diese rezeptive Übung stellt ferner ein Gegenstück zum selbstständigen Formulieren dar.

Die Regelvermittlung bietet die Möglichkeit zur aktiven Mitarbeit anstelle reiner Belehrung und eignet sich beispielsweise als Vorbereitung für Schullandheimaufenthalte sowie für Ausflüge an den See, ins Schwimmbad oder zum Eislaufen. Bei Interesse kann das Thema Modalverben an ähnlich praxisorientierten Aufgabenstellungen zum Schwimmabzeichen oder im Rahmen der Verkehrserziehung weiter vertieft werden.

26 Förderidee: Klassenregeln aufstellen

Die Thematisierung der Modalverben im Zusammenhang mit den Klassenregeln bietet sich vor allem zu Schuljahresbeginn an, eignet sich jedoch auch während des Schuljahres, um bisheriges Verhalten in der Klasse in Bezug auf die Einhaltung bestehender Regeln zu reflektieren. Sie beinhaltet sowohl rein rezeptive als auch produktive Elemente. Die Relevanz des Themas für das gemeinsame Lernen sowie das soziale Miteinander soll zur Bearbeitung motivieren.

Mithilfe eines Fragebogens werden die Kinder zunächst dazu aufgefordert, sich über die aktuelle Klassensituation Gedanken zu machen. Dabei wird der Fokus auf die eigenen Wünsche gesetzt: Wie soll der Unterricht / das Miteinander in der Klasse aussehen, damit ich mich wohlfühle und gut lernen kann? Als Hilfe dienen mehrere Satzanfänge mit Modalverben, die jedoch nicht zwingend verwendet werden müssen. Die Kinder notieren ihre Vorstellungen beispielsweise folgendermaßen:

- *Ich will / Ich möchte in Ruhe lernen.*
- *Ich will einen Unterrichtstag ohne Streit.*

- *Es soll niemand geärgert werden.*
- *Es darf niemand dem anderen etwas wegnehmen.*
- *Ich will/möchte nicht von anderen geärgert werden.*

→ Kopiervorlagen → 26.1 Klassenregeln

Im Anschluss werden – ausgehend von den Bedürfnissen des Einzelnen – in Kleingruppen Regeln aufgestellt, die danach der Klasse vorgestellt, gesammelt, evtl. zusammengefasst oder reduziert werden. Zur Regelerstellung erhalten die Kinder die nachfolgenden Vorgaben (vgl. Kowalczyk/Deister 2009, S. 69). Die Formulierung dieser Vorgaben in Form von Modalsätzen wurde dabei bewusst gewählt:

1. Die Regeln sollen möglichst kurz sein.
2. Jeder muss verstehen, was gemeint ist.
3. Die Regeln sollen positiv beschrieben werden: Was soll man tun?
   Und nicht: Was darf man nicht tun?
   (Verdeutlichung von Gebot und Verbot anhand weniger Worte)
4. Es darf nur eine überschaubare Anzahl an Regeln geben,
   damit es übersichtlich bleibt.
5. Was muss derjenige tun, der eine Regel verletzt hat?

Die Kinder werden im Gegensatz zur Reflexionsphase nicht gezielt dazu aufgefordert, die Regeln in Form von Modalsätzen zu notieren. Eine Formulierung dieser Art würde in den meisten Fällen erzwungen wirken und nicht den sprachlichen Gewohnheiten in Bezug auf Regelformulierungen entsprechen. Vielmehr wird hier Wert auf die positive Regelformulierung gelegt (vgl. dritte Vorgabe).

Nazli Hodaie / Anne Steiner

Sachtexte erschließen

Sachtexte spielen nicht nur im Sachunterricht der Grundschule eine Rolle. Diese unterscheiden sich erheblich von mündlicher Alltagssprache, bezogen auf Lexik, Syntax und Textkohärenz. Das Lesen als sinnkonstruierende Tätigkeit erfordert die Strukturierung und Einordnung der in einem Text enthaltenen Informationen. Um diesen Prozess zu unterstützen, ist es hilfreich, mit Kindern solche Lesestrategien einzuüben, die ihnen helfen, ein mentales Modell des jeweiligen Textes zu konstruieren. Durch vielfältige Umformungsübungen, in denen Informationen aus Sachtexten grafisch dargestellt, Einzelinformationen zu zusammenhängenden Texten verknüpft oder Nomen durch Pronomen ersetzt werden müssen, können diese Lesestrategien erlernt und so die kompetente Rezeption und Produktion von Sachtexten trainiert werden.

27 Förderidee: Arbeit am Text – Textverknüpfungsmittel zuordnen

Vorgegebener Text: Im Mittelpunkt der Förderidee stehen Textverknüpfungsmittel und ihre Bedeutung für das Textverständnis. Die Lehrperson stellt den Kindern zum jeweiligen Unterrichtsthema einen Sachtext in nachfolgender Form zur Verfügung. Die Aufgabe besteht darin, die rechte Spalte der Tabelle auszufüllen (vgl. hierzu Benholz / Iordanidou 2004, S. 14).

Trage in die rechte Spalte ein, wofür die eingekreisten Worte stehen!
Beispiele: sie → *Pottwale*
daraus → *aus Ambra*

Pottwale ziehen fast lautlos	
in kleinen Gruppen durchs Wasser.	
Am liebsten verspeisen sie Tintenfische.	→ *die Pottwale*
Die Pottwale orten sie	→ *die Tintenfische*
von der Wasseroberfläche aus	
in 1000 Metern Tiefe.	
Dann tauchen sie hinunter.	
Wenn ihnen schlecht wird,	
müssen sie sich übergeben.	
Das Erbrochene heißt Ambra	
und ist sehr wertvoll.	
Weil es gut riecht,	
kann man daraus teures Parfüm machen.	

(Text nach: Süddeutsche Zeitung für Kinder, Ausgabe Nr. 13, März 2013, S. 17)

Zur Differenzierung ist es möglich, die Kinder im vorgegebenen Text diejenigen Wörter suchen (und markieren) zu lassen, durch die die Bezüge zwischen den einzelnen Sätzen hergestellt werden.

In einem nächsten Schritt wird derselbe Text, diesmal allerdings ohne Textverknüpfungsmittel, zur Verfügung gestellt. Durch den Einsatz von Pronomina, Konjunktionen, Adverbien etc. sind die Kinder nun aufgefordert, aus einzelnen Sätzen einen zusammenhängenden Text zu entwickeln (vgl. hierzu Benholz / Iordanidou 2004, S. 14).

Im folgenden Text wiederholen sich manche Wörter. Ersetze sie durch die folgenden Wörter: ihnen, sie, daraus, es. **Der Text wird dadurch kürzer.**	
Pottwale ziehen fast lautlos in kleinen Gruppen durchs Wasser. Am liebsten verspeisen Pottwale Tintenfische. Die Pottwale orten die Tintenfische von der Wasseroberfläche aus in 1000 Metern Tiefe. Dann tauchen die Pottwale hinunter. Wenn den Pottwalen schlecht wird, müssen sich die Pottwale übergeben. Das Erbrochene heißt Ambra und ist sehr wertvoll. Weil Ambra gut riecht, kann man aus Ambra teures Parfüm machen.	Pottwale ziehen fast lautlos in kleinen Gruppen durchs Wasser. Am liebsten verspeisen sie Tintenfische …

(nach: Süddeutsche Zeitung für Kinder, Ausgabe Nr. 13, März 2013, S. 17)

Zur Variation können auch weitere Textverknüpfungsmittel aufgezählt werden, aus denen nur die passenden ausgewählt werden sollen. Die Förderidee kann gut in Partner- bzw. Gruppenarbeit durchgeführt werden. [4)]

28 Förderidee: Informationen entnehmen und darstellen – Textmuster

Sachtexte differieren, so Rosebrock / Nix, »im Blick auf ihre Rhetorik erheblich stärker untereinander, als das narrative Texte tun« (Rosebrock / Nix 2008, S. 83). Sachtexte

- »beschreiben einen zentralen Lerngegenstand gleichsam von allen Seiten,
- oder sie folgen der Organisation einer ›mind map‹ mit einem zentralen Gegenstand, dessen verschiedene Nachbarschaften entfaltet werden,
- oder sie entwickeln eine logische oder zeitliche Abfolge, in der eines auf dem anderen basiert,
- oder sie entfalten eine Gegenüberstellung nach dem Muster ›Kontrast – Vergleich‹,
- oder sie folgen den Schemata »Problem – Lösung(en)« (ebd.).

Diese Vielfalt der Textorganisationsformen stellt Kinder vor einige Herausforderungen. Die Förderidee hat daher die Vermittlung von Textsortenwissen und den Nachvollzug

4) Für leistungsstärkere Schülerinnen und Schüler könnte die Aufgabenstellung abstrakter formuliert werden:
Formuliere aus den Einzelsätzen in der linken Spalte einen zusammenhängenden Text in der rechten Spalte! Verwende Textverknüpfungsmittel (Pronomen, Konjunktionen, Adverbien) und vermeide Wiederholungen! Der Text muss insgesamt kürzer werden.

der Textstruktur bei Sachtexten zum Ziel. Im Grundschulunterricht werden vor allem die folgenden Textmuster verwendet:

Listen bzw. Aufzählungen

Die Anzahl der im Text vorkommenden Informationen wird durch die entsprechende Anzahl der Aufzählungszeichen in der vorgegebenen Liste repräsentiert. Dies dient den Kindern als Orientierung im Text.

> **Wovon sich Biber ernähren**
>
> ☑ ______________________________
>
> ☑ ______________________________
>
> ☑ ______________________________
>
> ☑ ______________________________
>
> Du kannst dem Text vier Informationen dazu entnehmen.

Netze

Komplexer ist das folgende Beispiel, bei dem aus einem Text (Fischotter) die entsprechenden Leerkästen in der Grafik gefüllt werden sollen:

> Fischotter gehören zu den vom Aussterben bedrohten Tierarten.
> Sie sind ganz an das Leben im Wasser angepasst.
> Sie benötigen saubere, fischreiche Gewässer mit überhängenden,
> dicht bewachsenen Uferböschungen, in die sie ihre Baue graben können.
> Fischotter sind ausgezeichnete Schwimmer.
> Ihre Beute fangen sie fast ausschließlich im Wasser.
> Fischotter ernähren sich von Fischen, Würmern, Schnecken, Wasservögeln und kleinen Säugetieren.
> Viele Jahre lang wurden Fischotter gejagt, weil man ihr dichtes Fell haben wollte und sie für Fischrauber hielt.
>
> (zit. n. Rösch 2007, KV 19)

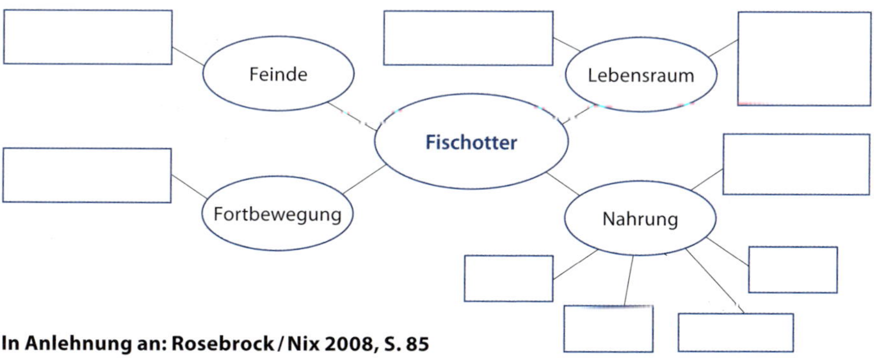

In Anlehnung an: Rosebrock / Nix 2008, S. 85

Mit der gleichen Netzgrafik können weitere Sachtexte nicht nur über Tiere bearbeitet werden.

Sequenzen bzw. Folgen

In einem Sachtext oder einer Zeichnung wird eine Abfolge dargestellt. Die Kinder erkennen sie und stellen sie durch Nummerierung, in Stichwörtern, in Sätzen oder grafisch dar. Siehe hierzu das Beispiel: »Vom Laich zum Frosch«.

→ Kopiervorlagen → 28.1 Folge vom Laich zum Frosch

Matrizen bzw. Vergleiche

Zwei verschiedene Sachverhalte, die in einem Text dargestellt sind, werden miteinander verglichen und nach einem Schema herausgelesen und gegenübergestellt. Siehe das Beispiel: »Was Kaninchen und Feldhase unterscheidet«.

→ Kopiervorlagen → 28.2 Text Kaninchen und Feldhase
→ 28.3 Vergleich

Die Textmuster werden in der Regel im Unterrichtsgespräch erarbeitet und können anschließend in Gruppen- oder Partnerarbeit auch selbst erstellt werden. Umgekehrt können sie dann genutzt werden, um ähnliche Texte selber zu schreiben.

Nazli Hodaie und Anne Steiner

Nebensätze bilden

Die Syntax des Deutschen folgt in der Schriftsprache eindeutigen Regeln, die ohne Ausnahme gelten und daher im Grunde genommen einfach zu erlernen sind: Im Hauptsatz steht das Verb bei Aussagesätzen an zweiter Stelle, im Nebensatz immer an letzter, während die anderen Satzglieder frei im Satz umgestellt werden können. Im Frage- und im Aufforderungssatz dagegen steht das Verb an erster Stelle.

Diese Regeln werden jedoch in der mündlichen Alltagskommunikation oft nicht eingehalten – und müssen es auch nicht, weil Information hier auch über Gestik, Mimik, Prosodie weitergegeben werden kann: Ein syntaktisch nicht korrekt gebildeter Satz wie »Gib, weil das ist meins!« kann in mündlicher Kommunikation meist sofort entschlüsselt werden, weil der Sprecher seinen Blick auf den gewünschten Gegenstand richtet, während er die Aufforderung äußert, oder seinen Wunsch durch eine Zeigegeste unterstreicht, die den Blick des Hörers ebenfalls auf den Gegenstand richtet und ihn so erkennen lässt, was der Gesprächspartner von ihm möchte.

Da mündliche Kommunikation konkret-situativ eingebettet ist, sind Inhalte über den Kontext leicht erschließbar und bedürfen daher der grammatisch korrekten Markierung nicht zwingend. Grundschulkinder, die bis dahin nur selten mit Schriftsprache in Berührung gekommen sind, haben daher oft Schwierigkeiten, komplexe Satzgefüge grammatikalisch korrekt zu bilden, und zeigen syntaktische Unsicherheiten beim Lesen und Verfassen schriftlicher Fachtexte.

Die in fast allen Unterrichtsfächern eingesetzten Fachtexte sind durchwegs konzeptionell schriftlich gehalten, d.h., sie verdichten und bündeln Informationen, weisen eine elaborierte Lexik und Syntax auf, abstrahieren dabei häufig und beziehen sich oft nicht auf konkrete lebensweltliche Situationen (s. hierzu ausführlich Kuchenreuther 2012, S. 182–207, auch: CD → Fachtexte → Bedingungen des Textverstehens – Stolpersteine und Fördermöglichkeiten).

Damit SchülerInnen solche Fachtexte verstehen und zunehmend auch selbst mündlich und schriftlich produzieren können, müssen sie komplexe Satzstrukturen entschlüsseln können. Dafür wiederum bedürfen sie des (meta-)sprachlichen Wissens um die Satzbauregeln des Deutschen, wozu z.B. auch ein Wissen um die vielschichtige Semantik von Konjunktionen gehört. Dieses können sie vor allem dann entwickeln, wenn sie im Mündlichen und im Schriftlichen anspruchsvolle, dabei aber lebensweltlich angebundene Aufgaben erhalten, wie beispielsweise das Erklären von Spielregeln, die die Bildung hypotaktischer Sätze sinnfällig erfordern.

29 Förderidee: Begründungssätze verwenden – Meinungssätze und Podiumsdiskussion

Zu vielen Alltags- und Unterrichtsthemen können Kinder ihre Meinung äußern und begründen, z. B.: *Sollen Jungen und Mädchen gemeinsam Fußball spielen? Sollen Kinder selber bestimmen, wo sie in der Klasse sitzen? Wohin machen wir unseren Ausflug – zum Zoo, in den Wald oder auf den Bauernhof? Sollen wilde Tiere im Zoo gehalten werden? Möchte ich gerne in der Ritterzeit leben?*

Die Kinder äußern ihre Meinungen und versuchen sie zu begründen. Dies kann zuerst in freier Rede geschehen. Dann werden für einen Meinungssatz Satzmuster vorgegeben: *Ich bin für …, weil … / Ich bin gegen …, weil … / Ich finde, dass … / Ich glaube, dass …* Die Kinder können dann allein oder mit dem Partner ihre Meinungen mit *weil*- oder *dass*-Nebensätzen aufschreiben. Die Meinungssätze werden nach Pro und Contra, möglicherweise auch nach »unentschieden« gemeinsam sortiert.

Podiumsdiskussion

Nach solchen Übungen kann auch eine Podiumsdiskussion vorbereitet und durchgeführt werden.

Da Argumente und Begründungen oft hypotaktische Strukturen aufweisen, ist eine Podiumsdiskussion zur Übung eben dieser syntaktischen Strukturen besonders geeignet. Das Thema der Podiumsdiskussion soll der Lebenswelt der Kinder entstammen und sie interessieren. Als Beispiel hierfür mag das Thema dienen: »Sollen wir eine eigene Klassenbücherei einrichten?« Zum Einstieg und als Vorbereitung auf die Podiumsdiskussion bietet sich eine Mind-Map zum Thema an. Die Lehrperson sammelt in Form von Pro- und Contra-Argumenten Meinungen an der Tafel und führt währenddessen neues, relevantes Vokabular und entsprechende syntaktische Mittel ein. Am Ende dieser Phase sollte ein Tafelbild entstehen, das wie folgt aussehen könnte:

JA		NEIN
	Eine eigene Klassenbücherei: ja oder nein?	

- Ich bin für eine Klassenbücherei, weil …
- Ich finde deine Idee besonders gut, weil …
- Ich bin nicht deiner Meinung, weil …
- Ich meine dazu, dass …
- Eine Klassenbücherei finde ich nicht schlecht, trotzdem denke ich, dass …
- …

In einem nächsten Schritt werden die Kinder in eine Ja- und eine Nein-Gruppe geteilt. Jede Gruppe sammelt intensiv Argumente für die Verteidigung der eigenen Meinung und hält sie schriftlich fest. Anschließend bestimmt jede Gruppe einige Kinder, die die Gruppenmeinung in der Podiumsdiskussion vertreten sollen. Die Moderation übernimmt – zumindest in der Anfangsphase – die Lehrperson, damit sich die Kinder auf das

Argumentieren und damit die Bildung und den Gebrauch hypotaktischer Sätze auch im Mündlichen konzentrieren können.

30 Förderidee: Relativsätze verwenden – Berufe beschreiben

Die Förderidee stellt Relativpronomen in den Mittelpunkt, weil diese in hypotaktischen Satzverknüpfungen zu Verständnisschwierigkeiten führen können, wenn es nicht gelingt, das zugehörige Bezugsnomen zu erkennen. Die Übung kann in Partner- oder Gruppenarbeit bzw. im Plenum durchgeführt werden.

Benötigt werden hierfür Wort-Bild-Karten, auf denen Berufe abgebildet sind. Entsprechende Bilder können aus Zeitschriften ausgeschnitten oder aus dem Internet, insbesondere von Kinderseiten, heruntergeladen werden (auf Copyright achten!). Die Kinder beteiligen sich an der Sammlung von entsprechenden Fotos oder Zeichnungen. Mit den Abbildungen werden Bild-Wort-Karten hergestellt. Darauf befinden sich Illustration und Berufsbezeichnung der abgebildeten Person mit Artikel, gegebenenfalls auch die Pluralform.

Die Kinder sprechen zunächst frei darüber, was sie über die abgebildeten Berufe wissen. Die Lehrkraft stellt dann entsprechende Sprachmittel zur Verfügung, wobei die Verbendstellung im Nebensatz besonders betont wird:
Eine Schülerin oder ein Schüler ist jemand, der in die Schule geht.
Eine Ärztin ist eine Frau, die Kranke behandelt.
Entsprechende Sätze werden zu den Bild-Wort-Karten gebildet.

Variante: Die Übung kann auch als Ratespiel durchgeführt werden. Ein Kind beschreibt nach den o. g. Satzmustern den Beruf, der auf der Karte abgebildet ist, ohne dabei jedoch die Berufsbezeichnung zu nennen (*Mein Bild zeigt jemanden, der kranke Tiere behandelt*). Die anderen erraten die Berufsbezeichnung.

Susanne Spies

Fachsprache Mathematik verstehen und anwenden

»›Fachsprache ist, wenn ich etwas kompliziert ausdrücke, was eigentlich ganz klar ist‹ (Schüler, 14 Jahre)« (zit. n. Chlosta / Schäfer 2010, S. 285). Dieses Zitat macht bereits deutlich, dass vielen Schülerinnen und Schülern allgemein nicht bewusst ist, welchen Sinn die Existenz und Verwendung von Fachsprache hat. Zu selten wird Fachsprache selbst zum Unterrichtsthema gemacht und bewusst vermittelt und zu selten wird der engen Verzahnung von sprachlichem und sachlichem Wissen die notwendige Beachtung geschenkt. Entsprechend den Überzeugungen des sozialen Konstruktivismus' ist die sprachliche Auseinandersetzung mit dem Lerngegenstand wesentlicher Bestandteil des Lernens. Wissen wird demnach »nicht nur individuell erworben, sondern in Gemeinschaften ausgehandelt« (Möller 2001, S. 19). Dies muss den Kindern einerseits bewusst gemacht werden, andererseits muss Unterricht somit stets das gemeinsame Herstellen von Wissen beinhalten.

Mischung von Sach- und Sprachproblemen

Diese sprachliche Auseinandersetzung als Basis für den Wissenserwerb stellt besonders Kinder mit Deutsch als Zweitsprache täglich vor die folgende Herausforderung: Einerseits sollen sie sich im Unterricht sprachlich korrekt ausdrücken und andererseits den jeweiligen Sachverhalt richtig darstellen. Dies führt bei Defiziten in einem oder auch beiden Bereichen schnell zu Überforderung und hemmt sowohl den Zuwachs an sprachlicher wie auch an sachlicher Kompetenz. Durch diese Mischung von Sach- und Sprachproblemen ist für die Lehrperson oft nicht mehr klar zu erkennen: Hat das Kind die behandelten Inhalte nicht verstanden, oder hat es vielmehr Schwierigkeiten, diese sprachlich angemessen auszudrücken? Beide Aspekte bedingen sich in der Praxis häufig gegenseitig. Chlosta und Schäfer vertreten ebenfalls die Ansicht, dass »das Problem von mehrsprachigen Schülerinnen und Schülern im Fachunterricht […] oftmals ein sprachliches Problem und nicht primär ein Problem mit den Inhalten und Methoden des unterrichteten Faches [sei]« (Chlosta / Schäfer 2010, S. 280). Neu eingeführte Begriffe werden häufig nicht oder nur unzureichend verstanden und können demnach nicht zur Problemlösung herangezogen werden. Behandelte Vorgehensweisen und Problemlöseverfahren können nur unzureichend nachvollzogen und selbstständig umgesetzt werden. Ferner nehmen wiederum sprachliche Unzulänglichkeiten den Kindern die Möglichkeit, »ihr fachliches Können unter Beweis zu stellen« (a. a. O.).

Daraus lässt sich schlussfolgern, dass eingeführte Fachbegriffe mit der Zeit zwar aus dem Zusammenhang heraus verstanden werden, jedoch oft nicht Teil des aktiven Schülerwortschatzes sind. Es muss demnach gewährleistet sein, dass die Kinder ausreichend Gelegenheiten bekommen, Fachsprache anzuwenden, jedoch darf beim Fokus auf die Fachsprache das vorrangige Bedürfnis sowie die Bereitschaft, sich mitzuteilen, nicht vergessen werden. Die gezielte sprachliche Auseinandersetzung in Verbindung mit Sprach-

und Sachlernen wird in der Praxis unter anderem in Form des Scaffolding-Ansatzes umgesetzt. Basierend auf Vygotskijs Theorie der »Zone der nächsten Entwicklung« tauschen sich Kinder in Forscherkonferenzen über fachliche Inhalte aus. Es findet dabei ein bewusster Übergang von ihrer Alltagssprache hin zur Fachsprache statt. Die Aufgabe der Lehrperson besteht darin, den Kindern je nach Lern- und Sprachstand ein (sprachliches) Gerüst anzubieten, das sukzessive reduziert wird, sobald der Bedarf auf der Schülerseite nicht mehr besteht (vgl. Quehl 2010, S. 28 ff.).

Alltagssprache und Fachwortschatz

Die im Mathematikunterricht verwendete Sprache orientiert sich – wie generell im Fachunterricht – stark an den Inhalten und Methoden des Faches. Dabei vertreten viele Lehrkräfte nach wie vor die Meinung, dass der Mathematikunterricht im Großen und Ganzen relativ sprachfrei und somit für die Schülerinnen und Schüler insgesamt weniger problematisch sei. Hierbei wird vergessen, dass die mündliche und schriftliche Präsentation von Lerninhalten einer Sprachvarietät unterliegt, die sich von der Alltagssprache der Kinder wesentlich unterscheidet. Am augenfälligsten sind dabei Defizite im Fachwortschatz, insbesondere bei expliziten Fachbegriffen. Fachwörtern, die ursprünglich aus dem Alltagswortschatz stammen, werden jedoch – je nach Themenstellung – mitunter neue Bedeutungen zugeschrieben, die wiederum aufgrund deren mangelnder Kenntnis und Geläufigkeit die Kinder irritieren bzw. von ihnen nicht verstanden werden.

Häufig werden gerade Textaufgaben aufgrund ihrer Präsentationsform im Mathematikunterricht als besonders problematisch angesehen. Die Fachsprache und die damit möglicherweise verbundenen Schwierigkeiten sind jedoch Bestandteil aller mathematischen Themenbereiche. Dabei können gerade die zuvor erwähnten Bedeutungsunterschiede der im Fachunterricht verwendeten Alltagsbegriffe zu Stolpersteinen werden. Ein Beispiel hierfür sind unter anderem die geometrischen Begriffe *Kegel* und *Zylinder*. Weitere Merkmale der Fachsprache sind Nominalisierungen, Komposita, Passiv-, aber auch Infinitivkonstruktionen, Reihungen sowie komplexe Satzstrukturen. Diese und einige weitere Merkmale müssen bei einer umfassenden Förderung im Bereich der Fachsprache bedacht werden. Die folgenden Förderideen beziehen sich in erster Linie auf den Bereich des Fachwortschatzes.

Im Hinblick auf die genannten Stolpersteine sollte nicht nur Deutsch als Zweitsprache als ein explizites Unterrichtsprinzip für Kinder mit Migrationshintergrund gelten. Vielmehr sollte auch im Hinblick auf ein möglicherweise spracharmes und bildungsfernes außerschulisches Umfeld Sprachförderung generell für alle Kinder fester Bestandteil des Fachunterrichts sein.

Die Chance, die sich in diesem Zusammenhang vor allem im Grundschulbereich bietet, liegt im Klassenlehrerprinzip begründet. Im Primarbereich ermöglicht die Tatsache, dass sowohl das Fach Deutsch als auch die Sachfächer in der Regel von ein und derselben Lehrperson unterrichtet werden, eine enge Verzahnung von fachlichem und sprachlichem Lernen (vgl. Chlosta / Schäfer 2010, S. 281). Dabei wird diese Chance vor allem in muttersprachlich sehr heterogenen Gruppen eine unabdingbare Voraussetzung, um den Schulerfolg aller Schülerinnen und Schüler gleichermaßen zu gewährleisten.

31 Förderidee: Fachwörterkartei aufbauen, Fachwörter mündlich und mit Express-Übung festigen

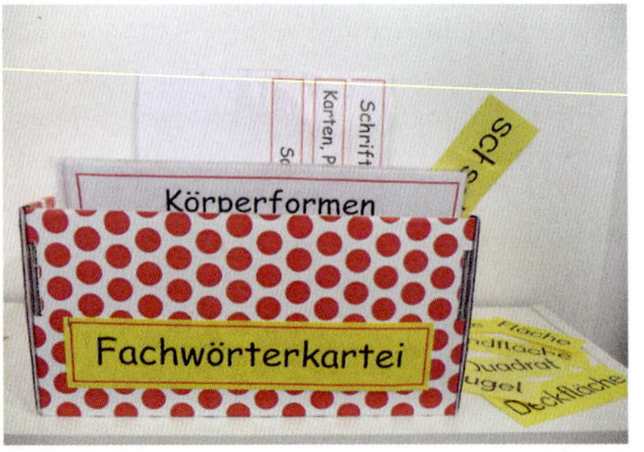

Die Idee der Fachwörterkartei basiert auf der weit verbreiteten Vorgehensweise zur Einführung neuer Fachbegriffe. Häufig bezieht sich die Lehrperson dabei auf das E-I-S-Prinzip nach Jerome Bruner: Enaktiv, ikonisch, symbolisch. Das bedeutet, dass neue Begriffe anfänglich möglichst handelnd erfasst werden sollen, bevor der Übergang auf die bildliche und anschließend auf die symbolische Ebene erfolgt.

Bei der Fachwörterkartei spielt die anfängliche Visualisierung eine wichtige Rolle. Neue Fachwörter werden in Form von Wortkarten veranschaulicht, damit sich neben der korrekten Verwendung auch das Schriftbild einprägt. Die Menge an Wörtern ist dabei eingeschränkt, damit ein möglichst optimales Verständnis der einzelnen Wörter erzielt werden kann. Es hat sich jedoch gezeigt, dass lediglich die visualisierte Einführung von Fachbegriffen nicht ausreicht, damit der neue Wortschatz auch aktiv angewendet wird.

Daher wird der Wortschatz zur jeweils aktuellen Themenstellung nach der Einführung zunächst an einem eigens dafür vorgesehenen Platz im Klassenzimmer (Seitentafel, Plakat o. Ä.) präsentiert. Auf diese Fachwörtersammlung wird jeweils zu Beginn einer Mathematikstunde Bezug genommen. Drei bis vier der aufgeführten Begriffe werden wiederholt, indem sie durch die Kinder erklärt werden. Dies kann auf unterschiedliche Art und Weise erfolgen:

- Die Kinder ziehen blind ihre Begriffe oder bekommen sie direkt zugeteilt.
- Begriffe werden entsprechend freiwilliger Meldung erläutert.
- Die Lehrperson sucht gezielt ein oder zwei Kinder aus, die getrennt oder gemeinsam mehrere Begriffe erklären; der Einsatz freiwilliger Helfer ist dabei möglich.

Oft ergeben sich daraus bereits sachbezogene Unterrichtsgespräche, die sprachliche und/oder inhaltliche Unsicherheiten deutlich machen und dadurch zu einer Wiederholung des bereits Gelernten führen.

Nach Abschluss eines Themas werden die Wortkarten von der Seitentafel entfernt und in einer Fachwörterkartei gesammelt. Diese kann beispielsweise aus einem Karton bestehen, in dem die Lehrplanthemen die jeweilige Unterteilung vorgeben. Im Laufe eines Jahres füllt sich nach und nach die Fachwörterkartei. Dabei tauchen zahlreiche Begriffe auch bei unterschiedlichen Themenstellungen immer wieder auf.

Express-Übung

Einmal in der Woche wird die sogenannte Express-Übung durchgeführt. Es bietet sich an, diese jeweils zum selben Zeitpunkt in der Woche durchzuführen, damit sie zu einem ritualisierten Bestandteil des Unterrichts und somit zu einer gewissen Selbstverständlichkeit für die Kinder wird. Die Express-Übung ähnelt den zuvor beschriebenen mündlichen Begriffserklärungen, erfolgt jedoch schriftlich. Die Kinder erhalten dazu das auf der CD enthaltene Arbeitsblatt. → Kopiervorlagen → 31.1 Express-Übung

Die Lehrperson wählt fünf Begriffe aus der Fachwörterkartei aus. Dabei werden bewusst nicht nur aktuelle, sondern vor allem Wörter aus bereits behandelten Themengebieten gewählt. Die Kinder sollen in einer vorgegebenen Zeitdauer kurze, präzise Erklärungen für die fünf Fachwörter finden. Dabei sollen sie ferner in der Spalte neben der jeweiligen Erklärung einschätzen, wie sicher das Verständnis des entsprechenden Begriffs ist. Wenn sie alle fünf Erklärungen formuliert haben, beantworten sie außerdem die drei unten stehenden Aussagen. Diese Selbstreflexion wird im Anschluss durch die Korrektur der Lehrperson bestätigt oder entsprechend korrigiert. Die Lehrperson bewertet in einer weiteren Spalte neben der Schülereinschätzung die Richtigkeit und Verständlichkeit der abgegebenen Erklärungen. Als einfache und schnelle Möglichkeit haben sich hierbei Smileys erwiesen. Dieses Vorgehen soll einen Beitrag zur realistischen Selbsteinschätzung der Schülerinnen und Schüler leisten.

32 Förderidee: Fachwörterheft führen, Rechenrätsel fachsprachlich entschlüsseln

Wie oben bereits angesprochen wurde, kommt die bewusste Aneignung des Fachwortschatzes im Schulalltag häufig zu kurz. Eine Möglichkeit, um an die Begriffseinführung anzuknüpfen und den Gebrauch des Fachwortschatzes nachhaltig zu fördern, ist das Fachwörterheft.

Fachwörterheft: Aufbau und Handhabung

Es ist von den Kindern leicht anzufertigen und zu führen und kann folgendermaßen aufgebaut werden: In einem karierten DIN-A4-Heft werden auf der ersten Seite zunächst Sinn und Zweck des Fachwörterheftes erläutert. Wichtig dabei ist, den Kindern zu verdeutlichen, dass dieses Heft sie auch über mehrere Schuljahre hinweg begleiten kann und nicht nur eine Hilfe für ein einzelnes Fach oder Thema ist. Es wird Bezug genommen auf die Problematik von Fremdwörtern, aber auch auf die Doppeldeutigkeit vieler Fachwörter, deren Bedeutung im Mathematikunterricht von der ursprünglichen Verwendung im Alltag abweicht.

Auf den anschließenden Doppelseiten werden Fachwörter und -ausdrücke gemäß der folgenden Unterteilung notiert: Zunächst wird der Begriff bzw. der Ausdruck genannt. Bei Nomen wird der dazugehörige Artikel mit aufgeschrieben. Verben werden rot markiert, weil sie die Handlungsweise angeben. Dabei können die einzelnen Fachwörter je nach Wortart auch mit dem entsprechenden Montessori-Symbol versehen werden.

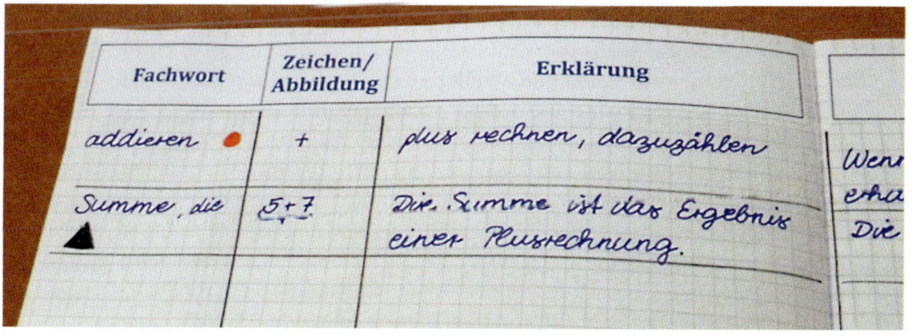

In der zweiten Spalte wird das dazugehörige Symbol – falls vorhanden – festgehalten. Dort können alternativ auch einfach Skizzen und Zeichnungen als Gedächtnisstütze angefertigt werden. In der dritten Spalte erfolgt die Erklärung des Fachwortes. Dabei können hier Synonyme genannt werden, oder der Begriff kann umschrieben werden. Um den Gebrauch des Wortes zu verdeutlichen, bietet die nächste Spalte Raum für einen oder mehrere Beispielsätze. Dabei sollen vor allem solche Satzmuster ausgewählt werden, die für die sprachliche Auseinandersetzung im Unterricht von besonderer Relevanz sind.

In einer letzten Spalte können die Kinder mit Deutsch als Zweitsprache den Begriff – sofern bekannt – in ihrer jeweiligen Muttersprache notieren. Diese Merk- und Erklärungshilfe ist vor allem für Kinder interessant, die als sogenannte Quereinsteiger in die Klasse gekommen sind und bereits in ihrer Muttersprache Fachunterricht erhalten haben. Des Weiteren wird hier der Wertschätzung der Muttersprache und somit den sprachlichen Fähigkeiten der Kinder mit Migrationshintergrund im Sinne der Ressourcenorientierung ein wenig Raum gegeben.

Da das Thema Fachsprache einerseits nicht nur für den Mathematikunterricht relevant ist, andererseits aber von einem weiteren Heft im Hinblick auf die Materialfülle Abstand genommen wird, kann das Fachwörterheft im Grundschulbereich auch für zwei Fächer gleichzeitig eingesetzt werden. Dabei wird – wie zuvor beschrieben – von vorne der Fachwortschatz für das Fach Mathematik eingetragen. Mit den Fachbegriffen des Sachunterrichts wiederum wird am Heftende begonnen. Damit dabei die Übersichtlichkeit gewahrt bleibt, wird das karierte Heft je nach Einsatz um 180 Grad gedreht und quasi als eigenständiges Heft behandelt. Beide Fächer arbeiten demzufolge zur Heftmitte hin.

Um bei der Heftführung die Richtigkeit der Begriffe, aber auch der Erklärungen und Beispiele sicherzustellen, sollte es in erster Linie gemeinsam mit den Schülerinnen und Schülern geführt werden. Dabei wird im Rahmen des Fach- oder Deutschunterrichts wöchentlich ein Zeitraum für die Arbeit mit dem Fachwörterheft bereitgestellt. Nach einer Einführungsphase kann die veranschlagte Zeitspanne gegebenenfalls reduziert werden, sofern den Schülerinnen und Schülern dann der Umgang geläufig ist.

Da das Fachwörterheft eine individuelle Hilfestellung sein soll, muss zudem die Möglichkeit gegeben werden, zusätzliche Fachwörter mit entsprechender Erklärung zu ergänzen. Diese Notwendigkeit kann sich im Unterricht beim Bearbeiten von Aufgabenstellungen ergeben. Die Kinder sollen gezielt dazu angehalten werden, bei der Lösung mathematischer Problemstellungen das Fachwörterheft zu Hilfe zu nehmen. Vor allem bei Textaufgaben ist die Dichte an Fachbegriffen besonders hoch. Wird beim Nachschlagen im Fachwörterheft deutlich, dass der gesuchte Begriff dort noch nicht eingetragen ist, wird dieser ergänzt, damit er künftig zur Verfügung steht.

Rechenrätsel mit dichter Fachsprache entschlüsseln und lösen

Um jedoch der anfangs angesprochenen Fehlerhaftigkeit der Einträge vorzubeugen, sollte auch dieser individuellen Ergänzung ein fester Rahmen gegeben werden. Beispielsweise eignet sich die Einbindung in den Wochenplan. Während der Phasen der Wochenplanarbeit kann die Lehrperson bei der Ergänzung des Fachwörterheftes beratend tätig sein. Des Weiteren bietet diese Organisationsform vielfältige Einsatzmöglichkeiten des Fachwörterheftes. So sollten im Rahmen der Wochenplanarbeit stets Aufgaben zu bearbeiten sein, die neben dem inhaltlichen Aspekt auch die Fachsprache fördern bzw. zum Gebrauch des Fachwörterheftes anregen. Eine motivierende Möglichkeit stellen dabei Rechenrätsel oder Knobelaufgaben dar, die beispielsweise in Form von Arbeitskarten präsentiert werden.

Anzahl, Umfang, Schweregrad und Thema der zu bearbeitenden Rätsel können dabei von der Lehrperson nach Bedarf gesteuert werden. Je nach Formulierung beinhalten solche Knobelaufgaben häufig eine hohe Dichte an Fachbegriffen.

1. Die Kinder lesen zunächst die Aufgabenstellung und unterstreichen alle Verben, die Handlungsaufforderungen beinhalten, damit sie eine Vorstellung davon erhalten, was sie zu tun haben.
2. Zudem werden alle Wörter unterstrichen, die die Kinder nicht oder nicht vollständig verstehen.
3. Diese werden im Fachwörterheft nachgeschlagen und bei Bedarf mithilfe der Lehrperson geklärt und ergänzt.
4. Ferner können die Kinder je nach Leistungsstand mithilfe des Fachwörterheftes eigene Rechenrätsel für ihre Mitschülerinnen und Mitschüler erstellen.

Hilfen in Form von Satzmustern, Satzanfängen, Beispieltexten oder Wortschatzvorschlägen helfen vor allem sprachlich schwächeren Kindern bei ersten Formulierungsversuchen.

Literatur

Ahrenholz, B. (2010a). Bedingungen des Zweitspracherwerbs in unterschiedlichen Altersstufen. In: Friedrich-Ebert-Stiftung, Abteilung Wirtschafts- und Sozialpolitik (Hg.): »Sprache ist der Schlüssel zur Integration«. Bedingungen des Sprachlernens von Menschen mit Migrationshintergrund. Bonn: bub, S. 19 – 29.

Bartnitzky, H. (2013): Grammatik handlungsorientiert unterrichten. In: Abraham, U. / Knopf, J. (Hg.): Deutsch – Didaktik für die Grundschule. Berlin: Cornelsen Scriptor, S. 146 – 157.

Bayerisches Staatsministerium für Unterricht und Kultus (Hg.) (2000): Lehrplan für die bayerische Grundschule. München: J. Maiss.

Belke, G. (2007) (Hg.): Mit Sprache(n) spielen. Kinderreime, Gedichte und Geschichten für Kinder zum Mitmachen und Selbermachen. Textsammlung. Schneider Verlag: Hohengehren.

Belke, G. (2007): Poesie und Grammatik. Kreativer Umgang mit Texten im Deutschunterricht in mehrsprachigen Lerngruppen. Textkommentar. Schneider Verlag: Hohengehren.

Benholz, C. / Iordanidou, Ch. (2004): Fachtexte im Deutschunterricht. In: Deutschunterricht, Jg. 57, H. 4, S. 11 – 18.

Berner, R. S. (2003): Winter & Frühling Wimmelspaß. Hildesheim 2013.

Bernstein, B. (1972): Studien zur sprachlichen Sozialisation. Düsseldorf: Schwann.

Chlosta, Ch. / Schäfer, A. (2010): Deutsch als Zweitsprache im Fachunterricht. In: Ahrenholz, B. / Oomen-Welke, I. (Hg.) (2010): Deutsch als Zweitsprache. Baltmannsweiler: Schneider, S. 280 – 297.

Colombo-Scheffold, S. / Fenn, P. / Jeuk, S. / Schäfer, J. (Hg.) (2008): Ausländisch für Deutsche. Sprachen der Kinder – Sprachen im Klassenzimmer. Freiburg im Breisgau: Fillibach Verlag.

Colombo-Scheffold, S. (2008): Deutsch als Fremdsprache. In: Colombo-Scheffold, S. / Fenn, P. / Jeuk, S. / Schäfer, J. (Hg.): Ausländisch für Deutsche. Sprachen der Kinder – Sprachen im Klassenzimmer. Freiburg im Breisgau: Fillibach Verlag, S. 59 – 71.
Cornelsen Radfahren Klassen 3/4 (2012) Sachunterricht PLUS, erarbeitet von Bauner-Pfeiffer, Wolfgang, Berlin: Cornelsen
Cummins, J. (2008): BICS and CALP: Empirical and Theoretical Status of the Distinction. In: Street,B. / Hornberger, N. H. (Eds.): Encyclopedia of Language and Education, 2nd Edition, Volume 2: Literacy. (pp. 71 – 83). New York: Springer Science + Business Media LLC (http://daphne.palomar.edu/lchen/CumminsBICSCALPSpringer2007.pdf).
Dudenredaktion (Hg.) (2009[8]): Die Grammatik. Unentbehrlich für richtiges Deutsch. Duden Band 4. Mannheim, Zürich: Dudenverlag.
Duden (2012): Das Grundschulwörterbuch. Mannheim: Dudenverlag.
Duscher, S. (2008): Leseforscher: Lesestrategien entwickeln, Lesefertigkeit fördern, 2. – 4. Schuljahr. München: Oldenbourg.
Duscher, S. (2010): Grammatikforscher I. Wörter und Wortarten 2. – 4. Schuljahr. München: Oldenburg Schulverlag GmbH.
Ehlich, K. / Bredel, U. / Reich, H. H. (Hg.) (2008): Referenzrahmen zur altersspezifischen Sprachaneignung. Bildungsforschung Band 29/I. Bonn, Berlin: Bundesministerium für Bildung und Forschung. Referat Bildungsforschung.
Gelberg, H.-J. (2011) (Hg.): Wo kommen die Worte her? Neue Gedichte für Kinder und Erwachsene. Beltz & Gelberg
Gutzmann, M. (2009): Blickpunkt Schreibaufgabe. Das Schreiben von Texten als lernbaren Prozess gestalten. In: Grundschulunterricht Deutsch 4/2009, www.Grundschulunterricht.de.
Jeuk, S. (2010): Deutsch als Zweitsprache in der Schule. Grundlagen – Diagnose – Förderung. Stuttgart: Kohlhammer.
Knapp, W. (2013): Sprachförderung auf der Primarstufe. In: Abraham, U. / Knopf, J. (Hg.): Deutsch – Didaktik für die Grundschule. Berlin: Cornelsen Scriptor, S. 137 – 146.
Koch, P. / Oesterreicher, W. (1985): Sprache der Nähe – Sprache der Distanz. Mündlichkeit und Schriftlichkeit im Spannungsfeld von Sprachtheorie und Sprachgeschichte. In : Romanistisches Jahrbuch 36, S. 15 – 43.
Kowalczyk, W. / Deister, W. (2009): 99 Tipps Störungsfreier Unterricht. Berlin: Cornelsen Scriptor, S. 66 f.
Kuchenreuther, M. (2012): Unterrichtsmaterialien und Lehrbuchtexte als besondere Herausforderung. In: Michalak, M. / Kuchenreuther, M. (Hg.): Grundlagen der Sprachdidaktik Deutsch als Zweitsprache. Baltmannsweiler: Schneider Hohengehren, S. 182 – 207.
Leisen, J. (2010): Handbuch Sprachförderung im Fach. Sprachsensibler Fachunterricht in der Praxis. Bonn: varus.
Luger, V. (2006): Versprecher. Voraussetzungen – Entstehungen – Interpretation des mentalen Lexikons. Saarbrücken: VDM Verlag.
Lütke, B. (2010): Deutsch als Zweitsprache – explizite Sprachförderung in der vierten Klasse. In: Knapp, W. / Rösch, H. (Hg.): Sprachliche Lernumgebungen gestalten. Freiburg im Breisgau: Fillibach Verlag, S. 69 – 84.
Möller, K. (2001): Konstruktivistische Sichtweisen für das Lernen in der Grundschule? In: Roßbach, H.-G. u. a. (Hg.) (2001): Forschungen zu Lehr- und Lernkonzepten für die Grundschule – Jahrbuch Grundschulforschung 4. Opladen: Leske und Budrich, S. 16 – 31.
Neugebauer, C. / Nodari, C. (2012): Förderung der Schulsprache in allen Fächern – Praxisvorschläge für Schulen in einem mehrsprachigen Umfeld – Kindergarten bis Sekundarstufe I. Bern: Schulverlag plus AG.
Pieler, M. (2008): Sprachlernen in allen Fächern. In: Fachbrief Sprachförderung / Deutsch als Zweitsprache. August 2008 (http://bildungsserver.berlin-brandenburg.de).
Quehl, T. (2010): Die Möglichkeiten des Scaffolding. Zur Gestaltung des Übergangs von der Alltagssprache der Kinder zur Fach- und Bildungssprache. In: Grundschulunterricht, H. 4/2010, S. 28 – 32.
Reber, K. / Schönauer-Schneider, W. (2009): Bausteine sprachheilpädagogischen Unterrichts. München: Ernst Reinhardt Verlag.
Reber, K. / Steidl, M. (2011): Computerprogramm zabulo. Lernmaterialien mit System. Weiden: Paedalogis.

Rösch, H. (2003): Deutsch als Zweitsprache. Sprachförderung in der Grundschule: Grundlagen, Übungsideen, Kopiervorlagen. Hannover: Schroedel.
Rösch, H. (2007): Deutsch als Zweitsprache: Grundlagen, Übungsideen und Kopiervorlagen zur Sprachförderung, Braunschweig: Schroedel.
Rösch, H. (2011): Deutsch als Zweit- und Fremdsprache. Berlin: Akademie Verlag.
Rosebrock, C. / Nix, D. (2008): Grundlagen der Lesedidaktik und der systematischen schulischen Leseförderung. Baltmannsweiler: Schneider Hohengehren.
Selimi, N. (2010): Wortschatzarbeit konkret. Eine didaktische Ideenbörse für alle Schulstufen. Hohengehren: Schneider Verlag.
Steinbach, E. / Wildegger-Lack, E. (2008): Möbel im semantischen Kontext mit Wechselpräpositionen. Germering: Verlag Wildegger.
Süddeutsche Zeitung für Kinder (2013), Nr. 13, März 2013, S. 17.
Twain, M. (2009): Die schreckliche deutsche Sprache. in: Bummel durch Europa. Köln: Anaconda, S. 443 – 463 (= Schönfelder, K.-H. (Hg.) (1963) Ausgewählte Werke in zwölf Bänden. Band 5. Berlin: Aufbau Verlag).
Weinrich, H. (1993): Textgrammatik der deutschen Sprache. Mannheim, Leipzig, Wien, Zürich: Dudenverlag.
Wildegger-Lack, W. (2011): Therapie von kindlichen Sprachentwicklungsstörungen (3 – 10 Jahre). München: Ernst Reinhard Verlag.

Spiele

Babbe, T. / Poetter, A. (2007): PhonoFit: 1 plus 1 gleich 11 …?! Zwei Bilder ergeben zusammengesetzt ein neues Wort. Köln: ProLog.
Bildkarten zur Sprachförderung: Zusammengesetzte Nomen. Illustr. von Anja Boretzki. Mülheim: Verlag an der Ruhr, 2009.
Führer, H. / Catty, U. / Führer, M. / Catty, P. (1990): Activity. Piatnik-Spiel Nr. 6004. Wien: Piatnik.

Autorinnen dieses Heftes

Dr. Angela Guadatiello, Projektleitung des Projekts Mercator am Standort München (Initiativgruppe e. V.)

Prof. Dr. Angelika Speck-Hamdan, Professorin für Grundschulpädagogik und -didaktik an der Ludwig-Maximilians-Universität München

Anna Haulitschek, Sprachheilpädagogik M.A.

Marion Gutzmann, Referentin für Sprachbildung / Deutsch als Zweitsprache und Deutsch / Grundschule am Landesinstitut Berlin-Brandenburg

Jule von der Haar, Projektverantwortliche für das Projekt LERNENplus (Initiativgruppe e. V.)

Susanne Spies, Studienrätin für Förderschule und Fortbildnerin

Dr. Nazli Hodaie, wiss. Assistentin am Lehrstuhl für Didaktik der deutschen Sprache und Literatur und des Deutschen als Zweitsprache der Ludwig-Maximilians-Universität München

Dr. Anne Steiner, wiss. Assistentin an der Universität Bayreuth, Didaktik der deutschen Sprache und Literatur

Inhalte der CD

Zum Förderkonzept allgemein: Texte

Fördern heißt Teilhabe
(Horst Bartnitzky in: Bartnitzky, H. / Hecker, U. / Lassek, M. (Hg.) (2012): Individuell fördern – Kompetenzen stärken in der Eingangsstufe. Heft 1: Fördern – warum, wer, wie, wann? Frankfurt a. M.: Grundschulverband, S. 6 – 36)

Die kritischen Stellen im Lernprozess und wie Kinder sie bewältigen können
(Horst Bartnitzky (2013) in: Grundschule aktuell, H. 122, S. 3 – 7)

Zum vorliegenden Heft: Bildungssprache / Deutsch als Zweitsprache fördern

Fachtexte

Bedingungen des Textverstehens – Stolpersteine und Fördermöglichkeiten
(C. Benholz / E Lipkowski / Ch. Iordanidou, S. 242 – 258)

Integriert, nicht isoliert: Sprachförderung in thematischen Unterrichtseinheiten
(H. Bartnitzky; S. 196 – 204)

Sprachzuwachs durch Lernszenarien (F. Terhechte-Mermeroglu, S. 183 – 195)
(alle Beiträge in: H. Bartnitzky / A. Speck-Hamdan: Deutsch als Zweitsprache lernen. Frankfurt a. M.: Grundschulverband 2005)

Kopiervorlagen

- 3.1 Puzzle rund
- 3.2 Puzzle zweiteilig
- 4.1 Artikeluhr
- 5.1 Tabelle
- 6.1 Endloswörter
- 7.1 Wasser marsch!
- 8.1 Würfelwörter
- 9.1 Fugensuche
- 11.1 Wortzuordnungen
- 15.1 Quartett Akkusativ
- 19.1 Terzett
- 19.2 Wechselpräpositionen
- 24.1 Würfelspiel
- 25.1 Wasserregeln
- 25.2 Eisregeln
- 26.1 Klassenregeln
- 28.1 Folge vom Laich zum Frosch
- 28.2 Text Kaninchen und Feldhase
- 28.3 Vergleich
- 31.1 Express-Übung

Power-Point-Präsentation

Horst Bartnitzky / Ulrich Hecker / Maresi Lassek (Hg.)

Individuell fördern – Kompetenzen stärken (ab Klasse 3)

Heft 4

Thomas Hennemann / Clemens Hillenbrand

Förderung emotional-sozialer Kompetenzen

Unter Mitarbeit von
Tobias Hagen, Dennis Hövel, Christian Huber,
Conny Melzer, Kathrin Pütz, Marie-Christine Vierbuchen

Grundschulverband e.V.
Frankfurt / M.

Satz und Gestaltung:	novuprint · Agentur für Mediendesign, Werbung, Publikationen GmbH, 30161 Hannover
Bildnachweis:	Die Rechte liegen bei den Autoren, soweit nicht anders angegeben
Druck und Bindung:	Beltz Bad Langensalza, 99974 Bad Langensalza
ISBN-Nr.	ISBN 978-3-941649-08-8 / Best.-Nr. 1095 (Beiträge zur Reform der Grundschule, Band 135)

Heft 4

Thomas Hennemann / Clemens Hillenbrand

unter Mitarbeit von Tobias Hagen, Dennis Hövel, Christian Huber,
Conny Melzer, Kathrin Pütz, Marie-Christine Vierbuchen

Förderung emotional-sozialer Kompetenzen

Aus Gründen der Lesbarkeit wird in diesem Band darauf verzichtet, durchgängig die männliche und die weibliche Form gemeinsam zu verwenden. Wenn nur eine der beiden Formen verwendet wird, ist die andere stets mit eingeschlossen.

Fördern durch Teilhabe: Zum präventiven und integrativen Förderkonzept

Das vorliegende Heft ist Teil des Bandes 135 mit dem Titel: »*Individuell fördern – Kompetenzen stärken ab Klasse 3*«. In einzelnen Heften werden schulpraktische Vorschläge zu folgenden Arbeitsfeldern gemacht:
- Fördern im Deutschunterricht
- Fördern im Mathematikunterricht
- Fördern von Bildungssprache / Deutsch als Zweitsprache
- Fördern mit sozial-emotionalem Schwerpunkt

Dieser Band setzt fort, was mit dem Band 134 begonnen wurde: »*Individuell fördern – Kompetenzen stärken in der Eingangsstufe (Kl. 1 und 2)*«. Dort ging es um die Arbeitsfelder:
- Fördern – warum, wer, wie, wann? (Förderkonzept)
- Basiskompetenzen fördern im Übergang Kindertagesstätte – Schuleingangsstufe
- Fördern im Deutschunterricht der Eingangsstufe
- Fördern im Mathematikunterricht der Eingangsstufe

Integrativ und präventiv

Das hiermit vorgelegte Förderkonzept unterscheidet sich in wesentlichen Punkten von gängigen Konzepten:
- Es verlegt Förderung nicht in externe Förderstunden, sondern entwickelt die Fördermöglichkeiten im gemeinsamen Unterricht.
- Es vereinzelt die Kinder in ihrem Lernen nicht durch individuell zu bearbeitende Materialien oder das Abarbeiten eines individuellen Lernplans, sondern integriert das individuelle in das gemeinsame Lernen.
- Es zerlegt nicht Lernstoff oder Kompetenzen in kleinste Lernelemente, sondern fordert die Kinder durch komplexe Aufgaben oder Themen heraus, die auf unterschiedlichen Anspruchshöhen erfolgreich bearbeitet werden können.
- Es ist nicht an Defiziten orientiert, sondern sucht die vorhandenen Kompetenzen der Kinder zu aktivieren und Impulse zu ihrer Weiterentwicklung zu geben.
- Es setzt die Förderung nicht erst nach der Feststellung von Versagen an, sondern will präventiv Versagen verhindern.

Integrative und präventive Förderung – das sind die Leitideen für dieses Förderkonzept. Es bezieht die drei Dimensionen guten Unterrichts in die Überlegungen und Entscheidungen mit ein:
- die förderliche Lernumgebung,
- die kritischen Stellen im Lernprozess,
- die Realisierung der Förderung.

Der didaktische Rahmen: Gestaltung der förderlichen Lernumgebung

Die Lernumgebung im weiteren Sinne umfasst das sozial-emotionale Klima, die eingeführten Regelungen, die Raum- und Zeitgestaltung, das pädagogische Handeln der Lehrkraft – kurz: alles, was Einfluss auf die Möglichkeiten zu Teilhabe, auf die Stärkung von Lernzuversicht und förderliche Unterstützung hat.

Im engeren Sinne gehört dazu das fachbezogene Anregungspotenzial, zum Beispiel die entfaltete Lese-Schreib-Kultur für den Schriftsprachbereich, die substanziellen Aufgabenformate im Mathematikunterricht.

Der Förderfokus: Kritische Stellen im Lernprozess

Kritische Stellen im Lernprozess haben diesen Doppelaspekt: Sie sind Lernchancen, weil Lernen auch Überwinden von Schwierigkeiten ist, und sie sind zugleich Lernrisiken. Kinder können sie bewältigen und sie können an ihnen scheitern. Deshalb gilt ihnen die besondere Beachtung in der präventiven Förderung. Welche Stellen in den Arbeits- und Lernprozessen sind für die Kinder, insbesondere für die lernschwächeren, kritische Stellen? Ihnen gelten die weiteren Überlegungen zu konkreten Unterstützungen der Kinder.

Solche kritischen Stellen können z. B. sein: im Lernbereich Mathematik Zahlvorstellungen haben, Beziehungen zwischen Zahlen herstellen können, Zehner- und Hunderter-Überschreitungen bewältigen; im Deutschunterricht orthografisches Bewusstsein entwickeln, Lesetexte selbst auswählen und gewinnbringend lesen; im überfachlichen Bereich ruhig und aufmerksam zuhören, einen Sachverhalt anderen verständlich vorstellen.

> Konzept, Argumentation und schulpraktische Konsequenzen werden ausführlich dargestellt in Beiträgen, die sich auf der CD zu diesem Band befinden:
> → Förderkonzept Texte: Fördern heißt Teilhabe / Die kritischen Stellen im Lernprozess und wie Kinder sie bewältigen können

Die Realisierung: Förderideen

Zu den kritischen Stellen werden Förderideen für die unterrichtliche Realisierung gefunden. Diese Förderideen müssen die wesentlichen Merkmale qualitätsvollen Unterrichts in sich haben.

Förderung ist …

- **… beziehungsreich und verstehensorientiert.**

Nicht isolierte, klein portionierte Teilelemente werden in kleinsten Schritten gelernt, sondern in ihren Sinnzusammenhängen. Zum Beispiel werden Rechtschreibphänomene nicht ohne Bezug zu sinnstiftenden Schreibsituationen bearbeitet und Rechenaufgaben nicht, ohne die mathematischen Beziehungen in den Blick zu nehmen.

- **… diagnosegeleitet und differenziert.**

Nicht die Trennung von Lern- und Leistungssituationen steht hier an, sondern ihre Verbindung ist wichtig. Dabei kommt auch der Selbsteinschätzung über den individuellen Lernweg und Lernerfolg eine besondere Rolle zu (siehe das Material des Grundschulverbandes zum Thema: Pädagogische Leistungskultur).

- **… kommunikativ und kooperativ.**

Zwar ist der innere Lernprozess individuell, der äußere aber auf gemeinsame Reflexion, gegenseitige Unterstützung und Anregung angewiesen. Kinder verständigen sich im

Mathematikunterricht über Erkenntnisse, Probleme und Zusammenhänge und lernen dabei individuell nach ihren Möglichkeiten. Sie teilen anderen ihr Wissen, ihre Vorstellungen, ihre Überlegungen mit. Dies gilt für alle Fächer. Mathe-Konferenzen sind deshalb wie Schriftgespräche, Schreibprojekte, metakommunikative Phasen Ausweise für modernen Grundschulunterricht.

Förderschleifen als zeitlich befristeter Förderunterricht

In der Hauptsache geschieht die integrative und präventive Förderung im Unterricht der heterogenen Lerngruppe. Dazu können Förderschleifen sinnvoll sein, also zeitlich befristeter Förderunterricht. Seine Aufgaben erwachsen aus der gemeinsamen Arbeit und führen in die gemeinsame Arbeit wieder hinein, weil Kinder mehr Hilfen, mehr Zeit, eine kleinere Lerngruppe, einen anderen Zugang brauchen, was sich im gemeinsamen Unterricht nicht realisieren lässt. Nur ist die Förderschleife immer eine befristete Maßnahme und sie hat immer Bezug zur Arbeit in der Lerngruppe.

Dies bleibt das Grundprinzip: Fördern durch Teilhabe. Damit ist das hier vorgelegte Förderkonzept auch ein Beitrag auf dem Weg zur inklusiven Schule.

Maresi Lassek, Ulrich Hecker, Horst Bartnitzky
(Herausgeber-Team der beiden Bände:
Individuell fördern – Kompetenzen stärken)

Thomas Hennemann / Clemens Hillenbrand / Dennis Hövel

Präventionsforschung: Befunde und präventive Förderkonzepte

Betrachtet man die aktuelle politische und fachwissenschaftliche Diskussion zur Inklusion, insbesondere von Kindern und Jugendlichen unter erhöhten emotional-sozialen und kognitiven Risiken, so wird die Frage nach einer konkreten und effektiven Förderung emotionaler und sozialer Kompetenzen zur Vermeidung bzw. Verminderung von Verhaltensstörungen dringlicher gestellt denn je. Der Umgang mit Kindern und Jugendlichen mit einer Verhaltensstörung gehört für viele Pädagogen zu den größten beruflichen Herausforderungen in (vor-)schulischen und außerschulischen Institutionen. Dabei wird nach internationalen und nationalen Einschätzungen von einer Prävalenzrate (Auftretenswahrscheinlichkeit) von 3,5 bis 19 % aller Grundschüler ausgegangen, die Verhaltensstörungen aufweisen. Umfangreiche internationale Untersuchungen, etwa von Ihle et al. (2000), gehen von 10 bis 20 % aller Kinder und Jugendlichen aus, bei denen Verhaltensstörungen vorliegen, die auch schon durchaus im Vorschulalter festgestellt werden (vgl. Beelmann / Raabe 2007). Auch konservative Schätzungen gehen davon aus, dass ca. 5 % aller Kinder und Jugendlichen aufgrund einer vorliegenden psychischen Störung als dringend behandlungsbedürftig einzuschätzen sind (vgl. Ihle / Esser 2008). Epidemiologische Längsschnittstudien zeigen relativ übereinstimmend Persistenzraten (Stabilität) von ca. 50 % auf, wobei externalisierende Formen wie aggressiv-dissoziales Verhalten und ADHS, die bereits im Kindesalter beginnen, die ungünstigsten Verläufe aufweisen (vgl. Ihle / Esser 2008).

Zudem weisen auch hohe Wechselwirkungen (Komorbiditätsraten) etwa von Verhaltensstörungen mit Lernstörungen von bis zu 50 % (vgl. Klauer / Lauth 1997) auf eine Verschärfung der Problematik hin, auf die besonders die (Sonder-)Pädagogik professionelle Antworten auch im Rahmen eines inklusiven Bildungssystems finden muss. Auch vor diesem Hintergrund erhält ein frühzeitiges, unterstützendes Eingreifen und gezieltes Fördern eine immense Bedeutung: die gezielte frühzeitige, präventive Förderung emotional-sozialer Kompetenzen ist alternativlos, wenn man nicht die individuell und gesellschaftspolitisch gleichermaßen gravierenden Konsequenzen sich verfestigender und kumulierender Risikokonstellationen in Kauf nehmen will, wie zahlreiche Längsschnittsstudien dies eindeutig belegen (vgl. Beelmann / Raabe 2007). Sowohl wissenschaftlich als auch politisch und ökonomisch nimmt daher die Forderung nach geeigneten Präventionsmaßnahmen, die sich an empirischen und zugleich theoretischen Qualitätskriterien orientieren, zu (vgl. Beelmann / Raabe 2007, Ihle / Esser 2008). Sie gelten als kostengünstige Alternative, die zu einem frühzeitigen Zeitpunkt Einfluss auf die kindliche Entwicklung nehmen und somit komplexere Problemkonstellationen verhindern können, wie sie häufig im Jugendalter bei dissozialem Verhalten auftreten.

Eine effektive, zielgruppenspezifische Präventionsarbeit im Bereich der (vor-)schulischen Erziehungshilfe ist unabdingbar an theoretische und empirisch abgesicherte Erkenntnisse der Entwicklungspsychologie sowie an Ergebnisse der Resilienzforschung gebunden. Insgesamt ergibt sich daher für die Pädagogik im Allgemeinen und für die

Sonderpädagogik im Speziellen ein wesentlicher präventiver Auftrag (vgl. Hillenbrand 2006). Dieser frühzeitige Präventionsauftrag für alle an der Entwicklung von Kindern und Jugendlichen Beteiligten wird auch durch die KMK (2000) dringend empfohlen: »Durch vorbeugende Maßnahmen können die Verfestigung sozial unangemessener Handlungsmuster frühzeitig verhindert, erwünschte angebahnt und dadurch die schulische Entwicklung positiv beeinflusst werden« (KMK 2000, S. 344).

1. Definition von Gefühls- und Verhaltensstörungen

Um eine wissenschaftliche Verortung des Themenfeldes »Prävention von Gefühls- und Verhaltensstörungen« vorzunehmen, ist eine begriffliche Einordnung wesentlich. Der US-amerikanische Fachverband Council for Children with Behavior Disorders (CCBD) schlägt eine auch in Deutschland verbreitete Begriffsfassung vor (Opp 2003, S. 509 f.):

»Der Begriff Gefühls- und Verhaltensstörungen beschreibt eine Beeinträchtigung (disability), die in der Schule als emotionale Reaktion und Verhalten wahrgenommen werden und sich von altersangemessenen, kulturellen oder ethischen Normen so weit unterscheiden, dass sie auf die Erziehungserfolge des Kindes oder Jugendlichen einen negativen Einfluss haben. Erziehungserfolge umfassen schulische Leistungen, soziale, berufsqualifizierende und persönliche Fähigkeiten. Eine solche Beeinträchtigung ist

- mehr als eine zeitlich begrenzte, erwartbare Reaktion auf Stresseinflüsse in der Lebensumgebung;
- tritt über einen längeren Zeitraum in zwei verschiedenen Verhaltensbereichen (settings) auf, wobei mindestens einer dieser Bereiche schulbezogen ist; und
- ist durch direkte Intervention im Rahmen allgemeiner Erziehungsmaßnahmen insofern nicht aufhebbar, als diese Interventionen bereits erfolglos waren oder erfolglos sein würden.

Gefühls- und Verhaltensstörungen können im Zusammenhang mit anderen Behinderungen auftreten und erfordern für ihre Beschreibung Informationen aus verschiedenen Quellen und Meßverfahren« (Opp 2003, S. 509 f., zit. Forness / Knitzer 1992).

Betrachtet man neben der Häufigkeit (den Prävalenzraten) auch die Andauer (die Persistenzraten) von Gefühls- und Verhaltensstörungen, so finden präventive Förderansätze eine wichtige Legitimation, die schon frühzeitig im kindlichen Entwicklungsverlauf ansetzen und dabei schützende Faktoren berücksichtigen.

Lern- und Verhaltensstörung bedingen sich oft gegenseitig. Dieser sog. »Overlap« (vgl. Ricking 2005) verursacht ein häufiges schulbezogenes Scheitern der betroffenen Schüler, eine Entkopplung von gesellschaftlichen Bildungsansprüchen und später auch besondere Schwierigkeiten beim Übergang in den Beruf.

Der Absicherung von Diagnosen und der gemeinsamen Kommunikation dienen insbesondere die Klassifikationssysteme

- ICD-10 (International Classification of Diseases) der Weltgesundheitsorganisation (WHO)
- DSM IV (Diagnostic and Statistical Manual of Mental Disorders) der APA

Mindestens drei Kriterien sind für die Zuschreibung »Gefühls- und Verhaltensstörung« zu beachten:

Kriterien für die Zuschreibung Gefühls- und Verhaltensstörung	
Intensität	längere Zeitdauer, höherer Schweregrad
Ökologie	in mindestens 2 Settings, eines davon Schule
Integration	Erfordernis spezifischer Hilfen für Teilhabe an der Gesellschaft

Nach Myschker (2005) lassen sich insbesondere externalisierende (nach außen gerichtete) Störungsformen (wie Störungen des Sozialverhaltens, ADHS) von internalisierenden Störungen (wie Angst, Depression) unterscheiden. Eine nähere Charakterisierung der Störungsformen Dissoziales Verhalten / Aggression, ADHS, Angst und Depression im Kindesalter findet sich mit Hinweisen zu vertiefender Fachliteratur auf der beiliegenden CD (→ Kopiervorlagen → 1 Steckbriefe).

In einer deutschen Untersuchung über Verhaltensstörungen in 68 Grundschulen mit einer Stichprobengröße von 7970 Schülerinnen und Schülern der 1. bis 4. Klassen in Sachsen (Hartmann / Mutzeck / Fingerle 2003) werden die Prävalenzraten für Aggressivität, Hyperaktivität, externalisierendes Verhalten (Addition der Skalen der Aggression und der Hyperaktivität), internalisierendes Verhalten sowie für vorhandene Fähigkeiten und Ressourcen ermittelt. Die Ergebnisse dieser Studie werden im Folgenden exemplarisch skizziert:

- **Aggressivität:** 10,8 % der Population gelten als aggressiv auffällig, 11,2 % befinden sich im Übergangsbereich zwischen unauffälligem und auffälligem Verhalten.
- **Hyperaktivität:** 19,6 % zeigen auffälliges hyperaktives Verhalten, im Übergangsbereich zwischen unauffälligem und auffälligem Verhalten liegen 17,3 %.
- **Externalisierendes Verhalten:** Bei 14,2 % der Stichprobe werden externalisierende Verhaltensstörungen festgestellt, im Übergangsbereich zwischen unauffälligem und auffälligem Verhalten sind 19,2 % anzusiedeln.
- **Internalisierendes Verhalten:** 3,5 % der Stichprobe weisen internalisierende Verhaltensprobleme auf, im Übergangsbereich zwischen unauffälligem und auffälligem Verhalten liegen 36,2 %.
- **Fähigkeiten und Ressourcen:** Unterdurchschnittliche Fähigkeiten und Ressourcen zeigen zwar nur 3,6 % der untersuchten Kinder, im Übergangsbereich befinden sich aber immerhin 40,6 %.

Die ermittelte Prävalenz (Häufigkeit) von Verhaltensstörungen bei Grundschülern unterstreicht, dass Aggressivität bereits häufig in der Grundschule auftritt und Hyperaktivität in der Lehrerwahrnehmung das größte und auffälligste Problem in dieser Entwicklungsphase darstellt. Die beiden Verhaltensweisen, als externalisierende Verhaltensstörungen zusammengefasst, sowie die verminderten Fähigkeiten und Ressourcen belasten nachhaltig die Unterrichtssituation und die sozial-emotionale Integration der

Kinder einer Schulklasse. Von besonderem Interesse ist die zuletzt genannte Kategorie: Fast 45% der Grundschüler weisen Defizite in ihren emotional-sozialen Kompetenzen im Umgang mit anderen auf. Die in der Studie ermittelten Kompetenzdefizite belegen eindringlich die Notwendigkeit einer frühzeitigen Förderung emotional-sozialer Kompetenzen, von der ein großer Anteil der Kinder profitieren könnte.

2. Zwischen Risiko und Resilienz: Konsequenzen für die Prävention

Im folgenden Kapitel wird zunächst auf das Konzept der Resilienz (die Widerstandsfähigkeit in der Entwicklung eines Kindes) eingegangen, dessen Forschungsergebnisse bzgl. schützender (protektiver) Faktoren für die kindliche Entwicklung eine grundlegende Basis für Präventionsmaßnahmen darstellt. Die Ergebnisse der Resilienzforschung unterstreichen die Bedeutung eines transaktionalen Entwicklungsverständnisses. Auch der Bezug des Rahmenmodells der sozialkognitiven Informationsverarbeitung von Crick / Dodge (1994) zu vielen Präventionsprogrammen wird anschließend erörtert.

Konzept der Resilienz

Während bis in die 1980er Jahre hinweg die Fokussierung auf bestehende Risiken und Defizite von Kindern und Jugendlichen mit Gefühls- und Verhaltensstörungen eine starke Dominanz in der Fachdiskussion aufwies, begann durch die Ergebnisse der Resilienzforschung ein Paradigmenwechsel. Zahlreiche internationale und nationale Längsschnittstudien zur Resilienz, als einer der wichtigsten Zweige der Entwicklungspsychopathologie, insbesondere die Kauai-Studie von Werner / Smith (1992) weisen dabei auf die protektive Wirkung von spezifischen biologischen, psychologischen und sozialen Faktoren hin (vgl. Masten / Powell 2003). Die identifizierten schützenden Faktoren lassen sich nach Laucht et al. (1997) in die zwei Bereiche personale Ressourcen des Kindes und soziale Ressourcen unterteilen. Für den pädagogischen Kontext als nutzbar zu betrachten sind auf der Ebene der personalen Ressourcen des Kindes insbesondere die schützende Wirkung eines positiven Selbstwertgefühls (**hohe Selbstwirksamkeitserwartung**), ein **positives Sozialverhalten** sowie ein hohes Maß an **aktiver Stressbewältigung**. Theoretisch gut fundierte Präventionsprogramme beinhalten die konsequente Förderung der genannten protektiven Faktoren. Auch auf der Ebene der sozialen Ressourcen, die dem Kind zur Verfügung stehen, lassen sich konkrete Aspekte für die pädagogische Arbeit ableiten. So wirken ein **Klima genereller sozialer Unterstützung**, **positive Freundschaften mit Gleichaltrigen**, eine **positiv wahrgenommene Schulerfahrung** sowie der **Lehrer als positives Modell** als protektive Faktoren auf die kindliche Entwicklung (vgl. Laucht et al. 1997).

»Im Gegensatz zu Risikoschulen werden effektive Schulen als sichere Schulen mit gutem Klima und mit hohen Erwartungen an die Leistungen und das soziale Verhalten der Schüler skizziert« (Keogh 1999, S. 194).

Als einflussreiche Risiken für kindliche Verhaltensprobleme konnten andererseits Faktoren auf biologischer, psychischer sowie sozial-ökologischer Ebene identifiziert werden:

1. **biologische Risikofaktoren:** etwa Geschlecht (bei Jungen 3- bis 4-mal so hoch wie bei Mädchen), pränatale Risiken (Nikotin, Drogen, Alkohol während der Schwangerschaft), genetische Ausstattung, hormonelle Besonderheiten (erhöhter Testosteron-,

geringer Cortisolspiegel), strukturelle Besonderheiten des zentralen Nervensystems (Defizite und Beeinträchtigungen in den Funktionen des Frontalhirnlappens) sowie Besonderheiten in den autonomen Funktionen (geringe Herzrate, geringer Hautleitwiderstand),

2. **psychische Risikofaktoren:** Aufmerksamkeits-, Hyperaktivitäts- und Impulsivitätsprobleme, unzureichende Impulskontrolle und Emotionsregulation, wodurch die Entwicklung angemessenen Sozialverhaltens behindert wird, verzerrte sozial-kognitive Informationsverarbeitung, überzogene Selbsteinschätzung und unzureichendes Einfühlungsvermögen,
3. **sozial-ökologische Risikofaktoren:** unsichere Bindungen an die Eltern im Kleinkindalter, restriktive, inkonsistente Erziehung, Mangel an emotionaler Wärme und Unterstützung für das Kind, soziale Ablehnung durch Gleichaltrige.

Die Persistenz psychischer Fehlentwicklungen erhöht sich, wenn die folgenden Bedingungen nach Loeber (1990; zit. n. Beelmann 2000, S. 30) gegeben sind:

- »Je mehr Risikofaktoren vorliegen und kumulieren,
- je früher ein Problemverhalten gezeigt wird,
- je häufiger ein Problemverhalten auftritt,
- je länger ein Problemverhalten bereits gezeigt wurde,
- je vielfältiger das Problemverhalten ist (z. B. Hyperaktivität, Impulsivität, oppositionelles und aggressives Verhalten, Delinquenz und Kriminalität) und
- je verschiedener die Kontexte (Familie, Kindergarten, Schule usw.) sind, in denen das Problemverhalten auftritt.«

Mit Hilfe der Erkenntnisse der Resilienzforschung erhalten insbesondere Präventionsmaßnahmen eine starke, auch empirisch abgesicherte Legitimation. So werden die in zahlreichen Studien zur Resilienz ermittelten schützenden Faktoren einer angemessenen sozialkognitiven Informationsverarbeitung (vgl. Crick / Dodge 1994), einer guten Impulskontrolle (vgl. Gottfredson / Hirschi 1990) sowie eines positiven Sozialverhaltens (vgl. Najaka et al. 2001) als operationalisierte Trainingsziele in wirksamen Präventionsprogrammen umgesetzt. Da insbesondere Kinder und Jugendliche mit Gefühls- und Verhaltensstörungen in hohem Maße Schwierigkeiten in diesen Bereichen aufweisen, stellt die gezielte, am Entwicklungsverlauf orientierte, präventive Förderung eine hervorragende Möglichkeit dar, sich entwickelnde Risiken abzumildern.

Person-Umwelt-bezogenes (transaktionales) Entwicklungsverständnis

Die Erkenntnisse der Resilienzforschung über Risiko- und Schutzfaktoren unterstützen gleichzeitig auch ein transaktionales Entwicklungsverständnis, wie es etwa in dem biopsychosozialen Entwicklungsmodell dissozialen Verhaltens von Beelmann (2000) vorgeschlagen wird. Das Modell fasst prototypisch empirisch abgesicherte Risikofaktoren auf der biologischen, psychischen und sozialen Ebene in einem Entwicklungsverlauf von der Geburt über die frühe Kindheit bis zum jungen Erwachsenenalter zusammen (vgl. Beelmann / Raabe 2007). Als ein wesentliches Bestimmungsmerkmal eines transaktionalen Verständnisses kann die Plastizität von Entwicklungsverläufen angesehen werden, die durch positive Entwicklungsanreize genutzt werden kann, etwa durch die Aufnahme in eine neue Klasse, die Betreuung durch einen neuen Klassenlehrer oder eben auch durch die gezielte Förderung emotional-sozialer Kompetenzen. Gleichzeitig betonen transaktionale Entwicklungsmodelle, dass die relative Bedeutung der drei Einflussebenen alters-

Bio-psycho-soziales Entwicklungsmodell

Transaktionales Entwicklungsmodell nach Beelmann / Raabe 2007

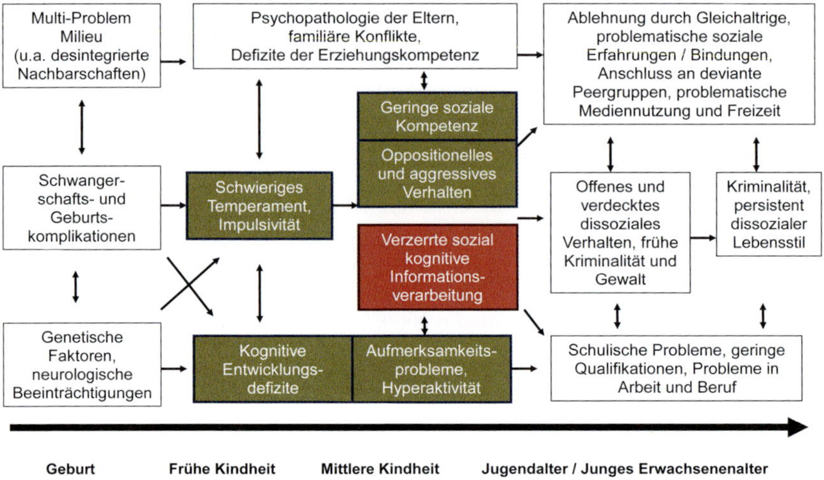

Abb. 1: Transaktionales Entwicklungsmodell

bezogenen Veränderungen unterliegt. Wesentliche Veränderungen ergeben sich durch den systematischen Anstieg selbstgesteuerter Entwicklungsregulationen im Laufe der Entwicklung, während in gleichem Maße sozial und biologisch gesteuerte Prozesse relativiert werden. Entwicklung wird damit zum Ergebnis komplexer Regulationsprozesse und ist selbst wieder Anstoß für neue Entwicklungen (vgl. Hillenbrand / Hennemann 2006). Mit Hilfe des Modells lassen sich gleichzeitig wichtige »Fenster der Gelegenheiten« für die präventive Förderung emotional-sozialer Kompetenzen öffnen.

Sozial-kognitive Informationsverarbeitung

Als ein sehr gut und vielfach bestätigtes Modell, das zur Erklärung der Entwicklung und Verfestigung von externalisierenden und internalisierenden Gefühls- und Verhaltensstörungen genutzt wird, kann die sozial-kognitive Informationsverarbeitung nach Crick / Dodge (1994) angesehen werden. In einer Weiterentwicklung dieses Modells betonen Lemerise / Arsenio (2000) den Einfluss der Emotionen auf den 6 Phasen umfassenden Prozess der sozial-kognitiven Informationsverarbeitung (vgl. Abb. 2).

Beelmann / Raabe (2007) fassen die bisherigen Forschungsergebnisse einer unangemessenen sozial-kognitiven Informationsverarbeitung zusammen. Dabei wird deutlich, dass Kinder und Jugendliche mit Gefühls- und Verhaltensstörungen bei der Bewältigung der einzelnen Phasen dieses Modells zum Teil erhebliche Probleme bei der angemessenen sozial-kognitiven Verarbeitung von eingehenden sozialen Hinweisreizen aufweisen. Von der Arbeitsgruppe um Kenneth Dodge wurden in zahlreichen Studien insbesondere bei Kindern mit aggressivem Verhalten sowie mit anderen dissozialen Verhaltensproblemen Defizite auf allen Verarbeitungsebenen im Rahmen der sozial-kognitiven Informationsverarbeitung nachgewiesen (vgl. Crick / Dodge 1994). Mittlerweile gilt eine verzerrte sozialkognitive Informationsverarbeitung als »ein bedeutsamer proximaler Risikofaktor

Sozial-kognitive Informationsverarbeitung (SKI)

nach Hillenbrandt / Hennemann 2006, Crick / Dodge 1994, modifiziert nach Lemerise / Arsenic 2000

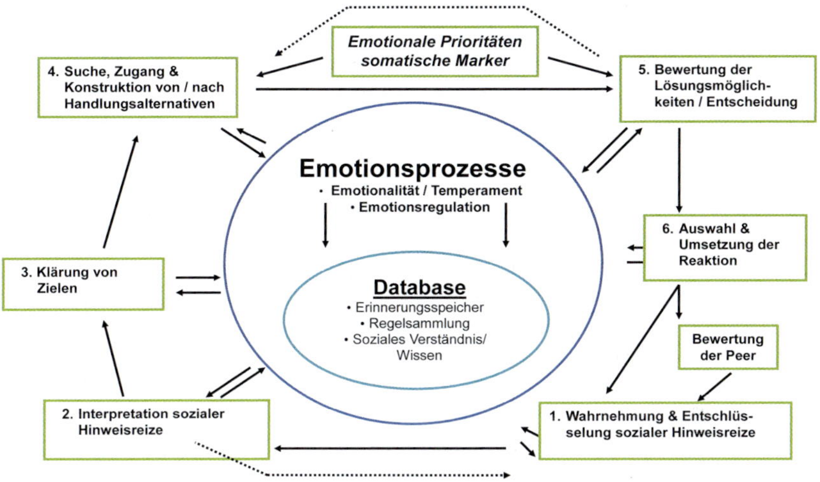

Abb. 2: SKI – Sozial-kognitive Informationsverarbeitung

für die kindliche Entwicklung, Stabilisierung und Automatisierung speziell aggressiver Verhaltensprobleme« (Beelmann / Raabe 2007, S. 75).

Umgekehrt kommt Beelmann (2006) zu dem Schluss, dass sich die Förderung der sozial-kognitiven Informationsverarbeitung im Allgemeinen sowie der einzelnen Phasen und der beteiligten emotionalen Prozesse im Speziellen hervorragend als Grundlage für wirksame Präventionsprogramme anbietet. Zahlreiche internationale wie nationale Präventionsmaßnahmen basieren daher auf dem Modell der sozialkognitiven Informationsverarbeitung.

3. Entwicklungsaufgaben im Grundschulalter

Auf der Grundlage der Forschungsergebnisse zur Sozial-kognitiven Informationsverarbeitung ergibt sich für die Schule die Aufgabe, Maßnahmen zu erarbeiten, die die Phasen der »SKI« bearbeiten. Folgt man dem erweiterten Modell nach Lemerise / Arsenio (2000) Schritt für Schritt, ergeben sich folgende zentrale Förderschwerpunkte, die eine schulische Förderung bearbeiten muss:

- Differenzierung sozialer Wahrnehmung
- Emotionen bewusst machen und Umgang üben
- Erweiterung des Repertoires zur emotionalen Steuerung
- Ziele klären
- Handlungsalternativen lernen
- Handlungsmöglichkeiten bewerten
- Umsetzung einüben

Auf dieser Basis kann dann der Aufbau sozialer und emotionaler Kompetenzen systematisch erfolgen.

Insbesondere beim Übergang in die Grundschule weisen viele Kinder Probleme bei der Bewältigung der geforderten Entwicklungsaufgaben auf, die sie mitunter nur mit erheblicher Unterstützung meistern können oder die wiederum ein bedeutsamer Prädiktor bei der Entstehung und Verstetigung von Gefühls- und Verhaltensstörungen sind. Hair et al. (2006) untersuchten in ihrer Early Childhood Longitudinal Study ca. 17.000 Kindergartenkinder, um Kriterien für eine erfolgreiche Bewältigung der schulischen Anforderungen zu identifizieren. Neben sprachlichen Kompetenzen und der gesundheitlichen Entwicklung der Kinder wurden auch emotional-soziale Kompetenzen bzw. Risiken erfasst. In ihrer empirischen Analyse weisen Hair et al. (2006) auf folgende zentrale Ergebnisse hin: Kinder mit erhöhten Risiken in der gesundheitlichen oder emotional-sozialen Entwicklung, die schon in der Kindergartenzeit auffällig waren,

- erreichten die schlechtesten schulischen Ergebnisse. Ihre Mathematik- und Leseleistungen lagen eine halbe Standardabweichung unter denen der anderen Kinder und
- sie waren nicht in der Lage, ihre tatsächlichen Fähigkeiten auszuschöpfen.
- Insbesondere fiel in diesem Zusammenhang ihre mangelnde Selbstkontrolle auf.

McClelland et al. (2006) konstatieren in ihrer Längsschnittstudie von der Kindergartenzeit bis zum Ende der Grundschulzeit die hohe Bedeutung angemessener emotional-sozialer Kompetenzen (wie Selbstregulationsfähigkeit, Kooperation und Selbstständigkeit) für gute schulische Leistungen im Lesen und Rechnen. Ihre Studie zeigt, dass diese Faktoren unabhängig von weiteren Merkmalen, wie IQ oder Bildungsstand der Mutter sind. Zudem muss jedoch gemäß den Ergebnissen der Resilienzforschung auch in diesem Kontext auf die starken Wechselwirkungen der bestehenden Risikofaktoren untereinander hingewiesen werden, die bei Kindern mit geringen emotional-sozialen Kompetenzen häufig bestehen.

4. Ergebnisse der Präventionsforschung im Überblick

Umfangreiche Metaanalysen bestätigen eine generelle Wirksamkeit von theoretisch gut fundierten und gleichzeitig entwicklungsorientierten Präventionsprogrammen mit einer kleinen Effektstärke (vgl. Lösel / Beelmann 2003, Durlak et al. 2011). Dabei reduzieren wirksame Präventionsprogramme auch das Niveau externalisierender Störungen und zeigen ihre Wirkung also auch als Intervention. In der Meta-Analyse von Lösel / Beelmann (2003) wurde die Wirksamkeit von 84 Präventions- und Interventionsprogrammen bei Verhaltensstörungen, die 135 unterschiedliche Maßnahmen umfassen (N = 16.723), evaluiert. Die Ergebnisse der Meta-Analyse von Lösel / Beelmann verdeutlichen, dass die höchsten Effekte bei intensiven (längerfristigen) Interventionen bei Kindern im Alter von 4 bis 6 Jahren erzielt wurden. Wirksame präventive Förderung setzt nach den vorliegenden Metaanalysen insbesondere als kindorientierte Prävention ein, arbeitet intensiv und nutzt Verfahren, die kognitive und verhaltensorientierte Maßnahmen kombinieren (vgl. Lösel / Beelmann 2003). Eine Auswertung der Effektstärken nach problemorientierten Maßen und nach Maßen sozialer Kompetenz zeigte kleine Effektstärken (d = 0,29) in dissozialen Verhaltensmaßen und deutlich höhere Effektstärken im Bereich sozialer Kompetenzmaße (d = 0,43) (Lösel / Beelmann 2003, Beelmann 2006). Eine Unterscheidung der Effektstärken nach weiteren Erfolgskriterien ergab die höchsten Effektstärken bei sozial-kognitiven Erfolgskriterien (z. B. sozial angemessenes Problemlösen), gefolgt von Veränderungen im Bereich der Verhaltenskompetenzen und der sozialen Anpassung

(Soziometrie, Einschätzungen zu Verhaltensproblemen). In der aktuellen Metaanalyse von Durlak et al. (2011) wurden insgesamt 213 schulbasierte universell-präventive Programme zur Förderung emotional-sozialer Kompetenzen (SEL) analysiert. Im Vergleich zur Kontrollgruppe zeigen sich in dieser Metanalyse neben einem generellen positiven Effekt auf die sozial-emotionalen Kompetenzbereiche auch wichtige signifikante Verbesserungen in schulischen Lernerfolgen. Nach der Bewertung der vorliegenden Metaanalysen sind Effekte von einer drittel bis einer halben Standardabweichung bei universellen Präventionsprogrammen zu erwarten, was immerhin einer Verbesserungsrate von 15 bis 25 % entspricht (Beelmann 2006).

5. Wirksame Präventionsprogramme im Überblick

Da Schulen alle Kinder und Jugendlichen eines Jahrgangs erreichen, sind wirksame Präventionsprogramme für die konsequente Förderung emotional-sozialer Kompetenzen der Kinder, die zugleich der Entstehung von Gefühls- und Verhaltensstörungen präventiv entgegenwirken, geradezu prädestiniert. Besonders Kinder und Jugendliche, die unter Risikobedingungen aufwachsen, sind in Schulen viel leichter zu erreichen als durch außerschulische Maßnahmen. Ziel sollte es hier demnach sein, im schulischen Alltag präventiv emotional-soziale Kompetenzen zu fördern, um sich anbahnende Gefühls- und Verhaltensstörungen zu verhindern. Eine langfristige Verankerung präventiver Maßnahmen im Schulalltag erfordert darüber hinaus eine enge Verzahnung mit den curricularen Lerninhalten von Schule. Eine Analyse der Lehrpläne bestätigt den prinzipiellen Auftrag der Schulen zur präventiven Förderung und zeigt curriculare, didaktische und methodische Möglichkeiten der schulischen Umsetzung für Präventionsprogramme auf (vgl. Hartke 2005, Hillenbrand / Hennemann 2006).

Grundsätzlich bieten sich für den schulischen Kontext je nach Zielgruppe universelle (alle Schüler einer Klasse), selektive (Schüler aus einem sozialen Brennpunkt) und indizierte (Förderung von Schülern mit ausgewiesenen Verhaltensstörungen) Präventionsmaßnahmen an. In der Tabelle auf Seite 18/19 werden fünf empirisch wirksame Präventionsprogramme zur strukturierten Förderung emotional-sozialer Kompetenzen für die Primarstufe exemplarisch vorgestellt.

Die Durchführung eines solchen Programms kann im Rahmen eines Unterrichtsprojekts den gesetzten Zielen des Lehrplans im erzieherischen, sozialen Bereich entsprechen und zugleich die Rahmenbedingungen für erfolgreichen Unterricht verbessern.

Programm	Zielgruppe / Alter	Autor
Fit und stark fürs Leben 1 und 2, 3 und 4 € 26,00	Primarstufe, 1. und 2. Klasse, 3. und 4. Klasse, universell	Burow et al. (1998)
Mich und dich verstehen € 39,95	3. bis 6. Klasse, universell	Bieg / Behr (2005)
Lubo aus dem All € 99,00 + € 39,95 (Arbeitshefte) + € 59,00 (Handpuppe)	Primarstufe, 1. bis 2. Klasse, universell	Hillenbrand / Hennemann / Hens (2010)
»KlasseKinder-Spiel« € 16,00	Primarstufe, 1. bis 4. Klasse, universell	Hillenbrand / Pütz (2008)
Verhaltenstraining für Schulanfänger € 32,95 + € 7,95 (Arbeitsheft)	Primarstufe, 1. und 2. Klasse, universell	Petermann et al. (2006)
Verhaltenstraining für die Grundschule € 39,95	Primarstufe, 3. und 4. Klasse, universell	Petermann et al. (2008)
Freunde-Programm € 16,90	7 bis 12 Jahre, universell, Prävention von Angst	Barrett et al. (2003)
Friedensstifter-Training	Primarstufe, 1. bis 4. Klasse, universell	Gasteiger-Klicpera / Klein (2006)

Tab. 1: Überblick über wirksame Präventionsprogramme zur Förderung emotional-sozialer Kompetenzen in der Grundschule

	Besonderheiten	Bewertung
	– Lebenskompetenztraining – Orientierung an WHO-Empfehlungen – zur Persönlichkeitsstärkung – Identifikationsfigur »Igor Igel«	– positive Evaluation: Rückgang von externalisierendem und internalisierendem Verhalten – aufgrund des curricularen Aufbaus bis zur Klasse 6 sehr zu empfehlen – alle Unterrichtsmaterialien liegen im Kopierformat vor
	– Trainingsprogramm zur emotionalen Sensitivität – auf Einsatz in Schule zugeschnitten – sehr abwechslungsreich – umfasst 84 Lernanlässe	– positive Evaluation: positive Veränderungen im Bereich unaufmerksamen, aggressiven und zurückhaltenden Verhaltens
	– konsequentes Erarbeiten eines Problemlösekreislaufs, Erarbeitung alltagsnaher angemessener Emotionsregulationsstrategien – komplette Einbettung in Rahmenhandlung (Lubo aus dem All) – kindgerechtes und motivierendes Verstärkersystem (Sternenstaub)	– moderate Effekte: Zunahme der Problemlösefertigkeiten – vermehrtes Sprechen über Gefühlszustände – Zunahme emotional-sozialer Kompetenzen – insbesondere Kinder unter erhöhtem Risiko profitieren von LUBO
	– Verhaltenssteuerung durch Belohnung von positivem Verhalten – sehr einfach und spielerisch umsetzbar	– eines der effektivsten Präventionsprogramme – vielfach positiv evaluiert
	– Prävention von aggressivem und unaufmerksamem Verhalten – didaktischer Rahmen »Schatzsuche« – Handpuppe »Chamäleon Ferdi«	– motivierendes Programm – positive Evaluation: Rückgang von externalisierendem und internalisierendem Verhalten
	– Weiterführung des Programms für Klasse 1 und 2 – Motivierende Rahmenhandlung »Hörspiel: Abenteuer auf Schloss Duesterbrock«	– aufgrund des curricularen Aufbaus sowie der positiven Evaluation zu empfehlen
	– spezifisch als Präventionsprogramm bei internalisierenden Störungen entwickelt (Angst, kindliche Depression)	– motivierendes Programm – positive Evaluation durch Rückgang von Ängstlichkeit
	– Förderung von 4 Bereichen: 1. Wie verhalte ich mich in einem Streit? 2. Verhandeln lernen 3. Umgang mit Gefühlen (Wut, Ärger) 4. Frieden stiften – anderen Kindern beim Verhandeln helfen	– recht gute Effekte: in mehreren größeren Studien nachgewiesen – keine Rahmenhandlung

Tobias Hagen / Conny Melzer

Kompetenzorientierte Diagnostik: Kritische Stellen in Lern- und Entwicklungsprozessen

1. Warum kompetenzorientiert diagnostizieren?

Die Erkenntnisse empirischer Forschungsbemühungen zeigen, dass zahlreiche Einflüsse auf unterschiedlichen Ebenen auf die Entwicklung von Kindern einwirken. Die Heranwachsenden übernehmen jedoch mit steigendem Alter zunehmend selbst die Regie im Entwicklungsprozess. Während in der Vergangenheit einfache Ursache-Wirkungs-Modelle zur Erklärung von Verhaltensauffälligkeiten herangezogen wurden, wird Entwicklung heute als dynamischer Prozess verstanden. Für die Diagnostik und Förderung ist zudem die Unterscheidung in Risiko- und Schutzfaktoren sowie deren Wirkungsweise hilfreich.

Während Risikofaktoren die Entwicklung von Kindern negativ beeinflussen können (bspw. familiäre Konflikte, kognitive Entwicklungsdefizite), haben protektive Faktoren eine schützende Funktion (bspw. positives Sozialverhalten, aktive Stressbewältigung). Verfügt ein Kind über verschiedene Schutzfaktoren, wird ein negativer Entwicklungsverlauf unwahrscheinlicher (vgl. Beelmann / Raabe 2007, S. 48 ff.). Hinzu kommt, dass Risikofaktoren letztendlich kaum veränderbar sind und nur in einem begrenzten Maße Hinweise für die Diagnostik und Förderung liefern.

Demgegenüber zeigen die Erkenntnisse aus der Resilienzforschung, wie hilfreich eine Orientierung an den Ressourcen von Kindern sein kann, um eine negative Entwicklung abzuschwächen oder zu verhindern (vgl. Werner 2007, S. 320 ff.). Durch entsprechende Fördermaßnahmen ist es möglich, Schutzfaktoren von Kindern zu stärken oder zu generieren. Werden bspw. soziale und emotionale Kompetenzen gezielt gefördert, hat dies eine schützende Wirkung.

Demnach sollten Ressourcen und protektive Faktoren bei der Diagnostik berücksichtigt werden, um einerseits an den Stärken und besonderen Potenzialen der Heranwachsenden ansetzen zu können und andererseits bereits zu einem frühen Zeitpunkt gezielte Hilfen anbieten zu können, bevor sich Probleme verfestigen.

2. Diagnostische Verfahren

Die Diagnostik steht – nicht nur im schulischen Feld – in Interdependenz mit anderen Aufgabenfeldern. Das heißt, sie steht in einem direkten Zusammenhang mit dem Unterricht, der Förderung und der Förderplanung. Diagnostik ist die Grundlage für die Förderplanung, die wiederum zu einer strukturierten, zielgerichteten Förderung und angemessenen Differenzierung im Unterricht beiträgt. Zudem werden diagnostische Methoden eingesetzt, um Unterricht und Förderung zu evaluieren (vgl. z. B. Popp / Melzer / Methner 2011, S. 17).

Der diagnostische Prozess selbst gliedert sich ausgehend von einer konkreten Fragestellung grob in eine Phase der Datenerhebung und eine Phase der Datenintegration (vgl. Pospeschill/Spinath 2009, S. 128). Dabei müssen verschiedene Entscheidungen getroffen werden. So wird sich ausgehend von einer Fragestellung und Hypothesenbildung für diagnostische Methoden entschieden (vgl. Lukesch 1998, S. 598 sowie Hesse/Latzko 2011, S. 65). Im Zuge der Datenintegration kommt es zu einer Hypothesenprüfung und zu einem diagnostischen Urteil entsprechend der zugrunde liegenden Fragestellung (z. B. Ist eine Differenzierung notwendig und welche?, Welche Ressourcen und Kompetenzen hat das Kind?, Soll ein Förderplan erstellt werden und welchen Schwerpunkt soll er legen?, War die Förderung erfolgreich?).

Hieraus wird ersichtlich, dass es viele diagnostische Situationen im schulischen Alltag gibt, für die zahlreiche Methoden zur Verfügung stehen. Wichtig ist hierbei die Passung zwischen der zugrunde liegenden Fragestellung und der gewählten Methode. Die zur Verfügung stehenden Methoden können grundsätzlich in fünf Gruppen eingeteilt werden:

1. Gesprächsmethoden,
2. Beobachtungsverfahren,
3. Beurteilungsverfahren,
4. Testmethoden und
5. Dokumentenanalyse (vgl. Lukesch 1998, S. 36).

Die Beobachtungs- und Screening-Verfahren bauen nicht nur aufeinander auf, sondern sind auch die am häufigsten eingesetzten diagnostischen Methoden. Daher werden sie im Folgenden näher vorgestellt.

Beobachtung

Beobachtung findet im schulischen Kontext oftmals sehr spontan statt, kann aber auch sehr gezielt und geplant eingesetzt werden. Aus der bereits genannten Definition wird ersichtlich, dass vor allem sinnlich wahrnehmbare äußere Tatbestände und Prozesse (vgl. Mutzeck 2000, S. 155) Gegenstand von Beobachtungen sind. Nicht beobachtet werden können Motive, Gefühle, Gedanken oder Fähigkeiten (vgl. Fisseni 2004, S. 121).

Die Beobachtung in ihrer Durchführung gliedert sich in vier Phasen (vgl. Mutzeck 2000, S. 162):

1. Phase der Vorentscheidung und der Vorbereitung
   - Feststellen und Festlegen der Rahmenbedingungen
     (Wer oder was soll beobachtet werden und wie lange soll die Beobachtung andauern? Welche Form der Beobachtung wird durchgeführt? Wie soll das beobachtete Verhalten kodiert werden?; vgl. Hesse/Latzko 2011, S. 87)
   - Vorbereitung der Beobachtung (entsprechend der oben genannten Festlegungen)
2. Phase der Beobachtung im engeren Sinne
3. Phase der Beschreibung und Protokollierung
4. Phase der Analyse und Implementierung (Deutung und Interpretation)

Die Einhaltung dieser Phasen, insbesondere die Trennung von Beobachtung und Interpretation, beugt einem vorzeitigen Beurteilen und Verzerren der Ergebnisse vor. In der ersten Phase sind die mit den Rahmenbedingungen und damit je nach Fragestellung und situativen Gegebenheiten auch die Form der Beobachtung festzulegen. Die verschiedenen Formen von Verhaltensbeobachtung können unter verschiedenen Gesichtspunkten

(Kategorien) gegenübergestellt werden. Die nachfolgende Tabelle zeigt eine solche Gegenüberstellung (aus Popp / Melzer / Methner 2011, S. 143; zusammengestellt nach Fisseni 2004, S. 125 ff. sowie Mutzeck 2000, S. 157 ff.).

Gegenstand der Beobachtung	
Selbstbeobachtung Beobachtung des Verhaltens der eigenen Person	*Fremdbeobachtung* Beobachtung des Verhaltens durch andere (fremde) Personen
Ort der Beobachtung	
Der Ort der Beobachtung bestimmt das Ausmaß des systematischen Einflusses, unter dem das Verhalten zustande kommt	
Natürliche Situation (Feldbeobachtung)	*Künstliche Situation* (Laborbeobachtung)
Stellung des Beobachters zum Beobachtergegenstand (Rolle des Beobachters)	
Teilnehmend (aktiv und passiv) Aktiv-teilnehmend: aktives Mitglied in der beobachteten Situation (intervenierende Beobachtung) Passiv-teilnehmend: geringer Partizipationsgrad. Beobachter versucht, sich soweit wie möglich zurückzuhalten	*Nicht teilnehmend* Es finden keine Interaktionen zwischen Beobachter und beobachteter Person statt, da der Beobachter »unsichtbar« ist (z. B. durch Einwegscheibe)
Vermittlung des Beobachtungsgegenstandes	
Technisch unvermittelt	*Technisch vermittelt* (z. B. durch Video-Aufzeichnung)
Informiertheit der Person	
Wissentliche (offene) Beobachtung Bei einer wissentlichen Beobachtung ist das Vertrauensverhältnis von Beobachter und beobachteter Person entscheidend.	*Unwissentliche (verdeckte) Beobachtung* Eine verdeckte Beobachtung ist aus ethischen und datenschutzrechtlichen Gründen nicht oder nur in begründeten Ausnahmefällen vorzunehmen.
Kontrolliertheitsgrad der Beobachtung	
Der Grad der Systematisierung der Beobachtung wird durch die Operationalisierung und Strukturierung der Beobachtungseinheit, die planmäßige Methode und die Erfassung und Kontrolle der Umgebungsbedingungen bestimmt.	
Unsystematische (freie) Beobachtung Das zu beobachtende Verhalten wird vor der Beobachtung nicht festgelegt.	*Systematische Beobachtung* Beobachtung einer festgelegten, operational definierten Verhaltensweise. Oftmals in einem bestimmten Zeit- und Mengenraster.
Zeitfaktor der Beobachtung	
Kontinuierliche Beobachtung Regelmäßige und geplante Beobachtung über einen bestimmten Zeitraum.	*Diskontinuierliche Beobachtung* Unregelmäßige Zeiten der Beobachtung.

Einige dieser Formen können parallel eingesetzt werden oder bauen aufeinander auf. So ist es sinnvoll, zunächst frei zu beobachten, bevor aufgrund der Ergebnisse ein systematischer Beobachtungsbogen mit konkreten Kriterien entwickelt wird, der auf eine eingegrenzte Zahl an Verhaltensweisen in einem bestimmten Zeitraum fokussiert.

Mutzeck (2000, S. 162 ff.) nennt zusammenfassend einige Punkte, die die Beobachtung in der Praxis unterstützen und häufig auftretende Fehlerquellen vermeiden helfen:

- Das zu beschreibende Verhalten muss beobachtbar sein (also keine Motive, Gedanken etc.).
- Das Verhalten soll so konkret und damit so eindeutig wie möglich beschrieben werden. Theoretische Konstrukte (z. B. Aggressivität) müssen in beobachtbare Verhaltensweisen aufgeschlüsselt werden (z. B. X nimmt den Stift weg, Y schlägt Z). Auch dahingehende Interpretationen sind unzulässig (also nicht, Y ist *wütend* und schlägt auf Z ein).
- Das zu beobachtende Verhalten kann in bestimmten Fällen zusätzlich aufgeschlüsselt werden: durch ein Verhaltensmaß (A trommelt *schnell* mit dem Stift auf den Tisch), durch Zeitangaben (A schreibt 5 Minuten lang in ihr Heft) oder Mengenangaben (C zeigt in der Unterrichtsstunde 10-mal auf).
- Die Beschreibung soll im Präsens und möglichst im Singular formuliert sein: Die Beobachtung ist ein Ergebnis, das sich nicht mehr verändert.

Rating-Verfahren

Ein Rating ist ein subjektives Schätzurteil, das auf einer festgelegten Skala abgegeben wird. Entscheidend für die Qualität solcher Verfahren ist die Festlegung von Kriterien (Items). Diese erbringen Informationen über die Ausprägung von definierten Merkmalen.

Beurteilungsverfahren (resp. Screening- oder Rating-Verfahren) haben prinzipiell eine große Nähe zur Beobachtung, da sie auf deren Erkenntnisse aufbauen. Sie sollen »einen groben Überblick zu Verhaltensweisen vermitteln« (Myschker 2009, S. 187) und haben grundsätzlich drei Ziele:

- Erfassen von Kindern aus einer Gesamtpopulation, die bedroht sind, Entwicklungsstörungen herauszubilden (»Entwicklungsrisiko«) (Kany / Schöler 2009, S. 101),
- Erfassen möglichst vieler Faktoren, um auf dieser Basis Rückschlüsse für das weitere Vorgehen zu erzielen (Hartmann 2004, S. 186),
- Treffen von schnellen und abgesicherten Aussagen über das Verhalten (ebd.).

Klassische Tests sind für die Diagnose sozialer und emotionaler Bereiche meist ungeeignet (Lukesch 1998), da sie kaum zwischen Schülern mit und ohne Verhaltensstörungen trennen (Neukäter / David / Voigt 1995). Häufig handelt es sich um situationsspezifisches Verhalten, wie bspw. aggressive Verhaltensweisen, das von Kindern nicht dauerhaft, sondern lediglich in bestimmten Situationen gezeigt wird. Demnach sind Rating-Verfahren zur zuverlässigen Verhaltensbeurteilung am besten geeignet und bei ganzheitlichen Schülermerkmalen unverzichtbar (Lukesch 1998, S. 163).

Mit der Lehrereinschätzliste für Sozial- und Lernverhalten (LSL; Petermann / Petermann 2006) und dem Strengths and Difficulties Questionnaire (SDQ; Goodman 1997) werden zwei Verfahren konkret vorgestellt, die gut handhabbar und ökonomisch in der Anwendung sind sowie nach testtheoretischen Gütekriterien aus wissenschaftlicher Sicht empfohlen werden können.

Die Lehrereinschätzliste für Sozial- und Lernverhalten

Die Lehrereinschätzliste für Sozial- und Lernverhalten (LSL; Petermann / Petermann 2006) ist ein ressourcenorientiertes Verfahren für Lehrkräfte, das für einzelne Schüler oder auf Klassenebene eingesetzt werden kann. Die LSL ermöglicht die Beurteilung von schulbezogenem Sozial- und Lernverhalten bei Schülern im Alter von 6 bis 19 Jahren aller Schultypen. Ursprünglich wurde das Verfahren für den Förderschulbereich konzipiert, als Hilfsmittel zur Verbesserung der Förderplanung und Gutachtenerstellung. Da es sich um ein Breitbandverfahren handelt, das verschiedene Kompetenzbereiche abdeckt, kann es gut als Screening eingesetzt werden. Darüber hinaus sind Veränderungsmessungen möglich, was für den Einsatz des Verfahrens im Rahmen der individuellen Förderplanung von besonderem Interesse ist. Zur Entwicklungsbeurteilung kann das Rating-Verfahren mehrfach im Schuljahr (z. B. alle 3 Monate) verwendet werden.

Auf Schüler- und Klassenebene gibt die LSL der Lehrkraft eine differenzierte Rückmeldung über den Umgang mit Lernanforderungen und das Sozialverhalten. Die Beurteilung erfolgt auf Grundlage einer vierstufigen Skala für insgesamt zehn Teilbereiche, wobei jeder Teilbereich fünf Aussagen umfasst, die jeweils konkrete Verhaltensweisen umschreiben:

- **Skalen des Sozialverhaltens:** Kooperation, Selbstwahrnehmung, Selbstkontrolle, Einfühlungsvermögen und Hilfsbereitschaft, angemessene Selbstbehauptung, Sozialkontakt;
- **Skalen des Lernverhaltens:** Anstrengungsbereitschaft und Ausdauer, Konzentration, Selbstständigkeit beim Lernen, Sorgfalt beim Lernen.

Alle Aussagen sind durchweg positiv formuliert. Demnach kann die LSL gut genutzt werden, um individuelle Stärken von Schülern zu identifizieren. Zudem vereinfacht die beschriebene Testkonstruktion die Auswertung der Ergebnisse. Hierzu müssen lediglich die Rohwerte der einzelnen Skalen addiert werden. Aufwendige Berechnungen sind nicht erforderlich. Die Durchführungszeit beträgt ca. 10 Minuten pro Schüler inklusive Auswertung.

Die Ergebnisse der LSL wurden mit der Deutsch- und Mathematiknote sowie dem Notendurchschnitt im letzten Zeugnis verglichen. Die Analysen zeigten einen engen Zusammenhang zwischen den Schulleistungen und den mit der LSL erfassten Aspekten des Sozial- und Lernverhaltens. Weitere Auswertungen bestätigten die Einteilung in die beiden Aussagenbereiche **Sozialverhalten** und **Lernverhalten** eindeutig (vgl. Petermann / Petermann 2006, S. 7).

Der Strengths and Difficulties Questionnaire

Das Rating-Verfahren Strengths and Difficulties Questionnaire (SDQ; Goodman 1997) dient der Erfassung psychischer Auffälligkeiten und Stärken aus der Perspektive verschiedener Beurteiler (Lehrer, Eltern, Kind / Jugendlicher). Die verschiedenen Versionen des Fragebogens ermöglichen u. a. den Vergleich der Selbst- und Fremdeinschätzung eines Kindes. Zudem liegt das Verfahren in vielen unterschiedlichen Sprachen vor, was im Rahmen der Elternbefragung von Kindern mit Migrationshintergrund hilfreich sein kann.

Es handelt sich um ein Breitbandverfahren, das verschiedene Problembereiche abdeckt. Im Vergleich zu anderen Verfahren besteht der Vorteil des SDQ darin, dass das Verfahren nur wenige Items beinhaltet und sehr ökonomisch in der Durchführung und

Auswertung ist. Alle Versionen können von der folgenden Internetseite kostenlos bezogen werden: www www.sdqinfo.org

Die Lehrer- und Elternversion ist für den Altersbereich 4 bis 16 Jahre geeignet. Die Selbstberichtsversion sollte erst ab einem Alter von 11 Jahren eingesetzt werden. Insgesamt umfasst der Fragebogen 25 Aussagen, die sich fünf Skalen zuordnen lassen (Emotionale Probleme, Verhaltensprobleme, Aufmerksamkeitsdefizit-/Hyperaktivitätsprobleme, Probleme mit Gleichaltrigen, Prosoziales Verhalten). Die Beurteilung erfolgt auf einer dreistufigen Skala.

Die aus England stammende Originalversion des SDQ wurde bereits an mehreren 10.000 Kindern und Jugendlichen getestet und validiert. Auch in Deutschland ist das Verfahren bereits in verschiedenen Studien erfolgreich eingesetzt worden (bspw. Kinder- und Jugendgesundheitssurvey, KiGGS).

Pro Schüler beträgt die Durchführungszeit nur ca. 5 Minuten. Für die Auswertung müssen lediglich weitere 2 Minuten eingeplant werden.

In nationalen wie auch internationalen Studien hat sich der SDQ als veränderungssensitives Screening-Instrument bewährt. Der SDQ wird von Lehrern, Eltern und Kindern / Jugendlichen gleichermaßen gut akzeptiert und zuverlässig beantwortet.

Ergebnis

Diagnostische Erkenntnisse, die für die Förderung von Kindern genutzt werden sollen, sind dann hilfreich, wenn es auf Grundlage der Ergebnisse möglich ist, Aussagen darüber zu treffen, auf welcher Stufe des Entwicklungsprozesses sich ein Kind befindet, also welche Teilkompetenzen bereits beherrscht werden und welche Lernschritte das Kind zu bewältigen hat. Demnach sollte die Diagnostik keinen Selbstzweck erfüllen, sondern die ermittelten Befunde sind für die Anpassung der Inhalte der Förderung für das einzelne Kind zu nutzen. Zudem birgt die Verknüpfung von Diagnostik und Förderung den Vorteil, dass die eingesetzten diagnostischen Methoden wiederum zur Evaluation von Fördermaßnahmen genutzt werden können. Ein Beispiel, wie eine solche Verknüpfung mithilfe der LSL umgesetzt werden kann, befindet sich im Anhang.

Die Verhaltensbeobachtung sollte immer auch ressourcenorientiert eingesetzt werden, indem neben unerwünschten Verhaltensweisen ein Schwerpunkt auf unterrichtsbezogene Tätigkeiten der Schüler gelegt wird. Dies kann mit einem systematischen Beobachtungsbogen, in den zu beobachtende Kriterien selbst einzutragen sind, gut realisiert werden. Ein solches Beispiel findet sich auf der CD (→ Kopiervorlagen → 3 Beobachtungsbogen).

Die in der LSL sowie dem SDQ formulierten Items können gut genutzt werden, um konkrete Ziele für den Förderplan abzuleiten. Zudem fördert der Einsatz eines solchen Verfahrens – wenn es von verschiedenen Personen für ein Kind genutzt wird – zielorientierte Gespräche über den individuellen Entwicklungsstand anhand der Aussagenbereiche. Da es sich jeweils um veränderungssensitive Verfahren handelt, können die beiden vorgestellten Rating-Verfahren, wie auch die systematische Beobachtung, zur Evaluation des Förderplans genutzt werden (→ Kopiervorlagen → 4 LSL Förderplan).

Verfahren der Diagnostik, die gut handhabbar und ökonomisch in der Anwendung sind, müssen keinen Mehraufwand bedeuten, sondern können im Hinblick auf die inhaltliche Ausgestaltung von Förderung hilfreich sein, um eine an den Stärken der Kinder orientierte und zielgerichtete Unterstützung umzusetzen.

Kritische Stellen	Förderideen	Beispiel Nummer
Effektives Classroom Management: Gestaltung der Lernumgebung	1. Proaktive Kriterien:	1
	– Klassenraum vorbereiten	I.
	– Regeln und Verfahrensweisen planen und unterrichten	II.
	– Konsequenzen festlegen	III.
	– Schaffen eines positiven (Lern-) Klimas im Klassenraum	IV.
	– Beaufsichtigen und Überwachen	V.
	– Vorbereiten des Unterrichts	VI.
	– Verantwortlichkeit der Schüler	VII.
	– Unterrichtliche Klarheit	VIII.
	– Kooperative Lernformen	IX.
	2. Reaktive Kriterien:	
	– Unterbindung von unangemessenem Schülerverhalten	X.
	– Strategien für potenzielle Probleme	XI.
Entwicklungsorientierte Förderung emotional-sozialer Kompetenzen in der Schuleingangsphase	Präventionsprogramm: »Lubo aus dem All!«	2
Umgang mit Unterrichtstörungen, Verbesserung des Regelverständnis, Verbesserung des Lern-/Arbeitsverhaltens	Die unterrichtsimmanente Maßnahme: »Das ›KlasseKinderSpiel‹ «	3
Umgang mit Verhaltensstörungen im Unterricht, Aufbau von erwünschtem prosozialem Schülerverhalten	Schulische Verhaltensmodifikation: Kriterien zur wirksamen Implementation von Token-Systemen in der Schule	4
Rahmenkonzept »Inklusives Bildungssystem«	Responsives Handlungsmodell	5

Überblick über wirksame Fördermaßnahmen: Förderideen

Dennis Hövel / Thomas Hennemann

1 Förderidee: Effektives Classroom Management: Anregende Lernumgebungen gestalten

Zahlreiche nationale und internationale Studien belegen, dass Schüler in Klassen mit gelingendem Classroom Management in ihrem Lernen wie auch in ihrer sozial-emotionalen Entwicklung davon profitieren (Helmke 2009) und Lehrkräfte unter einem geringeren Maß an Unterrichts- und Verhaltensstörungen leiden. Zudem steht ihnen erheblich mehr Zeit für den eigentlichen Unterricht zur Verfügung. Kein anderes Merkmal ist so eindeutig und konsistent mit dem Leistungsniveau und dem Lernfortschritt von Schulklassen verknüpft wie die Klassenführung. Die Klassenführung erweist sich zudem als eine der effektivsten Methoden zur Intervention bei externalisierenden Störungen von Schülerinnen und Schülern. Maßnahmen auf der Basis effektiven Classroom Managements stellen von insgesamt 221 Studien die wirksamste schulbasierte Intervention bei aggressivem Verhalten dar.

Eine differenzierte und konkrete Übersicht, in welchen Dimensionen eine effektive Klassenführung abläuft, formulieren Evertson / Emmer (2009) sowie Helmke (2009) in 11 Prinzipien und unterscheiden dabei proaktive und reaktive Kriterien:

Proaktive Kriterien:
Klassenraum vorbereiten, Regeln und Verfahrensweisen planen und unterrichten, Konsequenzen festlegen, Schaffen eines positiven (Lern-)Klimas im Klassenraum, Beaufsichtigen und Überwachen, Vorbereiten des Unterrichts, Verantwortlichkeit der Schüler, Unterrichtliche Klarheit, Kooperative Lernformen
Reaktive Kriterien:
Unterbindung von unangemessenem Schülerverhalten, Strategien für potenzielle Probleme

Oftmals wird jedoch vernachlässigt – und dies belegen Unterrichtsanalysen sehr deutlich –, dass ein effektives Classroom Management nur in dem Zusammenwirken der Faktoren, quasi als »Gesamtpaket«, seine volle Effektivität entfalten kann. Nach Helmke (2009) besteht eine enge Wechselwirkung zwischen einem positiven Klassenklima und einem lernförderlichen Milieu – eine gute Klassenatmosphäre unterstützt das Lernen. Um das Klima und das Zusammengehörigkeitsgefühl in einer Klasse zu fördern, finden schon zu Beginn eines Schuljahres gemeinsame Aktivitäten mit den Schülern statt. Während die genannten Aspekte für ein positives Lernklima im Klassenraum von vielen Lehrkräften bereits berücksichtigt werden und daher leicht systematisch ausgebaut werden können, muss besonders auf die Möglichkeiten einer konsequenten Förderung emotional-sozialer Kompetenzen der Schüler durch wirksame Präventionsmaßnahmen hingewiesen werden, die zugleich der Entstehung von Gefühls- und Verhaltensstörungen entgegenwirken. Da Schulen alle Kinder und Jugendlichen eines Jahrgangs erreichen, sind sie für die präventive Förderung geradezu prädestiniert. Besonders Kinder und Jugendliche unter Risikobedingungen sind in Schulen viel leichter zu erreichen als durch außerschulische Maßnahmen. Ziel sollte hier demnach sein, im schulischen Alltag präventiv emotional-soziale Kompetenzen zu fördern, um sich anbahnende Gefühls- und Verhaltensstörungen zu vermindern. Eine langfristige Verankerung präventiver Maßnahmen im Schulalltag erfordert darüber hinaus eine enge Verzahnung mit den curricularen Lerninhalten von Schule. Eine Analyse der Lehrpläne bestätigt den prinzipiellen Auftrag der Schulen zur präventiven Förderung und zeigt curriculare, didaktische und methodische Möglichkeiten der schulischen Umsetzung für Präventionsprogramme auf (Hartke 2005, Hillenbrand / Hennemann 2006).

11 Prinzipien einer effektiven Klassenführung konkret

Im Folgenden sollen die 11 Prinzipien der effektiven Klassenführung nach Evertson / Emmer (2009) sowie Helmke (2009) konkreter beleuchtet werden, um die entsprechenden Gründe und Ziele der einzelnen Kriterien besser zu verstehen und die konkrete Umsetzung anzuleiten. Die einzelnen Strukturen der unterschiedlichen Kriterien sind sehr eng miteinander verwoben, so dass vieles in mehreren Prinzipien zu finden ist und sich alles aufeinander bezieht und gegenseitig bedingt.

Der Erfolg der Einführung und Umsetzung eines effektiven Classroom Managements hängt von der intensiven Vernetzung der einzelnen Prinzipien untereinander ab.

I. Vorbereitung und Organisation des Klassenraums

Ein gut vorbereiteter Klassenraum bietet sowohl den Schülerinnen und Schülern als auch den Lehrkräften Orientierung und Sicherheit. Er trägt dazu bei, Staus und Störungen zu vermeiden. Er stellt Verhaltensklarheit für alle Bereiche und Situationen her. Auf dieser Basis ermöglicht er den Einsatz vielfältiger Methoden, vermeidet dabei aber eine Reizüberflutung und schafft so eine Wohlfühlatmosphäre.

- Für die Umsetzung hat sich bewährt, darauf zu achten, dass …
  - »Verkehrslinien« frei sind (die Schülerinnen und Schüler nutzen, um Material zu organisieren usw.)
  - Tische in Entsprechung zur Unterrichtsform stehen
  - die Lehrkraft eine räumliche Nähe zu Schülerinnen und Schülern hat
  - die Anordnung von Plakaten in der Klasse übersichtlich ist
  - Materialien beschriftet sind
  - Klassenregeln an einem prominenten Ort für alle sichtbar hängen
  - es für spezielle Ecken des Raumes (z. B. PC) spezielle, ersichtliche Regeln gibt
  - der Raum insgesamt in Funktionsbereiche unterteilt ist

→ Kopiervorlagen → 2 Vorbereitung des Klassenraums

II. Regeln und Verfahrensweisen planen und unterrichten

Regeln und Abläufe tragen elementar dazu bei, Störungen zu reduzieren, und erhöhen somit deutlich den Anteil effektiver Lernzeit. Es liegt auf der Hand, dass sich hierdurch das Klassenklima verbessert.

Eine praxisnahe Methode für das effektive Training von Regeln finden Sie im Beitrag »Das ›KlasseKinderSpiel‹«, S. 41 ff.

- Damit Regeln und Abläufe funktionieren können, sollte darauf geachtet werden, dass …
  - man Kinder nicht vor anderen Kindern bloßstellt,
  - »Nein« auch wirklich »Nein« heißt,

- man auch auf Kleinigkeiten achtet, damit diese nicht groß werden,
- Konsequenzen bekannt sind, eingefordert und nachgehalten werden.

- Für die konkrete Aufstellung von Regeln ist es hilfreich, dass ...
  - Schülerinnen und Schüler schon zu Beginn der Regelerstellung beteiligt sind und ihnen die Regeln transparent sind,
  - man klare Vorstellungen hat, was einem wichtig ist,
  - festgelegt wird, welche Regeln wann und wo gelten,
  - die Regeln mit allen beteiligten Kollegen abgesprochen sind und
  - nicht mehr als vier bis fünf Regeln, positiv formuliert, für die Klasse aufgestellt sind.

Auch die Verfahrensweisen und Prozeduren müssen von Beginn an eingeführt und eingefordert werden: *»Sie haben beispielsweise vereinbart, dass Kinder, die Hilfe bei der Arbeit benötigen, sich in einer Hilfeliste an der Tafel eintragen oder einen Namenstecker an eine Liste hängen. In diesem Fall müssen Sie darauf achten, dass sie diesen Ablauf immer wieder einfordern und beachten. Sie gehen nur zu Schülerinnen und Schülern, die in der Liste stehen/stecken und weisen darauf hin, dass man nur so Hilfe bekommt.«*

Um entsprechende Verfahren und Abläufe selbstverständlich zu machen, ist es sehr hilfreich, wenn Erwartungen deutlich benannt werden. Visualisieren Sie die Abläufe ggf. auch mit Zwischenschritten und demonstrieren Sie diese den Kindern. Drücken Sie Zuversicht über das Erreichen aus, loben Sie und lassen Sie die Schülerinnen und Schüler Abläufe wiederholen.

Für einen nachhaltigen Erfolg bei der Gestaltung von Regeln und Abläufen ist ein Fokus auf dem sozialen Verhalten wichtig! Soziales Verhalten muss thematisiert werden, so dass die Kinder in der Lage sind, sich Vorsätze hierzu zu bilden und die Chance haben, sie umzusetzen und zu reflektieren.

> Weiterführende methodisch-didaktische Strategien, um Sozialverhalten gezielt zu fördern, finden Sie im Bereich des »Kooperativen Lernens« und auch in konkretem Sozialtraining, z. B. »Lubo aus dem All!«, siehe S. 34ff.

III. Konsequenzen

Im Allgemeinen ist es wichtig, dass alle festgelegten Konsequenzen eindeutig und durchsetzbar/durchführbar sind. Hierfür ist von großer Bedeutung, dass sie transparent für alle Beteiligten dargestellt und formuliert werden. Daraus folgt die Notwendigkeit, Konsequenzen im gesamten Kollegium abzusprechen und dies nicht nur in negativen Kontexten, sondern vor allem auch in positiven: *Welche positiven Konsequenzen hat ein Kind zu erwarten, das sich regelkonform verhält? usw.*

Zur weiteren effektvollen Auseinandersetzung mit Konsequenzen helfen die nachfolgenden Stichworte:

Leitlinien für den Einsatz negativer Konsequenzen

- nur als letzte Möglichkeit einsetzen,
- auf Verhalten und nicht auf die Person reagieren, positive Anteile des Schülerverhaltens verstärkt im Blick haben,
- die Grenze zwischen akzeptablem und inakzeptablem Verhalten genau ziehen,
- kleine Ziele setzen und genau einschränken,
- die Möglichkeit bieten, mit positivem Verhalten drohende negative Konsequenzen abzuwehren.

Kontinuierliche Rückmeldung
- zu den Leistungen der Schülerinnen und Schüler sowohl in den Fächern als auch
- zum Lern-, Arbeits- und Sozialverhalten,
- Eltern stetig informieren,
- bei Rückmeldungen den Kindern immer auch den nächsten Schritt in Aussicht stellen,
- realistische Zielsetzung zu Beginn des Schuljahres,
- kontinuierliche Unterstützung bei der Umsetzung.

Eine Möglichkeit, Konsequenzen transparent und positiv zu gestalten, ist die Nutzung von Verstärkersystemen. Auch hier müssen die Ziele den Schülerinnen und Schülern klar und von ihnen erreichbar sein. Sowohl die Regeln und Abläufe als auch die Rückmeldungen, die die Kinder sammeln z. B. in Form von Punkten oder Sternen, müssen für alle sichtbar in der Klasse ausgehangen werden.

Die Effektivität eines Verstärkersystems hängt dann elementar von einer kontinuierlichen und stringenten Umsetzung ab.

Ideen zu möglichen Token für Verstärkersysteme finden Sie im »Klasse-KinderSpiel«, S. 41 ff. Ein komplett ausgearbeitetes Verstärkersystem finden Sie im Lubo-Training, S. 34 ff.

IV. Schaffung eines positiven Klassenklimas / positiver Beziehungen

Die Gründe hierfür liegen auf der Hand – in einer wertschätzenden Atmosphäre lernt es sich erheblich besser und die Kinder haben mehr Freude an der Arbeit. Aber auch die Zusammenarbeit mit Eltern wird leichter und insgesamt sind durch ein positives Klassenklima die weiteren Prinzipien der effektiven Klassenführung einfacher umzusetzen.

Auch dieses Kriterium ist sehr vielschichtig. Zur weiteren eigenständigen Auseinandersetzung finden Sie auch hier einige Leitideen:

- **Grundsätzliche Möglichkeiten:**
  - Suchen Sie die Schokoladenseiten insbesondere bei Kindern, die Ihnen eher unsympathisch sind.
  - Nutzen Sie die Leidenschaften und Interessen von sich und den Kindern für den Unterricht.
  - Zeigen Sie Interesse am Interesse der Schülerinnen und Schüler: Fragen Sie nach und greifen Sie die Aspekte im Unterricht auf.
  - Loben Sie Kinder stetig für ihre Anstrengungen im Lern- und Sozialverhalten. Bei Gelegenheit auch die komplette Klasse.
  - Gestalten Sie gemeinsame positive Erlebnisse, vor allem zu Schuljahresbeginn.
  - Setzen Sie kooperative Lernformen ein.
  - Führen Sie *mit der gesamten Klasse* präventive Sozialtrainings durch.
- **Höflichkeit und Respekt** sind ein wichtiger Aspekt für ein gutes Klassenklima:
  - Immer mit ruhiger Stimme sprechen,
  - stets »bitte« und »danke« sagen und
  - lächeln.
- In allen Bereichen, in denen Menschen miteinander agieren, gibt es immer auch **Spannungen**. Im Umgang damit sind folgende Punkte hilfreich:
  - besonders auf die positiven Seiten der Kinder zu achten,
  - das eigene Verhalten kritisch reflektieren,

- auf Schüler zugehen können und
- innerliche Distanz einnehmen (Unterschied Person / Verhalten)

V. Beaufsichtigen – die Klasse im Blick

Wenn sich Schülerinnen und Schüler im positiven Sinne beaufsichtigt fühlen, kommt es sehr häufig erst gar nicht zu Konflikten. Das betrifft sowohl den Klassenraum als natürlich auch alle anderen schulischen Situationen. Auch hierzu gibt es einige Punkte, die man einfach beachten und umsetzen kann:

- Die Lehrkraft hat alle Schülerinnen und Schüler dadurch immer im Blick, dass sie ihren Arbeitsplatz so gewählt und organisiert hat, dass sie dort einerseits mit Kindern arbeiten kann und auf der anderen Seite alle gut sehen kann.
- Sowohl in der Klasse als auch auf dem Schulhof Schülertrauben vermeiden.
- Den Stundenbeginn und die Übergänge (zwischen den Unterrichtsphasen, Pause / Unterricht, Lehrerwechsel usw.) im Blick halten und die Aufsicht hierfür planen.
- Um Kindern sinnvolle Unterstützungs- und Förderangebote zu machen, beobachten sie die Kinder auch »diagnostisch«. Setzen Sie in regelmäßigen Abständen förderdiagnostische Verfahren sowohl zur Leistungsentwicklung als auch zur sozial-emotionalen Entwicklung ein, damit Sie wissen, was bei den Kindern als nächster Schritt ansteht.

> Ein gutes und vor allem ökonomisches Instrument zur förderdiagnostischen Begleitung der Kinder im Bereich des Lernarbeitsverhaltens und des Sozialverhaltens ist die Lehrereinschätzliste für Sozial- und Lernverhalten (LSL) von Petermann / Petermann.

VI. Die optimale Vorbereitung

Die optimale Vorbereitung des Unterrichts erhöht die Lernzeit, so dass keine Wartezeiten aufkommen und dadurch weniger Platz für Störungen bei den Übergängen bleibt. Neben einigen allgemeinen Anregungen zur optimalen Vorbereitung des Unterrichts, die im Folgenden wieder stichwortartig dargestellt werden sollen, sind hierfür insbesondere sowohl die kooperativen Lernformen als auch Wochenaufgaben geeignet, die für eine breite Aktivierung der Schülerinnen und Schüler sorgen.

- Für eine **optimale Unterrichtsvorbereitung** achten Sie darauf,
  - möglichst viele Infos über Klassenzusammensetzung/Leistungsstand und mögliche Besonderheiten zusammen zu tragen und bei der Planung zu berücksichtigen,
  - ein anregendes Frageverhalten zu praktizieren,
  - schweigendes Nachdenken einzufordern und vorzuleben,
  - Positives zu kommentieren und zu loben.
  - Erwartungen, Regeln, Abläufe zu erklären, zu besprechen und einzufordern,
  - in den Beziehungsaufbau zu investieren.
- Ganz besonders gut will **der erste Schultag** vorbereitet sein. Hier hat sich bewährt,
  - die Sitzordnung vorzugeben,
  - die Kinder einzeln und wenn möglich mit Namen zu begrüßen und
  - kurze, überschaubare, eindeutige Aufgabe sofort zu geben.

> Eine Reihe an praktischen Ideen zur Gestaltung des ersten Schultags finden Sie bei Eichhorn: Classroom-Management.

VII. Festlegung von Schülerverantwortlichkeiten

Sie tragen zur Erhöhung der Selbstwirksamkeitserfahrung der Kinder in der Schule bei. Die gängigste Methode hierfür, die Übertragung von Klassenämtern, ist weit verbreitet und viel genutzt. Verantwortlichkeiten seitens der Schülerinnen und Schüler können Sie auch auf Unterrichtssituationen ausweiten, indem Sie einzelnen Kindern Verantwortung in besonderen Situationen und Unterrichtsphasen übertragen. Fangen Sie frühzeitig an, Schülerverantwortlichkeiten einzurichten und sukzessive zu steigern.

VIII. Unterrichtliche Klarheit

Sie reduziert Missverständnisse, Misserfolge und Lernunlust. Als Lehrkraft stellen Sie unterrichtliche Klarheit her, in dem Sie

- gut vorbereitetes Material einsetzen und zügig verteilen,
- klare Absprachen über Verhalten bei Übergängen treffen,
- Leerlauf vermeiden,
- während des Unterrichts keine »Nebenschauplätze« aufmachen lassen oder selbst aufmachen,
- auf Tadeln verzichten und stattdessen gewünschtes Verhalten beharrlich und ruhig benennen.

IX. Kooperative Lernformen

Sie fördern sowohl intellektuelle als auch sozial-emotionale Fähigkeiten. Eine gute Übersicht über die Strukturen und Methoden des kooperativen Lernens finden Sie z. B. bei Margit Weidner in ihrem Buch »Kooperatives Lernen im Unterricht: Das Arbeitsbuch« oder bei Norman und Kathy Green in ihrem Werk: »Erfolgreich unterrichten durch Kooperatives Lernen. Strategien zur Schüleraktivierung«.

Exkurs proaktive Kriterien – Elternarbeit

Machen Sie sich mit den Eltern Ihrer Schüler bekannt noch bevor Probleme entstehen. So können Sie per Brief noch vor dem ersten Schultag Kontakt aufnehmen. Machen Sie sich mit den Eltern Ihrer Schüler bekannt noch bevor Probleme entstehen. So können Sie per Brief noch vor dem ersten Schultag Kontakt aufnehmen. Sprechen Sie die Eltern als Experten für ihr Kind an und fragen sie, ob diese Ihnen wichtige Infos geben können, damit sie das Kind angemessen fördern können. Benennen und erklären Sie den Eltern die Regeln, die in der Schule zu beachten sind und fragen Sie sie, was ihnen an Regeln in Bezug auf ihr Kind wichtig ist.

Wie immer im Leben wird es auch in der Elternarbeit dazu kommen, dass Sie mit Konflikten umgehen müssen.

- Konfliktgespräche seitens der Eltern:
  - Positive Absichten der Eltern suchen und Verhalten umdeuten,
  - Beschwerdepunkte in Ruhe notieren und sachlich nachfragen,
  - professionell Stellung nehmen.
- Konfliktgespräche seitens der Lehrkraft mit dem Ziel, sich mit den Eltern für das Kind zu verbünden:
  - auf Fortschritte in die richtige Richtung hinweisen,
  - kurz das Problem benennen und dann auf zu erlernende Fähigkeit ableiten,
  - Eltern als Experten im Umgang mit dem Kind ansprechen.

Elementar für eine gelingende Elternarbeit ist es, dass Sie das »Informationsmonopol« der Schülerinnen und Schüler bei ihren Eltern unterbrechen und insbesondere auch dann Kontakt aufnehmen, wenn es etwas Positives zu berichten gibt.

X. & XI. Unangemessenes Schülerverhalten unterbinden / Strategien für potenzielle Probleme

Diese Punkte schließen sich dann an, wenn die proaktiven Prinzipien der effektiven Klassenführung nicht genügen. Strategien für potenzielle Probleme müssen daher stringent aus den vorhergehenden Prinzipien abgeleitet sein.

Deeskalationsstrategien und Interventionen sind situationsabhängig und müssen daher sehr reflektiert und überlegt eingesetzt werden – ein »Pauschalrezept« gibt es nicht. Jede Problemsituation muss daher mit pädagogischem Feingefühl angegangen werden. Grundsätzlich gilt hierbei, dass die Lehrkraft immer Vorbildfunktion haben sollte.

Im Folgenden finden Sie eine Reihe von Strategien, um in Konfliktsituationen zu agieren:

- eigene Emotionen frühzeitig erkennen
- beruhigen ermöglichen
- einfache Beschäftigung zuweisen
- abwarten
- verzögert reagieren
- Humor
- Blickkontakt: 20-Sekunden-Regel
- Ruhe
- klare Körperhaltung
- Präsenz der Lehrkraft im Raum
- Feedback-geleitet intervenieren: genau beobachten und korrigieren
- Auszeit mit klarem Rückkehrplan
- Konsequenzen aufzeigen und Verantwortung einfordern
- direkt Hilfe anbieten
- keine Predigt halten
- aus dem Weg gehen
- Ausweg anbieten
- Gespräch suchen
- nonverbale Signale
- an Hilfe appellieren
- nähern / berühren
- umstrukturieren
- umgruppieren
- Privileg entziehen
- verbindliche Verhaltensverträge
- Time-Out als freiwillige Auszeit

Die Effektivität der hier aufgeführten proaktiven und reaktiven Strategien im Rahmen der Klassenführung gründet sich auf deren positive Wirkung auf die einzelnen Phasen der Sozial-kognitiven-Informationsverarbeitung. Die Prinzipien des Classroom Managements unterstützen den sozial erwünschten Ablauf der SKI. In diesem Zusammenhang sind insbesondere Sie als Lehrkraft immer wieder dazu aufgefordert, Ihre soziale Interaktion am Modell der SKI zu überprüfen: Wie ist meine emotionale Priorität? Was passiert genau und was ist damit gemeint? Welche Ziele verfolge ich in diesem Kontext und welche Möglichkeiten habe ich, diese Ziele in die Tat umzusetzen, so dass möglichst viele damit einverstanden sind?

Dennis Hövel / Thomas Hennemann

2 Förderidee »Lubo aus dem All!«: Ein Präventionsprogramm zur Förderung emotional-sozialer Kompetenzen in der Schuleingangsphase

Die Förderung von sozialen und emotionalen Kompetenzen ist entscheidend für die wirksame Vorbeugung von Gefühls- und Verhaltensstörungen und für den Lernerfolg von Kindern. Daher ist es nicht weiter verwunderlich, dass diverse Lehrpläne der Grundschule – z. B. für das Fach Deutsch, aber auch für Sachunterricht und Religion – die Förderung dieser Kompetenzen explizit fordern.

An dieser Stelle setzt das Trainingsprogramm »Lubo aus dem All!« (Hillenbrand / Hennemann / Hens / Hövel, 2. Auflage, im Druck) ein, das unterrichtspraktisches Handwerkszeug zur Förderung emotionaler und sozialer Kompetenzen bereitstellt:

Lubo, ein kleiner grüner Außerirdischer mit knallroten Stiefeln, besucht die Erde. Er möchte hier Freunde finden. Bei dieser Suche stößt er immer wieder auf schwierige Rätsel – warum freuen sich die Kinder das eine Mal, wenn ich in die Klasse komme und fröhlich mit ihnen singe, und ein anderes Mal nicht? So wie in diesem Beispiel stößt Lubo bei seinen Ausflügen zur Erde immer wieder auf Probleme mit Gefühlen und im Umgang miteinander. Die Kinder helfen ihm dann dabei, diese schwierigen Rätsel zu lösen. Sie unterstützen Lubo auf der Erde, Freunde zu finden und gut mit den Menschen auszukommen.

Der Trainingsrahmen

Lubo kommt mit seinem Anliegen, dass die Kinder ihm helfen sollen, auf der Erde Freunde zu finden, 2 mal pro Woche über einen Zeitraum von 4 bis 6 Monaten in die Klasse. Insgesamt besteht das Training aus 30 curricularen Einheiten zu je 60 Minuten. Zusätzlich gibt es ab der 2. Auflage 23 weitere Trainingsstunden, die optional den einzelnen Schwerpunkten des Trainings zugeordnet sind, um die entsprechenden Inhalte bei Bedarf mit einzelnen Kindern oder der ganzen Gruppe zu vertiefen. In diesem Zusammenhang stellt das Training eine Möglichkeit dar, auf die individuellen Entwicklungsanliegen der Schülerinnen und Schüler gezielt eingehen zu können, so dass das Training in regulären ebenso wie in inklusiven Settings gleichermaßen eingesetzt werden kann.

Die primäre Zielgruppe ist hierbei die Schuleingangsphase (1. und 2. Klasse). Wenn Lerngruppen eher homogen leistungsschwach zusammengestellt werden, wie es beispielsweise in Förderschulen mit dem Schwerpunkt Lernen der Fall ist, dann kann das Training auch noch in der 3. und 4. Klasse eingesetzt werden. In den Eingangsstufen sollte in diesem Fall dann eher auf das Training, das für die Vorschule konzipiert wurde, zurückgegriffen werden. Wichtig für die Entscheidung, in welcher Jahrgangsstufe das Training zum Einsatz kommt, ist die Abwägung, wie gut sich die Klasse auf die Rahmenhandlung, verkörpert durch die Lubo-Handpuppe, einlässt.

Eingebettet in diese motivierende Rahmenhandlung bietet das Lubo-Training den Schülerinnen und Schülern durch wiederkehrende Rituale eine klare Struktur, an der sie sich gut orientieren können.

Zu Beginn jeder Stunde singen die Kinder das »Lubo-Locklied«, damit der kleine Mann aus dem Weltall auch sicher den Weg in die Klasse findet. Ist Lubo dann gut in der Klasse gelandet, begrüßt er die Kinder freundlich und es gibt einen Stimmungscheck, bei dem alle ihre Gefühle auf einem im Training gebastelten Stimmungsherz einstellen. Anschließend erzählt Lubo den Kindern, was ihm wieder »Seltsames« passiert ist oder was er beobachtet hat und bittet die Kinder, dass sie ihm helfen, es zu verstehen oder sein Problem zu lösen. Die Rhythmisierung in dieser Arbeitsphase ist dann ebenfalls wieder in einer gleichbleibenden Struktur. Nach der Problemstellung in Form von Erzählungen, Bildern und/oder Fotos werden Übungen zu aufgerufenen Förderzielen gemacht, so dass die Kinder die Möglichkeit haben, die Lerninhalte auf unterschiedlichen Kanälen zu erarbeiten. Im Anschluss an diese Übungsphase werden die Inhalte dann nochmal in einer Stillarbeitsphase im Schülerarbeitsheft gesichert, in dem alle aufgerufenen Aspekte kognitiv bearbeitet werden.

Exkurs Trainingsregeln und Verstärkersystem
Während aller Trainingsstunden gelten klare Regeln, die gemeinsam mit den Kindern in der ersten Einheit erarbeitet wurden. Ausgehend von der Frage: »Welche Regeln brauchen wir, um Lubo gut helfen zu können und damit es uns in der Schule allen gut geht?«, wurden hier folgende Trainingsregeln formuliert:

Da wir allen Schülerinnen und Schülern unterstellen, dass sie wollen, dass es ihnen gut geht, wird ein Regelverstoß nicht als vorsätzlich angesehen. Vielmehr muss es dann also so sein, dass das entsprechende Kind sich in der Situation nicht an die Regel erinnern kann. Daher erinnert die Lehrerin oder der Lehrer das Kind dann an die Regeln. Die Regeln müssen hierfür für alle gut sichtbar in der Klasse ausgehangen werden. Zusätzlich bietet es sich an, dass die Lehrperson ein Kontingent an »Erinnerungskärtchen« bereithält, auf denen die einzelnen Regeln mit Bild und Text abgedruckt sind. Bei Bedarf können die Kärtchen dann den Schülerinnen und Schülern, denen es schwerfällt, sich an die Regeln zu erinnern, zur Unterstützung auf den Platz gelegt werden – und eine Regelahndung kann so auch gerne zügig und nonverbal ablaufen.

Als Dankeschön dafür, dass die Kinder Lubo helfen, bringt dieser aus dem Weltraum Sternenstaub mit. Alle Schülerinnen und Schüler, die sich während der kompletten Trainingsstunde an die Regeln gehalten haben, erhalten am Ende der Stunde Sternenstaubkörnchen in Form eines Sternes, das sie auf ein Plakat neben den Trainingsregeln aufkleben können. Diejenigen, die eine Erinnerung brauchten, erhalten ein halbes Sternenstaubkörnchen und wer mehr als eine Erinnerung brauchte, bekommt in dieser Stunde leider keinen Sternenstaub. Die Erinnerungskärtchen dienen hier auch als Rückmeldungs-Unterstützung und helfen den Kindern, ihre Selbsteinschätzung zu verbessern. Bei Schülerinnen und Schülern, die mehr als eine Erinnerung in einer Stunde benötigen, hat es sich bewährt zu sagen, dass man mitbekommt, wenn es ihnen schwerfällt, sich an die gemeinsam vereinbarten Regeln zu halten, und dass sie sich daher etwas mehr Zeit in einer ruhigen »Ecke« (dies kann im Nebenraum / Gruppenraum, auf dem Flur oder an einem anderem vereinbarten Ort sein) nehmen sollten, um sich an die Regeln zu erinnern.

Wie bei allen pädagogischen Maßnahmen ist es auch beim Regel- und Verstärkersystem innerhalb des Lubo-Programms so, dass diese nicht inflationär eingesetzt werden dürfen. Sind die Maßstäbe der Regeleinhaltung zu lapidar gesetzt oder inkonsistent gehandhabt, so haben die Regeln und das Verstärkersystem nicht die gewünschte Bedeutung. Dasselbe gilt für den Fall, dass die Anforderungen zur Einhaltung der Regeln für einzelne Kinder zu hoch sind. Hier bietet es sich dann an, wiederum gemeinsam mit der gesamten Klasse abzusprechen, wie diese einzelnen Schülerinnen und Schüler unterstützt werden können, damit auch sie es schaffen, Erfolge bei der Einhaltung der Regeln zu erzielen. Ideen hierzu könnten sein, dass der Bewertungszeitraum heruntergesetzt wird oder dass in die Bewertung nur 1 bis 2 Regeln aufgenommen werden. Auch ist es denkbar, dass diesen Kindern ein zusätzlicher Anreiz geschaffen wird, indem sie die Aussicht haben, Lubo nach der Stunde zu seinem Raumschiff zu begleiten, wenn sie sich an die Regeln halten konnten.

Schaffen Sie es, der Lerngruppe zu vermitteln, dass für alle im Bedarfsfall die Möglichkeit besteht, dass auch für sie besondere Vereinbarungen getroffen werden können, so haben die Schülerinnen und Schüler keine Probleme damit, dass für »schwierige« Kinder andere Maßstäbe gelten und mehr noch, sie fangen sogar an, diejenigen mit erhöhtem Bedarf zu ermutigen und zu unterstützen.

Die Verstärkervergabe erfolgt durch die Lehrerin oder den Lehrer, während die Kinder in ihrem Arbeitsheft arbeiten. In dieser Phase sind alle Schülerinnen und Schüler beschäftigt und man hat die Zeit, jedem einzeln eine Rückmeldung zu geben. Haben alle eine Rückmeldung bekommen, gibt es ein akustisches Signal und Lubo fasst noch einmal zusammen, was er heute von den Kindern gelernt hat.

Danach bedankt er sich bei ihnen und verabschiedet sich.

So erarbeiten sich die Kinder Stunde um Stunde immer weitere Aspekte der sozialen und emotionalen Entwicklung.

Exemplarischer Stunden Ablauf
(Stunde 7 – Wut)

Nach dem Lubo-Locklied, der Begrüßung und dem Stimmungscheck erzählt Lubo den Kindern von seiner Begegnung mit dem tobenden Tobi: „Könnt ihr mir sagen, was mit Tobi los ist?!"

Problemstellung: Bildergeschichte „Tobi tobt" – Identifikation der Basisemotion Wut
Übungsphase: Gewitterorchester und Bewegungsspiel „Was macht die Wut in unserem Körper" – Selbst-/Fremdwahrnehmung von Wut und Wahrnehmung der somatischen Marker
Schülerarbeitsheft: Identifikationen von wütenden Kindern auf Bildern, Wutausdruck bei Lubo, eigene Wutgeschichte in Bild und Text – kognitive Festigung des Emotionswissens zur Wut

Zum Abschluss Sternstaubvergabe, Zusammenfassung und Verabschiedung.

Abb. 3: Stundenverlauf

Der theoretische Bezug

Die Trainingsstunden sind in drei aufeinander aufbauende Bausteine untergliedert, deren Inhalte und Ziele aus dem zu Grunde liegenden Modell der Sozial-Kognitiven-Informationsverarbeitung nach Lemerise und Arsenio abgeleitet sind.

Die 3 Basisbausteine	Phasen SKI	Einheiten
1. Grundlagentraining (Basisemotionen)	1 bis 2	1 bis 12 + (5)
2. Emotionsregulationstraining	zentral	13 bis 17 + (8)
3. Das Problemlösetraining (Zielklärung, Handlungsalternativen)	3 bis 6	19 bis 30 + (10)

Da Inhalte und Förderziele der Trainingsstunden aufeinander aufbauen, ist es notwendig, die Stunden exakt in der angegebenen Reihenfolge durchzuführen. Das Training unterstützt die Kinder so, die benötigten Kompetenzen zur sozial erwünschten sozial-kognitiven Informationsverarbeitung aufzubauen.

Den Start macht hierbei das Grundlagentraining, in dem die Basisemotionen erarbeitet werden. Hierdurch wird die Selbst- und Fremdwahrnehmung zur Entschlüsselung und Interpretation sozialer Hinweisreize sowie die Kompetenz, somatische Marker zu identifizieren, geschult.

Im 2. Baustein werden Strategien erarbeitet, um in emotional aufwühlenden Situationen ruhig zu bleiben, so dass man überlegt handeln kann.

Unter Verwendung der in Baustein 1 und 2 erworbenen Kompetenzen schließt sich dann der 3. Baustein an, in dem die Kinder zusammen mit Lubo üben, eigene Ziele zu formulieren und diese mit sozial erwünschten Handlungsalternativen auch in die Tat umzusetzen.

Das Grundlagentraining (Basisemotion)

Entscheidend für die Entschlüsselung sozialer Hinweisreize ist unser Wissen über unsere Gefühle. Starten wir in die Überlegungen zu diesem Baustein mit einem kleinen Selbstversuch. Stellen Sie sich bitte vor, jemand sagt zu Ihnen: »Das habe ich dir nicht zugetraut!« Wie ist der Satz gemeint? …

Sie haben Recht: Ohne den Tonfall des Gegenübers, ohne seinen Gesichtsausdruck, seine Gestik, seine Mimik usw. können Sie die Bedeutung dieses Satzes nicht entschlüsseln. Sagt er Ihnen diesen Satz mit lauter, zorniger Stimme, wobei er die Augenbrauen nach unten verzieht, so wird er wahrscheinlich nicht einverstanden mit dem sein, was sie zuvor getan haben, und ist wütend auf Sie. Spricht er diesen Satz dagegen eher in normaler Lautstärke und strahlt Sie dabei mit großen Augen an, so ist er wahrscheinlich positiv überrascht, was sie getan haben. Er könnte denselben Satz aber auch traurig, ängstlich, angewidert oder in vielen weiteren emotionalen Prioritäten zu ihnen sagen und die gleichen Worte hätten immer eine andere Bedeutung.

Auch Lubo entdeckt dank der Hilfe der Kinder, dass es Gefühle gibt und diese wichtig sind, um zu verstehen, wie die vielen Details in einer sozialen Interaktion gemeint sind. Die Schülerinnen und Schüler erklären Lubo, wie sich Freunde haben anfühlt. Auch unangenehme Emotionen wie Wut, Trauer und Angst bringen die Schülerinnen und Schüler Lubo näher, so dass er irgendwann in der Lage ist, diese in sozialen Situationen zu berücksichtigen und nicht mehr unangemessen in ein Konfliktklärungsgespräch reinplatzt und aus der Klasse fliegt.

Insbesondere für Kinder mit geringem emotionalem Wissen ist dieser Baustein wichtig, damit sie die Möglichkeit bekommen, somatische Marker bewusst beobachten zu können, ohne sie sofort bei sich selbst beschreiben zu müssen.

In diesem Baustein geht es noch nicht um die Sammlung und Bewertung von Handlungsalternativen. Der angemessene Umgang mit den eigenen Emotionen wird im 2. Baustein trainiert und der 3. Baustein erarbeitet dann verschiedene Handlungsmöglichkeiten und deren Bewertung.

Das Emotionsregulationstraining

Starten wir auch den 2. Baustein mit einem Selbstversuch. Stellen Sie sich bitte vor, sie fahren durch dichten Verkehr einer Innenstadt auf dem Weg zur Schule, als plötzlich vor Ihnen jemand scharf auf Ihre Spur wechselt. Was tun Sie jetzt? …

Wieder richtig! Auch das hängt entscheidend von Ihrer emotionalen Priorität ab und wie gut Sie Ihre Gefühle unter Kontrolle haben. Sind Sie ausgeschlafen, satt und haben noch genügend Zeit, bis Sie in der Schule sein wollen/müssen, so werden Sie den Autofahrer vor Ihnen einfach gewähren lassen. Sind Sie jedoch nicht ausgeschlafen, haben nicht gefrühstückt und sind im Stress, weil Sie schon bald da sein müssen – wohlmöglich müssen Sie auch noch auf Toilette, dann wird die Hupe und vielleicht auch eine sozial nicht so erwünschte Handlungsalternative wie der Mittelfinger recht schnell zum Einsatz kommen …

Gefühle leiten uns zum Handeln an. Und das ist auch gut so. Hätten wir keine Gefühle, wären wir antrieblos. Wut, Trauer, Angst und Freude sind genauso wie die vielen weiteren emotionalen Ausprägungen unser Motor, uns mit Dingen auseinanderzusetzen und zu handeln. Genau diesen Zusammenhang entdeckt Lubo zusammen mit den Kindern zu Beginn des 2. Bausteins auch. Schnell entdecken alle gemeinsam aber auch, dass manchmal die Gefühle so intensiv sind, dass man irgendetwas macht, womit andere nicht einverstanden sind – etwas tut, wodurch man andere oder sich selbst verletzt. Damit Lubo in emotional aufwühlenden Situationen nichts Unüberlegtes macht, stellen die Kinder zusammen mit ihm das »Gefühlsthermometer« ein: Ist das Thermometer auf der Stufe 5, ist es wichtig, dass man etwas tut, damit es einem besser geht, denn es ziehen schon Wolken auf, so dass man nicht mehr ganz klar denken kann, was richtig oder falsch ist. Ist der Thermometer allerdings auf 10 angekommen, funktioniert der Kopf nicht mehr und man reagiert unüberlegt, wodurch man sich selber und anderen häufig schadet. Die Kinder sammeln und üben gemeinsam mit Lubo nützliche Strategien, um in Situationen mit einer hohen emotionalen Priorität ruhig zu bleiben und überlegt handeln zu können.

Die Entwicklungspsychologie spricht in diesem Zusammenhang von sogenannten Emotionsregulationsstrategien, welche klar von Handlungsalternativen abzugrenzen sind. Emotionsregulationsstrategien haben die Funktion, starke Gefühle soweit zu regulieren, dass die Kognition »wieder« funktioniert und wir planvoll statt affektiv handeln können. Im Laufe unserer Orthogenese eignen wir uns verschiedene solcher Strategien an. Zu Beginn unserer Entwicklung wird die Emotionsregulation durch eine Bezugsperson initiiert. Die Regulation erfolgt hier dann in der Regel körperlich – z. B. durch auf den Arm nehmen, an die Hand nehmen usw. In der weiteren Entwicklung erlernen wir Strategien, mit denen wir die Emotionsregulation selbst durch eine Bezugsperson initiieren können – z. B. durch das Suchen von Nähe zu einer Bezugsperson. Später erlernen wir dann Strategien zur selbst initiierten und intrapersonellen Emotionsregulation. Wir sind dann in der Lage, uns selbst zu regulieren auch ohne eine Bezugsperson. Zu unterscheiden sind bei diesen selbst initiierten intrapersonellen Strategien zwei große Bereiche: zum einen körperliche Strategien wie Bewegung, Ablenkung durch Musik usw. und vielen weiteren und zum anderen mentale Strategien, also Strategien, die ausschließlich in unserem Kopf ablaufen – wie das Denken an ein Ziel, welches wir erreichen wollen, uns selbst Mut machen usw.

Bedenken wir dieses eben kurz angerissene Stufenmodell der Emotionsregulationsentwicklung für die Förderung von Kindern, so ist es wichtig, dass wir die Kinder unterstützen auf der Stufe, auf der sie sich befinden Strategien zu entwickeln und zu trainieren. Nur hierdurch erhalten sie die Chance, auch weitere Strategien in »höheren« Stufen zu erlernen: *»Über die logographemische Phase der Rechtschreibung kommt man zur alphabetischen, zur orthographischen usw. …«*

Das Problemlösetraining (Zielklärung, Handlungsalternativen)

Im dritten Baustein schmeißt Lubo dann alle guten Tipps der Kinder in einen »Weltraumformelberechner« und erhält die Problemlöseformel:

0. Stopp – wie bleibe ich ruhig, um überlegt zu handeln?
1. Was sehe ich, was höre ich, was fühle ich? Und der andere?
2. Was möchte ich?
3. Was kann ich tun, um mein Ziel zu erreichen?
4. Erreiche ich damit mein Ziel? Sind damit alle einverstanden?

Für psychologisch Interessierte ist zur Vertiefung dieses Themas das Werk »Emotionen – Entwicklung und Regulation« von Manfred Holodynski aus dem Jahre 2005 empfehlenswert.

Die Kinder basteln sich zu Beginn dieses letzten Bausteins ihre eigene Problemlöseformel. Zusätzlich wird die Problemlöseformel als großes Plakat in der Klasse aufgehangen, so dass alle bei Konflikten darauf zurückgreifen können und es für alle einen sicheren Leitfaden gibt, wie Probleme gelöst werden. Grundlage sind die Kompetenzen, die im 1. Baustein (Phase 1 der Problemlöseformel: Was sehe, höre, fühle ich und der andere?) und im 2. Baustein (Phase 0 der Problemlöseformel: Wie bleibe ich ruhig, um überlegt zu handeln?) erworben wurden. Im 3. Baustein werden mit Hilfe der Problemlöseformel Kompetenzen trainiert, um auch die Phasen 2 bis 4 der Problemlöseformel gut durchlaufen zu können. Die Schülerinnen und Schüler helfen Lubo dabei, seine Ziele benennen zu können. Sie überlegen gemeinsam, wie man die eigenen Ziele erreichen kann, und stellen fest, dass man die Konsequenzen von sozialen Handlungen vorhersehen kann, wie es z. B. auch bei anderen Abläufen der Fall ist: *Wenn* ich mit einer Nadel in einen Ballon steche, *dann* platzt er. *Wenn* ich zu spät aus der Pause in den Unterricht komme, *dann* bekomme ich Ärger mit meiner Lehrerin.

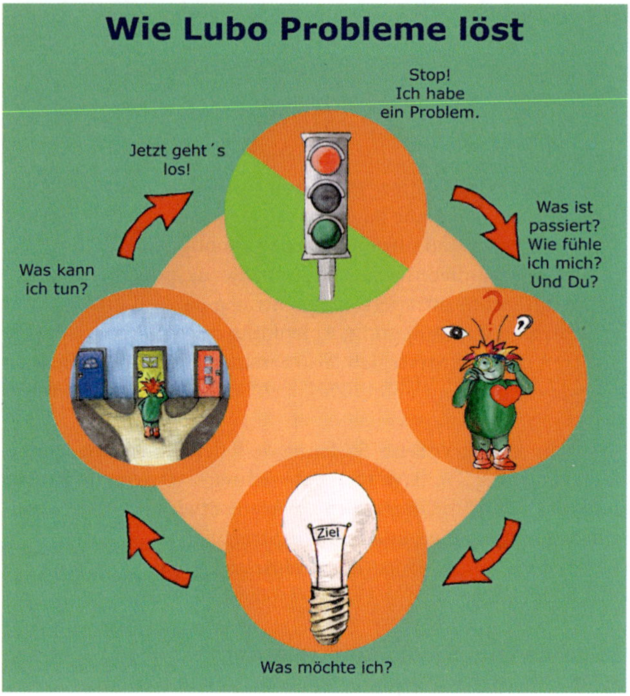

Zu guter Letzt erarbeiten sich die Kinder die beiden Kriterien, die gute Lösungen ausmachen: Eine gute Lösung bringt mich zu meinem Ziel und mit einer guten Lösung sind möglichst alle einverstanden, so dass meine Lösung auch nachhaltig ist. Auf dieser Basis setzen die Kinder einen gemeinsamen »Freundlich-und-Fair«-Vertrag für ihre Klasse auf und müssen sich dann von Lubo verabschieden, der dank der Kinder nun auch selbst in der Lage ist, auf der Erde Freunde zu finden!

→ Fachtexte → »Lubo aus dem All«

Kathrin Pütz / Marie-Christine Vierbuchen

3 Förderidee: Das »KlasseKinderSpiel« – eine Maßnahme zur Reduktion von Unterrichtsstörungen

Zu den Aufgaben einer Lehrperson gehört, den Schülern neben den Unterrichtsinhalten ebenso soziale Kompetenzen zu vermitteln, darüber herrscht ein breiter gesellschaftlicher Konsens. Diese Inhalte sind auch in den Bildungsplänen für die Grundschule generell und in verschiedenen Fächern verankert. Allerdings findet sich in keinem Stundenplan ein Zeitfenster dafür; die Vermittlung dieses Wissens erfolgt sozusagen ›nebenbei‹ im Rahmen des normalen Unterrichtsgeschehens. Gerade mit Blick auf die zunehmende Anzahl von Schülern, die genau in diesem Bereich Förderbedarf aufweisen (vgl. Hölling et al. 2007, Ihle / Esser 2008), stellt sich die Frage, welche Möglichkeiten es zur Unterstützung solcher Lernprozesse gibt, die während der regulären Unterrichtszeit umsetzbar sind.

Mit dem »KlasseKinderSpiel« stellen wir Ihnen eine auf ihre Wirksamkeit hin überprüfte Präventionsmaßnahme vor, deren Ziele unter anderem die Reduktion von Unterrichtsstörungen und die Verbesserung sozialer Strukturen innerhalb einer Klasse sind. Die Maßnahme basiert auf lerntheoretischen Grundlagen und wurde bereits vor über 40 Jahren von einem Lehrer in den USA entwickelt und erstmals auf seine Wirksamkeit überprüft (vgl. Barrish et al. 1969). Auf spielerische Art wird in dieser Maßnahme die Einhaltung von Regeln belohnt.

Mit geringem Material- und Zeitaufwand erfolgt die Durchführung während der regulären Unterrichtszeit. Nicht zuletzt deswegen trifft das »KlasseKinderSpiel« auf große Akzeptanz bei Lehrkräften, da es sich um eine unterrichtsimmanente, effektive Maßnahme handelt, die sich gut in den Unterrichtsalltag integrieren lässt (vgl. Tingstrom 1994).

Das »KlasseKinderSpiel« konkret

Das »KlasseKinderSpiel« ist eine Form der Verhaltenssteuerung durch die Belohnung von positivem Arbeitsverhalten von Schülern während der Spielphasen. Die Regeln für ein gelingendes gemeinsames Lernen in der Klasse erarbeiten Sie mit den Schülern und halten sie schriftlich fest. Dann wird die Gruppe / Klasse zunächst in Teams, idealerweise mindestens 3 oder mehr, aufgeteilt. Während einer für den durchführenden Pädagogen gut überschaubaren Phase, z. B. in einer Einzelarbeitsphase, startet das Spiel. Die Spielzeit wird durch den Einsatz einer Eieruhr angezeigt. Jeder Verstoß eines Teammitglieds gegen die vorher gemeinsam definierten Regeln führt zu einem ›Foul‹ für das Team. Somit gewinnt das Team mit den wenigsten Fouls am Ende der Spielzeit. Hier sind verschiedene Varianten möglich, so kann man zum Beispiel ein Niveau festzulegen (z. B. 4 Fouls), unter dem alle Teams bleiben müssen, um gemeinsam eine Belohnung zu gewinnen.

Die Durchführung wurde bereits in Klassen der Primar- und Sekundarstufe sowie in sonderpädagogischen Einrichtungen und verschiedenen außerschulischen Settings (Tanzworkshops für Jugendliche) erprobt (vgl. Hillenbrand / Pütz 2008). Für die Einführung des Spiels benötigen Sie lediglich ein bis zwei Unterrichtsstunden. Erweiterungen und Modifikationen sind in der Folgezeit möglich und tragen zum Erfolg der Maßnahme bei.

Für die Lehrer stellt das Spiel eine praxisnahe Strategie zur Steuerung des Schülerverhaltens dar, verbunden mit dem Gewinn von Unterrichtszeit sowie der Verbesserung des Sozial- und Lernklimas in der Klasse. Das »KlasseKinderSpiel« ist einfach aufgebaut und daher leicht einsetzbar sowie ökonomisch, da es nach der Einführung keinen zusätzlichen Zeitaufwand erfordert. Es ist durch die Möglichkeit der Variationen sehr vielseitig und von Schülern und Lehrern gleichermaßen akzeptiert und beliebt.

Die Einführung des »KlasseKinderSpiels« wird im Folgenden stufenweise erklärt:

1. Vorüberlegungen für die Einführung des Spiels in der Klasse

Entscheiden Sie zunächst, in welchen Phasen eines Schultags das Spiel eingesetzt werden soll. Zu Beginn reicht eine Spielzeit von 10 bis 15 Minuten. Geeignet sind als Einstieg vor allem Unterrichtsphasen, in denen es Ihren Schülern leicht fällt, unterrichtsadäquates Verhalten zu zeigen (bspw. während Einzelarbeitsphasen). Gleichzeitig erleichtern solche klar überschaubaren Situationen es auch Ihnen, Fouls zu erkennen und klar der jeweiligen Gruppe zuzuordnen, eine wichtige Gelingensbedingung für das Spiel. Später fällt es sowohl Ihnen als auch den Schülern leichter, die Spielphasen in anderen Unterrichtssituationen einzusetzen.

2. Erhebung der Ausgangslage

Um die erfolgreiche Durchführung des Spiels beobachten und belegen zu können, macht es durchaus Sinn, die Ausgangslage der Unterrichtsstörungen in Ihrer Klasse zu erheben, bevor Sie mit dem »KlasseKinderSpiel« beginnen (z. B. 3 mal am Tag 10 Minuten Beobachtung von vorher konkret formulierten störenden Verhaltensweisen). Achten Sie für die Interpretation Ihrer Ergebnisse darauf, dass Sie in ähnlichen Unterrichtssituationen vor und nach der Einführung des Spiels die Beobachtungen durchführen. So können Sie erheben, ob in gleichen Unterrichtssituationen die Anzahl der Störungen geringer geworden ist (→ Kopiervorlagen → 5 KlasseKinderSpiel_Beobachtungsbogen).

3. Belohnungen auswählen

Wählen Sie unbedingt Belohnungen aus, die Ihre Schüler motivieren, das Spiel zu gewinnen, dies ist ein entscheidender Faktor für ein gelingendes Spiel. Zu Beginn eignen sich besonders materielle Verstärker wie beispielsweise Sticker. Nach einiger Zeit folgt ein Wechsel hin zu sozialen Verstärkern (bspw. beliebte Tätigkeiten der Schüler oder gemeinsame Aktivitäten). Nun kann auch ein Belohnungsplan eingesetzt werden, der es den Schülern ermöglicht, Punkte zu sammeln, die dann gegen eine Belohnung eingelöst werden können.

Wie finden Sie die richtige Belohnung für Ihre Klasse? Dafür gibt es verschiedene Möglichkeiten, z. B. können Sie ihre Schüler gezielt beobachten, um festzustellen, was ihnen aktuell Freude bereitet und als natürlicher Verstärker eingesetzt werden könnte (Welches Spiel spielen sie derzeit am liebsten? etc.). Oder Sie fragen Ihre Schüler direkt und lassen sie eine Liste erstellen; auch »Geheime Preise« haben sich als sehr wirkungsvoll erwiesen: Stellen Sie drei Schachteln mit Belohnungen zur Auswahl und lassen Sie die Gewinnergruppe eine auswählen. Der Inhalt der anderen Schachteln bleibt geheim. Als Preise eignen sich auch besonders gut Verhaltensweisen, die normalerweise im Unterricht verboten, aber ungefährlich sind (Papierflugzeuge bauen und fliegen lassen, pfeifen, summen, mit den Füßen trampeln ...).

4. Einführung des Spiels in der Klasse

Das »KlasseKinderSpiel« kann ohne erheblichen Aufwand eingesetzt werden. Eine sorgfältige Vorbereitung ist jedoch entscheidend; mit der Einführung z. B. bereiten Sie für sich und die Klasse ganz wesentlich das Spiel und seinen Erfolg vor. Für die Einführung der Spielmethode haben sich zwei Vorgehensweisen als besonders günstig erwiesen:

Das Ideal einer »Klasse-Schule«: Ausgehend von einer gemeinsamen Vorstellung einer idealen Schule für alle entwickeln Sie gemeinsam mit den Schülern Regeln, die eine solche Schule bzw. ein solches ideales Miteinander ermöglichen würden (Welche Regeln brauchen wir, damit wir hier gut zusammen lernen können?). Auf dieser Basis werden dann gemeinsam Regeln formuliert, die Sie für alle sichtbar auf einem Plakat im Klassenraum anbringen. Unterstützend können Symbole oder Bilder zu den einzelnen Regeln wirken. Nur wirklich im Dialog erarbeitete Regeln sind als Basis für das gemeinsame Schulleben und das Spiel sinnvoll und werden von den Schülern akzeptiert.

Mögliche Regeln könnten sein:
Ich arbeite leise.
Ich melde mich.
Ich verhalte mich freundlich und fair.

Um das Verständnis für die Regeln und deren Bedeutung, aber auch für Regelverstöße zu vertiefen, sammeln Sie gemeinsam mit den Schülern störende Verhaltensweisen, die als »Fouls« bezeichnet werden. Die »Fouls« müssen klar definiert, beschrieben und mit Beispielen verdeutlicht werden, so dass sie sowohl von Ihnen als auch von den Schülern eindeutig erkannt werden können. Am Ende sollten jedoch Beispiele erwünschten Verhaltens dargestellt werden. Dann stellen Sie klar: Immer wenn ein »Foul« während der festgelegten Spielzeit auftritt, wird es gezählt, ganz wie bei einem Fußballspiel, mit Ihnen in der Schiedsrichterrolle. Einmal gemeinsam aufgestellte Regeln und auch Fouls können während der Spielzeit auf keinen Fall diskutiert werden. Das Team mit der geringsten Anzahl an »Fouls« gewinnt und erhält eine Belohnung. Ein zusätzlicher Gewinn am Ende der Woche für die Mannschaft mit der geringsten Punktzahl kann ebenfalls eingeführt werden.

Es ist jedoch gleichermaßen möglich, das »KlasseKinderSpiel« unabhängig vom Ideal einer »Klasse-Schule« in ein Unterrichtsthema einzubetten. Wenn Sie momentan an einer Lektüre oder einem besonderen Thema arbeiten oder ein Klassen-Maskottchen haben, können hier enge Zusammenhänge hergestellt werden, z. B. für die Einführung bzw. Herkunft des Spiels oder für die Team-Namen. Eine individuelle Anpassung an die Bedürfnisse und Ausgangslage jeder Klasse ist so flexibel möglich.

Dann kündigen Sie an, dass die Klasse von jetzt an das »KlasseKinderSpiel« spielt. Machen Sie die Zeiten transparent, zu denen das Spiel stattfindet und spielen Sie zunächst nur eine Spielphase pro Tag. Die Klasse wird von Ihnen dazu in drei oder mehr Teams eingeteilt, am besten nach der Sitzordnung, da es dadurch einfacher ist, die begangenen Regelverstöße dem jeweiligen Team zuzuordnen. Die Teams geben sich anschließend einen Namen, das fördert den Zusammenhalt und das Verantwortungsbewusstsein der jeweiligen Mitspieler für das Team.

5. Durchführung des Spiels in der Klasse

Den Spielbeginn kennzeichnen Sie mit dem Aufziehen einer Eieruhr. Dann führen Sie Ihren normalen Unterricht durch, mit dem einzigen Unterschied, dass Sie während der Spielzeit konsequent »Fouls« ansagen (unkommentiert immer die Mannschaft, nie den Schüler nennen) und sichtbar notieren (bspw. Strichliste an der Tafel).

Das Siegerteam wird direkt im Anschluss an die Spielzeit gekürt und zu Beginn sofort belohnt. Im Laufe der Zeit kann sich die Ausgabe der Belohnung verschieben, z. B. zum Ende der Woche.

Damit sich die Schüler gegenseitig unterstützen können und keine »eingefahrenen« Teams entstehen, sollte die Gruppenzusammensetzung variieren. Zu Beginn ist es wegen der Überschaubarkeit praktikabel, die Teams laut Sitzordnung zu bilden. Um die Identifikation mit dem eigenen Team zu erhöhen, geben sich die Gruppen selbst einen Namen (Tiere, Länder, Figuren…). Im weiteren Verlauf ist es wichtig, die Zusammensetzung der Teams zu verändern; wichtig ist auch, dass unruhige Schüler gleichmäßig auf die Teams verteilt werden. Kleine Zugehörigkeitssymbole helfen den Überblick zu bewahren (bspw. Flaggen auf den Tischen der Schüler oder farbige Wäscheklammern).

→ Kopiervorlagen → 6 KlasseKinderSpiel_Schritt für Schritt
→ Kopiervorlagen → 7 KlasseKinderSpiel_Checkliste

Spielumfang

Setzen Sie das Spiel nicht häufiger als ein-, maximal zweimal pro Tag ein. Beginnen Sie mit einer Spielphase pro Tag, die zunächst 10 Minuten nicht übersteigen sollte und machen Sie diese immer mit einer Eieruhr transparent, so behalten auch Sie den Überblick und dehnen das Spiel nicht unabsichtlich zu lange aus, dies könnte zu einer Überforderung der Schüler führen. Das »KlasseKinderSpiel« darf vor allem niemals dazu eingesetzt werden, um in der Klasse für Ruhe zu sorgen. Dies führt dazu, dass der positive, spielerische Charakter des »KlasseKinderSpiels« verloren geht und das Spiel von den Schülern nicht mehr akzeptiert wird. Sie können die Spielzeit nach Bedarf auf 20 Minuten verlängern, spielen Sie jedoch lieber zwei kurze Einheiten am Tag, als die Spielzeit zu lange auszudehnen.

Transfer

Nach einigen Wochen ist es sinnvoll, das »KlasseKinderSpiel« auch in anderen Phasen des Unterrichts einzusetzen. Grundsätzlich ist der Transfer der Maßnahme in andere Unterrichtssituationen leicht möglich und für die langfristigen Effekte des Spiels entscheidend. Sie können die Spielphasen nun in komplexeren Unterrichtsphasen einsetzen (Freiarbeitsphasen, Werkstattarbeit etc.).

Wählen Sie hierzu zunächst die neue Unterrichtsphase aus, in der gespielt werden soll, und beobachten Sie das Verhalten der Schüler während dieser Phase ein paar Tage lang genau, um dort auftretende »Fouls« besser erkennen zu können und die Regeln vor Spielbeginn besser an die neue Situation anpassen zu können (z. B. kann es während kooperativer Arbeitsphasen erlaubt sein, den Sitzplatz zu verlassen und leise miteinander zu sprechen). Kündigen Sie den Schülern außerdem an, dass das Spiel nun in anderen Phasen des Unterrichts gespielt wird, und machen Sie auf den höheren Schwierigkeitsgrad und die neue Herausforderung aufmerksam.

Erfolge mit dem »KlasseKinderSpiel«

Ihre Schüler lernen durch das Spiel, sich an bestehende und neue Regeln zu halten, sie merken, dass sie ihr Verhalten selbst steuern können, und lernen, sich gegenseitig innerhalb ihres Teams zu unterstützen. Die Vorgehensweise ist sowohl für Sie als auch für die Schüler gleichermaßen entlastend, immer wiederkehrende Diskussionen um die Einhaltung bestimmter Regeln entfallen, da Sie sich in der Rolle eines Schiedsrichters befinden und klare, transparente Regeln gemeinsam angesprochen wurden, die für alle gleichermaßen gelten. Durch den spielerischen Wettbewerbscharakter fällt es den Schülern leicht, die Regeleinhaltung zu verinnerlichen.

Schlüsselaspekte

- **Die Regeln**

Im Interesse der Übersichtlichkeit der Regeln sollten Sie darauf achten, dass nicht mehr als drei Regeln gleichzeitig existieren, die den Schülern immer transparent sind. Die Regeln sollten positiv formuliert sein und sollten nach der gemeinsamen Absprache nicht mehr diskutabel sein. Am besten hängen Sie ein Regel-Plakat, evtl. durch Symbole oder Bilder unterstützt, für alle erkennbar in den Klassenraum.

- **Ihre Rolle als »Schiedsrichter«**

Anhand der Regeln ordnen Sie die begangenen »Fouls« dem jeweiligen Team zu. Dass es jedoch passieren kann, dass der Schiedsrichter ein »Foul« übersieht und dieses so nicht gezählt werden kann, sollte den Schülern auch vorher klar sein. Dieses Prinzip kennen die Schüler aus dem Sport und es entlastet den durchführenden Lehrer.

- **Spiel- und Unterrichtsphasen**

Führen Sie das Spiel durch in leicht überschaubaren bis hin zu komplexeren Unterrichtsphasen und variieren Sie so die Spiel-Situationen. So gelingt den Schülern der Transfer und die Regeln werden zunehmend internalisiert.

- **Umgang mit schwierigen Schülern**

Grundsätzlich sollten Sie regelmäßig auf den spielerischen Charakter der Maßnahme hinweisen und positives Verhalten loben (z. B. wenn sich die Schüler gegenseitig bei der Regeleinhaltung unterstützen). Auch für Schüler mit auffälligem Verhalten ist es oftmals gut möglich, sich für 10 Minuten während der Spielphasen an die Regeln zu halten und so durchaus Erfolge zu erleben und zum Gewinn ihres Teams beitragen. Sie profitieren am meisten von der zeitlichen Begrenzung. Diese Schüler können sich im weiteren Verlauf des Spiels zunehmend länger an die Regeln halten. Möglich ist auch, ein für alle Teams erreichbares Niveau an Fouls festzulegen. So kann die Klasse gemeinsam gewinnen.

Die Erfahrung zeigt, dass es dennoch manchen Schülern schwerer fällt, sich an die Regeln zu halten und dass diese Schüler natürlich als Belastung für ein Team erlebt werden, da sie mehr Fouls begehen. Hier besteht von Seiten der Lehrkräfte häufig die Befürchtung eines negativen Gruppendrucks. Diesem kann durch zwei Maßnahmen vorgebeugt werden: Einmal die Variation der Gruppenzusammenstellung und zum zweiten die Einführung einer Regel, die verhindert, dass sich Schüler über Mitglieder ihres Teams beschweren oder eine Zusammenarbeit ablehnen (»Ich bin freundlich und fair«, oder »Ich beleidige niemanden«).

Zusammenfassend lässt sich festhalten, dass das »KlasseKinderSpiel« eine sowohl von Lehrkräften als auch von Schülern sehr gut akzeptierte Maßnahme ist, die sich gut im Unterricht einsetzen lässt und die bereits in ihrer Wirksamkeit sowohl international als auch in Deutschland empirisch bestätigt wurde (vgl. Hillenbrand / Pütz 2008, Tingstrom et al. 2006).

→ Fachtexte → KlasseKinderSpiel hilft Regeln einzuhalten

Literatur

Barrish, H.H. / Saunders, M. / Wolf, M.M. (1969): Good behavior game: Effects of individual contingencies for group consequences on disruptive behavior in a classroom. Journal of Applied Behavior Analysis, 2, S. 119 – 124.

Hillenbrand, C. / Pütz, K. (2008): Das KlasseKinderSpiel. Spielerisch Verhaltensregeln lernen. Hamburg: Edition Körber.

Hölling, H. / Erhart, M. / Ravens-Sieberer, U. / Schlack, R. (2007): Verhaltensauffälligkeiten bei Kindern und Jugendlichen. Erste Ergebnisse aus dem Kinder- und Jugendgesundheitssurvey (KiGGS). Bundesgesundheitsblatt – Gesundheitsforschung – Gesundheitsschutz, 50, S. 784 – 793.

Ihle, W. / Esser, G. (2008): Epidemiologie psychischer Störungen des Kindes- und Jugendalters. In: B. Gasteiger-Klicpera / H. Julius / C. Klicpera (Hg.): Sonderpädagogik der sozialen und emotionalen Entwicklung. Band 3 Handbuch Sonderpädagogik. Göttingen: Hogrefe, S. 49 – 62.

Ministerium für Schule und Weiterbildung Nordrhein-Westfalen (2008): Lehrplan Sachunterricht. Köln: Ritterbach Verlag GmbH.

Tingstrom, D. (1994): The Good Behavior Game: An investigation of teachers acceptance. Psychology in the schools, 31, S. 57 – 65

Tingstrom, D.H. / Sterling-Turner, H.E. / Wilczynski, S.M. (2006): The Good Behavior Game: 1969 – 2002. Behavior Modification, 30, S. 225 – 253.

4 Förderidee: Token-Systeme – Kriterien wirksamer schulischer Verhaltensmodifikation

Verhaltensprobleme in der Schule sind eine große Herausforderung für Lehrkräfte aller Schulformen. Nicht zuletzt im Zuge des inklusiven Wandels müssen sich auch Lehrkräfte der allgemeinen Schule zunehmend mit Verhaltensauffälligkeiten und daraus resultierenden Unterrichtsstörungen auseinandersetzen. Durch gezielte und sinnvoll eingesetzte Konzepte zur Verhaltensmodifikation können Kinder und Jugendliche mit Verhaltensproblemen effektiv und dauerhaft in ihrer Entwicklung unterstützt werden. Allerdings sind viele Ansätze zur Verhaltensmodifikation für die Anwendung in einem therapeutischen Kontext und somit für ausgebildete Therapeuten entwickelt worden (z.B. Wittchen / Hoyer 2011). Entsprechende Publikationen für den Bereich Schule konzentrieren sich hingegen eher auf Methoden des Classroom-Managements (z.B. Helmke 2009, Wellenreuther 2010) und damit schwerpunktmäßig auf den Bereich genereller Maßnahmen für die gesamte Klasse (Cowan / Sheridan 2009), siehe Förderidee 1, S. 27 ff. Im englischen Sprachraum wurden in der Vergangenheit einige gut evaluierte Konzepte zur Verhaltensmodifikation für die Schule veröffentlicht (Cowan / Sheridan 2009, Goldstein / Brooks 2007a), die insbesondere für den Einsatz durch Lehrkräfte entwickelt wurden. Im Mittelpunkt dieser Konzepte standen jeweils sogenannte »Token-Systeme«. Im Folgenden sollen aus diesen Ansätzen wichtige Kriterien für den Einsatz von verhaltensmodifikatorischen Strategien im Schulalltag abgeleitet und veranschaulicht werden.

Das Token-System als eine spezifische Form der Verhaltensmodifikation

Verhaltensmodifikation basiert auf den lernpsychologischen Prinzipien des klassischen und des operanten Konditionierens. Die Grundidee der Verhaltensmodifikation liegt dabei darin, dass menschliches Verhalten in der Regel durch auslösende Umweltreize (Stimuli), Verhaltenskonsequenzen (Konsequenzen) und ihre zeitliche Aufeinanderfolge (Kontingenz) sowie durch organische Faktoren (Organismus) und verfügbare Modelle beeinflusst ist (Meichenbaum 1995, Narciss 2011). In der Verhaltensmodifikation werden daher auf Grundlage einer sorgfältigen Verhaltensanalyse (behavioral assessment) gezielt Stimuli, Konsequenzen, Kontingenz, organische Faktoren und Modelle verändert und der Effekt dieser Veränderung systematisch überprüft. Eine spezifische und besonders wirksame Form der Verhaltensmodifikation betont mit der »operanten Konditionierung« insbesondere die Bedeutung der Konsequenzen auf gezeigtes Verhalten (Junge-Hoffmeister 2011, Landrum / Kauffman 2006). Im schulischen Alltag tauchen solche Modelle in der Regel als »Münzverstärker-Systeme«, »Token-Systeme« oder umgangssprachlich auch als »Smiley-Listen« auf. Dabei werden nicht die eigentlichen positiven Verstärker als Reaktion auf ein gezeigtes Verhalten vergeben, sondern in Form von Gutscheinen oder sogenannten »Token« (z.B. Smileys, Münzen oder Wertmarken). Solche Token können durch die betroffene Person dann jeweils für positive Verstärker (Belohnungen) eingelöst werden. Die positiven Eigenschaften des einlösbaren Verstärkers gehen dabei im Laufe der Zeit auf die Wahrnehmung der Token über, so dass auch an sich wertneutrale Smiley durch die betroffenen Personen positiv wahrgenommen werden. Token-Systeme stellen wegen ihrer einfachen und flexiblen Handhabung sowie ihrer hohen Wirksamkeit eine besonders attraktive Form der Verhaltensmodifikation für Schule und Unterricht dar.

Anlass zum Einsatz von Token-Systemen

Die Mehrheit der Verhaltensprobleme im Unterricht lässt sich durch proaktive und allgemeine Maßnahmen für die gesamte Klasse oder durch gezielte Gespräche mit den betroffenen Kindern und Jugendlichen sowie ihren Eltern lösen (Cowan / Sheridan 2009, Goldstein / Brooks 2007a). Verhaltensmodifikation ist somit immer nur dann erforderlich, wenn die Probleme auch trotz eines gut implementierten Classroom-Managements und gezielten Elterngesprächen anhalten. Cowan / Sheridan (2009) positionieren die Verhaltensmodifikation in den Bereich der frühen »gezielten Hilfen« bei Schülerinnen und Schülern, die von einer Chronifizierung der Verhaltensprobleme bedroht sind. Analog zur Stufe 2 des Response-to-Intervention-Modells (Huber 2012, Johnson / Fuchs / McKnight 2006) ist die schulische Verhaltensmodifikation damit als präventive Maßnahme zu verstehen, die bei maximal 15 Prozent der Schülerinnen und Schüler implementiert werden sollte (Cowan / Sheridan 2009).

Gelingensbedingungen für den Einsatz von Token-Systemen

In der schulischen Praxis zeigt sich, dass viele Lehrkräfte mit der Wirkung der zum Teil selbst entwickelten Verstärkersysteme unzufrieden sind. Wichtig für eine gelingende Verhaltensmodifikation in der Schule ist, dass die Gelingensbedingungen für den Einsatz von solchen Systemen möglichst vollständig berücksichtigt werden. Im Folgenden werden in Anlehnung an Goldstein / Brooks (2007) sieben wichtige Aspekte für eine wirksame Verhaltensmodifikation skizziert.

1. Auswahl eines Zielverhaltens

Vor der Auswahl des Zielverhaltens steht jeweils eine Problemanalyse. Ihr Ziel ist der Ausschluss von Umständen, die eine Verhaltensmodifikation stören oder unwirksam machen können. Dabei ist das SORKC-Modell (Kanfer / Reinecker / Schmelzer 2012, Narciss 2011) eine gute Orientierungsgrundlage für die schulische Praxis. Das Modell besagt im Wesentlichen, dass unerwünschte Verhaltensweisen (R = reaction) durch ungünstige Rahmenbedingungen in der Umwelt bzw. im Unterricht (S = stimuli) oder durch biologisch-physiologische und psychosoziale Faktoren (O = organism) ausgelöst und durch ungünstige Reaktionen (C = consequences) der Umwelt (z. B. der Lehrkraft oder der Klassenkameraden) verstärkt und verfestigt werden. In allen vier Einflussbereichen sollte zunächst nach möglichen Ursachen für eine Problematik gesucht werden. Insbesondere Hinweise auf organische Probleme (z. B. eine Neurodermitis, ADHS oder schulische Unter- oder Überforderung) sind im Vorfeld durch Fachpersonen (z. B. Kinder- und Jugendpsychiater, Sonderpädagogen, Schulpsychologen) abzuklären und entsprechend zu behandeln. Bleiben die Probleme dennoch bestehen, könnte ein Token-System helfen, die Verhaltensprobleme zu reduzieren. Auf Grundlage der Beschreibung des Problemverhaltens soll in einem zweiten Schritt schließlich ein alternatives Zielverhalten möglichst konkret formuliert werden (Goldstein / Brooks 2007a). In der Regel wirken dabei positiv formulierte Ziele besser als negativ formulierte Ziele.

2. Verstärkerauswahl

Bei der Verstärkerauswahl ist zu beachten, dass die Verstärker für die betroffenen Kinder und Jugendlichen interessant sein müssen, weniger für die Eltern und die Lehrkräfte. Somit wäre die tägliche Vorlesestunde mit der Mutter nur für Kinder interessant, die auch tatsächlich gerne von der Mutter eine Geschichte vorgelesen bekommen. Goldstein / Brooks empfehlen daher ein »Token-Menü«, bei dem Kinder aus mehreren interessanten Belohnungen eine Belohnung auswählen können. In der Praxis hat es sich in vielen Fällen auch bewährt, den Gebrauch von Medien (z. B. TV, Computer, Spielekonsolen) an ein Token-System zu koppeln. Kinder und Jugendliche verdienen sich dabei also das tägliche PC-Spiel am Nachmittag durch ein zielgerechtes Verhalten in der Schule.

3. Kontiguität der Verstärkung

Unter Kontiguität der Verstärkung versteht man den Zeitabstand, der zwischen einem erwünschten Verhalten und einer Verstärkung liegt. Je höher die Kontiguität, desto schneller vollzieht sich der Aufbau von erwünschten Verhaltensweisen (Hoy / Schönpflug 2008, Narciss 2011). Token-Systeme haben den Vorteil, dass die Vergabe von Token (z. B. Smileys) in der Regel unkompliziert und kurzfristig erfolgen kann. So wurde auch im Zuge des Behavioral Education Program der USA (Crone / Hawken / Horner 2010) mit der »Check-in-check-out-card« auf ein Token-System zurückgegriffen, um Verhaltensprobleme im schulischen Kontext systematisch und effektiv reduzieren zu können (Fairbanks / Sugai / Guardino / Lathrop 2007). Im Rahmen dieses Systems werden den Schülerinnen und Schülern nach jeder Schulstunde (oder Doppelstunde) kurze Verhaltensfeedbacks auf einem Feedbackplan gegeben. Die Abbildung unten enthält eine an das deutsche Schulsystem angepasste und in der Praxis erprobte Fassung eines solchen Planes (→ Kopiervorlagen → 8 Mein Schultag_blanko). Weitere Beispiele für entsprechende Feedbackpläne sind bei Fairbanks et al. (2007) und Goldstein / Brooks (2007) zusammengestellt.

Mein Schultag Name *Peter* Woche *1*

	MO	Ziel 1	Ziel 2	DI	Ziel 1	Ziel 2	MI	Ziel 1	Ziel 2	DO	Ziel 1	Ziel 2	FR	Ziel 1	Ziel 2
	Fach	*Reden*	*Sitzen*	Fach	*Reden*	*Sitzen*	Fach	*Reden*	*Sitzen*	Fach	Reden	Sitzen	Fach	*Reden*	*Sitzen*
1	Klassen-rat	☹ 😐 ☺	☹ 😐 ☺	Mathe	☹ 😐 ☺	☹ 😐 ☺	Frei-arbeit	☹ 😐 ☺	☹ 😐 ☺	Frei-arbeit	☹ 😐 ☺	☹ 😐 ☺	Religion	☹ 😐 ☺	☹ 😐 ☺
2	Mathe	☹ 😐 ☺	☹ 😐 ☺	Sprache	☹ 😐 ☺	☹ 😐 ☺	Mathe	☹ 😐 ☺	☹ 😐 ☺	Englisch	☹ 😐 ☺	☹ 😐 ☺	Mathe	☹ 😐 ☺	☹ 😐 ☺
3	Sach-kund	☹ 😐 ☺	☹ 😐 ☺	Frei-arbeit	☹ 😐 ☺	☹ 😐 ☺	Mathe	☹ 😐 ☺	☹ 😐 ☺	Sport	☹ 😐 ☺	☹ 😐 ☺	Sprache	☹ 😐 ☺	☹ 😐 ☺
4	Sprache	☹ 😐 ☺	☹ 😐 ☺	Frei-arbeit	☹ 😐 ☺	☹ 😐 ☺	Musik	☹ 😐 ☺	☹ 😐 ☺	Sport	☹ 😐 ☺	☹ 😐 ☺	Sprache	☹ 😐 ☺	☹ 😐 ☺
5	Kunst	☹ 😐 ☺	☹ 😐 ☺	Sport	☹ 😐 ☺	☹ 😐 ☺	Sprache	☹ 😐 ☺	☹ 😐 ☺	Mathe	☹ 😐 ☺	☹ 😐 ☺		☹ 😐 ☺	☹ 😐 ☺
6	Kunst	☹ 😐 ☺	☹ 😐 ☺		☹ 😐 ☺	☹ 😐 ☺	Sprache	☹ 😐 ☺	☹ 😐 ☺	Werken	☹ 😐 ☺	☹ 😐 ☺		☹ 😐 ☺	☹ 😐 ☺
7		☹ 😐 ☺	☹ 😐 ☺		☹ 😐 ☺	☹ 😐 ☺		☹ 😐 ☺	☹ 😐 ☺		☹ 😐 ☺	☹ 😐 ☺		☹ 😐 ☺	☹ 😐 ☺
8		☹ 😐 ☺	☹ 😐 ☺		☹ 😐 ☺	☹ 😐 ☺		☹ 😐 ☺	☹ 😐 ☺		☹ 😐 ☺	☹ 😐 ☺		☹ 😐 ☺	☹ 😐 ☺

MO	DI	MI	DO	FR
MAX 24	MAX 20	MAX 24	MAX 24	MAX 16
☹ ___	☹ ___	☹ ___	☹ ___	☹ ___
😐 ___x1 = ___	😐 ___x1 = ___	😐 ___x1 = ___	😐 ___x1 = ___	😐 ___x1 = ___
☺ ___x2 = ___	☺ ___x2 = ___	☺ ___x2 = ___	☺ ___x2 = ___	☺ ___x2 = ___
Summe ___	Summe ___	Summe ___	Summe ___	Summe ___

Die Schüler sollen hierbei nach jeder Schulstunde zur Lehrkraft gehen und zunächst eine Selbsteinschätzung im Hinblick auf maximal zwei formulierte Verhaltensziele vornehmen. Danach erhalten sie eine Verhaltenseinschätzung durch die Lehrkraft, die mittels einer dreistufigen Skala auf dem Plan festgehalten wird. Praktische Erfahrungen zeigen, dass solche Rückmeldegespräche nicht länger als 20 bis 30 Sekunden dauern, wenn sichergestellt wird, dass die Punktevergabe nicht diskutiert wird. Negative Bewertungen werden in diesem System mit 0 Punkten gezählt, mittlere Bewertungen mit 1 Punkt und positive Feedbacks mit 2 Punkten. Vergessene Rückmeldungsgespräche werden als negative Bewertungen und daher mit 0 Punkten bewertet. Auf diese Weise entsteht für jeden Tag eine Punktzahl, die als Maß für den Grad der Zielerreichung interpretierbar ist. Über einen solchen Feedbackplan (Goal-Attainment-Scale) lassen sich Verhaltensentwicklungen in der Schule valide und kleinschrittig abbilden (Fairbanks et al. 2007).

4. Zielvereinbarung

Alle wichtigen Details, die im Rahmen eines Token-Systems vereinbart werden, sollen in einem Vertrag festgehalten werden (Goldstein / Brooks 2007b, Junge-Hoffmeister 2011). Darin wird grundsätzlich ein konkretes und überprüfbares Zielverhalten formuliert. Die Formulierungen sollten so gewählt sein, dass die Schülerinnen und Schüler sie entsprechend ihren sprachlichen und kognitiven Möglichkeiten verstehen und lesen können. Darüber hinaus enthält eine Zielvereinbarung die zur Verfügung stehenden Verstärker bzw. das Verstärkermenü. Gleichzeitig sollten überschaubare Zeitpunkte (z. B. jeden Nachmittag nach den Hausaufgaben) genannt werden, zu denen die erzielten Punkte ausgewertet und eingelöst werden können. Walker / Shea (1999) empfehlen, bei der Vertragsgestaltung alle beteiligten Personen aktiv einzubeziehen. Kinder können helfen, die Vereinbarungen aufzuschreiben und sollen immer wieder gefragt werden, ob sie alle Elemente des Vertrages verstanden haben. Die Abbildung auf Seite 51 zeigt ein Beispiel für eine an die deutsche Schullandschaft angepasste Zielvereinbarung.

Das hier gezeigte Beispiel beschränkt sich auf zwei Ziele. Zudem ist das gesamte Token-System in vier Phasen unterteilt. Diese als »Shaping« bezeichnete Methode zielt darauf ab, das vereinbarte Zielverhalten in kleineren Schritten aufzubauen (Junge-Hoffmeister 2011). Dabei erhält das Kind zunächst für eine kleinere Anzahl von Punkten die im Vertrag vereinbarte Belohnung. Sie entspricht normalerweise einem festen Prozentsatz der maximal erreichbaren Punkte (z. B. 50 Prozent). Sobald das vereinbarte Ziel regelmäßig und sicher erreicht wurde (z. B. nach 10 erfolgreichen Tagen in Folge), wird dieser Prozentsatz schrittweise in drei weiteren Phasen erhöht (z. B. 60, 75 und 85 Prozent der maximal erreichbaren Punkte), bis das Verhalten im Unterricht dem erwünschten Zielverhalten entspricht. Da in der Praxis die Anzahl der Unterrichtsstunden und damit die Anzahl der maximal erreichbaren Punkte variiert, wird diese Grenzpunktzahl für jeden Wochentag gesondert festgelegt.

5. Erfolgskontrolle (Monitoring)

Eines der wichtigsten und in der Praxis fast immer vernachlässigten Kriterien für eine wirksame Verhaltensmodifikation ist das Verhaltensmonitoring (Cowan / Sheridan 2009, Goldstein / Brooks 2007a, Reschley / Bergstrom 2009). Dabei wird die Verhaltensentwicklung im Zuge der gesamten Maßnahme dokumentiert und für alle Beteiligten (Lehrkraft, Eltern, Schülerinnen und Schüler etc.) sichtbar gemacht. In der Vergangenheit hat eine

Zielvereinbarung für *Peter*

Ziel 1

Bei Einzelarbeiten redet Peter nur dann, wenn er von der Lehrerin die Erlaubnis dazu erhält.

Ziel 2

Bei Einzelarbeiten steht Peter nur dann von seinem Sitzplatz auf wenn er von der Lehrerin die Erlaubnis dazu erhält.

Tagesbelohnung

Wahlweise: 1 Stunde TV
1 Stunde am PC spielen
1 Stunde Spiel-Konsole

Anzahl der erforderlichen Punkte für die Tagesbelohnung
(Anpassung nach 10 Tagen Erfolg)

Wochentag	Max	Phase 1	Phase 2	Phase 3	Phase 4
		50%	60%	75%	85%
Montag	24	ab 12	ab 14	ab 18	ab 20
Dienstag	20	ab 10	ab 12	ab 15	ab 17
Mittwoch	24	ab 12	ab 14	ab 18	ab 20
Donnerstag	24	ab 12	ab 14	ab 18	ab 20
Freitag	16	ab 8	ab 10	ab 12	ab 14

Wochenendbelohnung (optional)

Wahlweise: 1 Stunde mit Papa Fußball spielen
Mit Mama Schwimmen gehen

Anzahl der erforderlichen Punkte für die Wochenbelohnung
(Anpassung nach 10 Tagen Erfolg)

Wochentag	Max	Phase 1	Phase 2	Phase 3	Phase 4
Wochenede	108	ab 54	ab 65	ab 81	ab 92

Unterschrift Eltern · Unterschrift Kind · Unterschrift Lehrkraft · Unterschrift Berater(in)

Vielzahl von Studien gezeigt, dass allein ein regelmäßiges Feedback (z. B. durch Entwicklungsverlaufsgrafiken) im Zuge einer pädagogischen Intervention einen günstigen Effekt auf den Erfolg der Maßnahme hatte (Fuchs / Fuchs 1986, Hattie 2008, Kavale 1999). Fehlentwicklungen können zudem auf diese Weise zeitnah erkannt werden und entsprechende Anpassungen vorgenommen werden. Der in der Abbildung dargestellte Feedbackplan stellt eine ideale und einfache Grundlage für ein solches Verhaltensmonitoring dar. Die pro Tag erzielten Punkte werden in eine Monatsgrafik eingetragen und die einzelnen Punkte zu einer Verlaufskurve verbunden.

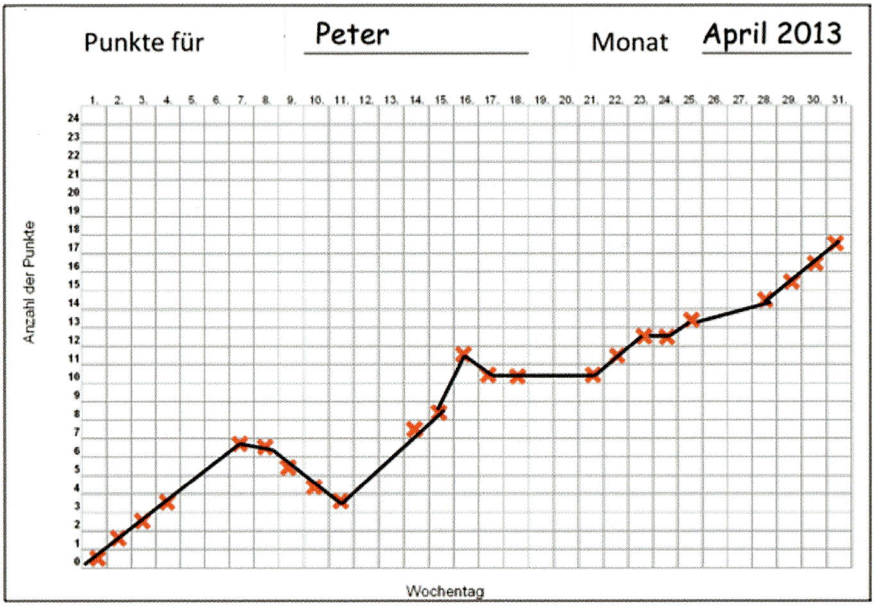

Beispiel für ein Verhaltensmonitoring durch ein Verlaufsdiagramm

Durch den Einsatz eines solchen Diagramms erfolgt zudem eine Verlagerung von einer sozialen Bezugsnorm (Schüler / Schülerin wird z. B. mit den Klassenkameraden verglichen) auf eine individuelle Bezugsnorm (die individuelle Entwicklung des Schulkindes wird bewertet). Im deutschen Sprachraum konnten vor allem Rheinberg / Krug sehr günstige Effekte einer individuellen Bezugsnormorientierung auf die Motivation von Schulkindern mit Lern- und Verhaltensproblemen nachweisen.

6. Einbezug der Eltern

Inwieweit Eltern in eine solche Maßnahme eingebunden werden können, hängt von vielen Faktoren ab. Wenn es jedoch gelingt, Eltern frühzeitig und kooperativ in die Planung und Durchführung eines Token-Systems einzubeziehen, verlaufen die Entwicklungsprozesse meist deutlich schneller und effektiver (Goldstein / Brooks 2007a, Hunt / Soto / Maier / Doering 2003, Kelley 1990). Goldstein / Brooks (2007) plädieren dafür, den Eltern die tägliche Auswertung des Feedbackplans, das Zeichnen des Verlaufsdiagramms und die Vergabe der Verstärker zu übertragen. Hierdurch werden die Lehrkräfte entlastet und die Rolle der Eltern wird strukturiert und gestärkt. In den Auswertungsgesprächen muss sichergestellt werden, dass sie in einer positiven Atmosphäre stattfinden, auch kleine Erfolge gelobt werden und bei Misserfolgen eine Ermutigung stattfindet. Insbesondere Familien mit schwachen Erziehungsstrukturen benötigen hier zunächst oft Unterstützung. Gelingt dieser Einbezug, erhalten Kinder von ihren Eltern darüber hinaus eine positive und wertschätzende Aufmerksamkeit, was sich wiederum positiv auf die Eltern-Kind-Beziehung auswirken kann. Ein weiterer günstiger Effekt des Einbezugs von Eltern ist der Aufbau eines kontinuierlichen Informationsflusses zwischen Elternhaus und Schule. Eltern sind somit über die Verhaltensentwicklungen im Unterricht immer tagesaktuell informiert.

7. Evaluationsphase

Ein einmal angelegtes Token-System ist kein Selbstläufer. Im Alltag tauchen an verschiedenen Stellen immer wieder Probleme auf, die in der Planungsphase noch nicht zu erkennen waren. Da insbesondere Eltern mit schwachen Erziehungsstrukturen durch solche Hürden oftmals entmutigt werden, muss ein einmal angelegtes Token-System insbesondere in der Anfangsphase regelmäßig überprüft und angepasst werden (Cowan / Sheridan 2009). Im Mittelpunkt der Anpassung stehen häufig Probleme bei den Auswertungsgesprächen im Elternhaus, Inkonsequenz bei der Vergabe der Verstärker, zu hohe oder schwer zu überprüfende Ziele. Insbesondere wenn die Motivation der Eltern nachlässt, zeigt sich in der Praxis häufig eine Abnahme der Motivation auf Seiten der betroffenen Schulkinder.

Token-Systeme sind komplexe und professionelle Instrumente für eine gezielte Unterstützung von Kindern und Jugendlichen mit Verhaltensproblemen in der Schule. Die vorangegangenen Darstellungen machen jedoch auch deutlich, dass professionelle Token-Systeme nicht mit den häufig in der Schule eingesetzten »Smiley-Listen« vergleichbar sind und ihr wirksamer Einsatz von vielen Faktoren abhängig ist. Lehrkräfte sollten daher immer prüfen, ob sie ausreichend Zeit für die vollständige Umsetzung eines Token-Systems haben. Auch der Verzicht auf einzelne der hier dargestellten Elemente kann die Wirksamkeit der Maßnahme zum Teil erheblich reduzieren und somit wertvolle Ressourcen verschwenden. Auf der anderen Seite zeigen zahlreiche Studien, dass Verhaltensmodifikation im Allgemeinen und Token-Systeme im Besonderen eine wichtige und wirksame Methode zur Reduktion von Verhaltensproblemen in der Schule und somit für einen effektiven und störungsfreien Unterricht sein können (Cowan / Sheridan 2009, Junge-Hoffmeister 2011, Meichenbaum 1995, Narciss 2011). Die hier dargestellten Elemente sollen Lehrkräften helfen, Token-Systeme sinnvoll in ihren Unterrichtsablauf zu integrieren und somit Kinder mit Verhaltensproblemen im Unterricht besser fördern zu können.

Clemens Hillenbrand / Thomas Hennemann

Schulische Prävention – ein Beitrag zur Inklusion

Die Bundesrepublik Deutschland unterzeichnete im Jahr 2009 die UN-Konvention über die Rechte von Menschen mit Behinderungen (United Nations 2006) ohne jede Einschränkung. Das Dokument fordert das Recht auf Teilhabe und den Abbau von Barrieren in allen Lebensbereichen (Bielefeldt 2010). Innerhalb dieser gesamtgesellschaftlichen Verpflichtung enthält Artikel 24 die Verpflichtung, ein inklusives Bildungssystem aufzubauen. Seitdem stellt »Inklusion« einen neuen politischen Leitbegriff dar, der nicht nur die Bildungspolitik bestimmt: Nationale und landesweite Aktionspläne wurden entwickelt, Gesetzesänderungen durchgeführt und schulische Organisationsformen grundsätzlich in Frage gestellt. Alle Schulformen sehen sich mit der Aufgabe konfrontiert, Schüler mit Behinderungen aufzunehmen und zielgleich oder zieldifferent zu unterrichten.

Für die Grundschule stellt dies keine neue Aufgabe dar, sie ist diejenige Schulform, die bundesweit die meisten Erfahrungen besitzt. Die Schulstatistik 2010/11 weist 6,3 % der 6- bis 15-Jährigen als Schülerinnen und Schüler mit sonderpädagogischem Förderbedarf aus (Dietze 2012), davon besuchen nur 23 % die allgemeinen Schulen. Mehr als die Hälfte der integrativ beschulten Kinder und Jugendlichen jedoch nimmt am Unterricht der Grundschule teil (Sekretariat der Ständigen Konferenz der Kultusminister der Länder in der Bundesrepublik Deutschland 2012, XIII). Oftmals bricht der erfolgreiche gemeinsame Unterricht der Grundschule in der Sekundarstufe ab.

Inklusive Bildung lässt sich jedoch nicht auf die Frage der Schulorganisation und der Schulform reduzieren. In der aktuellen Debatte findet sich nicht selten die Vorstellung, Inklusion sei eine primär bildungsorganisatorische Aufgabe zur Auflösung bestimmter Schulformen, insbesondere der Sonder- oder Förderschulen. Ist dies wirklich die Intention der UN-Konvention? Stimmt dieses Verständnis mit den Bemühungen der UNESCO um inklusive Bildung überein?

Seit der Salamanca-Erklärung der UNESCO von 1994 besitzt der Begriff Inklusion eine Leitfunktion internationaler Bildungspolitik zur Orientierung an den Bedürfnissen. Alle Lernenden, insbesondere aber benachteiligte und behinderte Personen, haben das Recht auf eine ihren Bedürfnissen entsprechende, wirksame

> Inklusion wird also als ein Prozess verstanden, bei dem auf die verschiedenen Bedürfnisse von allen Kindern, Jugendlichen und Erwachsenen eingegangen wird. Erreicht wird dies durch verstärkte Partizipation an Lernprozessen, Kultur und Gemeinwesen, sowie durch Reduzierung und Abschaffung von Exklusion in der Bildung. Dazu gehören Veränderungen in den Inhalten, Ansätzen, Strukturen und Strategien. Diese Veränderungen müssen von einer gemeinsamen Vision getragen werden, die alle Kinder innerhalb einer angemessenen Altersspanne einbezieht, und von der Überzeugung, dass es in der Verantwortung des regulären Systems liegt, alle Kinder zu unterrichten (Deutsche UNESCO-Kommission 2009, S. 9).

Bildung (United Nations 2006, Art. 24,3) – dem dienen Strukturen und Inhalte. In den Berichten der UNESCO zur Situation der Bildung weltweit ist der Titel Programm: »Education for All«. Hier liegt die entscheidende Innovation: Die Berücksichtigung der Bedürfnisse aller Lernenden und die Implementation wirksamer pädagogischer Unterstützung im Bildungsprozess sind die großen Herausforderungen auf dem Weg zu einem inklusiven Bildungssystem (Hillenbrand 2012)! Organisationsformen besitzen eine sekundäre Bedeutung: »Der Anspruch der inklusiven Bildung [...] ist nicht etwa gleichbedeutend mit der pauschalen Abschaffung des Förderschulwesens, und es wäre nachgerade absurd, den Begriff der Inklusion zum Vorwand für den Abbau sonderpädagogischer Fachkompetenz zu nehmen. Eine Billiglösung inklusiver Bildung kann und darf es nicht geben« (Bielefeldt 2010, S. 67). Alle Organisationsformen der pädagogischen und sonderpädagogischen Unterstützung dienen folglich dem Ziel einer bestmöglichen Partizipation aller Lernenden am Bildungsprozess im allgemeinen Bildungssystem, um so jedem Schüler nach seinen Bedürfnissen die bestmöglichen Lern- und Entwicklungschancen anbieten zu können. Dieses Ziel stellt letztlich eine Vision oder eine Idealnorm dar, die eine wichtige Orientierung bietet, aber letztlich niemals erreicht werden wird. Sie bietet gerade dadurch eine wichtige Leitlinie für die Entwicklung des Bildungssystems.

Auf dem Weg zu diesem Ziel decken internationale Beispiele einige unerwartete Entwicklungen auf. Das Bildungssystem Finnlands gilt als hoch inklusiv und bietet gleichzeitig für ca. 30% aller Schüler im Laufe eines Schuljahres eine (sonder-) pädagogische Unterstützung in differenzierten und flexiblen Strukturen, auch in spezialisierten Klassen und Schulen (Schroeder 2010). Im Zuge des Ausbaus inklusiver Bildungsangebote seit den 1990er Jahren kam es in den Staaten der USA zu einer massiven Ausweitung sonderpädagogischer Bildungsangebote, so dass heute 11,3% aller Schüler eine sonderpädagogische Unterstützung in den verschiedenen Organisationsformen bis hin zu speziellen Schulen erhalten (McLeskey et al. 2012). Inklusion meint also wirksame Bildung, die durchaus in verschiedenen Formen organisiert werden kann und die den Bedürfnissen einer erheblich größeren Zahl von Schülerinnen und Schülern gerecht werden muss als bisher. Die sonderpädagogische Unterstützung folgt den Bedürfnissen und muss der Situation der Lernenden angepasst werden.

Die schwierigste Aufgabe liegt dabei für viele Akteure, auch international gesehen, in herausfordernden Verhaltensweisen. Die European Agency, eine der einflussreichen internationalen Initiativen zum Ausbau inklusiver Bildung, sieht darin die größte Herausforderung: »Behaviour, social and / or emotional difficulties are identified as presenting the biggest challenge in relation to the inclusion of learners with SEN in mainstream provision« (2003, S. 14). [1)]

Die Lehrkräfte zeigen hier die größten Besorgnisse (Forlin et al. 2008, Lindsay 2007). Die Befunde zur Wirksamkeit verschiedener Organisationsformen belegen jedoch keineswegs einen Vorteil der Förderung im allgemeinen Setting (Ellinger / Stein 2012). Zugleich wird deutlich, dass allein die Veränderung von Einstellungen auf keinen Fall ausreicht (Hillenbrand / Melzer / Hagen 2013). Das vorhandene Wissen der pädagogischen Fachkräfte über wirksame pädagogische Maßnahmen und Handlungsweisen für

1) »Verhaltens-, soziale und/oder emotionale Schwierigkeiten sind als die größte Herausforderung in Bezug auf die Inklusion von Lernenden mit sonderpädagogischem Förderbedarf in der Allgemeinen Schule identifiziert«

Situationen, die sozial und emotional belastend sind, sowie das Können zur Umsetzung solcher Verfahren stellt eine zentrale Gelingensbedingung für inklusive Bildung dar (European Agency 2011)! Die in diesem Band referierten Maßnahmen bieten ein Fundament wirksamer Handlungsmöglichkeiten zur Unterstützung der emotionalen und sozialen Entwicklung in inklusiven Grundschulen.

Wie kann eine wirksame Umsetzung gelingen? Ein nur punktueller Einsatz von Maßnahmen wird den komplexen Aufgaben der Bildung und den Einflüssen in der kindlichen Entwicklung emotionaler und sozialer Kompetenzen nicht gerecht (vgl. den Beitrag von Hennemann und Hövel). Eine pädagogische Unterstützung der Entwicklung erfordert nach den internationalen Erfahrungen und Forschungsbefunden ein systematisches Vorgehen: Die Unterstützung ist früh zu verwirklichen, dafür müssen die Entwicklungsverläufe und Entwicklungsbedürfnisse der Lernenden regelmäßig erhoben werden. Die Intensität der Unterstützung steigt mit dem Grad der Belastung durch biopsychosoziale Risiken. Aus diesen Grundannahmen resultiert ein einfaches und in vielen Ländern mit hohen positiven Effekten (Hattie 2012) realisiertes System der pädagogischen Unterstützung, das sich als Responsives Handlungsmodell (Response-to-Intervention, vgl. Huber / Grosche 2012, Hillenbrand / Hagen 2012) bezeichnen lässt und in Deutschland bereits praktiziert wird (Mahlau / Diehl / Voß / Hartke 2011): Durch die frühe und sensible Identifikation besonderer Bedürfnisse (Responsivität) werden direkt Maßnahmen ausgelöst, die nachgewiesenermaßen wirksam sind (Evidenzbasierung). Meist sieht ein solches Modell **drei Stufen der Unterstützung** vor:

Stufe 1: Unterrichtliche Maßnahmen, die in ihrer Wirksamkeit überprüft und wenig aufwändig sind, werden im regulären Unterricht der allgemeinen Schule eingesetzt. Dreimal im Schuljahr erfolgt ein Monitoring, also ein Screening der Entwicklung der Kinder, so dass frühzeitig mögliche Problementwicklungen erkannt werden können. Wissenschaftlich fundierte Maßnahmen kommen als universelle Maßnahmen für die ganze Klasse und die gesamte Grundschule zum Einsatz. Sie gewährleisten zugleich einen wirksamen Rahmen für schulische Lern- und Entwicklungsprozesse. Insbesondere die Maßnahmen des Classroom Managements lassen sich auf dieser Ebene einordnen (vgl. den Beitrag von Hövel / Hennemann: Förderidee 1, S. 27 ff.).

Stufe 2: Für Kinder, die aufgrund ihrer risikobelasteten Entwicklungsbedingungen nicht ausreichend von Stufe 1 profitieren, werden intensivere Maßnahmen ergriffen. Voraussetzung ist hier die Identifikation besonderer Bedürfnisse durch ein diagnostisches Screening, die Nutzung eines ökonomischen Förderplans und die Begleitung der Entwicklung dieser Zielgruppe (vgl. den Beitrag von Hagen und Melzer: S. 20 ff.). Auf der Basis diagnostischer Informationen können intensivere, selektive Maßnahmen ergriffen werden. Nach internationalen Studien benötigen ca. 15 bis 20 % aller Schüler eine solche intensivere Unterstützung. Die Durchführung der Interventionen erfolgt möglicherweise in Fördergruppen, sehr häufig können sie aber auch in der allgemeinen Klasse durchgeführt werden. Als ein wirksames Beispiel wird in der internationalen Literatur der intensive und gezielte Einsatz von Verfahren zur Regelbeachtung genannt (Sayeski / Brown 2011), wie es das »KlasseKinderSpiel« praktiziert (vgl. den Beitrag von Pütz / Vierbuchen: Förderidee 3, S. 41 ff.). Durch das regelmäßige Monitoring wird die Passung der Maßnahmen sichergestellt, so dass die Steigerung der emotionalen und sozialen Kompetenzen dokumentiert wird.

Stufe 3: Sollten die selektiven Maßnahmen nicht ausreichen und die Entwicklung der Kinder mit Risikobelastungen keine ausreichend positive Veränderung zeigen, finden intensivere Maßnahmen auf der Basis eines individuellen Förderplans Verwendung; betroffen sind nach internationalen Studien ca. 1 bis 5 % aller Kinder. Hier greifen indizierte Maßnahmen, die sehr individuell angepasst und mit hoher Intensität zum Einsatz kommen (vgl. den Beitrag von Huber: Förderidee 4, S. 47 ff.). Oft findet die Unterstützung in spezialisierten Settings, z. B. in Kleingruppen oder speziellen Klassen statt, Ziel ist jedoch die Passung der Unterstützung in ein möglichst normales Setting. Neben der intensiven Kooperation mit dem Bezugssystem (Eltern, Wohngruppe o. Ä.) ist in aller Regel auch die multiprofessionelle Kooperation mit Fachkräften und spezialisierten Fachdiensten (Kinder- und Jugendhilfe, Therapien, Kliniken, Sonderpädagogischen Einrichtungen) unverzichtbar. Ziel bleibt immer die möglichst erfolgreiche Rückführung in die jeweilige Klasse der Grundschule.

Maßnahmen im Responsiven Handlungsmodell

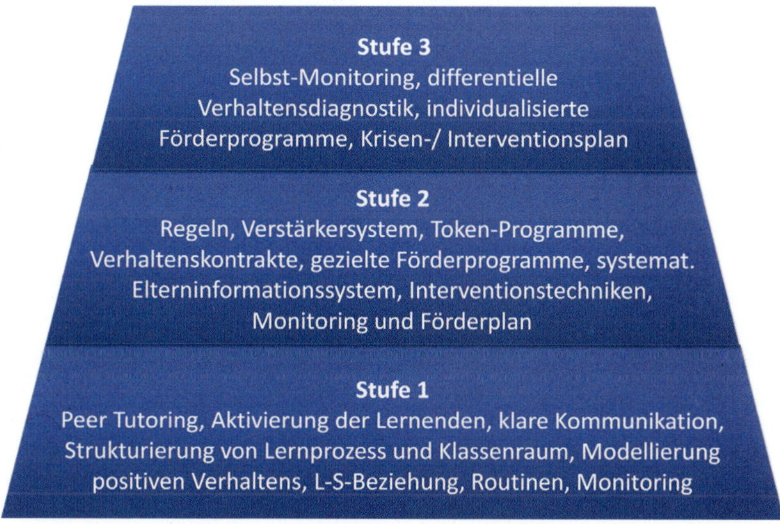

Responsives Handlungsmodell (nach Sayeski / Brown 2011)

Ein solches Modell inklusiver Bildung, das gerade für die zahlenmäßig häufigsten Formen von Beeinträchtigungen praktiziert wird, geht nüchtern von den unterschiedlichen Entwicklungsbedingungen der Lernenden aus und sucht nach den wirksamsten Unterstützungsangeboten für die individuellen Bedürfnisse. Die Kommunikation aller Beteiligten, gerade auch mit den Kindern selbst (Melzer / Methner 2012), stellt eine unverzichtbare Basis dar. Erst durch die Verwendung einer solchen wissenschaftlich fundierten Vorgehensweise mit den hier genannten konkreten Verfahren und Methoden wird das gemeinsame Wertefundament – »Alle Kinder gehören zu uns!« – zur pädagogi-

Fortbildungsmöglichkeiten unter: www.
www.heilpaedagogische-akademie.de

schen Wirklichkeit der Grundschule. Präventive Unterstützung emotionaler und sozialer Entwicklungsprozesse verwirklicht so das Recht aller Schüler auf eine den Bedürfnissen gemäße Bildung. Durch die Intensivierung im Responsiven Handlungsmodell erhalten auch Schüler mit herausfordernden Verhaltensweisen aufgrund belastender Entwicklungsbedingungen die notwendige Unterstützung, die zugleich Lehrkräfte handlungsfähig macht. Nicht die Schulstruktur bietet also die wirksame Hilfe, sondern primär das pädagogische Können und Wissen der Lehrkräfte auf der Basis hilfreicher Rahmenbedingungen. Eine hohe Professionalität in allgemeinen Schulen, beispielsweise durch die Nutzung der hier vorgestellten Strategien und Vorgehensweisen, bildet eine Gelingensbedingung für inklusive Bildung. Entsprechende Qualifizierungen auf allen Stufen der Lehrerbildung erweisen sich als wichtige Beiträge für ein inklusives Bildungssystem. Davon profitieren letztlich alle Beteiligte, auch die Lehrkräfte: Der Einsatz effektiver Maßnahmen reduziert Stress und Burnout und erhöht die Berufszufriedenheit der pädagogischen Fachkräfte.

Literatur

Barrish, H. H. / Saunders, M. / Wolf, M. M. (1969): Good behavior game: Effects of individual contingencies for group consequences on disruptive behavior in a classroom. Journal of Applied Behavior Analysis, 2, S. 119 – 124.

Beelmann, A. / Lösel, F. (2005): Entwicklung und Förderung der sozialen Informationsverarbeitung bei Vorschulkindern. Zusammenhang zu sozialen Problemen und die Prävention dissozialer Entwicklungsverläufe. In: T. Guldimann / B. Hauser (Hg.): Bildung 4- bis 8-jähriger Kinder. Münster: Waxmann, S. 209 – 230.

Beelmann, A. / Raabe, T. (2007): Dissoziales Verhalten von Kindern und Jugendlichen. Göttingen: Hogrefe.

Beelmann, A. (2000): Prävention dissozialer Entwicklungen: Psychologische Grundlagen und Evaluation früher kind- und familienbezogener Interventionsmaßnahmen. Unveröffentlichte Habilitationsschrift: Universität Erlangen-Nürnberg.

Beelmann, A. (2006): Wirksamkeit von Präventionsmaßnahmen bei Kindern und Jugendlichen: Ergebnisse und Implikationen der integrativen Erfolgsforschung. Zeitschrift für Klinische Psychologie und Psychotherapie, 35, S. 151 – 162.

Bender, D. / Lösel, F. (1997): Protective and risk effects of peer relations and social support on antisocial behavior in adolescents from multi-problem milieus. Journal of Adolescence, 20, S. 661 – 678.

Bielefeldt, H. (2010): Menschenrecht auf inklusive Bildung. Der Anspruch der UN-Behindertenrechtskonvention. Vierteljahresschrift für Heilpädagogik und ihre Nachbargebiete, 79, S. 66 – 69.

Cowan, R. J. / Sheridan, S. M. (2009): Evidence-Based Approaches To Working With Children With Disruptive Behavior. In: T. B. Gutkin / C. R. Reynolds (Hg.): The handbook of school psychology (4. Aufl., S. 569 – 590). Hoboken (N. J.): J. Wiley.

Crick, N. / Dodge, K. A. (1994): A review and reformulation of social-information-processing mechanisms in children's social adjustment. Psychological Bulletin, 115, (1994), S. 74 – 101.

Crone, D. A. / Hawken, L. S. / Horner, R. H. (2010): Responding to problem behavior in schools. The behavior education program. 2. ed. (The Guilford practical intervention in the schools series). New York: Guilford Press.

Deutsche UNESCO-Kommission (2009): Inklusion: Leitlinien für die Bildungspolitik. Bonn: Deutsche UNESCO-Kommission.

Dietze, T. (2012): Zum Stand der sonderpädagogischen Förderung in Deutschland – die Schulstatistik 2010/11. Zeitschrift für Heilpädagogik, 63, S. 26 – 31.

Durlak, J. A. / Weissberg, R. P. / Dymnicki, A. B. / Taylor, R. D. / Schellinger, K. B. (2011): The Impact of Enhancing Students' Social and Emotional Learning: A Meta-Analysis of School-Based Universal Interventions. Child Development, Volume 82, Nr. 1, S. 405 – 432

Eichhorn, C. (2008): classroom-management. Stuttgart: Klett-Cotta.

Ellinger, S. / Stein, R. (2012): Effekte inklusiver Beschulung: Forschungsstand im Förderschwerpunkt emotionale und soziale Entwicklung. Empirische Sonderpädagogik, 4, S. 85 – 109.

European Agency for Development in Special Needs Education (2003): Key Principles for Special Needs Education. Recommendations for Policy Makers. Odense.

European Agency for Development in Special Needs Education (2011a): Inklusionsorientierte Lehrerbildung in Europa. Chancen und Herausforderungen. Odense.

Evertson, C. M. / Emmer, E. T. (2009^{8}): Classroom management for elementary teachers. New Jersey: Pearson Education.

Fairbanks, S. / Sugai, G. / Guardino, D. / Lathrop, M. (2007): Response to Intervention: Examining Classroom Behavior Support in Second Grade. Exceptional Children, 73 (3), S. 288 – 310.

Fisseni, H.-J. (2004): Lehrbuch der psychologischen Diagnostik. Mit Hinweisen zur Intervention. Göttingen: Hogrefe.

Forlin, C. / Keen, M. / Barrett, E. (2008): The concerns of mainstream teachers: Coping with inclusivity in an Australian context. International Journal of Disability Development & Education, 55 (3), S. 251 – 264.

Fuchs, L. S. / Fuchs, D. (Nov. 1986): Effects of systematic formative evaluation: A meta-analysis. Exceptional Children, 53 (3), S. 199 – 208.
Goldstein, S. / Brooks, R. B. (2007a²): Applying Behavior Modification. In: S. Goldstein / R. B. Brooks (Hg.): Understanding and managing children's classroom behavior. Creating sustainable, resilient classrooms. Hoboken, N.J.: J. Wiley & Sons, S. 226 – 278.
Goodman, R. (1997): The Strengths and Difficulties Questionnaire: A Research Note. Journal of Child Psychology and Psychiatry, 38, S. 581 – 586.
Gottfredson, M. R. / Hirschi, T. (1990): A general theory of crime. Palo Alto, CA: Stanford Univ. Press.
Hagen, T. / Hillenbrand, C. (2012): Effektive Lernförderung in der Schuleingangsphase. Zeitschrift für Heilpädagogik, 63, S. 323 – 334.
Hair, E. / Halle, T. / Terry-Humen, E. / Lavelle, B. / Calkins, J. (2006): Children`s school readiness in the ECLS-K: predictions to academic, health, and social outcomes in first grade. Early Childhood Research Quarterly, 21, S. 431 – 454.
Hartmann, B. (2004): Entwicklung von Screeningverfahren zur Erfassung sozialer Kompetenzen von Schülerinnen und Schülern. In: W. Mutzeck / P. Jogschies (Hg.): Neue Entwicklungen in der Förderdiagnostik. Grundlagen und praktische Umsetzungen. Weinheim: Beltz, S. 186 – 193.
Hartmann, B. / Mutzeck, W. / Fingerle, M. (2003): Die Prävalenz von Verhaltensauffälligkeiten. Ergebnisse einer Studie an Grundschulen. Sonderpädagogik 33, 4, S. 191 – 197.
Hattie, J. (2008): Visible learning. A synthesis of meta-analyses relating to achievement. London: Routledge.
Helmke, A. (2009): Unterrichtsqualität und Lehrerprofessionalität. Diagnose, Evaluation und Verbesserung des Unterrichts. Seelze-Velber: Kallmeyer.
Hennemann, T. / Hillenbrand, C. (2010): Klassenführung – Classroom Management. In: Hartke, B. (Hg.): Förderung in der schulischen Eingangsstufe. Kohlhammer
Hesse, I. / Latzko, B. (2011): Diagnostik für Lehrkräfte. Opladen: Leske und Budrich UTB.
Hillenbrand, C. (2006³): Einführung in Pädagogik bei Verhaltensstörungen. München: Ernst Reinhardt.
Hillenbrand, C. (2012): Inklusive Bildung: Plädoyer für einen Perspektivwechsel. Pädagogik, 64, H. 12, S. 44 – 46.
Hillenbrand, C. / Hennemann, T. (2006): Präventive Erziehungshilfe in der Grundschulstufe. Zeitschrift für Heilpädagogik 2/2006, S. 42 – 51.
Hillenbrand, C. / Hennemann, T. / Heckler-Schell, A. (2008): Lubo aus dem All! Programm zur Förderung sozial-emotionaler Kompetenzen im Vorschulalter. Reinhardt: München.
Hillenbrand, C. / Hennemann, T. / Hens, S. / Hövel D. (im Druck²): Lubo aus dem All! – 1. und 2. Klasse: Programm zur Förderung sozial-emotionaler Kompetenzen. Prädikat: Besonders zu empfehlen für den Einsatz in inklusiven Lerngruppen. Reinhardt: München.
Hillenbrand, C. / Melzer, C. / Hagen, T. (2013): Expertise »Ausbildung und Professionalisierung von Fachkräften zur Realisierung inklusiver Bildung in Deutschland« – Schulische Bildung. Expertise für das Deutsche Institut für Internationale Pädagogische Forschung. Berlin: Unveröffentlichtes Manuskript.
Hillenbrand, C. / Pütz, K. (2008): Das KlasseKinderSpiel. Spielerisch Verhaltensregeln lernen. Hamburg: Edition Körber.
Hölling, H. / Erhart, M. / Ravens-Sieberer, U. / Schlack, R. (2007): Verhaltensauffälligkeiten bei Kindern und Jugendlichen. Erste Ergebnisse aus dem Kinder- und Jugendgesundheitssurvey (KiGGS). Bundesgesundheitsblatt – Gesundheitsforschung – Gesundheitsschutz, 50, S. 784 – 793.
Holodynski, M. (2006): Emotionen – Entwicklung und Regulation. Springer: Heidelberg.
Hoy, A. W. / Schönpflug, U. (2008¹⁰): Pädagogische Psychologie. München, Boston u. a.: Pearson Studium.
Huber, C. / Grosche, M. (2012): Das response-to-intervention-Modell als Grundlage für einen inklusiven Paradigmenwechsel in der Sonderpädagogik. Zeitschrift für Heilpädagogik, 63, S. 311 – 322.

Hunt, P./Soto, G./Maier, J./Doering, K. (2003): Collaborative Teaming To Support Students at Risk and Students with Severe Disabilities in General Education Classrooms. Exceptional Children, 69 (3), S. 315 – 332.
Ihle, W./Esser, G. (2008): Epidemiologie psychischer Störungen des Kindes- und Jugendalters. In: B. Gasteiger-Klicpera / H. Julius / C. Klicpera (Hg.): Sonderpädagogik der sozialen und emotionalen Entwicklung. Band 3 Handbuch Sonderpädagogik. Göttingen: Hogrefe, S. 49 – 62.
Ihle, W./Esser, G./Schmidt, M.H./Blanz, B. (2000): Prävalenz, Komorbidität und Geschlechtsunterschiede psychischer Störungen vom Grundschul- bis ins frühe Erwachsenenalter. Zeitschrift für Klinische Psychologie und Psychotherapie, 29, S. 263 – 275.
Johnson, M.E./Fuchs, D./McKnight, M.A. (2006): Responsiveness to Intervention (RTI): How to Do It. National Research Center on Learning Disabilities. Verfügbar unter http://eric.ed.gov/ERICWebPortal/contentdelivery/servlet/ERICServlet?accno=ED496979.
Junge-Hoffmeister, J. (2011[2]): Operante Verfahren. In: H.-U. Wittchen / J. Hoyer (Hg.): Klinische Psychologie & Psychotherapie. Berlin: Springer, S. 511 – 527.
Kanfer, F. H./Reinecker, H./Schmelzer, D. (2012[5]): Selbstmanagement-Therapie. Verfügbar unter http://www.gbv.eblib.com/patron/FullRecord.aspx?p=884938.
Kany, W./Schöler, H. (2009): Diagnostik schulischer Lern- und Leistungsschwierigkeiten. Ein Leitfaden. Stuttgart: Kohlhammer.
Kavale, K. a. S. F. (1999[3]): Effectiveness of special education. In: C.R. Reynolds / T.B. Gutkin (Hg.): The handbook of school psychology, S. 984 – 1024.
Kelley, M.L. (1990): School-home notes. Promoting children's classroom success. New York: Guilford Press. Verfügbar unter http://www.worldcat.org/oclc/20824231.
Keogh, B. (1999): Risiko und protektive Einflüsse in der Schule. In: G. Opp / M. Fingerle (Hg.): Was Kinder stärkt. Erziehung zwischen Risiko und Resilienz. München: Ernst Reinhardt, S. 191 – 203.
Klauer, K.J./Lauth, G.W. (1997): Lernbehinderungen und Leistungsschwierigkeiten bei Schülern. In: F.E. Weinert (Hg.): Psychologie des Unterrichts und der Schule. Enzyklopädie der Psychologie D.1.3. Göttingen, S. 701 – 738.
Kultusministerkonferenz (2000): Empfehlungen zum Förderschwerpunkt emotionale und soziale Entwicklung. In: W. Drave / F. Rumpler / P. Wachtel (Hg.): Empfehlungen zur sonderpädagogischen Förderung. Allgemeine Grundlagen und Förderschwerpunkte (KMK) mit Kommentaren. Würzburg, S. 343 – 365.
Landrum, T.J./Kauffman, J.M. (2006): Behavioral Approaches to Classroom Management. In: C.M. Evertson / C.S. Weinstein (Hg.): Handbook of classroom management. Research, practice, and contemporary issues. Mahwah, N.J.: Lawrence Erlbaum Associates, S. 47 – 72.
Laucht, M./Esser, G./Schmidt, M.H. (1997): Wovor schützen Schutzfaktoren? Anmerkungen zu einem populären Konzept der modernen Gesundheitsforschung. Zeitschrift für Entwicklungspsychologie und Pädagogische Psychologie, 29, S. 260 – 270.
Lemerise, E./Arsenio, W.F. (2000): An Integrated Model of Emotion Processes and Cognition in Social Information Processing. Child Development 1, Vol. 71, S. 107 – 118.
Lindsay, G. (2007): Educational psychology and the effectiveness of inclusive education / mainstreaming. British Journal of Educational Psychology, 77, S. 1 – 24.
Lösel, F./Beelmann, A. (2003): Effects of Child Skills Training in Preventing Antisocial Behavior: A Systematic Review of Randomized Evaluations. The Annals of the American Academy of Political and Social Science, 587, S. 84 – 109.
Lukesch, H. (1998): Einführung in die pädagogisch-psychologische Diagnostik. Regensburg: Verlag Roderer.
Mahlau, K./Diehl, K./Voß, S./Hartke, B. (2011): Das Rügener Inklusionsmodell – Konzeption einer inklusiven Grundschule. Zeitschrift für Heilpädagogik, 62, S. 464 – 472.
Masten, A./Powell, J.L. (2003): A resilience framework for research, policy, and practice. In: S.S. Luthar (Ed.): Resilience and vulnerability. Adaption in the context of childhood adversities. Cambridge: Cambridge University Press, S. 1 – 25.

McClelland, M. M. / Acock, A. C. / Morrison, F. J. (2006): The impact of kindergarten learning-related skills on academic trajectories at the end of elementary school. Early Childhood Research Quarterly, 21, S. 471 – 490.

McLeskey, J. / Landers, E. / Williamson P. / Hoppey, D. (2012): Are we moving toward education with Disabilities in less restrictive environments? The Journal of Special Education, 46, S. 131 – 140.

Meichenbaum, D. (1995²): Kognitive Verhaltensmodifikation. Weinheim: Beltz, PVU.

Melzer, C. / Methner, A. (2012): Gespräche führen mit Kindern und Jugendlichen: Methoden schulischer Beratung. Stuttgart: Kohlhammer.

Mutzeck, W. (2000): Verhaltensgestörtenpädagogik und Erziehungshilfe. Bad Heilbrunn: Klinkhardt.

Myschker, N. (2009): Verhaltensstörungen bei Kindern und Jugendlichen: Erscheinungsformen – Ursachen – hilfreiche Maßnahmen. Stuttgart: Kohlhammer.

Najaka, S. S. / Gottfredson, D. C. / Wilson, D. B. (2001): A meta-analytic inquiry into the relationship between selected risk factors and problem behavior. Prevention Science, 2, S. 257 – 271.

Narciss, S. (2011): Verhaltensanalyse und Verhaltensmodifikation auf der Basis lernpsychologischer Erkenntnisse. In: H.-U. Wittchen / J. Hoyer (Hg.): Klinische Psychologie & Psychotherapie (2., überarbeitete und erweiterte Auflage, S. 419 – 433). Berlin, Heidelberg: Springer.

Neukäter, H., David, D. / Voigt, U. (1995): Was leisten psychologische Tests zur Bestimmung von Verhaltensstörungen. Sonderpädagogik, 25 (4), S. 184 – 191.

Opp, G. (2003): Symptomatik, Ätiologie und Diagnostik bei Gefühls- und Verhaltensstörungen. In: A. Leonhardt / F. Wember (Hg.): Bildung, Erziehung, Behinderung. Grundlagen und Methoden der pädagogischen Rehabilitation. Weinheim: Beltz, S. 504 – 517.

Petermann, U. / Petermann, F. (2006): Lehrereinschätzliste für Sozial- und Lernverhalten. Göttingen: Hogrefe.

Popp, K. / Melzer, C. / Methner, A. (2011): Förderpläne entwickeln und umsetzen. München: Reinhardt.

Pospeschill, M. / Spinath, F. M. (2009): Psychologische Diagnostik. München: Reinhardt UTB Basics.

Reschley, D. / Bergstrom, M. K. (2009⁴): Response to Intervention. In T. B. Gutkin / C. R. Reynolds (Hg.): The handbook of school psychology. Hoboken (N. J.): J. Wiley, S. 434 – 460.

Rheinberg, F. / Krug, S. (Hg.) (2005³): Motivationsförderung im Schulalltag. Psychologische Grundlagen und praktische Durchführung. Göttingen: Hogrefe.

Ricking, H. (2005): Zum »Overlap« von Lern- und Verhaltensstörungen. Sonderpädagogik, 35, 4, S. 235 – 248.

Sayeski, K. L / Brown, M. R. (2011): Developing a Classroom Management Plan Using a Tiered Approach. Teaching Exceptional Children, Bd. 44, Heft 1, S. 8 – 17.

Schroeder, J. (2010): Lernen von Finnland? Im Ernst? Probleme der Herstellung von Bildungsgerechtigkeit im Schulsystem. Vierteljahresschrift für Heilpädagogik und ihre Nachbargebiete, 79, S. 97 – 103.

Sekretariat der Ständigen Konferenz der Kultusminister der Länder in der Bundesrepublik Deutschland (2012): Statistische Veröffentlichungen der Kultusministerkonferenz Dokumentation Nr. 196 – Februar 2012. Sonderpädagogische Förderung in Schulen 2001 bis 2010. Bonn.

Tingstrom, D. H. / Sterling-Turner, H. E. / Wilczynski, S. M. (2006): The Good Behavior Game: 1969 – 2002. Behavior Modification, 30, S. 225 – 253.

United Nations (2006): UN-Convention on the Rights of Persons with Disabilities. 2006 [http://www.un.org/disabilities/convention/conventionfull.shtml; 6.1.2011].

Walker, J. E. / Shea, T. M. (1999⁷): Behavior management. A practical approach for educators. Upper Saddle River, N.J.: Merrill.

Wellenreuther, M. (2010⁵): Lehren und Lernen – aber wie? Empirisch-experimentelle Forschungen zum Lehren und Lernen im Unterricht (Bd. 50). Baltmannsweiler: Schneider Hohengehren.

Werner, E. (2007): Resilienz: ein Überblick über internationale Längsschnittstudien. In: G. Opp / M. Fingerle (Hg.): Was Kinder stärkt. Erziehung zwischen Risiko und Resilienz. München: Reinhardt, S. 311 – 326.

Werner, E. E. / Smith, R. S. (1992): Overcoming the odds. Ithaca/London: Cornell University Press.

Wittchen, H.-U. / Hoyer, J. (Hg.) (2011²): Klinische Psychologie & Psychotherapie. Berlin: Springer.

Autorinnen und Autoren dieses Heftes

Tobias Hagen, Sonderpädagoge, wissenschaftlicher Mitarbeiter am Lehrstuhl für Erziehungshilfe und sozial-emotionale Entwicklungsförderung am Department Heilpädagogik der Universität zu Köln

Dr. Thomas Hennemann, Professor, Inhaber des Lehrstuhls für Erziehungshilfe und sozial-emotionale Entwicklungsförderung am Department Heilpädagogik der Universität zu Köln.

Dr. Clemens Hillenbrand, Professor, hatte von 2003 bis 2009 den Lehrstuhl für Erziehungshilfe und sozial-emotionale Entwicklungsförderung am Department Heilpädagogik der Universität zu Köln inne.
Seit 2009 hat er eine Professur für Pädagogik und Didaktik im Förderschwerpunkt Lernen am Institut für Sonderpädagogik der Universität Oldenburg.

Dennis Christian Hövel, Sonderschullehrer an einem Kompetenzzentrum sonderpädagogischer Förderung, leitet das Projekt zur Entwicklung und Evaluation von »Lubo aus dem All!« – 1. und 2. Klasse für den erweiterten Einsatz des Programms mit Risikokindern und in inklusiven Settings.

Jun.-Prof. Dr. Christian Huber, verantwortet den Bereich »Sonderpädagogische Grundlagen für die Bereiche Lernen und Verhalten« am Department Heilpädagogik der Universität zu Köln.

Dr. Conny Melzer, Sonderschullehrin, wissenschaftliche Mitarbeiterin am Lehrstuhl für Pädagogik und Didaktik im Förderschwerpunkt Lernen am Institut für Sonderpädagogik der Universität Oldenburg.

Kathrin Pütz, Sonderpädagogin, wissenschaftliche Mitarbeiterin am Lehrstuhl für Erziehungshilfe und sozial-emotionale Entwicklungsförderung am Department Heilpädagogik der Universität zu Köln.

Marie-Christine Vierbuchen, Dipl.-Heilpädagogin, wissenschaftliche Mitarbeiterin am Lehrstuhl für Pädagogik und Didaktik im Förderschwerpunkt Lernen am Institut für Sonderpädagogik der Universität Oldenburg.

Inhalte der CD

Zum Förderkonzept allgemein: Texte

Fördern heißt Teilhabe

(Horst Bartnitzky in: Bartnitzky, H. / Hecker, U. / Lassek, M.(Hg.) (2012): Individuell fördern – Kompetenzen stärken in der Eingangsstufe. Heft 1: Fördern – warum, wer, wie, wann? Frankfurt a. M.: Grundschulverband. S. 6–36)

Die kritischen Stellen im Lernprozess und wie Kinder sie bewältigen können

(Horst Bartnitzky (2013) in: Grundschulverband aktuell H. 122, S. 3–7)

Zum vorliegenden Heft: Sozial-emotionale Förderung

Fachtexte

Kompetenzförderung zur universellen Prävention von Verhaltensstörungen in der schulischen Eingangsstufe: Evaluation des kindorientierten Präventionsprogramms »Lubo aus dem All«

(Thomas Hennemann / Clemens Hillenbrand /Sonja Hens. Aus: Zeitschrift für Grundschulforschung 2011 Heft 1, S. 113–125)

Präventives Konzept bei Verhaltensauffälligkeiten: Das KlasseKinderSpiel hilft Regeln einzuhalten

(Tobias Hagen / Kathrin Pütz / Clemens Hillenbrand. Aus: Attraktive Grundschule. Jedes Kind fordern und fördern. 33. Ergänzungslieferung. Stuttgart: Raabe Verlag)

KV: Kopiervorlagen

1 Steckbriefe: ADHD. Störung des Sozialverhaltens (z. B. Aggression). Angststörungen. Tiefgreifende Entwicklungsstörung (z. B. Autismus). Depression.
2 Vorbereitung des Klassenraums
3 Beobachtungsbogen
4 LSL Förderplan
5 »KlasseKinderSpiel« – Beobachtungsbogen
6 »KlasseKinderSpiel« – Schritt für Schritt
7 »KlasseKinderSpiel« – Checkliste
8 Mein Schultag_blanko

Power-Point-Präsentationen

Teil 1_Verhaltensstörungen und präventive Förderkonzepte
Teil 2_Prävention konkret

Horst Bartnitzky / Ulrich Hecker / Maresi Lassek (Hg.)

Individuell fördern – Kompetenzen stärken (ab Klasse 3)

Heft 2

Uta Häsel-Weide / Marcus Nührenbörger

Fördern im Mathematikunterricht

Grundschulverband e. V.
Frankfurt / M.

Frankfurt am Main

Satz und Gestaltung:	novuprint · Agentur für Mediendesign, Werbung, Publikationen GmbH, 30161 Hannover
Bildnachweis:	Die Rechte liegen bei den Autoren, soweit nicht anders angegeben
Druck und Bindung:	Beltz Bad Langensalza, 99974 Bad Langensalza
ISBN-Nr.	ISBN 978-3-941649-08-8 / Best.-Nr. 1095 (Beiträge zur Reform der Grundschule, Band 135)

Heft 1: Angelika Gadow / Ulrich Hecker unter Mitarbeit von Horst Bartnitzky: Fördern im Deutschunterricht

Heft 2

Uta Häsel-Weide / Marcus Nührenbörger

Fördern im Mathematikunterricht

Die CD mit Kopiervorlagen, Fachtexten, PowerPoint-Präsentationen liegt Heft 1 bei.

Heft 3: Angela Guadatiello / Angelika Speck-Hamdan (Hg.): Bildungssprache / Deutsch als Zweitsprache fördern

Heft 4: Thomas Hennemann / Clemens Hillenbrand unter Mitarbeit von Tobias Hagen, Dennis Hövel u.a.: Förderung emotional-sozialer Kompetenzen

Aus Gründen der Lesbarkeit wird in diesem Band darauf verzichtet, durchgängig die männliche und die weibliche Form gemeinsam zu verwenden. Wenn nur eine der beiden Formen verwendet wird, ist die andere stets mit eingeschlossen.

Fördern durch Teilhabe: Zum präventiven und integrativen Förderkonzept

Das vorliegende Heft ist Teil des Bandes 135 mit dem Titel: »*Individuell fördern – Kompetenzen stärken ab Klasse 3*«. In einzelnen Heften werden schulpraktische Vorschläge zu folgenden Arbeitsfeldern gemacht:
- Fördern im Deutschunterricht
- Fördern im Mathematikunterricht
- Fördern von Bildungssprache / Deutsch als Zweitsprache
- Fördern mit sozial-emotionalem Schwerpunkt

Dieser Band setzt fort, was mit dem Band 134 begonnen wurde: »*Individuell fördern – Kompetenzen stärken in der Eingangsstufe (Kl. 1 und 2)*«. Dort ging es um die Arbeitsfelder:
- Fördern – warum, wer, wie, wann? (Förderkonzept)
- Basiskompetenzen fördern im Übergang Kindertagesstätte – Schuleingangsstufe
- Fördern im Deutschunterricht der Eingangsstufe
- Fördern im Mathematikunterricht der Eingangsstufe

Integrativ und präventiv

Das hiermit vorgelegte Förderkonzept unterscheidet sich in wesentlichen Punkten von gängigen Konzepten:
- Es verlegt Förderung nicht in externe Förderstunden, sondern entwickelt die Fördermöglichkeiten im gemeinsamen Unterricht.
- Es vereinzelt die Kinder in ihrem Lernen nicht durch individuell zu bearbeitende Materialien oder das Abarbeiten eines individuellen Lernplans, sondern integriert das individuelle in das gemeinsame Lernen.
- Es zerlegt nicht Lernstoff oder Kompetenzen in kleinste Lernelemente, sondern fordert die Kinder durch komplexe Aufgaben oder Themen heraus, die auf unterschiedlichen Anspruchshöhen erfolgreich bearbeitet werden können.
- Es ist nicht an Defiziten orientiert, sondern sucht die vorhandenen Kompetenzen der Kinder zu aktivieren und Impulse zu ihrer Weiterentwicklung zu geben.
- Es setzt die Förderung nicht erst nach der Feststellung von Versagen an, sondern will präventiv Versagen verhindern.

Integrative und präventive Förderung – das sind die Leitideen für dieses Förderkonzept. Es bezieht die drei Dimensionen guten Unterrichts in die Überlegungen und Entscheidungen mit ein:
- die förderliche Lernumgebung,
- die kritischen Stellen im Lernprozess,
- die Realisierung der Förderung.

Der didaktische Rahmen: Gestaltung der förderlichen Lernumgebung

Die Lernumgebung im weiteren Sinne umfasst das sozial-emotionale Klima, die eingeführten Regelungen, die Raum- und Zeitgestaltung, das pädagogische Handeln der Lehrkraft – kurz: alles, was Einfluss auf die Möglichkeiten zu Teilhabe, auf die Stärkung von Lernzuversicht und förderliche Unterstützung hat.

Im engeren Sinne gehört dazu das fachbezogene Anregungspotenzial, zum Beispiel die entfaltete Lese-Schreib-Kultur für den Schriftsprachbereich, die substanziellen Aufgabenformate im Mathematikunterricht.

Der Förderfokus: Kritische Stellen im Lernprozess

Kritische Stellen im Lernprozess haben diesen Doppelaspekt: Sie sind Lernchancen, weil Lernen auch Überwinden von Schwierigkeiten ist, und sie sind zugleich Lernrisiken. Kinder können sie bewältigen und sie können an ihnen scheitern. Deshalb gilt ihnen die besondere Beachtung in der präventiven Förderung. Welche Stellen in den Arbeits- und Lernprozessen sind für die Kinder, insbesondere für die lernschwächeren, kritische Stellen? Ihnen gelten die weiteren Überlegungen zu konkreten Unterstützungen der Kinder.

Solche kritischen Stellen können z. B. sein: im Lernbereich Mathematik Zahlvorstellungen haben, Beziehungen zwischen Zahlen herstellen können, Zehner- und Hunderter-Überschreitungen bewältigen; im Deutschunterricht orthografisches Bewusstsein entwickeln, Lesetexte selbst auswählen und gewinnbringend lesen; im überfachlichen Bereich ruhig und aufmerksam zuhören, einen Sachverhalt anderen verständlich vorstellen.

> Konzept, Argumentation und schulpraktische Konsequenzen werden ausführlich dargestellt in Beiträgen, die sich auf der CD zu diesem Band befinden:
> → Förderkonzept Texte: Fördern heißt Teilhabe / Die kritischen Stellen im Lernprozess und wie Kinder sie bewältigen können

Die Realisierung: Förderideen

Zu den kritischen Stellen werden Förderideen für die unterrichtliche Realisierung gefunden. Diese Förderideen müssen die wesentlichen Merkmale qualitätsvollen Unterrichts in sich haben.

Förderung ist …

- **… beziehungsreich und verstehensorientiert.**

Nicht isolierte, klein portionierte Teilelemente werden in kleinsten Schritten gelernt, sondern in ihren Sinnzusammenhangen. Zum Beispiel werden Rechtschreibphänomene nicht ohne Bezug zu sinnstiftenden Schreibsituationen bearbeitet und Rechenaufgaben nicht, ohne die mathematischen Beziehungen in den Blick zu nehmen.

- **… diagnosegeleitet und differenziert.**

Nicht die Trennung von Lern- und Leistungssituationen steht hier an, sondern ihre Verbindung ist wichtig. Dabei kommt auch der Selbsteinschätzung über den individuellen Lernweg und Lernerfolg eine besondere Rolle zu (siehe das Material des Grundschulverbandes zum Thema: Pädagogische Leistungskultur).

- **… kommunikativ und kooperativ.**

Zwar ist der innere Lernprozess individuell, der äußere aber auf gemeinsame Reflexion, gegenseitige Unterstützung und Anregung angewiesen. Kinder verständigen sich im

Mathematikunterricht über Erkenntnisse, Probleme und Zusammenhänge und lernen dabei individuell nach ihren Möglichkeiten. Sie teilen anderen ihr Wissen, ihre Vorstellungen, ihre Überlegungen mit. Dies gilt für alle Fächer. Mathe-Konferenzen sind deshalb wie Schriftgespräche, Schreibprojekte, metakommunikative Phasen Ausweise für modernen Grundschulunterricht.

Förderschleifen als zeitlich befristeter Förderunterricht

In der Hauptsache geschieht die integrative und präventive Förderung im Unterricht der heterogenen Lerngruppe. Dazu können Förderschleifen sinnvoll sein, also zeitlich befristeter Förderunterricht. Seine Aufgaben erwachsen aus der gemeinsamen Arbeit und führen in die gemeinsame Arbeit wieder hinein, weil Kinder mehr Hilfen, mehr Zeit, eine kleinere Lerngruppe, einen anderen Zugang brauchen, was sich im gemeinsamen Unterricht nicht realisieren lässt. Nur ist die Förderschleife immer eine befristete Maßnahme und sie hat immer Bezug zur Arbeit in der Lerngruppe.

Dies bleibt das Grundprinzip: Fördern durch Teilhabe. Damit ist das hier vorgelegte Förderkonzept auch ein Beitrag auf dem Weg zur inklusiven Schule.

Maresi Lassek, Ulrich Hecker, Horst Bartnitzky
(Herausgeber-Team der beiden Bände:
Individuell fördern – Kompetenzen stärken)

Uta Häsel-Weide / Marcus Nührenbörger

Förderkonzept Mathematik

Der Mathematikunterricht in der Grundschule ist getragen von zentralen mathematischen Grundideen, die inhaltlich weitreichende Bedeutung besitzen und zu denen mathematische Inhalte aufbereitet werden. Eine mathematische Grundidee stellt sozusagen den konzentrierten Rahmen dar, in dem spezifische Inhalte wiederkehrend thematisiert werden. Wittmann (1995) nennt für die Bereiche der Arithmetik und Geometrie sowie Daten, Häufigkeit und Wahrscheinlichkeit jeweils sieben verschiedene Ideen, die die Basis für ein fundamentales Verständnis der Fachinhalte darstellen und von denen jeweils zwei auf anwendungsbezogene Aspekte zielen.

Kritische Stellen als Hürden in der mathematischen Lernentwicklung

Im Folgenden soll ausschließlich der Bereich der Arithmetik näher in den Blick genommen werden, da gerade dieser markante, kritische Stellen für die mathematische Lernentwicklung der Kinder bereithält (vgl. Lorenz 2003; Scherer / Moser Opitz 2010). Als Grundideen sind zu unterscheiden: (1) die Zahlenreihe, (2) das Rechnen, Rechengesetze und -vorteile, (3) das Zehnersystem, (4) die Rechenverfahren, (5) arithmetische Gesetzmäßigkeiten und Muster sowie (6) Zahlen in der Umwelt und (7) Übersetzungen in die Zahlensprache.

»Die individuelle Arbeit an bedeutenden Inhalten begleiten«

Diese Grundideen können von den Schülerinnen und Schülern im Laufe ihrer Grundschulzeit in unterschiedlichen Tiefen erkundet werden. Sie beinhalten aber miteinander verwobene *kritische Stellen*, die von *allen* Kindern verstanden werden müssen, da sie »die zentralen Ankerpunkte [darstellen], um die herum sich das herkömmliche mathematische Wissen und Können erst systematisieren kann. Sie sind unbedingt notwendige Verstehenselemente« (Meyerhöfer 2011, S. 411). Diese notwendigen Inhaltsbereiche sind also von jedem Lernenden zu bearbeiten und zu verstehen, allerdings werden sie für manche zu kritischen Stellen in der mathematischen Lernentwicklung, wenn sie sich diese nicht unproblematisch erschließen bzw., aus der Sicht der Lehrkraft gesehen, wenn ihnen kein individuell-adäquater Zugang zur Bearbeitung, Erkundung und Sicherung angeboten wird. »Diese Inhalte stellen offenbar zentrale Hürden im mathematischen Lernprozess dar« (Meyerhöfer 2011, S. 411). Anders formuliert: Die Beachtung der besonders kritischen Stellen, die objektiv für jede Schülerin und jeden Schüler vorhanden sind, erlaubt der Lehrkraft, die individuelle Arbeit des Kindes an den bedeutsamen Inhalten gezielt zu begleiten, um langfristige und schwerwiegende Schwierigkeiten von vornherein in der mathematischen Lernentwicklung hoffentlich zu vermeiden bzw. zu kompensieren. Daher sind die kritischen Stellen sensibel in der Unterrichtsplanung zu reflektieren und mit Blick auf den einzelnen Lernenden sorgsam und konzentriert zu beachten, um besondere Hindernisse in der individuellen Aneignung gezielt zu diagnostizieren und fokussiert zu fördern.

Schmassmann und Moser Opitz (2008, 2009) sprechen in diesem Zusammenhang vom mathematischen Basisstoff, der die Lerninhalte umfasst, die für den weiteren mathematischen Lernprozess eine besondere Bedeutung besitzen. Davon abzugrenzen sind die basalen Fähigkeiten wie visuelle und auditive Wahrnehmung, die visuomotorische Koordination, Raumorientierung und Seriation sowie Sprache und emotionale Aspekte, die ihrerseits auch den mathematischen Lernprozess beeinflussen.

Vorrangige »kritische Stellen« in der Lernentwicklung

Unser Wissen um spezifische Schwierigkeiten, die manche Kinder in der Auseinandersetzung mit mathematischen Inhalten besitzen, weist auf die ausgewiesenen Inhalte hin, die die mathematische Lernentwicklung in besonderer Weise kritisch beinträchtigen können: Dies sind v.a. das **Zahlverständnis** in unterschiedlichen Zahlenräumen, das **dekadische Verständnis** und die **Einsichten in grundlegende Operationen und operative Zusammenhänge** (vgl. Häsel-Weide / Nührenbörger / Moser Opitz / Wittich 2013; Scherer / Moser Opitz 2010).

Mit Blick auf jeden dieser inhaltlichen Bereiche ist die kritische Hürde dadurch gekennzeichnet, dass die Schülerinnen und Schüler ein Verständnis für die strukturellen, abstrakten Zusammenhänge entwickeln und sich von einer einseitigen, konkret-empirischen Interpretation der arithmetischen Objekte lösen: »Für mathematische Wörter, also mathematische Zeichen und Symbole, ist es geradezu schädlich, ihnen einfach nur eine einzige, fixierte gegenständliche Deutung zu geben. Die 5 ist eben nicht strikt das fünfte Plättchen in fester Ordnung oder der fünfte Strich auf dem Zahlenstahl. (...) Noch stärker als die sprachlichen Worte ist die Deutung und Interpretation der mathematischen Zeichen offen, nicht ewig festgelegt, in neuen Kontexten immer wieder neu zu konstruieren« (Steinbring 1999, S. 13).

Insofern stehen die Kinder beim Mathematiklernen stets vor der besonderen Herausforderung, einerseits mathematische Zahlen und Operationen mit konkretem Bezug zu Objekten zu nutzen. Andererseits ist es für den Lernprozess aber unabdingbar, dass sie die Bedeutungen in dem System der Beziehungen zwischen den Zahlen und Operationen innerhalb der Zahlenwelt erkunden und erkennen. »Eine wichtige Aufgabe des Mathematikunterrichts in der Grundschule besteht darin, die begrenzte und auf empirischen Vorstellungen basierende Verständnisgrundlage der Schülerinnen und Schüler auszuweiten, sie angemessen zu gestalten und weiterzuentwickeln. Die Einschränkung auf das mitgebrachte Vorverständnis der Kinder muss in jedem Falle vermieden und überwunden werden« (Steinbring 1999, S. 11).

Perspektiven zur Anschlussfähigkeit

Im Folgenden sollen die kritischen inhaltlichen Stellen für das Ende der Grundschulzeit aus zwei Perspektiven herausgearbeitet werden: aus den Perspektiven des Anfangsunterrichts und des Übergangs in die Sekundarstufe.

Perspektive: Anfangsunterricht

Als kritische Stellen sind die Kompetenzen zu verstehen, die – dem Konzept der Grundideen folgend – in den Klassen 3 und 4 explizit fort- und weitergeführt werden. Zu nennen sind hier der Bereich der Zahl- und Operationsvorstellungen sowie des Zahlenrechnens (vgl. Häsel-Weide / Nührenbörger 2012). Denn der Zahlenraum wird – aufbauend auf dem grundlegenden Zahlverständnis – erweitert, sodass die Anforderungen an das Verständnis der Zahlenreihe und Zahlbeziehungen sowie des Zählens in Schritten unterschiedlicher Größe fortgeführt werden. Ferner werden die im Anfangsunterricht thematisierten halbschriftlichen Rechenverfahren einerseits auf das Rechnen mit größeren Zahlen übertragen, andererseits dienen diese wiederum als Grundlage für das Verständnis des Ziffernrechnens. In diesem Sinne sind die kritischen Stellen in der mathematischen Lernentwicklung in den späten Klassen der Grundschule von den elementaren Kompetenzen geprägt.

Perspektive Sekundarstufe 1

Hier ist das Basiswissen über arithmetische Zusammenhänge als kritische Stelle zu interpretieren. Moser Opitz (2007) weist darauf hin, dass sich fehlende elementare Kenntnisse in den arithmetischen Verstehensgrundlagen am Ende der Grundschulzeit als zentrale Prädiktoren für Schwierigkeiten mit Mathematik in der Sekundarstufe 1 zeigen. »Schülerinnen und Schüler, die im fünften und sechsten Schuljahr Schwierigkeiten beim mathematischen Lernen zeigen, haben oft grundlegende Aspekte des Stoffes der ersten vier Schuljahre nicht verstanden. Diese Lücken (…) erschweren (oder verunmöglichen) das mathematische Weiterlernen« (Schmassmann / Moser Opitz 2011, S. 4). Somit können in der Sekundarstufe 1 gewisse Schwierigkeiten im Verständnis neu zu erlernender Zahlbereiche wie z. B. Dezimalzahlen, Bruchzahlen oder negative Zahlen womöglich mit einem fehlenden Basiswissen über das Rechnen mit Zahlen und Ziffern sowie über fehlende Einsichten in das dekadische Zahlverständnis erklärt werden.

Insbesondere der Aufbau von adäquaten und flexibel zu interpretierenden **Operationsvorstellungen zu den multiplikativen Beziehungen** stellt eine kritische Stelle dar. Denn in den späten Grundschuljahren stehen die Schülerinnen und Schüler vor der Herausforderung, größere Zahlen multiplikativ zu verknüpfen und dabei die arithmetischen Gesetzmäßigkeiten (Assoziativ-, Kommutativ- und Distributivgesetz) anzuwenden. Zudem ist das operative Verständnis der Multiplikation und Division als Grundlage der Entwicklung eines Bruchzahlverständnisses zu nennen.

Daneben ist das **dezimale Stellenwertsystem** eine zentrale Hürde, die beim Ausbau der Zahlvorstellungen über 100 hinaus ebenso zum Tragen kommt wie bei der Anwendung halbschriftlicher und schriftlicher Rechenverfahren. Die Einsicht in das Dezimalsystem, also Einsichten des Bündelns und Entbündelns und der dekadischen Zusammenhänge zwischen Zahlwort, Zahlmenge und Objektmenge, hilft den Schülerinnen und Schülern, Beziehungen zwischen verschiedenen Zahlen herzustellen und beim Rechnen zu nutzen (vgl. Scherer / Moser Opitz 2010). Während Moser Opitz (2007) auf die Schwierigkeiten von Schülerinnen und Schülern in der frühen Sekundarstufe hinweist, die ein geringes dekadisches Verständnis in der Grundschule aufbauen konnten, stellt Humbach (2008) heraus, dass gerade Kinder mit geringen mathematischen Erfolgen am Ende der Sekundarstufe 1 lediglich über rudimentäre dekadische Einsichten verfügen.

Darüber hinaus wirkt das dekadische Verständnis auf den Umgang mit Maßeinheiten ein, die ihrerseits in dekadischen Beziehungen zueinander stehen (vgl. Halbe / Licht / Nührenbörger 2011). Mit dem Maßzahlverständnis verknüpft ist die Fähigkeit der Kinder, mathematische Situationen zu erkennen und konkrete mathematische Erfahrungen im Lebensalltag zu deuten.

Das **Rechnen »mit den Sachen«** bildet eine Brücke zwischen der Lebenswelt der Kinder und den abstrakten, mathematischen Begriffen (vgl. Müller 1995). In diesem Sinne finden die elementaren Operationen und Zahlvorstellungen eine konkrete Anwendung. Allerdings kann es bei mangelnden Aktivierungen von operativen Grund- oder Zahlvorstellungen ebenso wie bei geringen sinnentnehmenden Texterfassungskompetenzen zu Schwierigkeiten kommen. Denn der Prozess des Rechnens mit Realsituationen ist ein komplexer Vorgang des Hin- und Herübersetzens zwischen Erfahrungen und Vorstellungen über die Sachsituation und dem Wissen um mathematische Zusammenhänge und Verfahren (vgl. van den Heuvel-Panhuizen 2005). Sachinformationen, Größenvorstellungen und elementare mathematische Aspekte über Zahlen und Operationen greifen ineinander, die nicht von allen Lernenden aufeinander bezogen werden.

Damit ergibt sich die doppelte Dimension des Sachrechnens: Einerseits bietet es bei elementaren arithmetischen Zahl- und Operationsbezügen konkrete Verstehenshilfen in der Erarbeitung der mathematischen Konzepte. Andererseits erzeugt es bei komplexeren Situationen besondere Schwierigkeiten und erweist sich als kritische Stelle im Lernprozess der Kinder (vgl. Häsel-Weide 2012). Diesbezüglich ist das Beschreiben grundlegender Sachsituationen mit Termen ebenso hervorzuheben wie die Fähigkeit, Rechenergebnisse zu Sachsituationen zu ermitteln, zu interpretieren und auf Sachangemessenheit hin zu überprüfen sowie Beziehungen zwischen Einheiten von Größen zu erfassen und mit geeigneten Stützpunktvorstellungen zu validieren (z. B. Geld, Gewichte, Volumen; vgl. Peter-Koop / Nührenbörger 2008).

Lernumgebungen und integrative Unterrichtsprozesse

Mit dem Begriff *unterrichtsintegrierte Förderung* (Häsel-Weide / Nührenbörger 2012) wird darauf hingewiesen, dass Fördermaßnahmen im *regulären* Unterricht stattfinden und eben den Fachunterricht nicht allein parallel zu »ersetzen« oder zusätzlich zu »ergänzen« haben. In diesem Sinne richtet die unterrichtsintegrierte Förderung den Blick auf die Gestaltung eines Unterrichts, der alle Kinder geeignet anspricht und zugleich jene besondere Unterstützung bietet, die einzelne Kinder infolge ihrer individuellen Lernbedürfnisse bei der Bewältigung inhaltlicher Hürden benötigen (vgl. Begemann 2001). Im Mathematikunterricht werden die inhaltlichen Hürden so angesprochen, dass sich den Kindern mit mathematischen Schwierigkeiten stetige Anknüpfungsmöglichkeiten des individuellen Lernschwerpunktes an der kritischen Stelle mit dem aktuellen Lernstoff ergeben.

Dabei werden explizit die zu fördernden Ziele bei der Bewältigung der inhaltlichen Hürden für einzelne Kinder aufgegriffen, ohne zugleich kommunikative Fachbegegnungen zwischen den Kindern aufzugeben.

Wir grenzen uns somit von einer individuellen Förderung ab, die darauf abzielt, dass Kinder für sich isoliert von den inhaltlichen Auseinandersetzungen der anderen Kinder einzelne Aufgaben nach Plan bearbeiten oder aber von einer Lehrkraft spezifische Unterstützungen additiv bzw. unterrichtsassistierend und -begleitend erhalten. Vielmehr fokussiert der Unterricht im Rahmen einer unterrichtsintegrierten Förderung auf eine spezifische inhaltliche Hürde, die für alle Kinder wesentlich ist und für einzelne Kinder eine besondere Herausforderung darstellt. Unterrichtsintegrative Förderprozesse vermeiden somit nicht allein die Ausgrenzung von Kindern mit Lernschwierigkeiten (vgl. Schmassmann / Moser Opitz 2008), sondern bieten auch im Kontext der Förderung prozessbezogener Kompetenzen (Darstellen, Kommunizieren und Argumentieren) weitreichende interaktive mathematische Lernchancen für die Kinder. In diesem Sinne ist unterrichtsintegrierte Förderung stets von der mathematischen und interaktiven Aktivität aller Schülerinnen und Schüler geprägt.

Gleichwohl soll diese Akzentuierung der unterrichtsintegrierten Förderung in diesem Band nicht bedeuten, dass weitere unterrichtsbegleitende Fördermaßnahmen für einzelne Kinder nicht auch sinnvoll sein können. Vielmehr steht die unterrichtsintegrierte Förderung in einem komplementären Verhältnis zu weiteren Fördermöglichkeiten außerhalb oder innerhalb des Unterrichts, in denen gezielt Lernprozesse einzelner Kinder vertieft und erweitert werden. In dieser Hinsicht weist May (2003) darauf hin, dass weniger die Organisationsform der Förderung entscheidend für den Fördererfolg ist als die inhaltliche Gestaltung des Förderprozesses. Dieser sollte präventiv dazu beitragen, das Entstehen von lang anhaltenden Lernschwierigkeiten möglichst zu vermeiden. Auch Lorenz (2008) weist auf die Prävention zukünftiger Lernschwierigkeiten hin, wenn mögliche sensible Problemfelder und Hintergründe frühzeitig aufgedeckt und letztlich produktiv im Unterricht gefördert werden können.

Didaktische Leitideen

Zentral für eine unterrichtsintegrierte Förderung, die Lernangebote auf der Grundlage der natürlichen Differenzierung anbietet und zugleich sozial-interaktive Lernprozesse unterstützt, ist im Fach Mathematik die Orientierung an substanziellen Aufgabenformaten (vgl. Wittmann 1995). Denn diese besitzen immanente Förderchancen für die jeweiligen inhaltlichen Hürden im Lernprozess der einzelnen Kinder und zugleich reichhaltige Angebote zur Vertiefung der inhalts- und prozessbezogenen Kompetenzen (s. hierzu Häsel-Weide / Nührenbörger 2012).

Für die unterrichtsintegrierte Förderung der sensiblen Inhaltsgebiete sind drei didaktische Leitideen von zentraler Bedeutung, die über die unterschiedlichen Kompetenzschwerpunkte hinweg handlungsleitend für die Initiierung fruchtbarer und langanhaltender Lehr- und Lernprozesse sind: Förderung ist beziehungsreich und verstehensorientiert, diagnosegeleitet und differenziert, kooperativ und kommunikativ. Im Folgenden werden die mathematikspezifischen Charakteristika der drei Leitideen und ihre Bedeutung für die Förderung kurz erläutert (ausführlicher in Häsel-Weide / Nührenbörger 2012).

Förderung ist diagnosegeleitet und differenziert

Die Gestaltung einer unterrichtsintegrierten Förderung hebt die Bedeutung der »fachlich fundierten diagnostischen Deutungskompetenz« (Girulat / Nührenbörger / Wember 2013) von Lehrkräften hervor, die die komplexen und mehrdeutigen Lernprozesse und -schwierigkeiten der Kinder nicht allein auf der Grundlage von summativen Statusdiagnosen, sondern im unterrichtlichen Prozess der Bearbeitung von Aufgabenstellungen zu erfassen suchen, um Anregungen zur Förderung und zur Gestaltung individueller unterrichtlicher Hilfen zu erhalten. Daher weist Lorenz (1983, S. 171) bereits auf die Relevanz sog. klinischer Beobachtungen im Unterrichtsprozess hin: »(…) Die klinische Beobachtung des Kindes in der pädagogischen Situation, die Art und Weise seines dort erzielten Lernzuwachses sagt mehr über seine Lernfähigkeit aus als jedweder Test. Lernen lässt sich nur diagnostizieren in Situationen, in denen Lernen stattfindet und nicht (woanders) Gelerntes reproduziert wird.« In diesem Sinne sind Diagnose und Förderung miteinander zu verschachteln und nicht getrennt voneinander zu sehen. Allerdings kann ein genereller Zusammenhang von Diagnose und Förderung nicht einfach gezogen werden, denn fachlich-pädagogische Förderung resultiert nicht – wie Wember (1998) betont – aus einer wie auch immer gearteten Diagnose. Vielmehr sind diagnostische Erkenntnisse lediglich die Voraussetzung für eine angepasste Förderung. Zentral sind »(…) fachliche bzw. fachdidaktische Überlegungen, die einerseits Grundlage für die diagnostischen Fragen, die Entwicklung der Diagnoseaufgaben und die diagnostischen Analysen sowie andererseits auch handlungsleitend für die Planung der Förderung sind« (Moser Opitz / Nührenbörger 2013). Die sorgsamen Beobachtungen und Deutungen kindlicher Vorgehensweisen und Artikulationen sowie auch fehlerhaften Lösungswege werden dann mit Blick auf individuelle mathematische Entwicklungsprozesse und das Spektrum an mathematischen Lösungsmöglichkeiten und Denkweisen zum Medium differenziert unterrichtsleitenden Handelns.

Substanzielle Aufgabenformate ermöglichen hierbei einerseits diagnosegeleitete Anregungen, die unterrichtsleitende Impulse für weitere Förderprozesse im Spannungsfeld zwischen bewusster Offenheit und gezielter Unterstützung aufzeigen. Andererseits bieten sie den Rahmen für eine natürliche Differenzierung (vgl. z. B. Wittmann 1995); d. h. dass alle Kinder an einer eher produktiven Übung arbeiten und zugleich jedes Kind entsprechend seiner Voraussetzungen selbstständig die inhaltliche Tiefe der Auseinandersetzung bestimmen kann (vgl. Krauthausen / Scherer 2007; Nührenbörger 2010; Wittmann 2010). Die unterschiedlichen Schwierigkeitsgrade erwachsen aus der Auseinandersetzung mit den produktiven Übungen, denn diese ermöglichen eine gleichzeitige Förderung aller Kinder unter Beachtung der jeweils individuellen Lernmöglichkeiten der Kinder. Hierzu nutzen die Kinder die den Übungen zugrunde liegenden Regeln, um eigenständig mathematische Beziehungen zu erkunden und Aufgabenfelder zu generieren.

Letztlich bleibt somit die unterrichtsintegrierte Gestaltung von Förder- und Lernprozessen nicht allein beim Erkennen der Vorkenntnisse und Kompetenzen der Kinder stehen. Vielmehr wird der Mathematikunterricht auf der Grundlage der im Zuge der Bearbeitung gewonnenen diagnostischen Erkenntnisse über die Lernschritte des einzelnen Kindes hinsichtlich einer langfristigen Wissensentwicklung an die Lernpotenziale des einzelnen Kindes angepasst.

Förderung ist beziehungsreich und verstehensorientiert

Die Bewältigung der fördersensiblen Bereiche kann nicht über eine lokale Schulung spezifischer mathematischer Regeln und Prozeduren erfolgen, auch wenn diese womöglich kurzfristigen Erfolg zeigen können. Denn nachhaltiges Lernen von Mathematik setzt stets den Aufbau von Verständnis und somit das Erkunden von Zusammenhängen voraus. Gerade für den Aufbau eines Beziehungssystems, das strukturelle, innermathematische Vorstellungen und Darstellungen umfasst, ist es wichtig, dass die Kinder im Unterricht operative Beziehungen zwischen Aufgaben entdecken und nutzen lernen (vgl. Fritz / Schmidt 2009; Gaidoschik 2009; Gerster 2009). Daher zielt die unterrichtsintegrierte Förderung auf den Erwerb struktureller, innermathematischer Vorstellungen und Darstellungen (vgl. Häsel-Weide 2013).

In diesem Sinne rückt die Förderung die operative Struktur des Faches in das Zentrum der mathematischen Tätigkeit. Die Schülerinnen und Schüler erkunden aktiv mathematische Zusammenhänge, um ihr strukturelles Verständnis auf- und auszubauen. Die Konzeption des aktiv-entdeckenden und sozial-interaktiven Lernens »(…) ist gerade auch für Schülerinnen und Schüler mit Beeinträchtigungen hilfreich, da diese durch die Fokussierung auf ›das Wesentliche‹ die Verwendung von strukturierten Arbeitsmitteln und durch das produktive Üben Unterstützung durch Strukturen ›von der Sache her‹ erhalten« (Scherer / Moser Opitz 2010, S. 10). Somit orientieren sich die differenzierten Zugänge zur Bearbeitung mathematischer Aufgaben im Rahmen der unterrichtsintegrierten Förderung weniger daran, die Anzahl und den qualitativen Schwierigkeitsgrad der Aufgaben für Kinder mit Schwierigkeiten einzuschränken. Vielmehr steht die verstehensorientierte Arbeit an substanziellen Aufgabenformaten im Vordergrund, die eine Erkundung auf unterschiedliche Weise erlauben.

Förderung ist kommunikativ und kooperativ

Um mathematische Beziehungen grundlegend zu erkunden und zu verstehen, benötigen Grundschulkinder die kommunikative Aushandlung mit anderen Kindern und mit der Lehrkraft. Denn das elementare Medium mathematischen Denkens und Lernens ist die Sprache (vgl. Krummheuer 1992). Diese Ansicht mag auf den ersten Blick verwundern; sind doch aus konstruktivistischer Perspektive Lernprozesse mit selbstgesteuerten aktiven Entdeckungen verbunden. Allerdings bedarf es der sozial-interaktiven Kontexte, der Verständigung zwischen den Kindern untereinander und mit der Lehrkraft, damit neue Verstehensprozesse beim einzelnen Kind initiiert und weiter entwickelt werden können. In diesem Sinne ist das Sprechen über Mathematik nicht nur eine Randbedingung des Unterrichtsgeschehens, vielmehr rücken Gelegenheiten zur Sprachproduktion und -rezeption für die Lernenden in das Zentrum mathematischer Lehr- und Lernprozesse (vgl. Steinbring / Nührenbörger 2010; Nührenbörger / Schwarzkopf 2010). Demensprechend sind individuelle Förderprozesse stets in kollektive Lernprozesse zu integrieren; sie sind daran gebunden, wie sich die am Unterricht Beteiligten in die sozialen Kontexte einbringen und daran teilhaben. Die Heterogenität der Lerngruppe sichert hier eine Vielzahl an unterschiedlichen Deutungen auf mathematische Strukturen, die sich anregend auf die Bereitschaft und Fähigkeit der Kinder mit Lernschwierigkeiten auswirken kann, eigene strukturelle Deutungen zu entwickeln und zu verfestigen.

Als Basis gemeinsamer Diskussionen können einerseits eigenständige Erkundungen dienen, andererseits gemeinsame Absprachen und Bearbeitungen. Diskursive Lernumgebungen (Brandt / Nührenbörger 2009) greifen daher strukturierte Kooperationsformen auf, um somit Gespräche zwischen Kindern nicht auf die Mitteilung von bzw. Aussprachen über Lösungsprozeduren oder Ergebnisse zu beschränken, sondern vielmehr die Begründungskontexte für mathematische Zusammenhänge als Kern des Diskurses ins Zentrum zu rücken. Somit regen die Förderaufgaben explizit zur Verständigung über Mathematik an und sprechen die Kooperation der an der Bearbeitung der Aufgabe beteiligten Kinder auf differenzierte Weise an.

→ PowerPoint-Präsentation → PPP → Fördern im Mathematikunterricht der Kl 3 und 4
→ Fachtexte → Kritische Stellen in der mathematischen Lernentwicklung
→ Das Stellenwertverständnis am Ende der Grundschulzeit – wie können rechenschwache Lernende gefördert werden?
→ Mathe sicher können – Sicherung mathematischer Basiskompetenzen in der unteren Sekundarstufe I.

Kritische Stellen und Möglichkeiten der Förderung

Die Orientierung an den Kompetenzschwerpunkten Zahlvorstellungen / Dezimalsystem, Operationsvorstellungen, Zahlen- und Ziffernrechnen sowie Sachrechnen berücksichtigt deren Bedeutung für ein umfassend tragfähiges mathematisches Verständnis, soll aber nicht zugleich zum Ausdruck bringen, dass hiermit alle wesentlichen kritischen Hürden abgedeckt sind. Auch darf diese Orientierung nicht dahingehend verstanden werden, dass eben all die zugehörigen inhaltlichen Aspekte und Details von allen Kindern umfassend zu verstehen sind. Vielmehr sind die Kompetenzschwerpunkte im alltäglichen Unterricht so anzusprechen, dass die entsprechenden inhaltlichen Hürden von allen Kindern explizit erkundet und bewältigt werden können, wobei sich den Kindern im Sinne der natürlichen Differenzierung weiterführende und vertiefende Möglichkeiten der Erkundung des Themengebiets eröffnen. Hier sind stets die inhaltlichen Tätigkeiten mit den prozessbezogenen Kompetenzen des Kommunizierens, Darstellens, Argumentierens, Problemlösens und Modellierens zu verschränken.

Zwischen Anfangsunterricht und Sekundarstufe: Kritische Stellen im Lernprozess

In der nebenstehenden Tabelle sind wesentliche kritischen Stellen (v. a. aus dem Bereich der Arithmetik) im Spannungsfeld zwischen dem Anfangsunterricht und der Sekundarstufe genannt, die zugleich die basalen Kompetenzen in dem Inhaltsbereich der Klassen 3 und 4 beschreiben (vgl. hierzu auch Selter / Prediger / Nührenbörger / Hußmann, Hg., i. V. 2014).

Die im Weiteren skizzierten Aufgabenstellungen und Beispiele besitzen exemplarischen Charakter und sollen die Leser anregen, die Ideen auf weitere mathematische Gebiete zu übertragen (wie z. B. auch auf die Geometrie). Die verschiedenen Kompetenzschwerpunkte werden in den weiteren Kapiteln im Rahmen der Förderideen näher erläutert.

<table>
<tr><th>Perspektive Anfangsunterricht</th><th colspan="3">Kritische Stellen im Lernprozess der Klassen 3 und 4</th><th>Perspektive Sekundarstufe 1</th></tr>
<tr><td rowspan="2">Zahlvorstellungen im Zahlenraum bis 100</td><td colspan="3">Zahlvorstellungen / Dezimalsystem im Zahlenraum bis 1000 (und darüber hinaus)</td><td rowspan="2">Erweiterung des Zahlenraums über die Million hinaus und Einführung in neue Zahlbereiche: Dezimalzahlen, Bruchzahlen, negative Zahlen</td></tr>
<tr><td>Zahlen auf verschiedene Weise darstellen (z. B. am Zahlenstrahl, Punktefelder, Stellenwerttafel)</td><td>Zahlbeziehungen erkennen und erläutern (z. B. Vorgänger und Nachfolger, Größenrelationen, Zahlenfolgen)</td><td>Bündeln und Entbündeln</td></tr>
<tr><td rowspan="2">Operationsvorstellungen im Zahlenraum bis 100 (Grundvorstellungen zu den elementaren Operationen)</td><td colspan="3">Operationsvorstellungen im Zahlenraum bis 1000</td><td rowspan="2">Operationsvorstellungen zum Rechnen in Kontexten und mit Dezimalzahlen, Bruchzahlen, negativen Zahlen</td></tr>
<tr><td>operative Vorstellungen aus verschiedenen Formen der Darstellung von Rechenoperationen entwickeln (z. B. am Zahlenstrahl, mit 100er- oder auch 400er-Punktefeldern)</td><td>operative Beziehungen zwischen Addition und Subtraktion bzw. Multiplikation und Division erkennen, nutzen und erklären</td><td>operative Zusammenhänge im Format der Sachaufgabe erkennen bzw. produzieren</td></tr>
<tr><td rowspan="4">Zahlenrechnen im Zahlenraum bis 100</td><td colspan="3">Zahlenrechnen im Zahlenraum bis 1000 (und darüber hinaus)</td><td rowspan="2">Rechnen mit Dezimalzahlen, Bruchzahlen, negativen Zahlen</td></tr>
<tr><td>verschiedene halbschriftliche Rechenwege kennen, erklären und nutzen (unter Nutzung von zentralen Fachbegriffen)</td><td>operative Beziehungen erkennen und nutzen (z. B. Nachbaraufgaben, Verdopplungen, Vervielfachungen, Analogien)</td><td>dekadische Beziehungen beim Rechnen erkennen und nutzen (z. B. mit Stufenzahlen multiplizieren und dividieren; zur Stufenzahl addieren und subtrahieren; überschlagendes Rechnen)</td></tr>
<tr><td colspan="3">Ziffernrechnen im Zahlenraum bis 1 000 000</td><td rowspan="2">schriftliche Division, Ziffernrechnen mit Dezimalzahlen</td></tr>
<tr><td colspan="2">schriftliches Rechnen (Addition, Subtraktion) mit und ohne Übertrag anwenden und erläutern</td><td>schriftliche Multiplikation mit und ohne Übertrag anwenden und beschreiben</td></tr>
<tr><td rowspan="2">Vorstellungen zu Größen (Längen, Zeitspannen und Geldwerte)</td><td colspan="3">Sachrechnen</td><td rowspan="2">Umgang mit Größen, Umwandlungen von Maßeinheiten, Mathematisieren</td></tr>
<tr><td>Stützpunktvorstellungen zu unterschiedlichen Größen aufbauen (v. a. 2 m, 1 m, 10 cm, 1 cm, 1 mm; 1 h, 1 min, 30 min; 1 Zentimeter- und 1 Meterquadrat; 1 g, 100 g, 1 kg; 1 €, 100 €, 10 ct)</td><td>mit Größen und Beziehungen zwischen Maßeinheiten rechnen (v. a. zwischen mm und cm, cm und m, ct und €, s und h, h und d sowie g und kg, kg und t)</td><td>Daten aus Sachaufgaben sinnentnehmend erlesen bzw. aus der Lebenswirklichkeit entnehmen und mathematisch bearbeiten</td></tr>
</table>

Tab. 1: Wesentliche kritische Hürden aus den Perspektiven Anfangsunterricht und Sekundarstufe 1

Übersicht über die Förderideen

Im Folgenden stellen wir zu den kritischen Stellen im mathematischen Lernprozess konkrete Förderideen vor, die aufzeigen sollen, wie im alltäglichen Lehr-Lern-Prozess unterrichtsintegriert spezifische Förderprozesse angeregt werden können. Die Förderideen haben exemplarischen Charakter und können als Beispiel dienen, die eigene Unterrichtspraxis mit Blick auf kritische Stellen im Lernprozess weiter zu entwickeln.

Kritische Stellen im Lernprozess	Förderideen	Beispielnummer
Zahlvorstellung	Zahlen am Punktfeld darstellen und interpretieren	1
	Dekadische Strukturen mit der Stellenwerttafel deuten	2
	Nachbarzehner am leeren Zahlenstrahl bestimmen	3
Operationsvorstellung	Malhäuser bearbeiten	4
	Punktfelder multiplikativ deuten	5
Rechnen im Zahlenraum bis 1000 und darüber hinaus	Zwischenschritte beim halbschriftlichen Rechnen erkunden (Klappkarten und Puzzle-Aufgaben)	6
	Zur Stufenzahl addieren (Ziffernkarten)	7

Tab. 2: Übersicht über die Förderideen

Zahlvorstellungen / Dezimalsystem

Es mag nicht überraschen, dass Schülerinnen und Schüler weniger Fehler beim Zahlenrechnen machen und vielfältige operative Strategien anwenden, wenn sie elementare Einsichten in die logischen Zusammenhänge des Dezimalsystems besitzen und über flexible Zahlvorstellungen verfügen (vgl. Scherer / Moser Opitz 2010). Aber diese Erkenntnis weist auf die Bedeutung der Fähigkeit zu bündeln und zu entbündeln hin ebenso wie auf die Bedeutung des Wissen um die dekadischen Beziehungen. Dekadisches Verstehen kommt schließlich auch beim stellengerechten Rechnen und beim Verzehnfachen oder Teilen durch Vielfache von 10 zur Anwendung (vgl. Moser Opitz 2007). Die Einsicht, dass jede Ziffer einer Zahl durch ihre Position einen bestimmten Wert hat und somit eindeutig bestimmt ist, gehört entsprechend zu den fundamentalen Ideen der Grundschulmathematik (s. oben).

Aufbauend auf dem Verständnis von Zahlen als in Beziehung stehende Objekte erkunden die Schülerinnen und Schüler im arithmetischen Anfangsunterricht erste Ideen zum fortgesetzten Bündeln von Einheiten. Mit Blick auf dekadische Zusammenhänge werden Einer in Zehnergruppen zusammengefasst und als Zehner interpretiert, die ihrerseits wiederum zu Hundertern gebündelt werden können. Im Laufe der weiteren Grundschuljahre erkennen die Kinder das fortschreitende Prinzip der Bündelung in Zehnerpotenzen und deren Repräsentation durch die Zahlen: z. B. 10 Z = 1 H, 10 H = 1 T, 10 T = 1 ZT. Um etwa auf operative Weise geschickt über das gegensinnige oder gleichsinnige Verändern von Zahlen zu rechnen, sind Einsichten in das Entbündeln zentral. Die Schülerinnen und Schüler erkennen, dass konkrete dezimale Objekte in Relation zu kleineren Einheiten stehen: z. B. 1 Z = 10 E, 1 H = 10 Z = 9 Z+10 E.

Gemäß dem Stellenwertprinzip lernen sie die Notation der Bündelungsergebnisse kennen, wobei die jeweilige Ziffer einer Zahl stets zwei Informationen liefert:
(1) Sie gibt die Anzahl der jeweiligen Elemente in der Bündelungseinheit an.
(2) Sie repräsentiert in Abhängigkeit zur Position innerhalb der Zahl einen spezifischen dekadischen Wert.

Insofern sind sowohl multiplikative (die Anzahl der Einheiten werden mit dem Wert der Einheit multipliziert) und additive (der Wert einer Zahl ergibt sich aus der Addition der Stellenwerte) Beziehungen zu erkunden. In diesem Zusammenhang besitzt die Null eine besondere Rolle, da sie anzeigt, dass eine bestimmte Bündelung nicht vorhanden ist, zugleich aber den Positionswert der anderen Ziffern mit sichert.

Scherer und Moser Opitz (2010) weisen darauf hin, dass sowohl vorgegebene Zahlen gemäß der dekadischen Strukturen sowohl interpretiert und gelesen (2035 sind 2 T, 3 Z und 5 E ebenso wie aber auch z. B. 20 H und 35 E) als auch produziert werden müssen (zweihundertdrei wird gemäß der Konvention, wie Zahlworte konstruiert werden, als 203 geschrieben und eben nicht lautsynchron als 2003). In der Grundschule werden die Zahlen bzw. die Zahldarstellung üblicherweise so dargestellt und dekadisch interpretiert, dass jeder Ziffer der entsprechende Stellenwert zugewiesen wird.

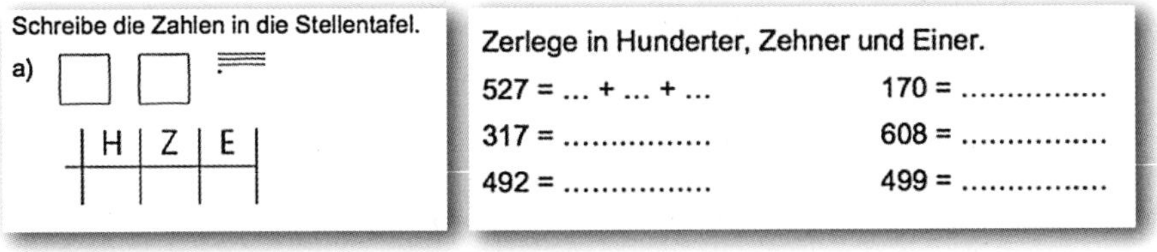

Abb. 1: Aufgabenbeispiele aus dem Zahlenbuch 3, Lernzielkontrolle 2 (Wittmann / Müller 2005)

Diese Aufgabenstellungen sollen zeigen, ob Kinder ikonische Darstellungen übersetzen und Zerlegungen von Zahlen additiv verbinden können (s. auch die Diagnosematerialien für den Anfang der Sekundarstufe: z. B. Passek / Pöhler / Seyer 2011). Oftmals sind Kinder in der Lage, diese Aufgabenformate erfolgreich zu bearbeiten, auch wenn sie nicht über ein ausgeprägtes Stellenwertverständnis verfügen (vgl. Mosandl 2013). Erst wenn beispielsweise die Reihenfolge der zu addierenden Stufenzahlen (s. Abb. 2) oder die Anordnung der Stellenwertedarstellungen variiert (z. B. Quadrate, Striche und Punkte als Abbildungen für Hunderter, Zehner und Einer), zeigt sich, ob die Kinder schematisch die Zahl aus den Ziffern zusammensetzen oder die additiven Beziehungen verstanden haben.

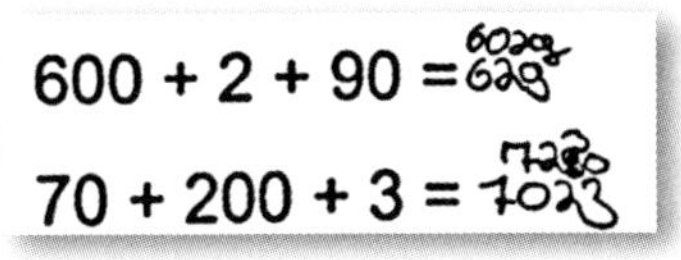

Abb. 2: Probleme bei veränderter Abfolge der Stellenwerte (entnommen aus Scherer 2011)

Das Bündeln, Entbündeln und das Stellenwertverständnis sind zentraler Inhalt bei der Zahlraumerweiterung; so weisen die Lehrpläne als Kompetenzerwartung am Ende von Klasse 2 bzw. Klasse 4 die Kompetenz zur Darstellung von Zahlen bis 100 bzw. bis 1 000 0000 unter Anwendung der Struktur des Zehnersystems (Prinzip der Bündelung, Stellenwertschreibweise) aus (vgl. Lehrplan NRW).

Im Hinblick auf die unterrichtsintegrierte Förderung bietet das wiederholte Aufgreifen der mathematischen Grundidee »Stellenwertsystem« (Wittmann 1995) eine gute Gelegenheit, um analog zur Erweiterung des Zahlenraums auch die grundliegende dekadische Idee weiter zu klären und so ein vertieftes oder sich erweiterndes Verständnis aufzubauen.

Wird der Zahlenraum im dritten Schuljahr bis 1000 erweitert, so stehen zu Beginn Aktivitäten des Darstellens entsprechender Mengen in Punktefeldern, mit Dienes-Material oder am Tausenderbuch an, damit die Kinder auf diese Weise eine Vorstellung von der Anzahl gewinnen. Dabei ist das Ziel, über die verschiedenen Veranschaulichungen (Hunderterplatten, Zehnerstangen, Einerwürfel) die Zahlen und ihre Zerlegung in die Stellenwerte zu verdeutlichen und ein Bewusstsein für Hunderter, Zehner und Einer zu schaffen. Die Darstellung von Zahlen und die Zerlegung in Zehner und Einer sind in analoger Form bei der Zahlraumerweiterung zu 100 erfolgt, sodass bekannte Aktivitäten nun aufgegriffen und auf den erweiterten Zahlenraum übertragen werden. Die dezimale Struktur wird bei der Erweiterung zum Tausender sichtbar (vgl. Scherer / Moser Opitz 2010), weil durch die Bündelung der dritten Ordnung das Prinzip der (unendlich) fortsetzbaren Bündelung deutlich wird.

Die Grundidee des Stellenwertsystems wirkt somit im doppelten Sinne als kritische Stelle. Zum Verständnis des Zahlaufbaus ist das Verständnis des Stellenwertsystems zentral für alle Kinder und genau an dieser Stelle zeigen sich auch die möglicherweise aktuell aufkommenden oder bereits durch Lücken aus dem Anfangsunterricht aufgebauten Schwierigkeiten. Im Sinne der unterrichtsintegrierten Förderung kann und sollte die kritische Stelle genutzt werden, um vertiefend und verständnisfördernd Darstellungen aus dem Hunderterraum explizit aufzugreifen und den neuen, größeren Zahlen gegenüberzustellen (vgl. Mosandl 2013).

Im Folgenden werden drei Förderideen zum Ausbau von Zahlvorstellungen und dem Aufbau eines Stellenwertverständnis vorgestellt, die auf das Erkennen dekadischer Zusammenhänge zwischen Zahlen im Zuge der Erkundung unterschiedlicher Arbeits- und Anschauungsmittel abzielen – das Punktefeld als flächige, der leere Rechenstrich als lineare und die Stellenwerttafel als symbolische Repräsentation.

1 Förderidee: Zahlen am Punktfeld darstellen und interpretieren

Zu einem umfassenden Zahlverständnis gehört die Einsicht, dass Zahlen auf unterschiedliche Weise in verschiedenen oder gleichen Veranschaulichungen dargestellt werden können. Kinder müssen von der konkreten Darstellung abstrahieren, um das Eigentliche zu sehen. Bei der Darstellung von Zahlen ist es sinnvoll, mehrere Repräsentationsebenen zu verknüpfen, damit die Kinder zu einem umfassenden Zahlverständnis kommen. »Der Erwerb mathematischer Konzepte gelingt durch die Verbindung verschiedener Repräsentationsformen« (Lorenz 2009a, S. 239). Für das Verständnis des Stellenwertsystems eignet sich eine Kombination aus kardinaler Veranschaulichung (z. B. Punktfelder), der Stellentafel und der zugehörigen Zahlzerlegung auf symbolischer Ebene (vgl. Scherer 2011; s. auch Abb. 3).

Die Darstellung im Punktfeld zeigt die Mächtigkeit der Zahl und gleichzeitig ihre Zusammensetzung aus Einern, während die Stellentafel die Zerlegung in (Hunderter), Zehner und Einer verdeutlicht und der Zahlensatz sich wiederum von der Darstellung in der Stellenwerttafel dahingehend unterscheidet, dass Ziffern aus der Stellentafel gemäß des Stellenwertes vervielfacht in den Term eingehen. Konkret bedeutet dies: Sechs Zehner aus der Stellentafel werden zu 60 im Zahlensatz.

Abb. 3: parallele Zahldarstellungen im 100er- und 1000er-Raum

beziehungsreich und verstehensorientiert

Die Verzahnung der unterschiedlichen Repräsentationsebenen sollte aus mehreren Richtungen erfolgen, d. h. die Zahlen werden in unterschiedlichen Repräsentationen vorgegeben, sodass eine Übersetzung aus der ikonischen Ebene auf die symbolische (Notiere zum Zahlenbild die passende Aufgabe; s. Abb. 4a) erfolgt wie eine aus der symbolischen in die ikonische Ebene (Zeichne das passende Zahlenbild; s. Abb. 4b).

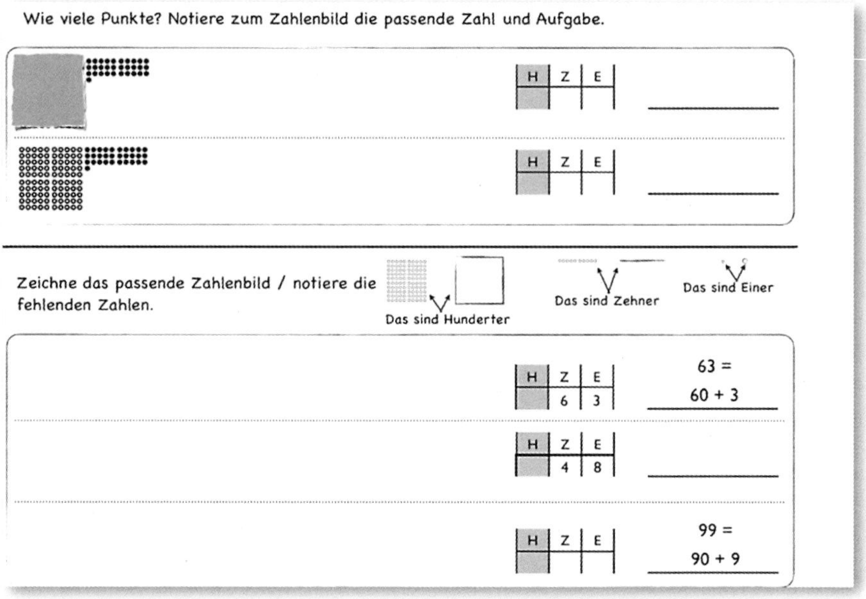

Abb. 4a und 4b: vorgegebene Zahl in unterschiedlichen Repräsentationen

Ebenfalls ist es wichtig, die Zahlen aufzugreifen, die in einer der Repräsentationsebenen zu typischen Fehlern führen können. So sind z. B. glatte Zehner leicht im Punktfeld abzulesen, können aber bei der Darstellung in der Stellentafel oder in der Zerlegungsaufgabe zu Schwierigkeiten führen, wenn die Kinder nicht wissen, wie mit den fehlenden Stellen umgegangen wird. Die bewusste Thematisierung kann hier zum Verständnisaufbau führen (vgl. Scherer 2003).

Abb. 5: besondere Zahlen

diagnosegeleitet und differenziert

Parallele Zahldarstellung von Zahlen aus dem Hunderter- und Tausenderraum können zum einen differenzierend eingesetzt werden, zum anderen macht der Vergleich der Zahlen auf die Veränderung bzw. das Gleiche in den Darstellungen aufmerksam. Auf diese Weise kann leicht an Bekanntes angeknüpft werden und der Blick auf die Veränderung und damit auf das Neue gelenkt werden. Eigenproduktionen von Kindern zeigen, ob und wie sie die Analogien sehen (vgl. Abb. 6a und 6b). In beiden Abbildungen werden Zahlen als zusammen passend begriffen, die über gleiche Einer und Zehnerstelle verfügen. In der oberen Abbildung wird dies auch in der ikonischen Darstellung deutlich, indem die Kinder die entsprechenden Stellenwerte untereinander darstellen.

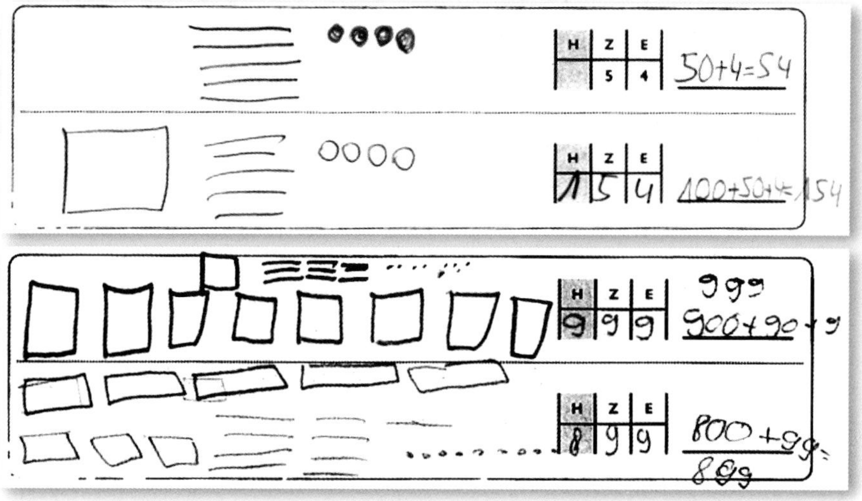

Abb. 6a und 6b: Eigenproduktionen zu Zahlenpaaren

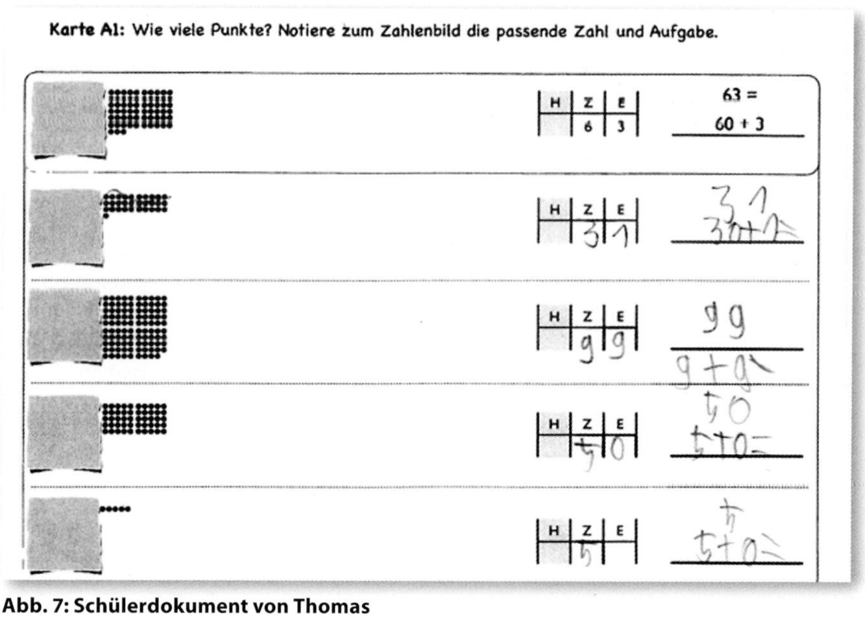

Abb. 7: Schülerdokument von Thomas

Anhand der Dokumente der Kinder können Lehrkräfte Hinweise über das Verständnis der kritischen Stellen bekommen. Die Bearbeitung des Schülers Thomas (Abb. 7 auf S. 23) zeigt, dass ihm die Anzahlbestimmung der vorgegebenen Punktfelder durchgehend korrekt gelingt. Bei der Darstellung der Zahl in der Stellentafel zeigen sich Unsicherheiten bei der Zahl 5. Obwohl diese die vertrauteste Zahl sein müsste, ist die Darstellung in der Stellentafel schwierig, weil so viele Stellen unbesetzt bleiben. Hier zeigen sich die auch von Scherer (2000) beschriebenen Schwierigkeiten, wenn eine Null auftritt. Thomas trägt die Zahl in die Zehnerspalte ein, vielleicht weil er gemäß der Schreibweise von links nach rechts vorgeht und so ohne den Stellenwert zu beachten quasi wie im Heft die Zahl notiert. Die Einerstelle bleibt frei und dies unterscheidet die 5 von der 50. Dass Thomas wahrscheinlich noch Schwierigkeiten mit dem Stellenwertverständnis hat, zeigt sich vor allem an den Zahlzerlegungen, die nicht die Stellenwerte beachten. Dieser Fehler zeigt sich jedoch nicht durchgehend, die 31 ist als 30 + 1 korrekt dargestellt. Hier läge ein Anknüpfungspunkt für ein Gespräch mit Thomas. Die Lehrkraft könnte ihn auf die Unterschiede zwischen den notierten Termen hinweisen, sodass er über den Vergleich die Möglichkeit hat, den Fehler selbst zu erkennen.

kooperativ und kommunikativ

Nach einer zunächst individuellen Auseinandersetzung mit den Zahldarstellungen, können die Kinder zum Vergleich der Aufgaben zusammenkommen, wenn sie verschiedene, aber zueinander passende Aufgaben bearbeitet haben (vgl. Abb. 8). Im Klassengespräch können dann diese Beobachtungen der Kinder aufgegriffen und weiter besprochen werden.

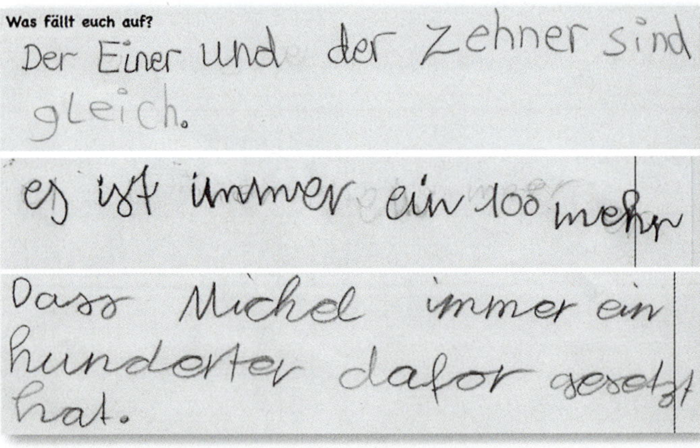

Abb. 8a, b und c: Notationen von Kindern zu den parallelen Aufgaben

Während die Kinder im kooperativen Vergleich häufig auf die konkreten Zeichen fokussieren – also die Gleichheit von Zehner und Einer beschreiben oder die Veränderung auf der empirische Ebene formulieren (»ein Hunderter davor gesetzt«) –, kann die Lehrkraft in Reflexionsgesprächen darauf achten, dass die Veränderung im Sinne der Zahlvorstellung formuliert und angesprochen wird. Es ist wichtig, dass den Kindern deutlich wird, dass sich die Zahl um ein Zeichen – z.B. eine eins an der Hunderterstelle – verändert, dies aber im Hinblick auf die Mächtigkeit eine große Veränderung zur Folge hat.

Über Rätsel (z. B. »Ich nehme bei meiner Zahl ein (zwei, drei, ...) Hunderterfeld weg. Welche Zahl ist es?« oder »Ich verändere meine Zahl an der Zehnerstelle. Welche Zahl könnte es sein?«) werden die Kinder zum mentalen Verändern und zur Vorstellung der Zahlen angeregt. Dabei können die Vorstellungsübungen unterschiedliche Repräsentationen ansprechen.

→ Kopiervorlagen → Zahlenbilder

2 Förderidee: Dekadische Strukturen mit der Stellenwerttafel deuten

Das dekadische Verständnis greift einerseits beim Operieren mit Zahlen, indem diese stellenwertgerecht zerlegt und miteinander verknüpft werden. Andererseits unterstützt es die Vorstellung von Zahlen und das Erkennen von Zahlbeziehungen. Ein Arbeitsmittel, das nicht auf bildlichen Repräsentationen, sondern auf symbolischer Ebene die dekadische Struktur von Zahlen darstellt, ist die Stellenwerttafel. Jede Ziffer innerhalb der Tafel besitzt einerseits über ihre Position in Relation zu den anderen Ziffern einen spezifischen Stellenwert (z. B. hat die Ziffer 2 in der Zahl 2013 den Wert von zwei Tausendern), andererseits gibt jede Ziffer die Anzahl der Einheit an (z. B. gibt es von den Tausendern zwei). Die einzelnen Stellenwerte können als Stufenzahlen voneinander unterschieden und in Form einer Tabelle strukturiert nebeneinander ausgewiesen werden. Eher ungewöhnlich für die Schülerinnen und Schüler ist es, dass die Länge eines Zahlworts die Stellenwerttafel nicht nach rechts erweitern lässt, sondern stets nach links. Jede Stelle mehr eines Zahlwortes erfordert somit eine Erweiterung der Tafel nach links.

An der Stellenwerttafel können mit Ziffernkarten oder Plättchen einerseits Zahlen in einzelne Stellenwerte (z. B. in Tausender, Hunderter, Zehner und Einer) zerlegt bzw. daraus zusammengesetzt werden. Hier ist es wichtig, dass die Kinder erkennen, dass mit einer gegebenen Anzahl an Plättchen unterschiedliche Zahlen dargestellt werden können. Andererseits können auch Beziehungen zwischen den Stellenwerten deutlich herausgearbeitet und mit Blick auf (Ent-)Bündelaktivitäten dargestellt werden, sodass die Kinder verständnisvoll halbschriftlich zu rechnen oder aber sicher mit Überträgen beim schriftlichen Rechnen umzugehen wissen. Um mehrere Repräsentationsebenen zu verknüpfen, bieten sich dekadisch strukuturierte Materialien an; z. B. Mehr-System-Blöcke (vgl. Selter / Prediger / Nührenbörger / Hußmann, Hg., i. V. 2014) oder Punktefelderdarstellungen (s. oben).

Eher mit einer gewissen Vor- und Umsicht sind Erkundungen mit der Größe »Geldwerte« einzuschätzen, auch wenn diese oftmals in Schulbüchern in reduzierter Form zur Darstellung der Stellenwerttafel genutzt wird (indem lediglich die Zehnerpotenzen der Geldrepräsentanten als Repräsentanten der Stufenzahlen verwendet werden: 1€-Münzen und 10-€-, 100-€-Scheine sowie ggf. 1-ct-, 10-ct-Münzen, weitere Münzen oder Scheine finden keine Verwendung). Dies entspricht jedoch nicht der Realität, sondern simplifiziert den Größenbereich Geld (vgl. Krauthausen / Scherer 2007), was im Hinblick auf Sachrechnen prinzipiell und mit Geldbeträgen im Besonderen vermieden werden sollte. Beim Sachrechnen werden die Kinder explizit angehalten, die Sache ernst zu nehmen, sodass dies ein durchgängiges Unterrichtsprinzip sein sollte.

beziehungsreich und verstehensorientiert

Mit Blick auf die Förderung von Kindern im Zuge der Auseinandersetzung mit dieser kritischen Stelle ist die Flexibilität der Deutung von Stellenwerten zentral (vgl. auch Mosandl 2013, Scherer/Steinbring 2004). Denn sie schult die Einsichten in die Beziehungen und Übergänge zwischen den einzelnen Stellenwerten und eröffnet neue, verständniserweiternde Deutungen auf die dezimale Struktur der Zahlen. Beispielsweise kann die Zahl 2013 nicht allein als 2 T, 0 H, 1 Z, 3 E gelesen werden, sondern auch als 20 H, 1 Z, 3 E oder 20 H, 13 E oder 2013 E usf. Ebenso können mit einer Handvoll Plättchen unterschiedliche Zahlen in einer vorgegebenen Stellenwerttafel gebildet werden. Schmassmann/Moser Opitz (2008) regen an, verschiedene Zahlen mit einer gleichen Menge an Plättchen in der Stellenwerttafel zu legen. Wenn die Kinder dann in einer Spalte mehr als neun Plättchen legen, kann mit ihnen diskutiert werden, wie die Zahl durch Bündelung »mit weniger Plättchen« dargestellt werden kann (s. Abb. 9).

Insbesondere flexible Interpretationen unterschiedlicher Darstellungen derselben Zahl sind sicherlich ungewohnt, verändern sie ja die übliche Lesart der Stellenwerttafel und auch die Notation von Zahlen. Allerdings werden sie im Alltag in unterschiedlichen Kontexten flexibel aufgegriffen (z.B. bei der Nennung von Jahreszahlen). Scherer und Moser Opitz (2010, S. 144) schlagen vor, ein Zahlwort auf unterschiedliche Weise in der Stellenwerttafel darzustellen und mit den Kindern zu diskutieren, »ob und warum es sich bei den (...) notierten Zahlen wirklich immer um dieselbe Zahl handelt«. Es geht also darum, die gleichen Zahlbeziehungen bei unterschiedlichen Zahlstrukturen herauszuarbeiten (s. Abb. 10).

Neben der Verknüpfung von Stufenzahlen miteinander sind aber auch additive Veränderungen denkbar wie z.B. 2 H, 4 Z, 1 E = 1 H, 14 Z, 1 E. Mosandl (2013) stellt heraus, dass einerseits konkrete Aktivitäten mit dekadisch strukturierten Materialien (z.B. Mehr-System-Blöcke) wichtig sind, um Vorstellungen des Bündelns und Entbündelns zu entwickeln. Andererseits können aber Zahlen im Zahlenraum über Tausend nur noch schwer konkret dargestellt werden. Hier ist es wichtig, dass ikonische Darstellun-

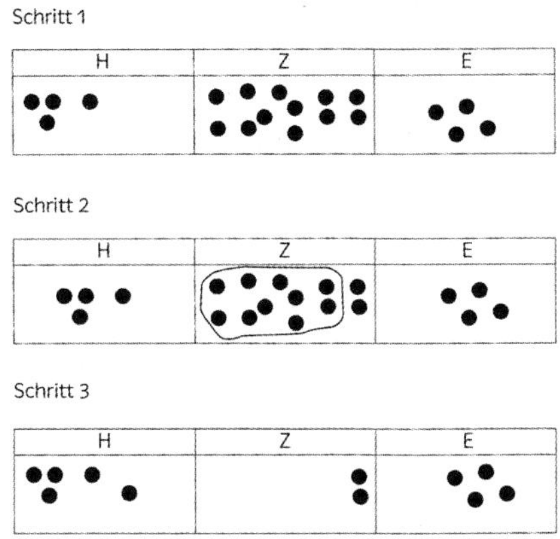

Abb. 9: 4 H, 12 Z, 4 E stellt die gleiche Zahl dar wie 5 H, 2 Z, 4 E – hier kann es sinnvoll sein, in der Kopfzeile die Stellenwerte auch auszuschreiben (z.B. Einer, Zehner, Hunderter)

H	Z	E
2	4	1
	24	1
		241

HT	ZT	T	H	Z	E
2	4	1	2	4	1
2	4	1		24	1
2	4	1			241
	24	1	2	4	1
	24	1		24	1
	24	1			241
		241	2	4	1
		241		24	1
		241			241

Abb. 10: Gleiche Zahldarstellungen von derselben Zahl (eine Auswahl an Möglichkeiten)

Welche Zahl wird hier dargestellt? Trage ein.

Bild	Stellentafel	Zahl
	T H Z E	______
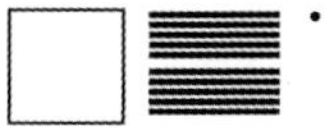	T H Z E	______
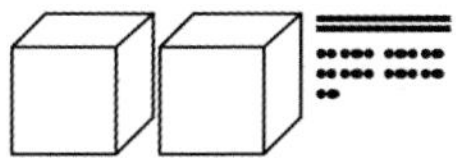	T H Z E	______

Abb. 11: Zahldarstellungen
(aus Selter / Prediger / Nührenbörger / Hußmann, Hg., i. V. 2014)

gen mit der Stellenwerttafel verbunden werden und die Kraft der symbolischen Struktur der Stellenwerttafel aufgegriffen wird. Wesentlich ist hierbei weniger das Operieren mit Plättchen oder notierten Zahlen in der Stellenwerttafel als vielmehr das Nachdenken darüber: »Damit es im kindlichen Denken zu den mathematischen Objekten kommt, bedarf es der Aufmerksamkeitsfokussierung auf die Zahlzusammenhänge, die sich während der Handlung verändern« (Lorenz 2012, S. 180). Hier bietet es sich daher an, Erfahrung mit konkreten Materialien auf andere Repräsentationsebenen zu übertragen und unübliche bzw. nicht vollständig ausgebündelte Einheiten in der Stellentafel festzuhalten (s. Abb. 11).

»Das Besondere an der Aufgabenstellung ist hierbei die nicht gebündelte Darstellung, die von der Standarddarstellung abweicht und daher von den Lernenden erst interpretiert werden muss« (Mosandl 2013). Während es Kindern nur wenig Schwierigkeiten macht, 22 einzelne Einer als Zahl 22 zu interpretieren, ist eine analoge Übertragung auf andere Stellenwerte (zehn Zehner in Beispiel 2, Abb. 11) oder eine Verknüpfung der 20 Einer mit 2 Zehnern (s. Beispiel 3, Abb. 11) wesentlich problematischer. Neben den ikonischen Darstellungen ist es auch wichtig, Stellenwertinformationen mit Hilfe der Stellenwerttafel zu interpretieren, um daraus das Zahlwort abzuleiten (s. Abb. 12).

Trage in die Stellentafel ein und schreibe die Zahl, die entsteht, daneben.

	T	H	Z	E	Zahl
3 Hunderter, 6 Zehner		3	6	0	360
2 Tausender, 8 Zehner, 7 Einer					
4 Hunderter, 1 Zehner, 10 Einer					
12 Tausender, 2 Einer					
6 Tausender, 2 Hunderter, 42 Zehner, 5					

Abb. 12: Stellenwerte lesen und interpretieren
(aus Selter / Prediger / Nührenbörger / Hußmann, Hg., i. V. 2014)

Um strukturelle Veränderungen zu thematisieren, die das Bündeln und Entbündeln explizit machen, sollten die Kinder erkunden, wie sich Zahlen in der Stellenwerttafel verändern, wenn systematisch ein bestimmter Stellenwert hinzuaddiert oder subtrahiert wird (s. Abb. 13 auf S. 28).

Immer **10** in jeder Zeile dazu.
Zeichne, trage in die Stellentafel ein und zeichne als Zahl.

Würfelbild	Stellentafel	Zahl
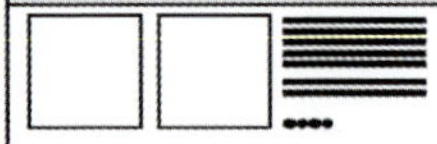	T | H | Z | E | 2 | 7 | 4	274
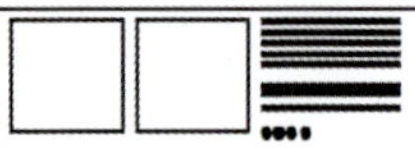	T | H | Z | E	____
	T | H | Z | E	____
	T | H | Z | E	____
	T | H | Z | E	____
	T | H | Z | E	____
	T | H | Z | E	____

Führe die Tabelle in deinem Heft weiter. Starte bei 374.
Zeichne die Tabelle noch einmal. Starte nun bei 734. Lege dann immer 100 dazu.

Abb. 13: Stellenwerte lesen und interpretieren
(aus Selter / Prediger / Nührenbörger / Hußmann, Hg., i. V. 2014)

diagnosegeleitet und differenziert

Die Arbeit mit vielfältigen Stellenwertdarstellungen bietet der Lehrkraft unterschiedliche Einsichten in die Fähigkeit der Kinder, die Stellenwerte zu interpretieren, Stellenwerte in Relation zu anderen zu sehen und Analogien zwischen dem Kontext im Zahlenraum bis Tausend (H-Z-E) und über Tausend hinaus (HT-ZT-T, H-Z-E) zu erkennen. Hierbei kann es auch hilfreich sein, die Schülerinnen und Schüler typische Fehlbearbeitungen korrigieren zu lassen, indem diese einen Kommentar zum Fehler schreiben (s. Abb. 14) oder sich mit Überlegungen anderer Kinder produktiv auseinandersetzen (s. Abb. 15).

Erkläre folgende Lösung

6 Tausender, 2 Hunderter, 42 Zehner, 5 Einer	6	2	4	7	Die Zahl ist 6247

Abb. 14: Erklärung von Fehllösungen
(aus Selter / Prediger / Nührenbörger / Hußmann, Hg., i. V. 2014)

In die Stellentafel eintragen

Nick hat wieder eine Menge Würfelmaterial und möchte herausfinden, welche Zahl er damit legen kann.

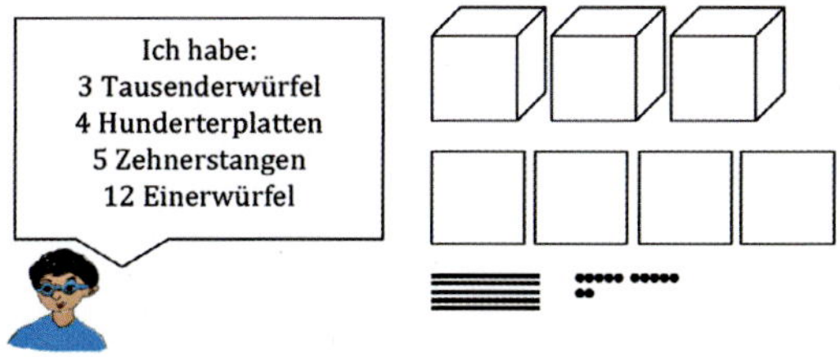

Leonie trägt die Zahl in die Stellentafel ein und fragt:

T	H	Z	E
3	4	5	12

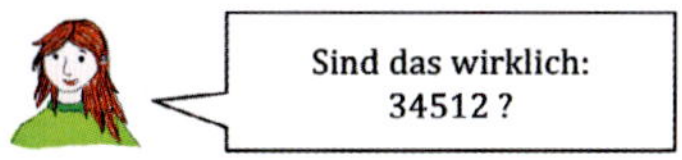

a) Lies laut Leonies Zahl vor. Was sagst du zu ihrer Lösung?

b) Schreibe deine Lösung zu Nicks Material auf.

T	H	Z	E

Die Zahl heißt: ____________

c) Schreibe einen Tipp für Leonie auf, damit sie die Zahl aus der Stellentafel ablesen kann!

d) Lege die Zahl mit dem Material und schreibe sie auf.

T	H	Z	E
3		45	1

Die Zahl heißt: ____________

e) Lege die Zahl mit dem Material und schreibe sie auf.

T	H	Z	E
7	8	12	2

Die Zahl heißt: ____________

Abb. 15: Fehlinterpretationen als Anlass zur Diskussion (aus Selter/Prediger/Nührenbörger/Hußmann, i.V. 2014)

Um Zahlen mit der Stellenwerttafel auszudrücken, ist es sinnvoll, den Kindern offene Tabellen anzubieten, die einerseits den Zahlenraum einschränken, andererseits auch erlauben, diesen zu öffnen. Diese »mediale Parallelisierung« (Nührenbörger/Pust 2011) schafft die Gelegenheit, nicht allein im Sinne einer qualitativen Differenzierung den Zahlenraum für einige Kinder auf eine überschaubare Größe zu beschränken, sondern vielmehr analoge Beziehungen zum Gegenstand des Unterrichts zu machen.

Die parallelisierten Stellenwerttafeln können einerseits zur Notation von Zahlen genutzt werden, andererseits bietet es sich hier auch in einer Erweiterung der Förderidee

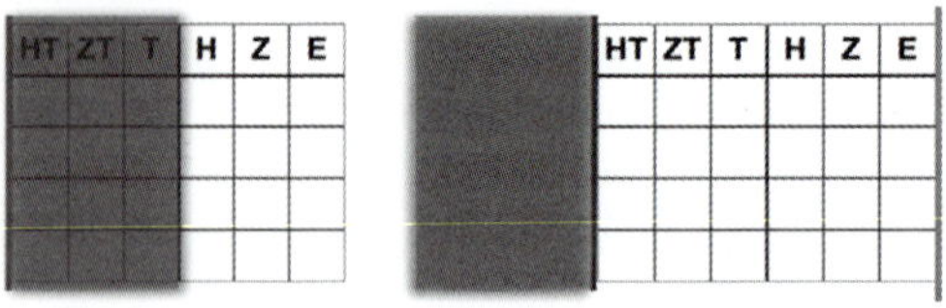

Abb. 16: Stellenwerttafel im Zahlenraum bis 1000 und bis 1 000 000

an, mit einer vorgegebenen Anzahl an Plättchen unterschiedliche Zahlen zu bilden und diese miteinander zu vergleichen. Mögliche Aufgabenstellungen wären beispielsweise:

- Lege unterschiedliche Zahlen mit drei (vier, fünf) Plättchen. Sortiere die Zahlen. Was stellst du fest?
- Nimm ein Plättchen hinzu (weg). Lege nun die größte und die kleinste Zahl.
- Lege 100 (oder 1.000, 10.000, 100.000) und lege anschließend ein Plättchen hinzu. Welche Zahlen kannst du erreichen? (ebenso mit Zahlen wie 39, 390, 399, 3.900, 3.990, 3.999, 39.000, 39.900, 39.990, 39.999 oder 90, 99, 900, 990, 999 etc.)
- Lege 100 (oder 1.000, 10.000, 100.000) und verkleinere die Zahl um 1 Einer, 1 Zehner (1 H, 1 T, 1 ZT). Wechsle die Plättchen um und bestimme die Zahlen (ebenso mit Zahlen wie 41, 401, 410, 4.001, 4.010, 4.100, 41.000, 41.001, 41.010, 41.100 oder 101, 110, 1.001, 1.010, 1.100 etc.).

kooperativ und kommunikativ

An dem Diskurs zwischen Asli und Mara wird zunächst kurz aufgezeigt, wie die beiden Schülerinnen die Zauberzahl »2 H, 20 Z, 5 E« interpretieren und die Bedeutung der 20 Z in Relation zu den weiteren Stellenwerten deuten lernen. Die Szene macht deutlich wie die Kinder in der gemeinsamen Betrachtung der Zauberzahl miteinander kooperieren und kommunizieren. Mara setzt zunächst jede sichtbare Ziffer nebeneinander und bildet daraus die vierstellige Zahl 2205:

H	Z	E	
2	20	5	2205

Meret: »Das wären dann, glaub ich 2205, weil das eine vierstellige Zahl ist. Also (…) wenn hier vier Zahlen sind, dann ist das tausend.«

Meret orientiert sich an der Anzahl der Ziffern zur Deutung der Stellenwertanzahl, ohne auf die Beziehungen zwischen den Stellenwerten zu achten (kurz: 2 H, 20 Z, 5 E = 2 H + 2 H, 0 Z, 5 E = 4 H, 5 E). Als die Lehrerin nachfragt, wie die Schülerin auf die 2 Tausender kommt, fällt ihr auf, dass sie die Hunderter additiv miteinander verknüpfen und eben nicht nebeneinander setzen muss: »405 wären's, glaub ich (…) Zwei Hunderter sind ja 200 und das hier sind ja 200 auch, also schon mal 400. Und das sind ja fünf, also 405« (vgl. Selter / Prediger / Nührenbörger / Hußmann, Hg., i. V. 2014).

H	Z	E	
2	20	5	2205, 405

Darüber hinaus können die Erkundungen und Aktivitäten an der Stellenwerttafel auch von mehreren Kindern in einer Kleingruppe durchgeführt werden. So legen oder bewegen beispielsweise entweder einzelne Kinder abwechselnd Ziffernkarten bzw. Plättchen oder aber sie besprechen sich im Anschluss an ihre Erkundungen und vergleichen ihre Lösungen.

Zur Anregung kommunikativ-kooperativer Aktivitäten eignen sich ferner auch mathematische Lernspiele, die nicht allein von den Kindern erfolgreich bewältigt werden können, die umfangreiche mathematische Einsichten besitzen. So schult das Spiel

»Hohe/Niedrige Hausnummern« die bewusste Reflexion der Größer-/Kleiner-Relationen zwischen Zahlen unter Beachtung der Auswirkung einzelner Stellenwerte: Hierzu würfeln zwei (oder mehrere) Kinder abwechselnd und bestimmen jeweils, an welcher Stelle sie die gewürfelte Zahl in ihre Stellenwerttafel eintragen. Wer letztlich die größte bzw. kleinste Zahl bilden konnte, hat die Spielrunde gewonnen. Die Anzahl der Stellenwerte der genutzten Stellenwerttafel bestimmt die Anzahl der Würfelwürfe pro Spiel.

3 Förderidee: Nachbarzehner am leeren Zahlenstrahl bestimmen

Der leere Zahlenstrahl – im Kontext der Dokumentation von Rechnungen auch als Rechenstrich verwendet – ist eine Linie, an der Zahlen und Rechenoperationen eingetragen werden können. Dabei kann er sowohl in der Funktion als Dokumentationsmittel von Operationen genutzt werden als auch als Arbeitsmittel, an dem die Beziehungen zwischen Zahlen dargestellt werden. Insbesondere eignet sich der leere Zahlenstrahl für den Aufbau von Vorstellungsbildern, weil er selbst nur wenige Informationen enthält und den Kindern Raum für die eigenständige Deutung von Zahlbeziehungen gibt (vgl. Lorenz 2009b). Bei der Darstellung der Beziehungen zwischen Zahlen kommt es darauf an, ein individuelles Maß an Ungenauigkeit mit einzuschätzen und entsprechend zu unterscheiden, inwiefern die ausgewählten Zahlen in einem ähnlichen Zahlbereich liegen, Nachbarzahlen sind oder Anfang und Ende eines Hunderters bestimmen.

Der leere Zahlenstrahl kann genutzt werden, um vorgegebene Zahlen einzutragen oder um Zahlen zu bestimmen, die an markierten Stellen stehen könnten (s. Abb. 17). Dabei muss den Kindern wie Lehrkräften klar sein, dass es nicht die eine einzige richtige Lösung, sondern aufgrund der unterschiedlichen Deutungen in der Regel mehrere Möglichkeiten gibt – je nachdem welche strukturellen Merkmale vom Kind fokussiert werden. So sind die zu notierenden Zahlen an den Markierungen der Abb. 17 nicht von vornherein festgelegt (beispielsweise wären bei 17a an der ersten Markierung auch 19 oder 21 bzw. bei 17c auch 90, 95 und 105, 110 denkbar). Erst über den Vergleich mit anderen Streifen und Abständen und über die Beziehung zu allen vorgegebenen Markierungen ergibt sich ein Argument für die eine oder andere Wahl.

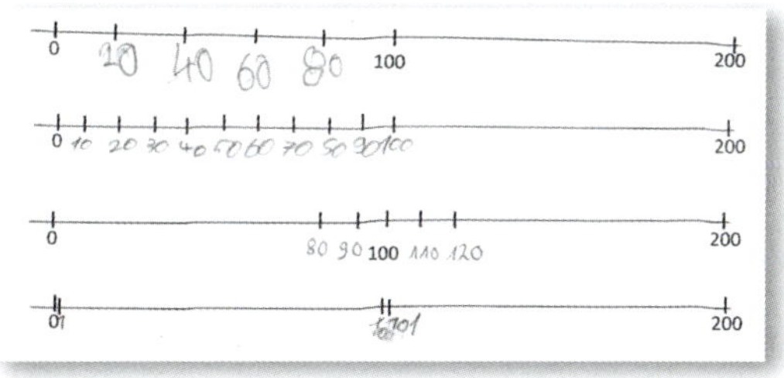

Abb. 17a – d: Abschnitte des leeren Zahlenstrahls mit unterschiedlichen Intervallen

Ähnlich wie in Förderidee 1 für die Eingangsstufe (Häsel-Weide/Nührenbörger 2012) bietet es sich an, unterschiedliche Abstände und Positionen auf dem Rechenstrich zu markieren, um Kinder anzuregen, Vorstellungen von Zahlen und den Beziehungen zwischen Zahlen zu entwickeln und zu diskutieren.

Darüber hinaus können konstante Abstände von Stufenzahlen ausgehend (z.B. 100 – 5 und 100 + 5 oder 250 – 10 und 250 + 10) erkundet werden, um die dekadische

Bedeutung der Stufenzahlen zu vertiefen. Hierzu können Aufgaben wie »Gleich weit weg« (Hengartner u.a. 2006) oder analog zum Aufgabenformat »Gleiche Abstände« am Rechenstrich (Nührenbörger / Pust 2012) aufgegriffen und ggf. modifiziert werden

Zentrale Bezugspunkte bei der Zahlvorstellung im Tausenderraum gewinnen darüber hinaus die Nachbarhunderter und -zehner. Denn diese dienen der Orientierung im Zahlenraum und zum überschlagenden Rechnen (vgl. Schmassmann 2009). Die Zahl in Beziehung zu den dekadischen Stufenzahlen zu sehen, ist für das Rechnen bedeutsam, um z.B. beim halbschriftlichen Rechnen die Abstände zu benachbarten Stufenzahlen zum Vereinfachen zu nutzen, die Hilfsaufgabe zu berechnen oder schrittweise zum Zehner zu rechnen (Wittmann / Müller 1990; Abb. 18). Dabei kann der leere Zahlenstrahl auch genutzt werden, um die Rechnung zu dokumentieren.

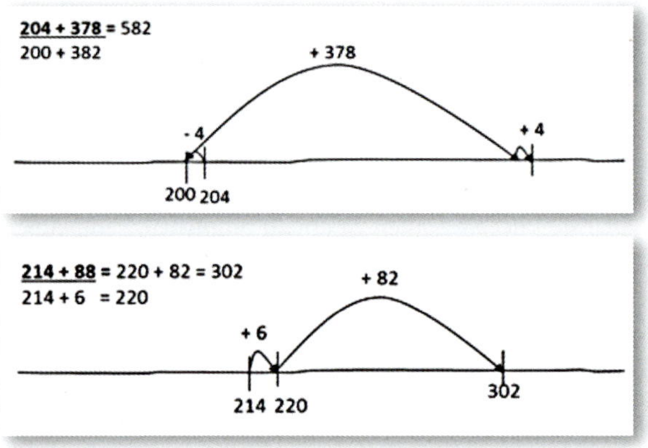

Abb. 18: Halbschriftliches Rechnen unter Bezug auf die Stufenzahlen

Um diese Art des Zahlenrechnens auch für Kinder mit mathematischen Lernschwächen zu ermöglichen, ist es wichtig, zunächst die Zahlen in Beziehung zu den Zehnern und Hundertern zu deuten. Dazu bietet sich der leere Zahlenstrahl an (vgl. Scherer / Moser Opitz 2010). → Kopiervorlagen → Zahlenstrahl

beziehungsreich und verstehensorientiert

Die lineare Repräsentation der Zahlen am leeren Zahlenstrahl greift zwei Zahlaspekte auf. Zum einen geht es in einer ordinalen Vorstellung um den Ort und die Position einer Zahl in einer Reihe von Zahlen. Zum anderen können die Zahlen in Abstandsbeziehung zu anderen Zahlen vorgestellt werden; z.B. indem die Abstände an den Bögen notiert werden, sodass auch der Maßzahlaspekt mit aufgegriffen wird (vgl. Kaufmann / Wessolowski 2006).

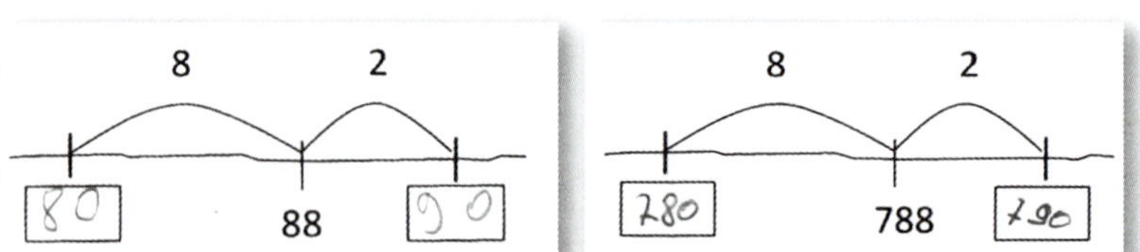

Abb. 19: Nachbarzehner am leeren Zahlenstrahl

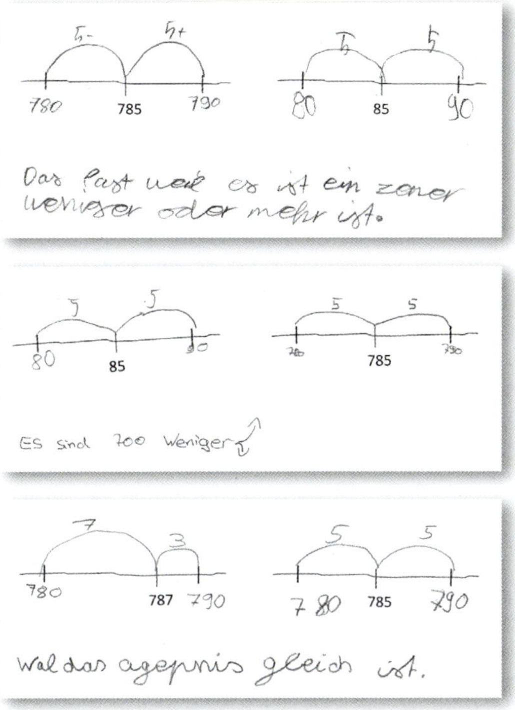

Abb. 20: formulierte Ordnungskriterien der Kinder

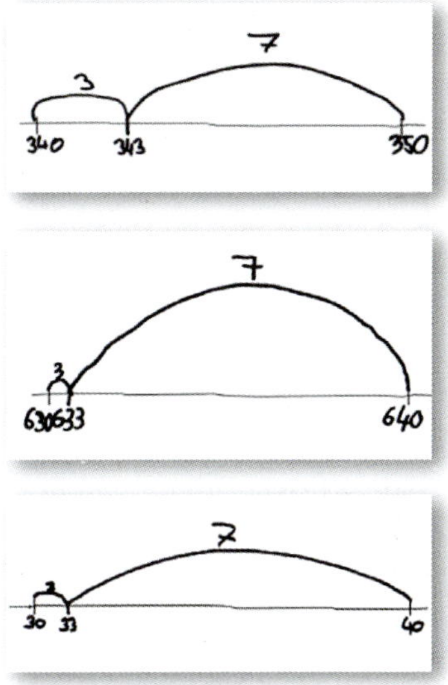

Abb. 21: konstruierte Rechenstrichabschnitte zur Zahlbeziehung: Abstand zum Zehner 3 bzw. 7

Zum Verständnis des regelmäßigen Aufbaus des Zahlsystems gehört u.a. auch die Erkenntnis, dass die Abstände zu den Nachbarzehnern gleich sind, wenn die Einer einer Zahl gleich bleiben (so ist der Abstand von 88 zu den Nachbarzehner 80 und 90 der Gleiche wie von 788 zu 780 und 790 oder auch von 728 zu 720 und 730). Die Kernaufgaben des Ergänzens oder des Verminderns zum Zehner (den Kindern bekannt aus den ersten zwei Schuljahren) werden somit an dieser Stelle aufgegriffen, um diese einerseits im größeren Zahlenraum zu vertiefen und andererseits diese als strukturbildendes Stützpunktwissen in neuer Weise zu erweitern. In diesem Sinne werden hier zentrale Kernaufgaben aus der Schuleingangsphase wiederholt. Zugleich kann diese sinnstiftende Erfahrung der Bedeutung des alten Wissens für die Erkundung neuer Zahlenräume gerade Kinder mit mathematischen Lernschwächen motivieren, die Zusammenhänge zwischen größeren Zahlen zu erkunden (Scherer / Moser Opitz 2010, S. 141).

diagnosegeleitet und differenziert

Die analoge Thematisierung von Nachbarzehnern in verschiedenen Zahlenräumen erlaubt einen differenzierten Zugang in unterschiedlichen Zahlenraumen. So können Kinder, die sich im Zahlenraum bis 100 noch nicht sicher bewegen, ebenso angesprochen werden wie Kinder, die in komplexeren Zahlenräumen arbeiten können. Darüber hinaus eröffnet aber der analoge Aufbau des Arbeitsauftrages allen Kindern die Möglichkeit, die verallgemeinerbaren Strukturen zu erkunden. Daher können alle Kinder von einem

Rückgriff auf kleinere Zahlen oder einem Ausblick auf größere Zahlen profitieren – auch wenn sicherlich den Kindern mit Lernschwächen noch nicht alle Details eines erweiterten Zahlenraums vertraut werden.

Während der Auseinandersetzung mit den Aufgabenstellungen können die Lehrkräfte diagnosegeleitet darauf achten,

- wie die Kinder die Nachbarzehner und die Abstände bestimmen,
- wie Übergange zum nächsten Hunderter gemeistert werden,
- inwiefern die Kinder Analogien zwischen Zahlen erkennen und nutzen,
- welche Kriterien beim Sortieren von Ausschnitten im Vordergrund stehen (s. auch Abb. 20).

kooperativ und kommunikativ

Das Sortieren, Ordnen und Beschreiben von passenden Rechenstrichabschnitten kann Schülerinnen und Schüler anregen, unterschiedliche Zahlbeziehungen in den Blick zu nehmen (wie z. B. Abstände, dekadische Analogien, gleiche Zahlen, vgl. Abb. 19 – 21).

Eine Kooperation zwischen den Kindern (z. B. Partnerarbeit) ergibt sich hier aus der Sache heraus. Wenn die Kinder nur eine begrenzte Anzahl an Abschnitten bearbeiten, können sie in der Zusammenarbeit von Kindern profitieren, die analoge Abschnitte in anderen Zahlenräumen erkundet haben. Dadurch wird der Vergleich der Dokumente nicht auf einen Abgleich der Resultate reduziert. Über den Vergleich können vielmehr analoge Strukturen in den verschiedenen Zahlenräumen von beiden Kindern erkundet werden. Es bietet sich also eine Kooperation von heterogenen Kinderpaaren an.

Werden die Kinder aufgefordert, ihre Ordnungskriterien zu formulieren, ist dies ein geeignetes Mittel, das möglicherweise mit wenig expliziten Begründungen erfolgende Sortieren auf eine bewusste Ebene zu bringen und die Kinder auch im Sinne der prozessbezogenen Kompetenzen zum Beschreiben anzuregen. Diese Ordnungskriterien – wie z. B. gleiche Abstände – können dann Ausgangspunkte für weiterführende Aktivitäten sein, indem weitere Abschnitte konstruiert werden, auf die diese Zahlbeziehung zutrifft (s. Abb. 21).

Operationsvorstellungen

Auch wenn alle mathematischen Operationen (Addition, Subtraktion, Multiplikation und Division) bereits im Anfangsunterricht der Grundschule eingeführt werden, zeigt sich die Bedeutung von tragfähigen Vorstellungen gerade in größeren Zahlenräumen, da Kinder mit »Hilfsstrategien« wie dem Zählen hier nicht mehr erfolgreich sind. In den Klassen 3 und 4 sind fundierte Zahl- und Operationsvorstellungen für das Rechnen mit den Zahlen wesentlich; fehlen diese, unterlaufen den Kindern häufig Fehler (vgl. Lorenz 2003) oder es entstehen weitreichende Schwierigkeiten im Fach Mathematik.

Handlungen mit Material

Während im Anfangsunterricht aus gutem Grund viel Zeit darauf verwendet wird, durch Handlungen mit Material Aufgaben darzustellen, diese in Zeichnungen festzuhalten, ikonische Darstellungen zu deuten und Zahlensätze zuzuordnen, findet das Rechnen in den Klassen 3 und 4 vermehrt auf symbolischer Ebene statt. Im Vergleich zu den ersten Schuljahren wird deutlich weniger auf der ikonischen oder enaktiven Ebene gearbeitet. Dies ist zum einen darin begründet, dass die Darstellung von Operationen mit »großen«

Zahlen wesentlich mehr Platz braucht und unübersichtlicher ist als mit »kleineren Zahlen«, zum anderen hat ein Großteil der Kinder bereits Vorstellungen zu den Operationen entwickelt und Lösungsstrategien so gelernt, dass die Aufgaben »im Kopf« berechnet werden können.

Gleichwohl ist zweierlei zu bedenken:
(1) Auch in höheren Klassenstufen sind konkrete Materialien für operative Beweistätigkeiten, zum Darstellen und Argumentieren mathematischer Zusammenhänge für alle Kinder sinnvoll und notwendig.
(2) Mit Blick auf Kinder mit mathematischen Lernschwierigkeiten ist es wichtig, dass diese weiterhin stützende Gelegenheiten und Anregungen finden, eigene operative Vorstellungen anhand des Operierens mit Materialien, Bildern und Symbolen zu entwickeln, vorhandene Vorstellungslücken zu schließen und Grundvorstellungen vertiefend aufzubauen.

Allerdings führt nicht allein das Handeln mit Materialien oder das Zeichnen von Bildern zu einer Operationsvorstellung (ansonsten hätten womöglich alle Kinder diese im Laufe der ersten zwei Schuljahre entwickeln können). Vielmehr ist es wesentlich, dass die Kinder die kritische Stelle des Aufbaus von Operationsvorstellungen eigenständig meistern, indem sie in die Handlungen und die Zeichnungen die Operation und operative Beziehungen hineinsehen. »Die Grundidee beim Aufbau von Grundvorstellungen ist, dass *konkrete* Handlungen an geeigneten Materialien zu *gedanklichen* Operationen umgebaut werden« (Wartha / Schulz 2011, S. 11; Hervorhebungen im Original). Das bedeutet, dass zum einen konkrete, sinnstifte Handlungsideen wesentlich sind, um Grundvorstellungen zu entwickeln. Zum anderen müssen die Aktivitäten die Kinder dazu auffordern, sich die mathematischen Handlungen vorzustellen, um ein mentales Bild aufzubauen und letztendlich auf die konkrete Handlung zu verzichten (vgl. Lorenz 2009a). Dies kann das Beschreiben spezifischer Tätigkeiten oder aber das verdeckte Handeln sein ebenso wie die mentale Vorstellung einer operativen Veränderung bei einer konkreten Menge (z. B. Fortführen bzw. Vorhersagen von Veränderungen). Auch wenn das Ziel die mentale Vorstellung und Berechnung von Operationen umfasst, ist damit keine Ablösung vom Material gemeint, denn die Rückübersetzung auf das Material ist wichtig. Der Weg der Verinnerlichung führt nie nur vom Material weg, sondern immer wieder auf das Material zurück, um am Material etwas darzustellen oder argumentativ zu erläutern. Insofern ist auch für diejenigen Kinder, die bereits über fundierte Vorstellungen verfügen, das Material nicht überflüssig, sondern dient – wie oben bereits angemerkt – als Beweis- und Argumentationsmittel.

Vorstellungen zur Multiplikation und Division (weiter)entwickeln

Obwohl die Multiplikation – insbesondere das Erlernen des kleinen Einmaleins – ein zentraler Inhalt des zweiten Schuljahres ist, sind in höheren Klassen bei vielen Kindern die Einmaleinsaufgaben nicht automatisiert, sondern müssen gerade im Kontext des Multiplizierens mehrstelliger Zahlen immer wieder neu berechnet werden, »oftmals durch Aufsagen der gesamten 1 × 1-Reihe« (Scherer 2007, S. 5) und begleitet vom Mitzählen an den Fingern. Lorenz (2003) merkt jedoch einen Aspekt an, der auf den ersten Blick im Widerspruch zur zuvor genannten Problematik erscheint: Demnach blühen gerade Kinder mit mathematischen Lernschwächen in der Phase der Automatisierung häufig auf. Denn ein Aufsagen von zuvor auswendig gelernten Ergebnissen oder Zahlen einer

Reihe ist auch ohne Verständnis der zugrunde liegenden Handlungen möglich. Hierbei ist aber zu beachten, dass eine Verankerung im Langzeitgedächtnis ohne Verständnis schwierig bleibt, sodass die Kinder in höheren Klassen wieder auf Zählprozesse zurückgreifen müssen.

Somit weisen beide Phänomene darauf hin, dass nicht alle Kinder eine Vorstellung zur Multiplikation und Division aufgebaut haben, die es ihnen erlaubt, nicht (mehr) auswendig gewusste Aufgaben aus den Beziehungen zu anderen Aufgaben abzuleiten.

Ursächlich für dieses Vorgehen der Kinder können zwei Aspekte sein:

(1) **Einseitige Unterrichtserfahrungen:** Der Schwerpunkt der Behandlung des Einmaleins kann auf dem Erlernen (Behandeln, Aufsagen und Automatisieren) von einzelnen Einmaleinsreihen gelegt worden sein, sodass Kinder die erlernte Strategie nachahmen und über das leise Mitsprechen der Zahlen den akustischen Klang der Reihe als Unterstützung oder Kontrolle heranziehen.

(2) **Einseitige Vorstellungen:** Die Kinder greifen evtl. auf die Vorstellung der Multiplikation als fortgesetzte Addition zurück und addieren in der Vorstellung immer die gleiche Menge dazu.

Die Bedeutung einer verständnisbasierten Einführung der (multiplikativen) Operation mit Bezug auf Handlungen, Bilder und sinnstiftende Kontexte wird von vielen Autorinnen und Autoren betont (vgl. u.a. Krauthausen/Scherer 2007; Padberg/Benz 2011, Kaufmann/Wessolowski 2006). Bei der Multiplikation kommt es nicht allein darauf an, die räumlich-simultane oder etwa die zeitlich-sukzessive Vorstellung mental zu erfassen, sondern in Handlungen, Veranschaulichungen und dann auch Termen die abstrakte Grundidee der Multiplikation, nämlich die Vervielfachung einer gleichmächtigen Menge zu sehen. Im Vergleich zur Addition und Subtraktion wird jedoch bei der Einführung der Multiplikation schon allein aufgrund des Zahlenraums und der gängigen Arbeitsmittel in der Grundschule (die eben nicht in 4er, 5er oder 7er gebündelt sind) nicht schwerpunktmäßig mit konkreten Materialien (enaktiv), sondern auf ikonischer und symbolischer Ebenen gearbeitet (s. Abb. 22). Allerdings besteht die Gefahr, dass manche Kinder die Aktivitäten eher getrennt voneinander sehen und nicht erfolgreich im Term oder im Bild eine Handlung an Mengen hineinsehen: Beispielsweise lösen sie dann die multiplikativen Aufgaben über das wiederholte Abzählen und malen anschließend eine entsprechend angeordnete Felderanzahl auf. In dieser Hinsicht ist als kritische Stelle des Operationsverständnisses die Ausprägung struktur-fokussierender Deutungen auszumachen (vgl. Häsel-Weide 2013).

Daher ist es zentral, den Kindern geeignetes Material an die Hand zu geben, mit denen sie auf der einen Seite Multiplikationsaufgaben mehrdeutig und flexibel darstellen und auf der anderen Seite multiplikative Strukturen in die Anordnung der Materialien hineindeuten können (vgl. Söbbeke/Steinbring 2007). Dazu eignen sich z.B. besondere Punktestreifen (s. Abb. 24; vgl. Transchel /Häsel-Weide/Nührenbörger 2013), mit denen die Kinder unterschiedliche multiplikative Zerlegungen zu einer Zahl darstellen können. Die Materialien erlauben den Kindern, mit gleichmächtigen Mengen umzugehen, die entsprechenden Handlungen zu beschreiben, im Weiteren auch verdeckt auszuführen und sich zunehmend vorzustellen bzw. die entstandenen Punktfelder oder Punktreihen zu deuten. Hierbei können die Punktestreifen sowohl flächig als Rechteck oder linear als Strecke aneinandergelegt werden. Beide Darstellungsformate sind wesentlich für die Ausbildung eines multiplikativen Verständnisses und werden in den zwei folgenden Förderideen aufgegriffen.

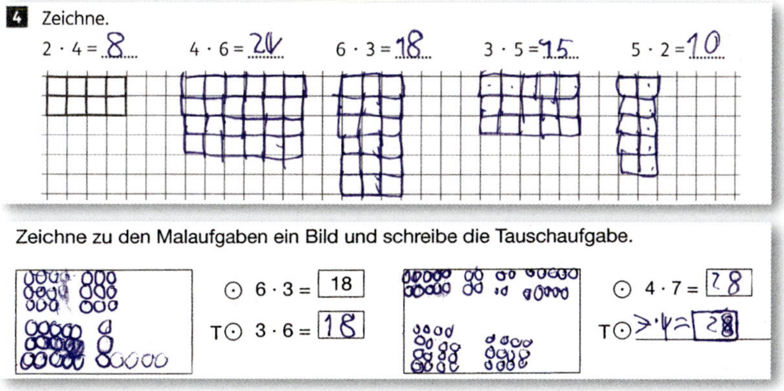

Abb. 22a und b: übliche Darstellung der Multiplikation durch Zeichnung von Einzelelementen

4 Förderidee: Malhäuser bearbeiten

Malhäuser sind Rechenhäuser, in deren Stockwerke Malaufgaben zur Dachzahl notiert werden (vgl. Selter 2002). Dieses Aufgabenformat wird häufig im dritten Schuljahr eingesetzt, um erstens das kleine Einmaleins zu wiederholen, zweitens Malaufgaben über das kleine Einmaleins hinaus zu finden (s. Abb. 23, Haus 30) und drittens einen Einstieg in die Thematik »Anzahl der Teiler einer Zahl« zu finden (ggf. weitergeführt zu Teilersummen; vgl. auch Korte 2011). Üblicherweise werden Malhäuser meist auf rein symbolischer Ebene behandelt; das heißt den Kindern werden Häuser mit unterschiedlichen Dachzahlen gegeben, zu denen sie die passenden Malaufgaben finden sollen. Die vollständigen Häuser werden dann im Hinblick auf die Anzahl der Etagen (also die Anzahl der Teiler einer Zahl), die Beziehungen zwischen den Aufgaben innerhalb eines Hauses (z. B. Kommutativität der Multiplikation, gerade Anzahl an Teilern außer bei Quadratzahlen) und weitere operative Phänomene (z. B. Veränderung der Anzahl der Etagen bei Verdopplung der Dachzahl) hin untersucht.

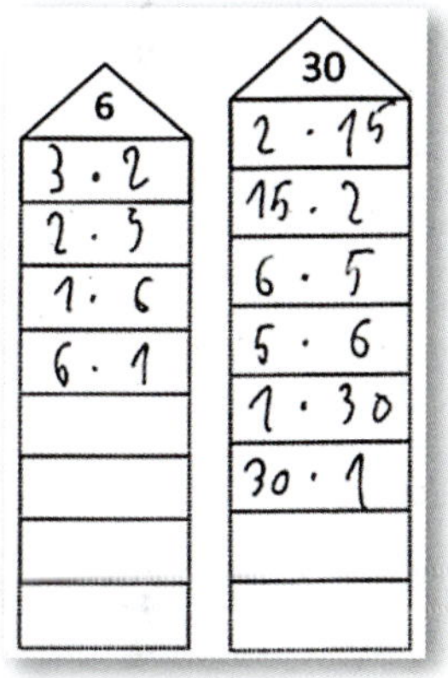

Abb. 23: Malhäuser

Das substanzielle Aufgabenformat »Malhäuser« eignet sich jedoch auch, um unterrichtsintegriert die Vorstellungen von Multiplikation und Division anzuregen, wenn neben dem Fokus auf die Teiler auch das Finden der Malaufgaben zu einer Zahl als Lerngegenstand betrachtet wird.

beziehungsreich und verstehensorientiert

Auf der symbolischen Ebene haben die Kinder die Möglichkeit, über Faktenabruf oder mentales Aufsagen der Einmaleinsreihen passende multiplikative Terme zu finden. Dies erfordert eine Vielzahl von automatisierten Aufgaben, da nicht das Ergebnis vorgegebener Produkte bestimmt werden soll, sondern diesem Ergebnis unterschiedliche Aufgaben zugeordnet werden müssen. Dies stellt gerade die Kinder vor Probleme, die noch nicht die

Malaufgaben mental verfügbar haben. Daher sollen ihnen gemäß dieser Förderidee besondere Punktestreifen zur Verfügung gestellt werden, mit denen sie Malaufgaben zur Dachzahl gestützt und (systematisch) probierend treffen können (s. Abb. 24).

Die Punktestreifen liegen mehrfach in unterschiedlichen »Punktemengen / Längen« vor. Sie ermöglichen so den Kindern, passende multiplikative Aufgaben zu einer Dachzahl linear abzubilden, ohne gedanklich alle Reihen des Einmaleins durchgehen zu müssen. Ergänzend oder alternativ kann den Kindern auch der Einmaleinsplan (Wittmann / Müller 2012) zur Verfügung gestellt werden, an dem die einzelnen Aufgaben abgelesen werden können (vgl. Selter 1994). Die Punktestreifen haben den besonderen Vorteil, dass die Vervielfachung der Objekte handelnd ausgeführt (z. B. fünfmal einen Zweierstreifen legen) und auch die Vorstellung des Aufteilens als »Passen in« (Wie viele Zweierstreifen passen in einen Zehner) mit der Handlungsidee verknüpft werden kann. So vertiefen die Schülerinnen und Schüler die Division als Aufteilen einer gegebenen Menge (hier Dachzahl 10) in gleichgroße Mengen. Darüber hinaus können – wie beim Einmaleinsplan – operative Zusammenhänge der Produkte untereinander konkret erfasst und visualisiert werden: Die Länge aller passenden Punktestreifenbilder ist stets gleich. Kinder könnten sich etwa fragen: Kann die 10 (und somit die Länge des 10er-Streifens) mit 3er-, 4er-, 5er-Streifen erreicht werden? Im Gegensatz zu einer statischen Darstellung macht das wiederholte Anlegen der gleichmächtigen Streifen die Multiplikation für die Kinder greifbarer, die noch über wenige Vorstellungen verfügen.

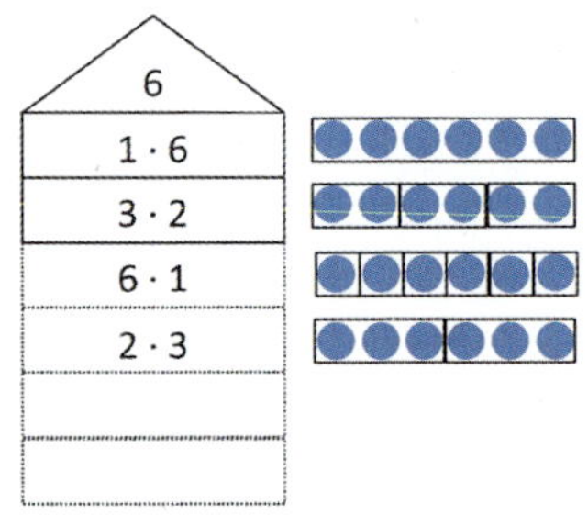

Abb. 24: Malhaus zur 10 auch mit Punktestreifen gelegt

diagnosegeleitet und differenziert

Stellt man den Kindern in der Arbeitsphase ebenfalls Streifen optional bereit, können auch diejenigen Kinder, die nicht zu einer vorgegebenen Zahl zugehörige Malaufgaben verfügbar haben, die Aufgaben bearbeiten, indem sie (systematisch) probierend mit dem Streifen versuchen, die Dachzahl zu treffen. Mit einem diagnosegeleitetem Blick kann die Lehrkraft sehen, welche Malaufgaben zu welchen Ergebnissen abgerufen werden können, inwieweit die kommutative Struktur der Multiplikation genutzt wird und wie die Streifen eingesetzt werden. Finden die Kinder zunächst einzeln, als Paar oder in einer Kleingruppe – im Sinne der natürlichen Differenzierung – alle Malhäuser von 1 – 20, zeigen sich unterschiedliche Zugänge nicht allein durch die Anzahl und Schnelligkeit, sondern auch beim Nutzen der Streifen sowie dem Sortieren und Beschreiben der Malaufgaben. Die Lehrkraft sollte natürlich hierbei darauf achten, dass die Kinder die Malhäuser nicht mit additiven Häusern verwechseln. Darüber hinaus gilt es für sicherlich sehr viele Kinder der Klasse, weitere mathematische Phänomene zu den Malhäusern zu untersuchen; z. B. Häuser mit möglichst vielen Stockwerken (also Zahlen mit möglichst vielen Teilern) oder Häuser mit genau zwei Stockwerken (also Primzahlen) finden.

Auch das Betrachten von Häuserserien oder Häuserpaaren kann zur Betrachtung der operativen Veränderung multiplikativer Zerlegungen genutzt werden. Dabei können zwei Zugänge gewählt werden:

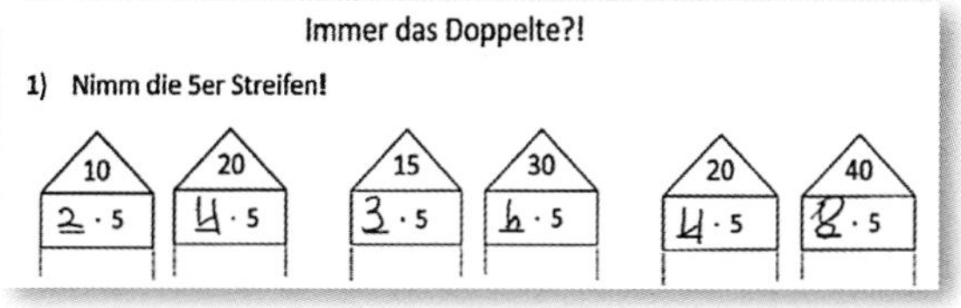

Abb. 25: Veränderungen bei der Multiplikation

(1) Häuserpaare werden in Hinblick auf die Veränderung in einer Etage untersucht – mathematisch also die Veränderung des Multiplikanden bei Vervielfachung der Dachzahl. Wirksam ist hier das Assoziativgesetz $(a \cdot b) \cdot c = a \cdot (b \cdot c)$ – d.h., wird die Dachzahl verdoppelt, verdoppelt sich auch der Multiplikator (s. Abb. 25). Diese zentrale Erkenntnis benötigen Kinder, wenn sie Aufgaben aus Kernaufgaben ableiten wollen, z.B. $8 \cdot 6$ ist das Doppelte von $4 \cdot 6$ und das ist wiederum das Doppelte von $2 \cdot 6$ (vgl. Wittmann/Müller 2012, S. 100).

(2) Malhäuserpaare mit doppelter Dachzahl werden im Hinblick auf die Teileranzahl untersucht. Hier machen die Kinder erste Erfahrungen zur Veränderung der Teileranzahl und erkennen, dass sich diese bei einer Verdopplung des Produkts nicht automatisch verdoppelt. Dies geschieht nur dann, wenn die Dachzahl ungerade ist, da hier die Zahl 2 als Primfaktor neu in die multiplikative Zerlegung kommt und mit jedem der bisherigen Faktoren kombiniert werden kann (s. Abb. 26). Bei Häusern mit gerader Dachzahl entstehen mit der gleichen Strategie jedoch z.T. identische Aufgaben, was darin begründet ist, dass die 2 bereits Faktor in der Primarfaktorzerlegung der Ausgangsdachzahl ist.[1)]

Das systematische operative Verändern – hier das Verdoppeln jeden Faktors in jeder Malaufgabe – kann bei diesem Aufgabenformat als eine Strategie erkannt werden, die es ermöglicht, sicher alle entstehenden Aufgaben zu finden und dann ggf. doppelte auszusortieren (s. Abb. 26).

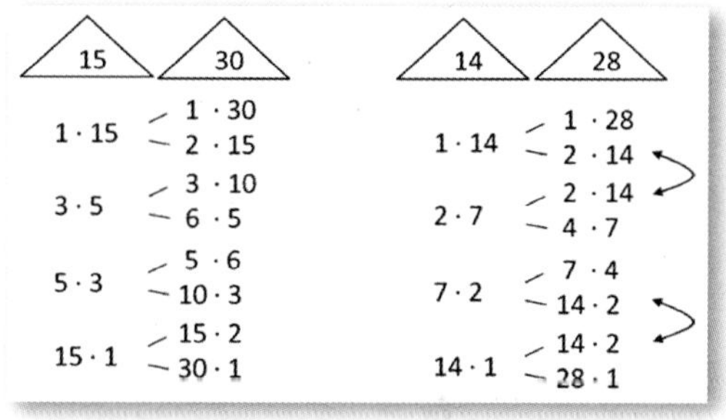

Abb. 26: multiplikative Zerlegungen im Vergleich

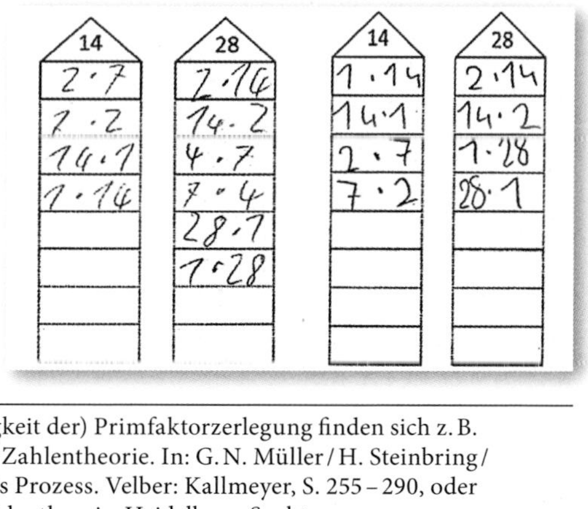

Abb. 27: Bearbeitungen von Dominic und Marc

1) Ausführliche Hinweise zur (Eindeutigkeit der) Primfaktorzerlegung finden sich z.B. bei Müller, G.N. (2004): Elemente der Zahlentheorie. In: G.N. Müller/H. Steinbring/E.Ch. Wittmann (Hg.): Arithmetik als Prozess. Velber: Kallmeyer, S. 255–290, oder bei Padberg, F. (2008): Elementare Zahlentheorie. Heidelberg: Spektrum.

Die Dokumente der Kinder (s. Abb. 27 auf S. 39) zeigen eine Orientierung an den Tauschaufgaben (Dominic) oder die Verdopplung nur eines Faktors (Marc), was dazu führt, dass bei Marc genauso viele multiplikative Zerlegungen zur doppelten Dachzahl gefunden werden wie im Ursprungshaus.

Für die Kinder in der Grundschule steht im Vordergrund, erste Erfahrungen mit den Teilern und der Veränderung von Teilern zu machen. Dies kann bereits auf eine systematische Erarbeitung der Teilbarkeit in den Sekundarstufen vorbereiten. Das Aufstellen von Vermutungen zur Veränderung der Teileranzahl und die Überprüfung dieser Vermutungen sind grundlegende mathematische Aktivitäten, die eine Haltung des Fragens und Forschens fördern, auch wenn die Erkenntnisse nicht sofort in allen Einzelheiten begründet werden können.

kommunikativ und kooperativ

Eine Kooperation der Kinder bietet sich zu unterschiedlichen Aktivitäten an. Beim Finden der Malhäuser z. B. von 1 – 20 können die Kinder zusammenarbeiten und dann die gefundenen Malhäuser ordnen. Die Anzahl und die gewählte Anordnung eröffnet Raum für einen kooperativ angelegten Vergleich. Denn das Gespräch über die Ordnungsstruktur gemäß der Anzahl der Stockwerke fokussiert zum einen auf die Anzahl der Teiler und zum anderen wird das gegenseitige Kontrollieren und Ergänzen noch fehlender Malaufgaben angeregt. So müssen die Kinder im Diskurs miteinander entscheiden, ob ein Malhaus nun z. B. vier oder sechs Stockwerke hat. Fehlende oder zu diskutierende Aufgaben könnten mit den Streifen gelegt und erkundet werden.

Um ein Gespräch über die Beziehungen zwischen mehreren Malhäusern vorzubereiten, ist es sinnvoll, die Kinder Entdeckungen zu »doppelten Häusern« zunächst notieren zu lassen, um dann gemeinsam die gefundenen Statements an ausgewählten Beispielen zu überprüfen (s. Abb. 28). Eine weitere Möglichkeit ist, die schriftlich notierten Entdeckungen einer Kindergruppe (z. B. eines Gruppentisches) an den nächsten Tisch weiterzugegeben. Die Kinder müssen sich dann mit fremden Beschreibungen auseinandersetzen, können diese an ihren Aufgabenbeispielen überprüfen und als Anlass für Gespräche aufgreifen.

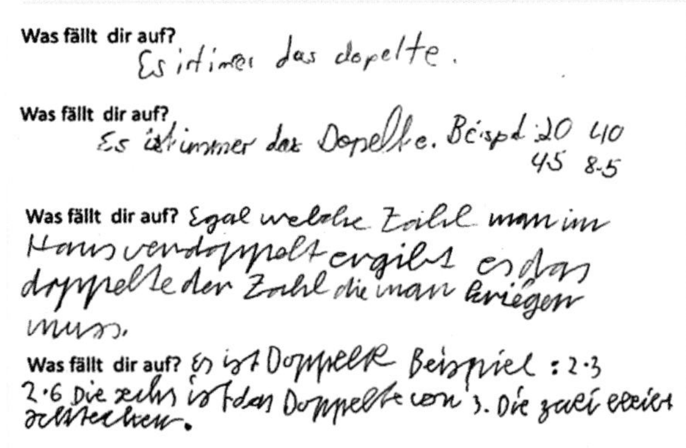

Abb. 28: Auffälligkeiten der Kinder zu Malhäusern mit doppelter Dachzahl

In gemeinsamen Gesprächsphasen mit der Klasse, z. B. in der Reflexion, sollte die Lehrkraft darauf achten, dass die Kinder nicht nur die gefundenen Malaufgaben benennen, sondern immer auch beschreiben, wie die Aufgabe dargestellt werden kann (z. B. 4 · 3, also vier Dreierstreifen), und begründen, warum diese zur Dachzahl und zu den anderen gefundenen Zerlegungen passt.

5 Förderidee: Punktfelder multiplikativ deuten

Malaufgaben über das kleine 1 × 1 hinaus (z. B. 2 · 23, 5 · 23 oder 10 · 23) werden in der Regel im Laufe des dritten Schuljahres thematisiert. Hierzu werden Kenntnisse um Fakten des kleinen Einmaleins genutzt. Die kritische Hürde umfasst vor allem aber den Aufbau und den Nutzen operativer Vorstellungen, damit alle Kinder einen Lösungsweg finden, den sie verstehen und erläutern sowie bei bestimmten Rechenanforderungen auch einschlagen können. »Auch Schülerinnen und Schüler mit besonderem Förderbedarf können dies, wenn ihnen dazu die entsprechenden Veranschaulichungen und Arbeitsmaterialien zur Verfügung gestellt werden und sie beim Finden eines Rechenweges unterstützt werden« (Schmassmann / Moser Opitz 2008, S. 43 f.).

Mit Blick auf die Multiplikation bieten sich Veranschaulichungen an, die einerseits die elementaren Rechengesetze und andererseits die Operationen der Multiplikation als Vervielfachen von gleichmächtigen Mengen deutlich machen. Diese operative Grundidee besteht unabhängig von der gewählten Größe der Faktoren. Somit können im Unterricht grundlegende Operationsvorstellungen zur Multiplikation aufgegriffen und mit Blick auf größere Zahlenräume ausgeweitet werden. Gerade der Vergleich paralleler Aufgaben verdeutlicht die strukturelle Gleichheit zwischen großen und kleinen Malaufgaben. Hier ist es wichtig, dass die Kinder die multiplikativen Beziehungen zwischen analogen Zahlenwerten erkennen (z. B. 5 und 50, 50 ist zehnmal so groß wie 5; wenn also 50 mit 4 multipliziert wird, ist das Ergebnis zehnmal so groß wie 5 mal 4).

beziehungsreich und verstehensorientiert

Betrachtet man Punktfelder wie in Abb. 29, so können darin unterschiedliche multiplikative Beziehungen gesehen werden. Die Abbildung kann gedeutet werden als Multiplikation in einer linearen Darstellung (in Anlehnung an die zeitlich sukzessive Vorstellung; vgl. Padberg / Benz 2011; Krauthausen / Scherer 2007) – es ist drei Mal eine Menge von acht Punkten zu sehen. Ebenfalls ist in der Darstellung die Malaufgabe 8 · 10 zu sehen – als Feld dargestellt. Beide zentralen Darstellungen von Multiplikationsaufgaben finden sich hier also wieder und werden assoziativ zu einer neuen Malaufgabe zusammengesetzt: 3 · 80 – gedeutet 3 · (8 · 10) oder (3 · 8) · 10.

Die Darstellung von großen Malaufgaben ermöglicht somit einen Rückgriff auf und eine Vertiefung der zentralen Darstellungen der Multiplikation als Feld und als Reihen, sodass auch große Malaufgaben vorstellbar werden. Auf diese Weise können Vorstellungslücken geschlossen werden und einem reinen Regellernen wie z. B. »bei der Multiplikation mit Zehnern einfach eine Null anhängen« vorgebeugt werden. Denn die Darstellung macht den Zusammenhang zwischen der Aufgabe des kleinen Einmaleins und der passenden Aufgabe der Multiplikation mit Zehnern sichtbar – gibt also Einsicht in das Verständnis der Regel.

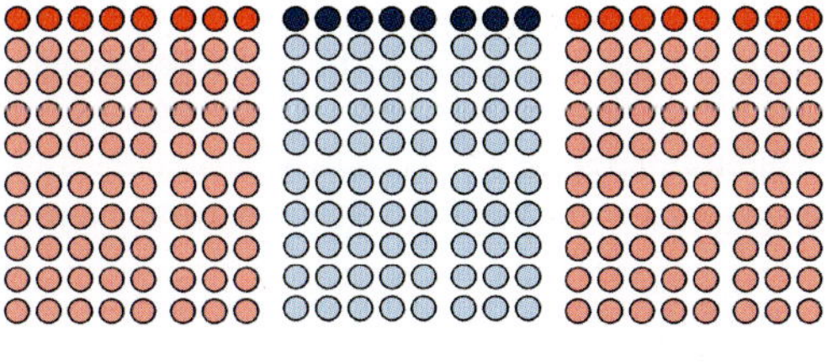

Abb. 29 : Darstellung von 3 · 8 bzw. 3 · 80

diagnosegeleitet und differenziert

Bei der Betrachtung von Punktfeldern kann differenziertes, struktur-analoges Material angeboten werden, sodass Kinder mit Schwierigkeiten sich zunächst auf die Aufgaben des kleinen Einmaleins konzentrieren können, während leistungsstärkere Kinder sich mit dem Zehnereinmaleins beschäftigen.

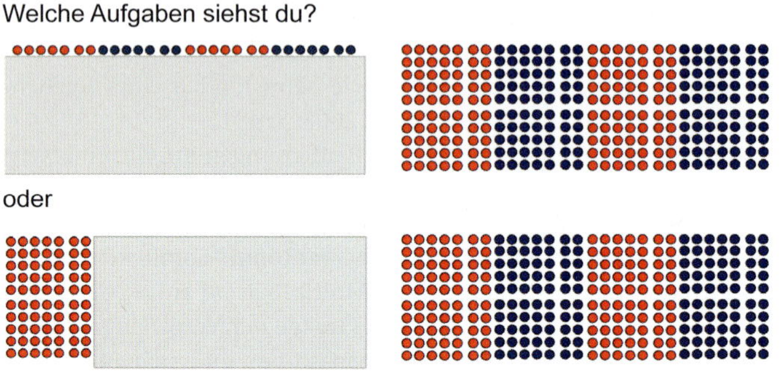

Abb. 30: differenziertes, struktur-analoges Material

Die unterschiedlichen Felder dienen dabei sowohl zur Differenzierung als auch zur Verdeutlichung der Multiplikation, da sich die linken Punkteanordnungen vervielfältigt im rechten Bild wiederfinden lassen und damit die Differenzierung vor allem im Zusammenspiel verstehensorientiert wirkt.

In besonderer Weise ist die Lehrkraft angehalten, darauf zu achten, inwiefern die Kinder mit der Null bei Aufgaben wie $4 \cdot 7$ und $4 \cdot 70$ umgehen. Wichtig ist, dass die Kinder nicht einfach am Ergebnis von $4 \cdot 7$ eine Null anhängen, sondern eine Vorstellung vom Unterschied (28 oder 280) und ein Verständnis aufbauen zur Bedeutung, sieben Einer oder sieben Zehner zu multiplizieren. Das Wissen um die Multiplikation von Zahlen sorgt auch dafür, dass die Kinder nicht langfristig die Idee aufbauen, einzelne Ziffern miteinander multiplizieren zu können.

Eine weitere Möglichkeit, differenzierend auf Punktfelder zu schauen, besteht darin, analog zur Förderidee »Darstellung von Zahlen bzw. Zahlzerlegungen an Punktfeldern« (Förderidee 4, Häsel-Weide / Nührenbörger 2012, S. 26) zu Punktfeldern unterschiedliche Malaufgaben anzubieten, die in den Punktebildern gesehen werden können (s. Abb. 31 auf S. 43). Kinder können einzelne oder alle Aufgaben zuordnen und darüber hinaus auch eigene Aufgaben finden und in den freien Karten notieren.

Mit Blick auf die weiteren Aufgaben des großen Einmaleins ist es wichtig, dass die Schüler nicht dazu neigen, eine Stelle mit einer anderen zu multiplizieren.

Die Lehrkraft kann darauf achten,

- wie die Kinder bei der Ermittlung der (Teil)Mengen vorgehen (Zählen von Einzelelementen, strukturiertes Zählen, additives Vervielfachen, Ermittlung der Teilmengen und dann im Kopf rechnen, ...),
- welche Aufgaben in den Feldern gesehen werden und
- welche Darstellung der Multiplikation gesehen wird (als Feld, als lineare Darstellung).

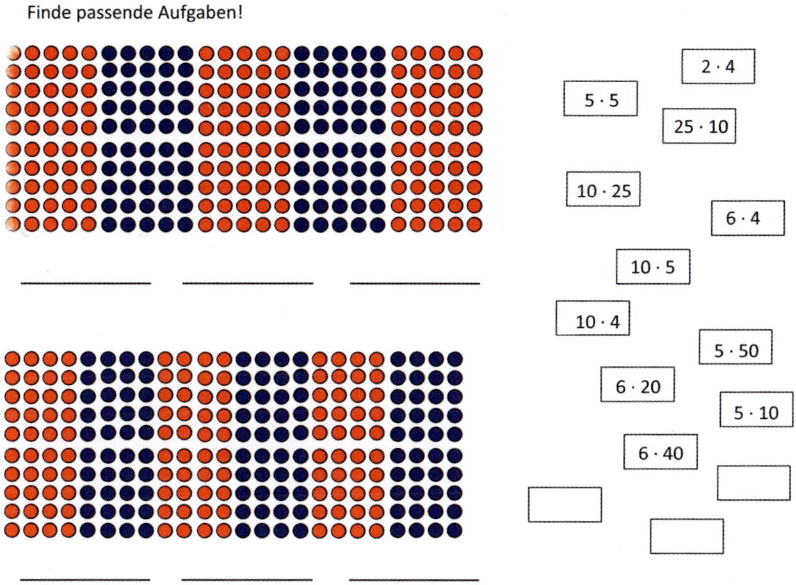

Abb. 31: Arbeitsblatt mit unterschiedlichen, multiplikativen Deutungen zu Punktfeldern

kooperativ und kommunikativ

Die individuellen Deutungen der Kinder sind ein guter Ausgangspunkt für einen kooperativen Austausch zwischen den Kindern. Dabei ist es zentral, dass nicht nur die Produkte verglichen (»habe ich auch« bzw. »habe ich nicht«), sondern dass die Kinder – ggf. angeleitet durch die Lehrkraft – zeigen, wo sie die Aufgabe gesehen haben (s. Abb. 31). Dies kann in einer Phase der Partner- oder Gruppenarbeit durch einen neuen Arbeitsauftrag wie »Warum passen die Felder zueinander?« initiiert werden. In den Phasen des Klassengesprächs sollte die Lehrkraft darauf achten, die Idee des Vervielfachens bei der Deutung auch sprachlich zu betonen, damit für die Kinder verständlich wird, dass der Schwerpunkt nicht auf dem Finden von Punktmengen mit gleichen Anzahlen liegt und somit empirisch auf der Ebene der konkreten Objekte bei der Suche nach Gleichheit bleibt (vgl. Steinbring 1994, Häsel-Weide 2013). Vielmehr geht es um die multiplikative Deutung; und zwar, dass eine gleichmächtige Punktemenge mehrfach als Gesamtmenge gesehen werden kann. Da die Punktfelder die Multiplikation statisch darstellen – die Kinder also keine Vervielfachung konkret vornehmen können, um die Punktfelder herzustellen –, müssen sie in das Punktfeld die Multiplikation hineinsehen. Hier ist es wichtig, genau diesen Aspekt sprachlich zu unterstützen.

Rechnen im Zahlenraum bis 1000 und darüber hinaus

Im Gegensatz zum schriftlichen Rechnen, bei dem man lediglich mit den einzelnen Ziffern operiert, ist das halbschriftliche Rechnen ein »Rechnen mit Zahlen (ein Zahlenrechnen)« (Padberg / Benz 2011). Bei der halbschriftlichen Rechnung werden elementare Zahlbeziehungen aufgegriffen und zur Bewältigung der Rechenanforderung genutzt (vgl. Krauthausen / Scherer 2007). Es handelt sich dabei um ein »flexibles, je auf die Besonderheit der vorliegenden Aufgaben und des Zahlenmaterials bezogenes Rechnen unter Verwendung geeigneter Strategien«, bei dem »Zwischenschritte, Zwischenrechnungen, Zwischenergebnisse fixiert bzw. Rechenwege verdeutlicht sowie Rechengesetze und Rechenvorteile ausgenützt« (Bauer 1998, S. 180; vgl. auch Wittmann / Müller 1992, S. 20) werden.

Bedeutung halbschriftlicher Verfahren

Während im Alltag des Mathematikunterrichts oftmals »das halbschriftliche Rechnen als (eher unelegante) ›Durchgangsstation‹ zur Vorbereitung auf das schriftliche Rechnen beschrieben« wird, weisen Krauthauen und Scherer (2007) darauf hin, dass die halbschriftlichen Strategien eine »ökonomische Rechenart für eine Vielzahl von Rechenanforderungen« darstellen, die ins ›Zentrum‹ des Mathematikunterrichts im 3. Schuljahr rücken müssen, während die schriftlichen Normalverfahren im Wesentlichen (als eine erweiterte Rechenart) die ›Abrundung‹ darstellen« (s. Abb. 32).

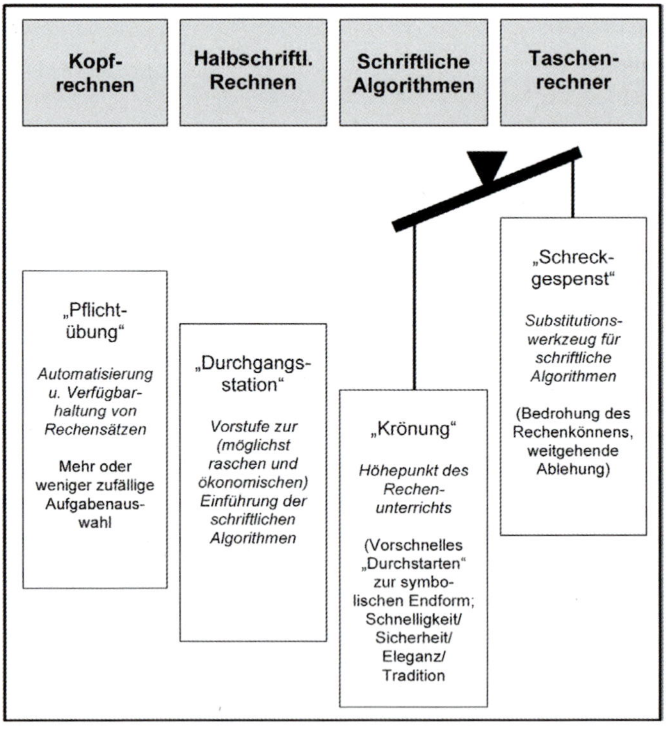

Abb. 32: Traditionelle und gegenwärtige Sichtweise auf Rechenverfahren (aus Krauthausen 1993, S. 191 und 202)

Die halbschriftlichen Strategien »(…) sind wesentlich mehr als nur ein Verfahren zur Lösung von Rechnungen: Durch den Aufbau von Zahlvorstellungen, den Aufbau des Operationsverständnisses sowie die Entdeckung und Anwendung elementarer Rechengesetze tragen sie zur Entwicklung des mathematischen Denkens bei« (Schmassmann / Moser Opitz 2008, S. 42). Obwohl sowohl Lösungsweg als auch Notation beim halbschriftlichen Rechnen nicht vorgeschrieben sind und daher sehr verschieden sein können (vgl. Krauthausen / Scherer 2007), lassen sich die Vorgehensweisen in der Regel einer überschaubaren Anzahl an Hauptstrategien zuordnen – im Kern sind dies »Stellenwerte extra«, »Schrittweise«, »Hilfsaufgabe« und »Vereinfachen«. Diese sollen hier mit ihren Besonderheiten, den Vor- und Nachteilen, nicht näher vorgestellt werden (vgl. hierzu Padberg / Benz 2011; Scherer / Moser Opitz 2010, Wittmann / Müller 1992; Selter / Prediger / Nührenbörger / Hußmann 2012).

Kinder mit mathematischen Lernschwierigkeiten

Wesentlich ist bei allen Strategien, dass die Kinder sich bewusst sind, mit Zahlen als Ganzes zu operieren – und eben nicht mit einzelnen Ziffern. Hierzu ist es wichtig, dass mit den Kindern überlegt wird, inwiefern einzelne Zwischenrechnungen mit der Gesamtrechnung in Verbindung stehen und wie aus den Zwischenrechnungen die Gesamtrechnung abgeleitet werden kann. Das Zahl- und Stellenwertverständnis spielt hier eine wesentliche Rolle. Dies ist auch ein Grund, warum die Auseinandersetzung mit dieser

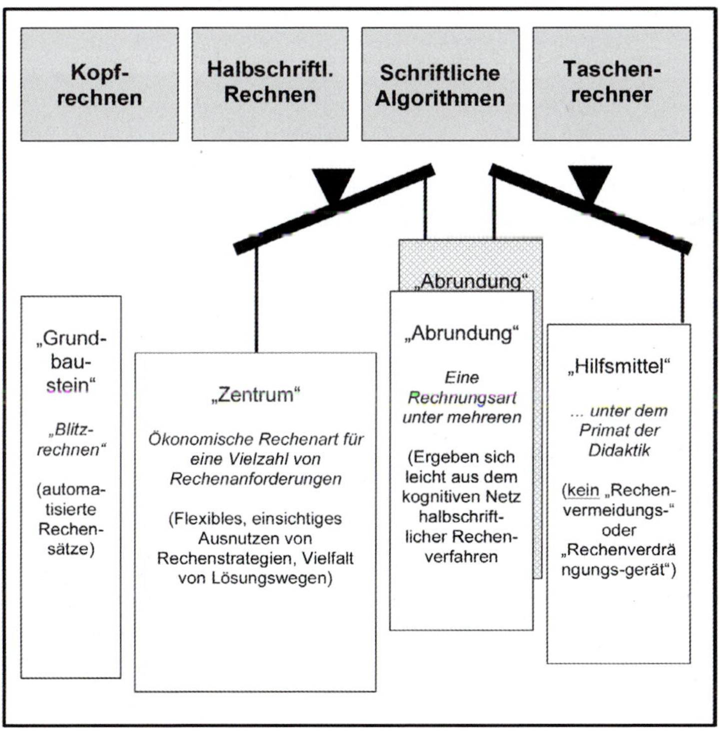

kritischen Stelle gerade für Kinder mit (mathematischen) Lernschwächen eine besondere Herausforderung darstellt (vgl. Lorenz / Radatz 1993). Diese Kinder benötigen in besonderem Maße Zeit und produktive Übungen, um sich bewusst und verstehensorientiert mit Strategien des Rechnens auseinanderzusetzen (vgl. Lorenz 2003). »Grundsätzlich wäre es wünschenswert, dass alle Schülerinnen und Schüler halbschriftliche Strategien flexibel nutzen könnten. Dies gelingt aber nicht unbedingt allen« (Scherer / Moser Opitz 2010, S. 156).

Das Ziel ist deshalb nicht, dass alle Kinder alle verschiedenen Lösungswege verstehen. Vielmehr ist es wichtig, dass gerade die Kinder mit mathematischen Lernschwierigkeiten an dieser Hürde konzentriert einen ihrem Verständnis entsprechenden Weg finden, um bestimmte Rechenaufgaben zu lösen (vgl. Schmassmann / Moser Opitz 2009).

Für das flexible Rechnen und den Aufbau von operativen Zahlbeziehungen sind die operativen Erfahrungen im Zahlenraum bis 100 zentral. Denn diese erleichtern als Stützpunktwissen das Rechnen mit größeren Zahlen, indem die größeren Zahlen in Relation zu den kleineren gedeutet werden (beispielsweise kann 269 – 127 in 200 – 100 und 69 – 27 zerlegt werden). Sie sind sozusagen die Stützpunkte für das Rechnen mit größeren Zahlen, die mehr Teilschritte oder Zerlegungen erfordern: »Um beim Rechnen mit größeren Zahlen nicht auf das Weiterzählen beschränkt zu bleiben, müssen die Kinder andere einfache Rechnungen lernen, um diese im Weiteren als Stützpunkte nutzen zu können« (Wittmann 2011, S. 54).

Eine zusätzliche Stütze können die Rechnungen erhalten, indem die Rechenwege am Punktfeld oder – wenn nicht stellenweise gerechnet wird – auch am Rechenstrich festgehalten werden. Dadurch kann deutlich werden, dass bestimmte Rechenschritte unabhängig von der Zahlengröße wiederkehrend auftreten. Insofern bietet es sich an, die unten genannten Förderideen mit entsprechenden Veranschaulichungen zu unterstützen.

Beim schriftlichen Rechnen geht es im Gegensatz zum halbschriftlichen Rechnen vorrangig um das Erlernen und Ausführen eines Algorithmus, bei dem das Rechnen mit Zahlen auf ein Rechnen mit Ziffern reduziert wird: Eine spezifische Aufgabe wird nach einem festgelegten Weg mit eindeutigen Schritten und Notationen bearbeitet. An dieser Stelle sollen die verschiedenen Rechenverfahren nicht weiter vorgestellt werden (s. hierzu z. B. Padberg / Benz 2011; Scherer / Moser Opitz 2010).

Der reine Algorithmus wird auch von Kindern mit mathematischen Lernschwächen in der Regel schnell verstanden. Schwieriger ist es, den Algorithmus zu verstehen und einzelne Teile zu erläutern (wie z. B. die kleine 1 bei der Subtraktion). Ein grundlegendes Verständnis für den Algorithmus, der im Kern auf der Darstellung der Zahlen im Dezimalsystem und somit auf dem Stellenwertverständnis sowie auf den elementaren additiven und multiplikativen Automatismen im Zahlenraum bis 20 bzw. 100 ruht, ist jedoch notwendig, um kritische Stellen beim Rechnen zu bewältigen – wie Überträge oder der Umgang mit der Null (vgl. Gerster 1982) – und dazu explizit Übungen anzubieten. Eine verständnisorientierte Einführung der schriftlichen Verfahren ruht auf einem bewussten Verstehen der Übergänge und der Zusammenhänge zwischen den einzelnen Stellenwerten der Zahlen (vgl. hierzu Scherer / Steinbring 2004; s. auch die Anregungen bei Scherer / Moser Opitz 2010). Auch wenn an dieser Stelle nicht der Platz ist, um explizit zu dieser kritischen Stelle unterschiedliche Förderideen aufzuzeigen, sei exemplarisch eine grundlegende Aktivität näher erläutert (s. die Förderidee: Zur Stufenzahl addieren, S. 53).

6 Förderidee: Zwischenschritte beim halbschriftlichen Rechnen erkunden (Klappkarten- und Puzzle-Aufgaben)

Unteregge (2012) schlägt im Kontext der halbschriftlichen Subtraktion sog. Klappaufgaben vor. Bei diesen handelt sich um Karten, auf denen die Ziffern einer Zahl durch Umklappen eines Papierstreifens verdeckt werden können, sodass die Kinder (mit Blick auf den ihnen vertrauten Zahlenraum) die Minuenden und Subtrahenden durch Öffnen und Schließen der Klappen vergrößern bzw. verkleinern können (im Beispiel der Abb. 33 sind etwa 69 – 27 ebenso möglich wie 269 – 127 oder 3269 – 2127).

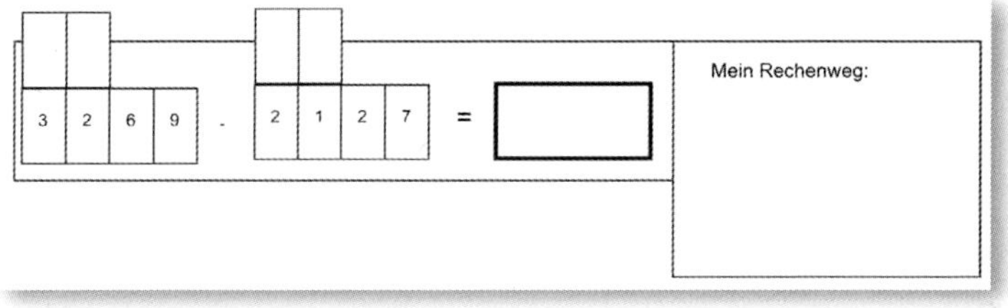

Abb. 33: Klappaufgaben (aus Unteregge 2012)

beziehungsreich und verstehensorientiert

Durch das Klappen entstehen also analoge Aufgaben, die miteinander vergleichbar sind, auch wenn sie sich in der Zahlengröße und dadurch womöglich auch im Schwierigkeitsgrad erheblich unterscheiden. Leichte Aufgaben mit kleineren Zahlen finden sich in schwierigeren Aufgaben mit größeren Zahlen wieder. Deshalb sind die Karten besonders geeignet, um ein Rechnen mit größeren Zahlen in Beziehung zu gefestigten Stützpunkten zu setzen. Es besteht also eine Vergleichbarkeit zwischen den Aufgaben. An dem Schülerdokument (s. Abb. 34) wird deutlich, wie der Schüler mit den *Klappkarten* zwei unterschiedliche, aber analoge Aufgaben mit der gleichen Strategie (hier »Schrittweise in Stellenwerten«) berechnen kann.

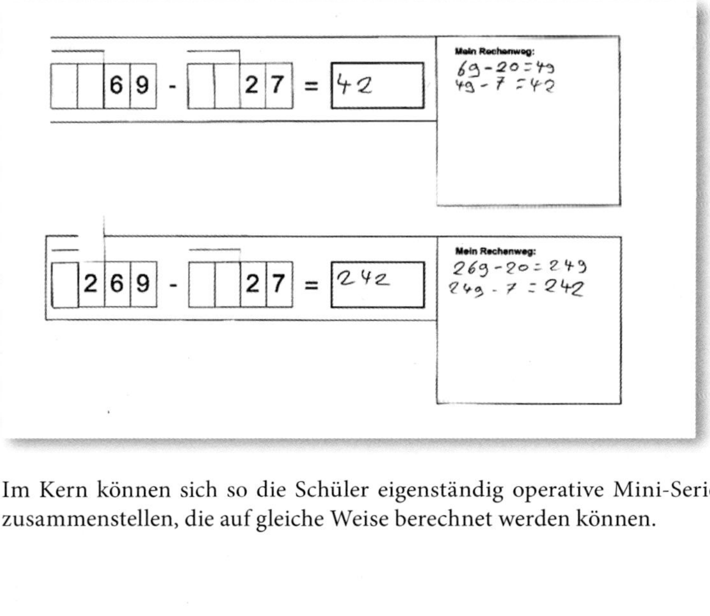

Abb. 34: Schrittweises Rechnen an analogen Aufgaben (aus Unteregge 2012)

Im Kern können sich so die Schüler eigenständig operative Mini-Serien an Aufgaben zusammenstellen, die auf gleiche Weise berechnet werden können.

Unteregge (2012) schlägt hier als weiteren Aufgabentyp eine Art *Puzzle* vor, bei dem die Kinder unterschiedliche Terme zu einem vollständigen halbschriftlichen Weg zusammensetzen. Die Teilaufgaben sind also bereits vorgegeben und werden zu der entsprechenden Aufgabe sortiert. Auf diese Weise kann den Kindern die Art und Weise der Teilaufgaben bewusst werden, da im Grunde rückwärts aus den vorgegebenen Teilaufgaben die Gesamtaufgabe zusammen»gepuzzelt« wird. Um die Position der Aufgaben zu finden, lösen die Kinder »einfache« Aufgaben und stellen operative Beziehungen zwischen den Aufgaben her.

Ist das Aufgabenformat eingeführt, können neben passenden auch zu bestimmten Strategien unpassende Teilaufgaben bereitgestellt werden. Dies fördert die Bewusstheit über die Art der Teilaufgaben bei bestimmten Strategien.

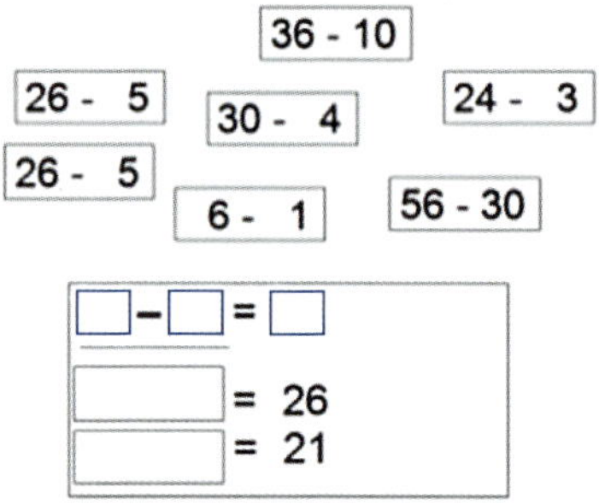

Abb. 35: Puzzle-Aufgabe: Finde passende Streifen zu den Zwischenergebnissen (aus Unteregge 2012)

diagnosegeleitet und differenziert

Eine Differenzierung mit den *Klappkarten* erfolgt durch den Zahlenraum und über die Anzahl der gewählten Klappaufgaben. Somit kann – je nach Lernstand der Kinder – der Blick eher auf die Struktur der Strategien und auf den Vergleich von verschiedenen Strategien verlagert werden. Das Repertoire an Strategien kann erweitert und flexibilisiert werden, indem die Kinder die verschiedenen Strategien je nach den Besonderheiten der zu lösenden Aufgaben nutzen.

Andere Kinder können die einzelnen Strategien weiter festigen, diese mit anderen Strategien vergleichen und über eventuelle Probleme beim Einsatz einzelner Strategie(n) bei bestimmten Aufgabentypen reflektieren.

Allerdings ist es wichtig, dass der Lehrkraft mögliche Fehlerschwerpunkte bewusst sind: Beispielsweise ist an der Abb. 37a zu ersehen, wie der Schüler Mika das Endergebnis »11« so sehr in den Blick nimmt, dass er es als Subtrahend in die 2. Zwischenrechnung anstelle des Einers einbaut. Eine weitere Fehlerquelle bei den Klappaufgaben ist das Zuklappen von Stellenwerten innerhalb einer Zahl: So klappt etwa Damian den Zehner zu und interpretiert die zu sehenden zwei Ziffern als zweistellige Zahl (s. Abb. 37b). Dies könnte auf Schwierigkeiten mit dem Stellenwertverständnis hindeuten oder im ungewohnten Umgang mit den Klappkarten ursächlich sein.

Beim Umgang mit den Klappkarten kann die Lehrkraft also darauf achten:

- Welche Aufgaben die Kinder bilden.
- Inwieweit sie Zusammenhänge zwischen den Aufgaben beim Rechnen nutzen.
- Ob und welche typischen Fehler gemacht werden.
- Inwieweit gemäß dem Stellenwertsystem entsprechend »geklappt« wird.

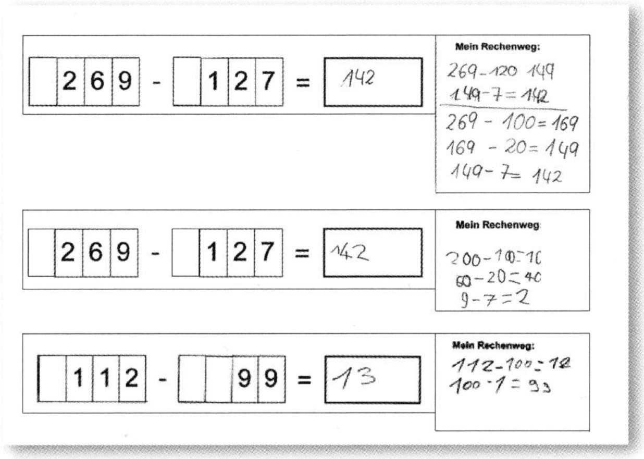

Abb. 36: Unterschiedliche Rechenwege von Kindern zur gleichen Aufgabe und zu verschiedenen Aufgaben (Geißler 2012)

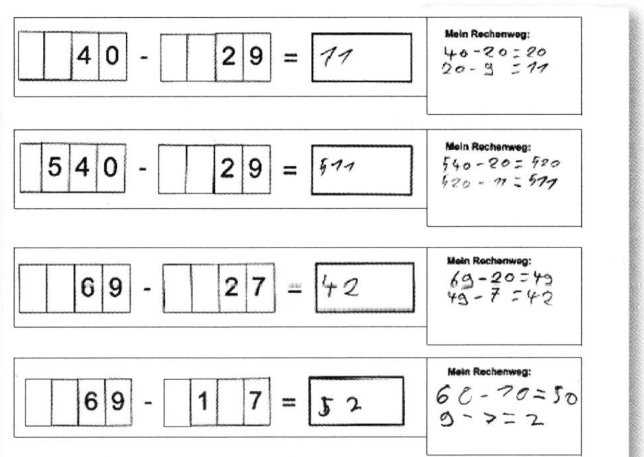

Abb. 37: Typische Analogiefehler – a) Perseverationsfehler und b) Stellenwertfehler (aus Unteregge 2012)

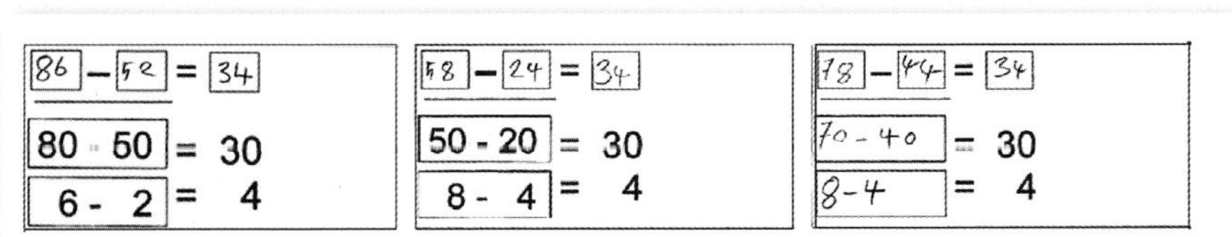

Abb. 38: Geschlossene und offene Zugänge zur Aufgabe mit den Zwischenergebnissen »30« und »4« (aus Unteregge 2012)

Das Aufgabenbeispiel »*Puzzle*« bietet ebenfalls Differenzierungsmöglichkeiten an: Es können sich manche Kindern beispielsweise nur einzelne Rechenschritte zu einer bestimmten (oder zu mehreren unterschiedlichen) Rechenstrategie(n) auswählen, sodass sie aufgefordert sind, die passenden Hauptrechnungen zu den protokollierten Rechenwegen zu finden und zu erläutern: »Nur Zwischenergebnisse – wie heißt die Aufgabe?«

kooperativ und kommunikativ

Wenn die Kinder eigene Aufgaben mit Hilfe der *Klappaufgaben* ausgewählt und berechnet haben, können sie diese mit dem Partner vergleichen und auch sortieren. Die Aufgaben werden sich einerseits hinsichtlich der Anzahl der gewählten Stellenwerte unterscheiden. Haben die Kinder bei einer Aufgabe gleich viele Klappen geöffnet bzw. geschlossen, haben die entstehenden Aufgaben sogar dasselbe Ergebnis.

Andererseits können sich die Lösungswege auch hinsichtlich der genutzten Rechenstrategie unterscheiden. Die Kinder können somit auch die Rechenwege vergleichen und klassifizieren und dabei eventuell aufgetretene Fehler entdecken und überprüfen: »Wie hat das Kind gerechnet?« Ziel ist es aber nicht für alle Kinder, dass sie sämtliche Rechenwege aufeinander beziehen oder gar flexibel anwenden können, sondern vielmehr, dass sie sich der Vielfalt bewusst werden.

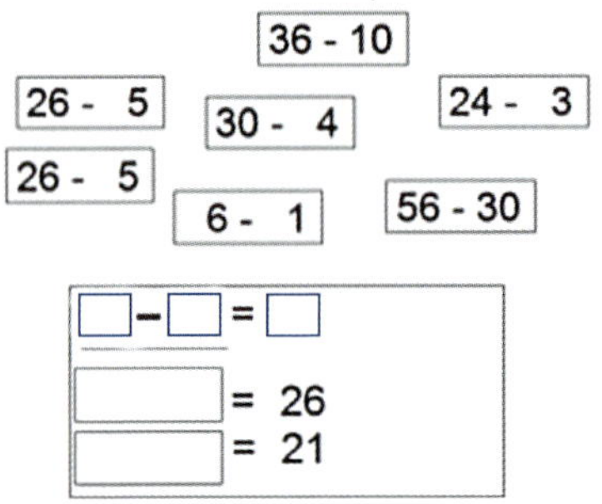

Bei der *Puzzle-Aufgabe* können sich Kinder mit und ohne Lernschwierigkeiten über mögliche Zwischenschritte sowohl zu zweit im Anschluss an eine individuelle Arbeitsphase als auch in der Klassengemeinschaft während der Reflexion verständigen. Die folgende Szene vermittelt hierüber einen kurzen Eindruck. Im Vorfeld der Szene haben die Schüler Damian (D) und Mika (M) eigenständig unterschiedliche Puzzle-Aufgaben bearbeitet. Sie sollen nun gemeinsam klären, welche Streifen zu den Zwischenergebnissen »26« und »21« passen.

Damian entdeckt sofort einen Streifen, der zum einen das entsprechende Zwischenergebnis liefert. Zum anderen entspricht der Minuend des Terms dem ersten Zwischenergebnis – anders als beispielsweise der Streifen »24 – 3«. Der Beitrag Damians ist stark produktorientiert, denn er teilt Mika seine vermutete Lösung ohne weitere Erklärungen mit. Dieser bestätigt die Entscheidung lediglich kurz, sodass Damian einen weiteren Streifen mit dem Ergebnis »26« auswählt. Die Formulierung »Und dann« könnte ein Hinweis darauf sein, dass Damian die erste Teilrechnung in Bezug zu der zweiten setzt und der schrittweisen Rechenstrategie »Zehner weg, Einer weg« wählt. Abschließend wirkt Damian etwas unsicher. Die Lehrerin interveniert an dieser Stelle und fragt nach einer Begründung.

1.	D	Ah (*legt den Streifen „26 – 5" vor „=21"*) 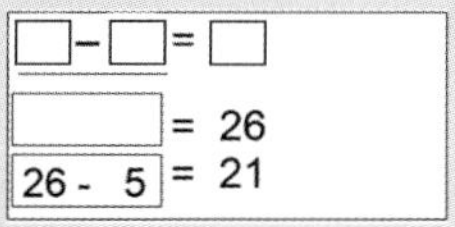
2.	M	Ja. (..)
3.	D	Und dann muss die hier oben 26 ergeben (*legt den Streifen „30 – 4" vor „=26"*). 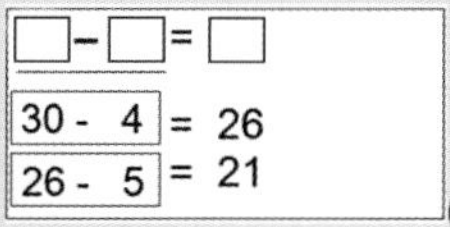 (..) Oder? Ich hoffe, es ist richtig so
4.	L	Damian, warum hast du das so sortiert?
5.	M	Dann muss da oben (*nimmt den Streifen „56 – 30" in die Hand*) Dann muss da oben 56 (.)
6.	D	Das ergeben <u>26</u> (*greift nach dem Streifen „30-4"*).
7.	M	Ja, aber diese hier ergeben 9 (*zeigt auf „4" und „5" der Teilrechnungen*).
8.	L	Wie wie bist du darauf gekommen, Damian (*zeigt auf den Streifen „30 – 4"*)? Warum hast du das so sortiert?
9.	D	Ehm, wegen 30 minus 4 sind gleich 26. Und 26 minus 5 sind 21.
10.	L	Mhm.

In diesem Moment bringt sich Mika aktiv mit dem Vorschlag, den Streifen »56 – 30« als Ersatz für »30 – 4« zu wählen, ins Gespräch ein. Offensichtlich ist ihm bewusst, dass die von Damian gewählten Streifen – auch wenn sie korrekt sind (Damian erläutert dies auch im weiteren Verlauf des Gesprächs) – für einen Einsatz von halbschriftlichen Rechenstrategien keinen Sinn machen. Denn die Zerlegung eines Subtrahenden, der kleiner als zehn ist, ohne zugleich mit Zehnerübergang zu rechnen, ist nicht unbedingt sinnvoll. Möglicherweise stellt sich Mika die Berechnung wie nebenstehend vor.

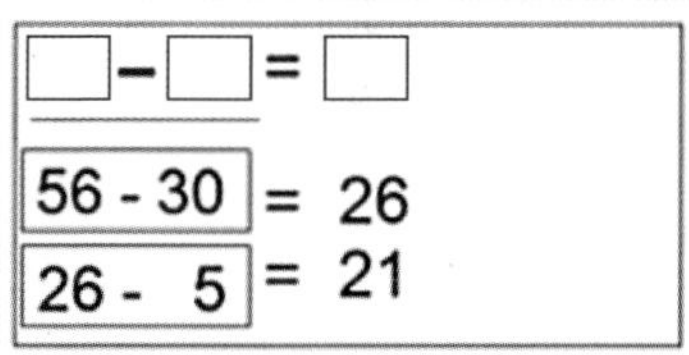

In der darauf folgenden Phase sucht Mika eine alternative Lösung, mit der er Damian schließlich überzeugen kann. Die Schüler verhandeln die Bedeutung der Strategie »Zehner weg, Einer weg«. Mika verändert seinen Vorschlag um, indem er Minuend und Subtrahend um je 6 vergrößert; also aus »30 – 4« wird »36 – 10«, sodass im ersten Teilschritt ein Zehner und keine Einer subtrahiert werden kann. Hierbei kann es sogar sein, dass Mika eine andere Zerlegung im Kopf hatte:

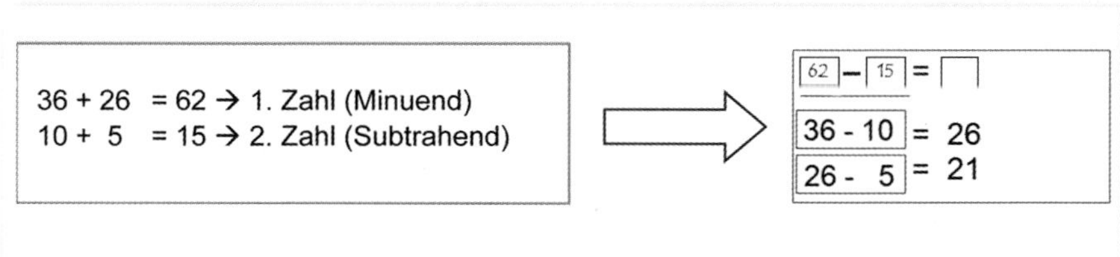

11 D Also hier oben würd' ich dann 30 minus neun

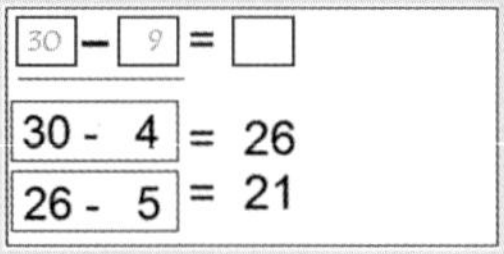

12 M Nee, das wär dann ja ehm Einer weg, Einer weg (*lacht*).

13 D Nee, Zehner weg, Einer weg.

14 M Aber das sind, guck Einer weg (*zeigt auf die „5"*), Einer weg (*zeigt auf die „4"*) (*lacht*)

15 D Und hier Zehner weg, Einer weg (*zeigt auf die „30" der ersten Teilaufgabe und auf die „26"*)

16 M Dann würd' ich vielleicht rechnen (*nimmt den Streifen „36 – 10" in die Hand*)

17 D Nein, Miki das ist richtig (*geflüstert*)

18 M Passt die nicht? Doch (*tauscht „30 – 4" gegen „36 – 10"*)

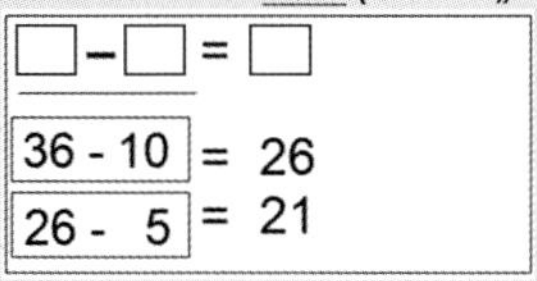

19 D Hä?

20 M Und dann sind's wieder Zehner weg, Einer weg.

21 D Jetzt passt es.

22 L Jetzt passt das? Und wie wär jetzt die Aufgabe?

23 D Ich weiß es nicht, musst Mika fragen.

24 L Wie du weißt das nicht, du hast doch schon voll gut sortiert.

25 M Dann würde ich rechnen, 62 minus 15. (.) Nee ich (. .) Jetzt weiß ich's, 36 minus (..) # 5 nee

26 D 36 minus 15

27 M Ja.

28 L Warum minus 15, Damian?

29 D Wegen die kann man zusammensetzen.

30 I Mhm und woher wusstest du, dass du genau die zusammensetzen musstest?

31 D Ich weiß es nicht (*lacht*). Ich hab die 5 und die 10 gesehen und dann hab ich gedacht, oh die kann ich doch zusammensetzen.

32 M So (*schreibt „36-15=21" in die leeren Kästchen*)

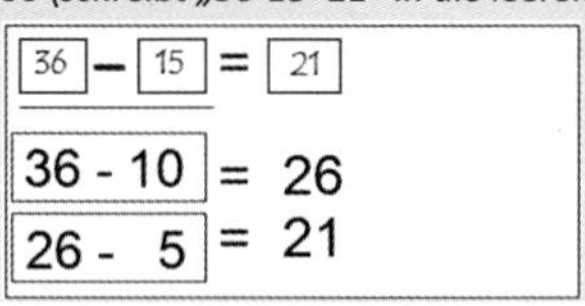

Auch wenn Damian die Überlegungen von Mika nicht vollständig nachvollziehen kann, ist er in der Lage, die einzelnen Teilrechnungen zu einer Gesamtrechnung zusammenzufügen. Seine Äußerungen machen deutlich, dass er sich einerseits kompetent in das Gespräch einbringen, andererseits aber die Hintergründe der Auswahl von Mika nicht nachvollziehen kann. Damian hat zum Bilden der Gesamtaufgabe entsprechend Mikas

Impuls den Minuenden der Gesamtaufgabe mit dem Minuenden der ersten Teilaufgabe gleichgesetzt. Den Subtrahenden hat er durch Addieren der Subtrahenden der Teilaufgaben erhalten. Seine Zwischenlösungen entsprechen damit genau der gesuchten Aufgabe, deren Teilrechnungen die Strategie »Zehner weg, Einer weg« darstellen.

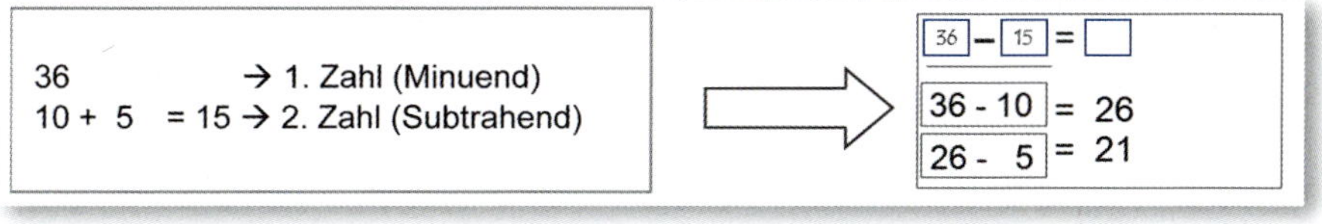

7 Förderidee: Zur Stufenzahl addieren (Ziffernkarten)

Das Ergänzen zum Zehner, Hunderter oder zur Tausend gehört zur Erarbeitung des neuen Zahlenraums, da die Stufenzahlen für eine Orientierung im Zahlenraum sowie für das Rechnen im Kopf und mit Zahlen von wesentlicher Bedeutung sind. In kleineren Zahlenräumen wird es zudem bei der Auseinandersetzung mit dem Zehnerübergang aufgegriffen. Auch bei der schriftlichen Addition (oder auch Subtraktion) spielen die Zehner eine bedeutende Rolle, da mit dem Erreichen von 10 oder mehr in einem Stellenwert bei der Addition eine neue Bündelung vorgenommen wird – und in der Rechnung ein Übertrag gemacht wird. Da Überträge und das Vorkommen der Null in einem Stellenwert zentrale Schwierigkeitsmerkmale bei der schriftlichen Addition sind (vgl. Gerster 2007), sollten diese kritischen Stellen besonders beachtet werden. Eine Möglichkeit der Umsetzung ist das Finden von Summen zu den Stufenzahlen 100, 1000, 10 000 oder 100 000 mit Ziffernkarten (vgl. Wittmann / Müller 1992; Röhr 2000; Scherer 2001).

beziehungsreich und verstehensorientiert

Stehen den Kindern die Zahlen von 0 – 9 z. B. auf Ziffernkärtchen zur Verfügung und haben sie den Auftrag, die Zehnerzahlen zu treffen, so enthält die Aufgabenstellung mehrere zentrale Verstehenselemente. Die Einer müssen stets so gewählt werden, dass sie zusammen zehn ergeben – eine der Kernzerlegungen aus dem ersten Schuljahr wird hier also aufgegriffen und kann durch Variationen vertieft werden. Die Zehner (bzw. alle weiteren Stellenwerte) müssen in der Summe stets neun ergeben, da so zusammen mit dem Übertrag aus der Einerstelle (bzw. dem nächst kleineren Stellenwert) wieder zehn erreicht wird. In der Summe ergeben sich Nullen als Stellenwerte und durch die Ziffernkarte 0 kann diese auch als Stellenwert in einem Summanden vorkommen und muss berücksichtigt werden.

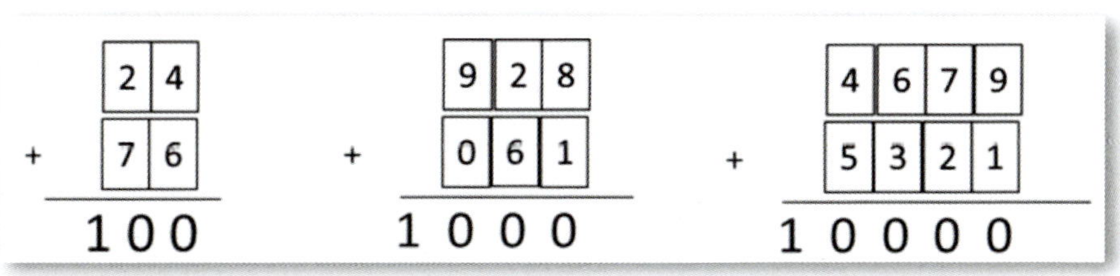

Abb. 39: Addition zweier Zahlen zu Stufenzahlen

diagnosegeleitet und differenziert

Eine Differenzierung bei diesem Aufgabenformat kann durch den Zahlenraum vorgenommen werden, wobei die kritischen Stellen beim Treffen der 100 in gleicher Weise auftauchen wie bei 10 000. Allerdings ist es bei kleinen Zahlen einfacher, weil im bekannten Zahlenraum leichter eine Idee von passenden Zahlen konstruiert werden kann und natürlich auch die Anzahl der Schritte bei der schriftlichen Addition geringer ist. Die Wahl über die Anzahl der Karten kann den Kindern überlassen werden oder die Lehrkraft kann (ergänzend) Vorgaben machen, wie viele Karten zu benutzen sind.

Eine wesentlich höhere Anforderung ist es jedoch, mit zehn Ziffernkarten zwei fünfstellige Zahlen zu bilden, deren Summe 100 000 ergibt, da diese Aufgabe nicht lösbar ist. Hier sind Kinder herausgefordert zu begründen, warum die 100 000 nicht erreicht werden kann.

Als Hauptstrategie kann zahlenraumübergreifend das systematische Probieren erkannt werden, welches sich in der Variation einzelner Ziffern in beiden Kinderdokumenten zeigt.

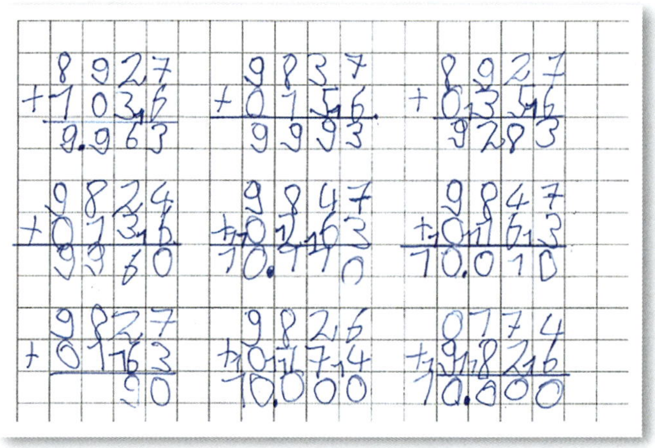

Abb. 40: systematisches Probieren beim Addieren zu Stufenzahlen

Janus' Dokument scheint ohne systematisches Probieren entstanden zu sein, doch bevor er seine Aufgabe und seine Erläuterung (s. Abb. 41) notiert, schiebt er lange Zeit mit den Ziffernkarten und berechnet (Teil-)Lösungen im Kopf. Er erkennt bereits hier, dass die 100 000 nicht getroffen werden kann und formuliert dann, warum dies nicht gelingen kann.

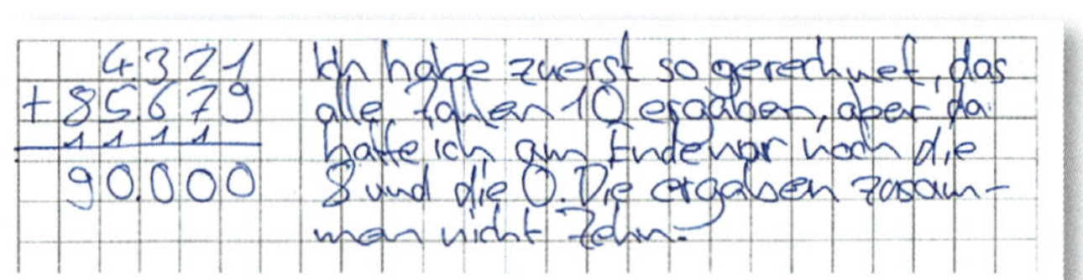

Abb. 41: Janus' Erläuterung zu seiner Strategie

Mit diagnosegeleitetem Blick kann die Lehrkraft darauf achten,

- ob die Kinder die Zerlegungen zu zehn mental verfügbar haben,
- wie die Kinder mit dem Übertrag umgehen,
- inwieweit die Kinder die Ziffernkarten systematisch verändern,
- wie unterschiedliche Aufgaben zu einer Zielzahl gefunden werden,
- inwiefern die Kinder Erkenntnisse aus einem Zahlenraum für den nächsten Zahlenraum nutzen,
- ob und wie die Kinder erläutern, dass die 100 000 nicht getroffen werden kann.

kooperativ und kommunikativ

Das probierende Vorgehen mit Ziffernkarten ist eine Aktivität, die am Besten in Einzelarbeit durchgeführt werden sollte, damit die Kinder jedes für sich probierend oder bereits systematisch die Karten verschieben können, um die Summen zu treffen. Ein Vergleich der Aufgaben bietet sich hier nur eingeschränkt an, da bei dieser Aufgabenstellung ein eher produktorientierter Zugang im Mittelpunkt steht und die Kinder dazu neigen könnten, noch nicht gefundene Ergebnisse vom Partner abzuschreiben. Ergiebiger ist es deshalb, in der Kooperation oder im Klassengespräch über die Strategie zu sprechen, wie die Stufenzahlen gefunden werden können. Dies kann darin bestehen, einen Trick zu formulieren (s. Abb. 41) oder gemeinsam eine vorher noch nicht getroffene Stufenzahl zu finden, sodass die Kinder in der gemeinsamen Arbeit ihr Wissen aus den Explorationen zusammenbringen.

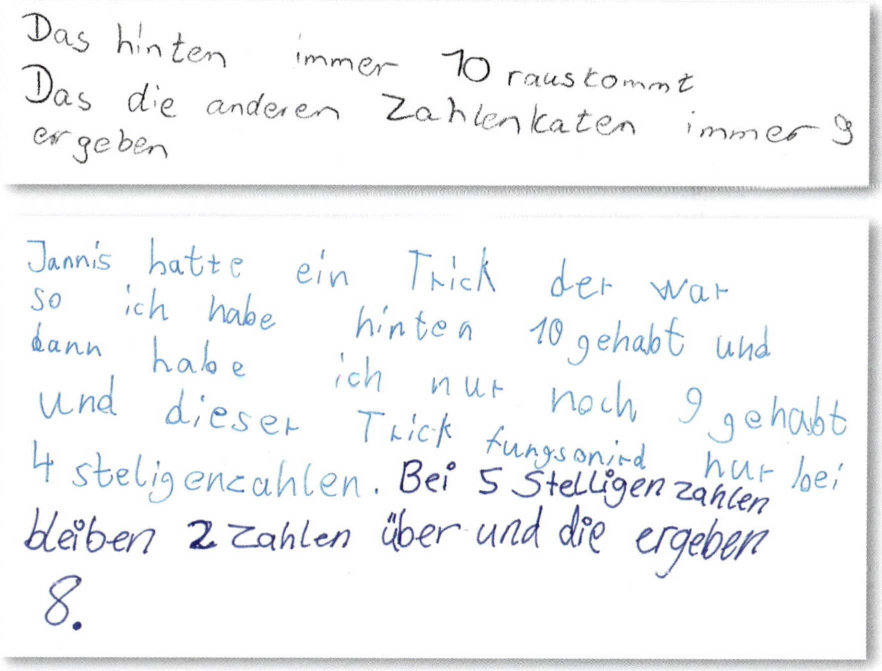

Das hinten immer 10 rauskommt
Das die anderen Zahlenkaten immer 9 ergeben

Jannis hatte ein Trick der war so ich habe hinten 10 gehabt und dann habe ich nur noch 9 gehabt und dieser Trick fungsonird nur bei 4 steligenzahlen. Bei 5 Stelligen zahlen bleiben 2 Zahlen über und die ergeben 8.

Abb. 42: Beobachtungen und Tricks der Kinder

Literatur

Bauer, L. (1998): Schriftliches Rechnen nach Normalverfahren – wertloses Auslaufmodell oder überdauernde Relevanz? Journal für Mathematikdidaktik, (2/3), S. 179 – 200.

Begemann, E. (2001): Zu Fördern und Förderschwerpunkten. Die neue Sonderschule, 46 (6), S. 422 – 435.

Brandt, B. / Nührenbörger, M. (2009): Kinder im Gespräch über Mathematik. Kommunikation und Kooperation im Mathematikunterricht. Die Grundschulzeitschrift, 23 (222/223), S. 28 – 33.

Fritz, A. / Schmidt, S. (Hg.) (2009): Fördernder Mathematikunterricht in der Sekundarstufe I. Weinheim: Beltz.

Gaidoschek, M. (2009): Didaktogene Faktoren bei der Verfestigung des »zählendes Rechnens«. In: G. Ricken / A. Fritz / S. Schmidt (Hg.): Handbuch Rechenschwäche. (2. Auflage) Weinheim: Beltz, S. 166 – 180.

Geißler, S. (2012): Aufgabenformate für den Gemeinsamen Mathematikunterricht: Epistemologische Rekonstruktionen von Lernchancen am Beispiel eines didaktischen Experiments mit zwei Grundschulkindern (mit und ohne Förderbedarf für Lernen) zum Thema »halbschriftliches Rechnen« (Unveröffentlichte Masterarbeit), IEEM, Dortmund.

Gerster, H.-D. (1982): Schülerfehler bei schriftlichen Rechenverfahren – Diagnose und Therapie. Freiburg: Herder.

Gerster, H.-D. (2007): Schriftliche Rechenverfahren. In: J. Walter / F. B. Wember (Hg.): Sonderpädagogik des Lernens. Bd 2. Handbuch der Sonderpädagogik. Göttingen: Hogrefe, S. 605 – 634.

Gerster, H.-D. (2009): Schwierigkeiten bei der Entwicklung arithmetischer Konzepte im Zahlenraum bis 100. In: G. Ricken / A. Fritz / S. Schmidt (Hg.): Handbuch Rechenschwäche. (2. Auflage). Weinheim: Beltz, S. 248 – 268.

Girulat, A. / Nührenbörger, M. / Wember, F. B. (erscheint 2013): Fachdidaktisch fundierte Reflexion von Diagnose und individueller Förderung im Unterrichtskontext – am Beispiel des Faches Mathematik unter Beachtung sonderpädagogischer Förderung. In: S. Hußmann / C. Selter (Hg.): Diagnose und individuelle Förderung in der MINT-Lehrerbildung. Münster: Waxmann.

Halbe, A. / Licht, G. / Nührenbörger, M. (2011): Wie schnell wachsen Haare? Produktive Sachübungen: Beziehungen zwischen Vorstellungen und Maßzahlen. Mathematik differenziert, 2 (4), S. 40 – 46.

Häsel-Weide, U. (2012): Sachrechnen. In: U. Heimlich / F. B. Wember (Hg.): Didaktik des Unterrichts im Förderschwerpunkt Lernen. (2. Auflage). Stuttgart: Kohlhammer, S. 280 – 293.

Häsel-Weide, U. (2013): Ablösung vom zählenden Rechnen: Struktur-fokussierende Deutungen am Beispiel von Subtraktionsaufgaben. Journal für Mathematik-Didaktik 34 (1), S. 21 – 52.

Häsel-Weide, U. / Nührenbörger, M. (2012): Individuell fördern – Kompetenzen stärken. Fördern im Mathematikunterricht. In: H. Bartnitzky / U. Hecker / M. Lassek (Hg.): Individuell fördern – Kompetenzen stärken. Frankfurt a. M.: Arbeitskreis Grundschule e. V.

Häsel-Weide, U. / Nührenbörger, M. / Moser Opitz, E. / Wittich, C. (erscheint 2013): Ablösung vom zählenden Rechnen. Fördereinheiten für heterogene Lerngruppen. Seelze: Kallmeyer.

Hengartner, E. / Hirt, U. / Wälti, B. (2006): Lernumgebungen für Rechenschwache bis Hochbegabte. Natürliche Differenzierung im Mathematikunterricht. Zug: Klett.

Humbach, M. (2008): Arithmetische Basiskompetenzen in der Klasse 10. Berlin: Dr. Köster

Kaufmann, S. / Wessolowski, S. (2006): Rechenstörungen. Diagnose und Förderbausteine. Seelze: Klett Kallmeyer.

Korte, L. (2011): Auf den Spuren reicher Zahlen. Grundschule Mathematik, 31, S. 28 – 31.

Krauthausen, G. (1993): Kopfrechnen, halbschriftliches Rechnen, schriftliche Normalverfahren, Taschenrechner: Für eine Neubestimmung des Stellenwertes der vier Rechenmethoden. Journal für Mathematik-Didaktik (3/4), S. 189 – 219.

Krauthausen, G. / Scherer, P. (2007): Einführung in die Mathematikdidaktik (3. Aufl.). Heidelberg: Spektrum.

Krummheuer, G. (1992): Lernen mit »Format«. Weinheim: DSV.

Lorenz, J. H. (1983): Rechenschwäche. In: Lernen und Lehren von Mathematik. Köln 1983, S. 107 – 171.
Lorenz, J. H. (2003): Lernschwache Rechner fördern. Berlin: Cornelsen.
Lorenz, J. H. (2008): Diagnose und Förderung von Kindern in Mathematik – ein Überblick. In: F. Hellmich / H. Köster (Hg.): Vorschulische Bildungsprozesse in Mathematik und Naturwissenschaften. Bad Heilbrunn: Klinkhardt, S. 29 – 44.
Lorenz, J. H. (2009a): Zur Relevanz des Repräsentationswechsels für das Zahlenverständnis und erfolgreiche Rechenleistungen. In: G. Ricken / A. Fritz / S. Schmidt (Hg.): Handbuch Rechenschwäche (2. Auflage). Weinheim: Beltz, S. 230 – 247.
Lorenz, J. H. (2009b): Der »Leere Zahlenstrahl« – eine hilfreiche Lernumgebung für die diagnostische Tätigkeit in der Grundschule. In: A. Peter-Koop / G. Lilitas / B. Spindeler (Hg.): Lernumgebungen – Ein Weg zum kompetenzorientierten Mathematikunterricht in der Grundschule. Offenburg: Mildenberger, S. 201 – 211
Lorenz, J. H. / Radatz, H. (1993): Handbuch des Förderns im Mathematikunterricht. Hannover: Schroedel.
Lorenz, J. H. (2012): Kinder begreifen Mathematik. Stuttgart: Kohlhammer.
May, P. (2003): Wie Kindern mit Lernschwierigkeiten im Lesen und Schreiben wirksam helfen? Aspekte lernförderlichen Unterrichts aus Sicht der empirischen Forschung. Wortspiegel, 1 – 12
Meyerhöfer, W. (2011): Vom Konstrukt der Rechenschwäche zum Konstrukt der nicht bearbeiteten stofflichen Hürden. Pädagogische Rundschau, 65 (4), S. 401 – 426.
Mosandl, C. (2013): Das Stellenwertverständnis am Ende der Grundschulzeit. Grundschule aktuell (122), S. 15 – 17.
Moser Opitz, E. (2007): Rechenschwäche / Dyskalkulie. Bern: Haupt.
Moser Opitz, E. / Nührenbörger, M. (erscheint 2013): Diagnostik und Leistungsbewertung. In: R. Bruder / L. Hefendehl-Hebeker / B. Schmidt-Thieme / H.-G. Weigand (Hg.): Handbuch Mathematikdidaktik. Heidelberg: Springer.
Müller, G. N. (1995): Kinder rechnen mit der Umwelt. In: G. N. Müller / E. Ch. Wittmann (Hg.): Mit Kindern rechnen. Frankfurt a. M.: Arbeitskreis Grundschule, S. 42 – 64.
Müller, G. N. (2004): Elemente der Zahlentheorie. In: G. N. Müller / H. Steinbring, H. / Wittmann, E. Ch (Hg.): Arithmetik als Prozess. Seelze: Kallmeyer, S. 255 – 290.
Nührenbörger, M. (2010): Differenzierung und Jahrgangsmischung. In: C. Cottmann (Hg.): Start in den Unterricht. Mathematik Anfangsunterricht. Seelze: Friedrich Verlag, S. 13 – 17.
Nührenbörger, M. / Schwarzkopf, R. (2010): Die Entwicklung mathematischen Wissens in sozial interaktiven Kontexten. In. C. Böttinger / K. Bräuning / M. Nührenbörger / R. Schwarzkopf / E. Söbbeke (Hg.): Mathematik im Denken der Kinder. Seelze: Klett-Kallmeyer, S. 73 – 81.
Nührenbörger, M. / Pust, S. (2011): Mit Unterschieden rechnen. Lernumgebungen und Materialien im differenzierten Anfangsunterricht Mathematik (2. Aufl.). Seelze: Kallmeyer.
Padberg, F. (2008): Elementare Zahlentheorie. Heidelberg: Spektrum.
Padberg, F. / Benz, Ch. (2011): Didaktik der Arithmetik für Lehrerausbildung und Lehrerfortbildung (4. Aufl.). Heidelberg: Spektrum
Passek, H. / Pöhler, B. / Seyer, A. (2011): Eingangstest 5. Klasse: Grundfähigkeiten Mathematik, AOL Verlag.
Peter-Koop, A. / Nührenbörger, M. (2008): Größen und Messen. In: G. Walther / M. van den Heuvel-Panhuizen / D. Granzer / O. Köller (Hg.): Bildungsstandards für die Grundschule: Mathematik konkret. Berlin: Cornelsen Scriptor, S. 89 – 117.
Röhr, M. (2000): Rechnen, Denken und Argumentieren mit Ziffernkärtchen. Grundschulzeitschrift, 133 (22), S. 39 – 41.
Scherer, P. (2000): Produktives Lernen für Kinder mit Lernschwächen: Fördern durch Fordern Band 1: Zwanzigerraum (2 Aufl.). Horneburg: Persen.
Scherer, P. (2001): Aktivitäten mit Ziffernkärtchen. Beziehungsreiches Lernen für alle Schülerinnen und Schüler. Mathematik lernen, 105, S. 12 – 15.
Scherer, P. (2003): Produktives Lernen für Kinder mit Lernschwächen. Fördern durch Fordern. Band 2: Addition und Subtraktion im Hunderterraum. Horneburg: Persen.

Scherer, P. (2007): Produktives lernen für Kinder mit Lernschwächen. Fördern durch Fordern. Bd. 3: Multiplikation und Division im Hunderterraum. Horneburg: Persen.
Scherer, P. (2011): Übungsformen zur Förderung des Stellenwertverständnisses – Sicherung von Basiskompetenzen. Grundschulmagazin, (4), S. 29 – 34.
Scherer, P. / Moser Opitz, E. (2010): Fördern im Mathematikunterricht der Primarstufe. Heidelberg: Spektrum.
Scherer, P. / Steinbring, H. (2004): Übergang von halbschriftlichen Rechenstrategien zu schriftlichen Algorithmen – Addition im Tausenderraum. In: P. Scherer / D. Bönig (Hg.): Mathematik für Kinder – Mathematik von Kindern. Frankfurt a. M.: Arbeitskreis Grundschule, S. 163 – 173.
Schmassmann, M. (2009): »Geht das hier ewig weiter?« Dezimalbrüche, Größen, Runden und der Stellenwert. In: A. Fritz / S. Schmidt (Hg.): Fördernder Mathematikunterricht in der Sek. I. Weinheim: Beltz, S. 167 – 185.
Schmassmann, M. / Moser Opitz, E. (2008): Heilpädagogischer Kommentar 3 zum Schweizer Zahlenbuch. Hinweise zur Arbeit mit Kindern mit mathematischen Lernschwierigkeiten. Zug: Klett und Balmer.
Schmassmann, M. / Moser Opitz, E. (2009): Heilpädagogischer Kommentar 4 zum Schweizer Zahlenbuch. Hinweise zur Arbeit mit Kindern mit mathematischen Lernschwierigkeiten. Zug: Klett und Balmer.
Schmassmann, M. / Moser Opitz, E. (2011): Heilpädagogischer Kommentar 5 + 6 zum Schweizer Zahlenbuch. Hinweise zur Arbeit mit Kindern mit mathematischen Lernschwierigkeiten. Zug: Klett und Balmer.
Selter, C. (1994): Eigenproduktionen im Arithmetikunterricht der Primarstufe. Wiesbaden: DUV.
Selter, C. (2002): Malhäuser – eine Übungsform zur Zahlzerlegung. Grundschulzeitschrift, 152, S. 44 – 46.
Selter, C. / Prediger, S. / Nührenbörger, M. / Hußmann, S. (2012): Taking away and determining the difference. Educational Studies in Mathematics, 79 (3), S. 389 – 408.
Selter, C. / Prediger, S. / Nührenbörger, M. / Hußmann, S. (Hg.) (i. V. 2014): mathe sicher können, Diagnose- und Fördermaterial für Klasse 3 – 7. Berlin: Cornelsen.
Söbbeke, E. / Steinbring, H. (2007): Anschauung und Sehverstehen – Grundschulkinder lernen im Konkreten das Abstrakte zu sehen und zu verstehen. In: J. H. Lorenz / W. Schipper (Hg.), Hendrik Radatz: Impulse für den Mathematikunterricht (S. 62 – 68). Hannover: Schroedel.
Steinbring, H. (1994): Die Verwendung strukturierter Diagramme im Arithmetikunterricht der Grundschule. Mathematische Unterrichtspraxis, (4), S. 7–19.
Steinbring, H. (1999): Offene Kommunikation mit geschlossener Mathematik. Grundschule, (3), S. 8 – 13.
Steinbring, H. / Nührenbörger, M. (2010): Mathematisches Wissen als Gegenstand von Lehr-/Lerninteraktionen. In: U. Dausendschön-Gay / C. Domke / S. Ohlhus (Hg.): Wissen in (Inter-)Aktion. Berlin: De Gruyter, S. 161 – 188.
Transchel, S. / Häsel-Weide, U. / Nührenbörger, M. (2013): Zahlen treffen. Kooperation und Kommunikation im gemeinsamen Mathematikunterricht. Mathematik differenziert 4 (2).
Unteregge, S. (2012): »Nee, das wär' dann ja ›Einer weg, Einer weg‹ «. Lernchancen in kooperativen Arbeitsphasen zu halbschriftlichen Rechenstrategien zur Subtraktion im Gemeinsamen Unterricht. (Unveröffentlichte Masterarbeit), IEEM, Dortmund.
Van den Heuvel-Panhuizen, M. (2005): The role of contexts in assessment problems in mathematics. For the Learning of Mathematics, 25 (2), S. 2 – 9 + 23.
Wartha, S. / Schulz, A. (2011): Aufbau von Grundvorstellungen (nicht nur) bei besonderen Schwierigkeiten im Rechnen. Handreichung des Programms »SINUS an Grundschulen«. Kiel: IPN-Materialien.
Wember, F. B. (1998): Zweimal Dialektik: Diagnose und Intervention, Wissen und Intuition. Sonderpädagogik, 28, S. 106 – 120
Wittmann, E. Ch. (1995): Aktiv-entdeckendes und soziales Lernen im Arithmetikunterricht. In: G. N. Müller / E. C. Wittmann (Hg.): Mit Kindern rechnen. Frankfurt a. M.: Arbeitskreis Grundschule, S. 10 – 42.

Wittmann, E. Ch. (2010): Natürliche Differenzierung im Mathematikunterricht der Grundschule – vom Fach aus. In: P. Hanke / G. Möwes Butschko / A. K. Hein / D. Berntzen / A. Thieltges (Hg.): Anspruchsvolles Fördern in der Grundschule. Münster: ZfL, S. 63 – 78.

Wittmann, E. Ch. (2011): Über das »rechnende Zählen« zum »denkenden Rechnen«. Die Grundschulzeitschrift, (248/249), S. 52 – 55.

Wittmann, E. Ch. / Müller, G. N. (1990): Handbuch produktiver Rechenübungen. Bd. 1. Vom Einspluseins zum Einmaleins. Stuttgart: Klett.

Wittmann, E. Ch. / Müller, G. N. (1992): Handbuch produktiver Rechenübungen. Bd. 2. Vom halbschriftlichen zum schriftlichen Rechnen. Stuttgart: Klett.

Wittmann, E. Ch. / Müller, G. N. (2005): Das Zahlenbuch 3. Stuttgart: Klett.

Wittmann, E. Ch. / Müller, G. N. (2012): Das Zahlenbuch 2. Stuttgart: Klett.

Wittmann, E. Ch. / Müller, G. N. / Berger, A. / Fischer, M. / Hoffmann, M. / Jüttemeier, M. (1994): Das Zahlenbuch 1. Lehrerband. Stuttgart: Klett.

Autorin und Autor dieses Heftes

Dr. Uta Häsel-Weide, Förderschullehrerin, abgeordnet an das Institut für Entwicklung und Erforschung des Mathematikunterrichts und an den Lehrstuhl für Differenzielle Didaktik der Technischen Universität Dortmund

Dr. Marcus Nührenbörger, Professor am Institut für Entwicklung und Erforschung des Mathematikunterrichts der Technischen Universität Dortmund

Inhalte der CD

Zum Förderkonzept allgemein: Texte

Fördern heißt Teilhabe
(Horst Bartnitzky in: Bartnitzky, H./Hecker, U./Lassek, M. (Hg.) (2012): Individuell fördern – Kompetenzen stärken in der Eingangsstufe. Heft 1: Fördern – warum, wer, wie, wann? Frankfurt a.M.: Grundschulverband, S. 6 – 36)

Die kritischen Stellen im Lernprozess und wie Kinder sie bewältigen können
(Horst Bartnitzky (2013) in: Grundschule aktuell H. 122, S. 3 – 7)

Zum vorliegenden Heft: Fördern im Mathematikunterricht ab Kl. 3

Kopiervorlagen

Zahlenbilder (8 Kopiervorlagen)
Zahlenstrahl (3 Kopiervorlagen

Fachtexte

Kritische Stellen in der mathematischen Lernentwicklung
(Uta Häsel-Weide/Marcus Nührenbörger (2013) in: Grundschule aktuell, H. 122, S. 8 – 11)

Das Stellenwertverständnis am Ende der Grundschulzeit – wie können rechenschwache Lernende gefördert werden?
(Corinna Mosandl (2013) in: Grundschule aktuell, H. 122, S. 15 – 17)

Mathe sicher können – Sicherung mathematischer Basiskompetenzen in der unteren Sekundarstufe I.
(Theresa Deutscher/Susanne Prediger/Christoph Selter (2013) in: Beiträge zum Mathematikunterricht, wtm Verlag, Münster)

Power-Point-Präsentation

Individuell fördern – Kompetenzen stärken im Mathematikunterricht der Klassen 3 und 4